Richard Shilleto

Thucydidis

Vol. 2

Richard Shilleto

Thucydidis
Vol. 2

ISBN/EAN: 9783337372828

Printed in Europe, USA, Canada, Australia, Japan

Cover: Foto ©Thomas Meinert / pixelio.de

More available books at **www.hansebooks.com**

ΘΟΥΚΥΔΙΔΟΥ Β.

THUCYDIDIS II.

WITH COLLATION OF THE TWO CAMBRIDGE MSS.
AND THE ALDINE AND JUNTINE EDITIONS.

BY

RICHARD SHILLETO, M.A.

FELLOW OF PETERHOUSE, CAMBRIDGE.

CAMBRIDGE:
DEIGHTON, BELL, AND CO
LONDON: BELL AND DALDY
1880

ADVERTISEMENT.

THE Notes to the Second Book of Thucydides were printed and had been finally revised by the Author himself as far as p. 284 (chap. 72) at the time of his decease. Unfortunately, he left no available copy for completing the work; nor had he carried beyond this point his collation either of the Cambridge Ms: N¹, or of the early printed editions of Aldus and Junta. It was his custom to compile the notes by instalments as they were required by the Printers; and thus the Publishers had to decide between the alternatives of supplying by another hand a commentary, both critical and exegetical, on the remaining thirty Chapters of this Book, or publishing the work, after the delay of more than three years, in a fragmentary form.

The object which the Author appears to have had primarily in view in his long-promised and anxiously expected edition of the whole of Thucydides was not so much the explanation of the Text, or the desire to throw some new light on obscure literary questions connected with the Ξυγγραφὴ, as to make a critical recension of it the vehicle for the discussion of minute points of scholarship, which he regarded as more or less interesting and important to advanced Students. His almost total silence

---

¹ It was not until the collation of T had been completed that Mr Shilleto's own collation of this Ms. came to hand, recorded on the margin of his copy of Bekker's Edition. The two proved, on careful comparison, exactly the same in every particular.

about the popular and useful edition by Dr Arnold seems
to show that he preferred Porson's method to that now
generally approved by Classical Teachers and so ably
carried out by Ernest Fr. Poppo. *Mere* explanation of
the Author's meaning, except in idiomatic phrases of less
obvious construction, he appears rather to shun than to
endeavour to supply. He perhaps had a dislike to that
kind of annotation now so much in vogue, which explains
everything and leaves little or nothing for the Student's
own inquiry and observation. Now, Dr Arnold was one
of the very first to break through the old scholastic
traditions, by substituting geographical and historical
inquiries for (or rather, by combining these with) purely
grammatical and syntactical illustrations.

In this respect it is obvious that the continuation of a
work so nearly completed by the Author himself should
be allowed (as far as possible) to retain the same general
character, without any effort for a closer uniformity. Any
attempt to imitate either his style or his method would
probably have proved unsuccessful, and would certainly
have been quite out of place. All therefore that has
been aimed at is such a continuation of the commentary
which he left, as would make an Edition of this most
interesting Book not merely a fragmentary record of an
eminent Scholar's labours upon it, but a complete work
available for the Lecture-room or for private study.

The University having kindly allowed the leisurely
use of the two valuable Mss. (N and T), and also of the
two earliest printed Editions, the collations of the remain-
ing chapters have been completed with the same care and
fidelity which the Author has shown in carrying out his
part of the work.

ΘΟΥΚΥΔΙΔΟΥ ΞΥΓΓΡΑΦΗΣ

B.

———◆———

I. Ἄρχεται δὲ ὁ πόλεμος ἐνθένδε ἤδη Ἀθηναίων καὶ Πελοποννησίων καὶ τῶν ἑκατέροις ξυμμάχων, ἐν ᾧ οὔτε ἐπεμίγνυντο ἔτι ἀκηρυκτὶ παρ' ἀλλήλους καταστάντες τε ξυνεχῶς ἐπολέμουν· γέγραπται δὲ ἑξῆς ὡς ἕκαστα ἐγίγνετο κατὰ θέρος καὶ χειμῶνα.

Θουκυδίδου ξυγγραφῆς τὸ δεύτερον litt. min. N. Θουκυδίδου συγγραφῆς δεύτερον litt. min. T. ΘΟΥΚΥΔΙΔΟΥ ΞΥΓΓΡΑΦΗΣ ΔΕΥΤΕΡΑΣ Α. ΘΟΥΚΥΔΙΔΟΥ ΞΥΓ-ΓΡΑΦΗΣ ΔΕΥΤΕΡΑ. ΘΟΥΚΥΔΙΔΟΥ ΞΥΓΓΡΑΦΗ Β.' J.
I. καὶ ἐκ τῶν T. οὔτ' T. ἀκηρυκτεί T.A.J. vulg. ut vid. pl. omn. libri. ἀκηρυκτὶ corr. N. (ἰ fuit ἀκηρυκτεί) (De V. tac. Ad. de F.H. tac. Ba.). ἀκηρυκτὶ Bekk. Poppo.
καταστάν' N. (suprascr. op. m. ead. litt. minutioribus). τε N.T. καὶ corr. N. (al m. r. diserte ξ pr. m. fuit ξ κατὰ hoc quoque scr. per compend.).

I. κατὰ θέρος καὶ χειμῶνα. In the hopelessness of dividing the year into months, intercalation being fixed so arbitrarily, and no two Grecian communities having uniformity of name perhaps not of length of month, Th. seems to have hit upon the best possible division of the year, and has taken to himself credit for his precision, v. 20. In his time there was a twofold division of the year, *summer* and *winter*, either equal to half a year, ἐξ ἡμισείας ἑκατέρου τοῦ ἐνιαυτοῦ δύναμιν ἔχοντος. Neither *spring* nor *autumn* was yet technically speaking a *season*. In fact ἔαρ (ἦρος) was, as its very name indicates, the *early* (cp. ἦρι "in the morning, *early*

in the day," ἠριγένεια Homer, Theocr.), i. e. early part of the year, and so used only with θέρους, the *first* half, or found absolutely e.g. 2, 1. The autumnal part of the year bears the name of φθινόπωρον or μετόπωρον, and from the expression περὶ δὲ τὸ φθινόπωρον τοῦ θέρους τούτου II. 31, 1 belonged to *summer*. It is probable that *spring* and *autumn* as being subordinate were of indeterminate length in the conception of Th. and his contemporaries. The two grand divisions of the year began, the one at the vernal equinox ("while the sun in Aries rose"), the other at the autumnal equinox ("Libra die somnique pares ubi fecerit horas"). That such was the

II. τέσσαρα μὲν γὰρ καὶ δέκα ἔτη ἐνέμειναν αἱ τρια-
κοντούτεις σπονδαὶ αἳ ἐγένοντο μετὰ Εὐβοίας ἅλωσιν· τῷ
δὲ πέμπτῳ καὶ δεκάτῳ ἔτει, ἐπὶ Χρυσίδος ἐν Ἄργει τότε
πεντήκοντα δυοῖν δέοντα ἔτη ἱερωμένης, καὶ Αἰνησίου ἐφόρου
ἐν Σπάρτῃ, καὶ Πυθοδώρου ἔτι δύο μῆνας ἄρχοντος Ἀθη-

II. μετ᾽ εὐβ. A.J. vulg. Bekk. Poppo. μετὰ N.T.V. (coll. Ad. Vol. II. p. 439)
F. (teste Ba. tac. Br.) H. χρυσίδος corr. N. (alt. σ m. r.). σπάρτη N. (lit. inter

division of Th. is not only clear from
autumn being reckoned *part of summer*,
but is further confirmed by IV. 117, I
ἅμα ἦρι τοῦ ἐπιγιγνομένου θέρους εὐθὺς
ἐκεχειρίαν ἐποιήσαντο ἐνιαύσιον, compared
with 118, 7 τετράδα ἐπὶ δέκα τοῦ ἐλαφη-
βολιῶνος μηνός, and v. 20, I ἅμα ἦρι ἐκ
Διονυσίων τῶν ἀστικῶν, compared with
19, I ἐλαφηβολιῶνος μηνὸς ἕκτῃ φθίνοντος.
By reference to Ideler, Dritte Tafel a,
p. 34, appended to Passow's Gr. Lexicon
Tom. II., if my computation be correct,
the former date is April 7 B.C. 423, the
latter April 13 B.C. 421. Modern as-
tronomers, acknowledging four divisions
of the year of equal length, follow the
Zodiacal rule, and make spring and
autumn respectively begin at the equi-
noxes, summer and winter respectively
at the solstices. "The poets and the
farmers, who have a much better right
than the astronomers to settle the mean-
ing of these terms for common use"
(I use the words of a writer in Penny
Cyclop. WINTER, SPRING, SUMMER, AU-
TUMN), determine the astronomical *be-
ginnings* to be *middles*, *mid-spring*, *mid-
summer*, and so on. Plin. N. Hist. II.
47 = 122 ... 125 follows the poetic and
popular arrangement, 122 Ver ergo ape-
rit navigantibus maria, cujus in prin-
cipio Favonii hibernum molliunt caelum
sole Aquari XXV optinente partem...is
dies sextus Februarias ante idus. This
very nearly coincides with Ovid. Fast.
II. 148 a Zephyris mollior aura venit.
Quintus ab aequoreis nitidum jubar ex-
tulit undis Lucifer, et primi tempora
veris erunt (though with characteristic
carelessness he places *mid-spring* on the
day of the setting of Aries April 25.
Sex ubi quae restant luces Aprilis habe-
bit; In medio cursu tempora veris erunt.
IV. 901). So Verg. Georg. I. 43 vere

novo, gelidus canis cum montibus umor
Liquitur, et Zephyro putris se gleba
resolvit, where there seems to be some
confusion in the comment of Servius.
Plin. 123 dat aestatem exortus Vergili-
arum...sex diebus ante Mai idus. Plin.
124 does not fix the beginning of
autumn, but 125 does fix that of winter;
post id (autumni 124) aequinoctium
diebus fere quattuor et quadraginta Ver-
giliarum occasus hiemem inchoat, quod
tempus in III. idus Novembris incidere
consuevit.

II. ἱερωμένης not *present* participle
of ἱεράομαι, the existence of which word
in Attic writers though acknowledged
by Lexicons I somewhat doubt, but *per-
fect* of ἱερόομαι, ἐμοὶ τραφείς τε καὶ καθιε-
ρωμένος Aesch. Eum. 304, which I quote
as giving me occasion to protest against
a teaching that ἱρὸς is admissible for
ἱερὸς in an Iambic Senarius. I have
six instances where metre demands
ἱερός. Soph. Phil. 943, Eur. Ion. 1317
(I grant that this line *may* be interpo-
lated), Herc. F. 922, Bacch. 494, Phoen.
840, Iph. T. 1452. The *perfect* ex-
presses "she had been consecrated and
still was." So ἠτιμωμένος, ὠστρακισμένος,
said of *such as have been and still
are*...(See on I. 135, 3). ἱρᾶται in He-
rod. II. 35 and 37 is not "sacerdos est,"
but "sacerdos fit."——ἔτι δύο μῆνας ἄρ-
χοντος can mean nothing but "having
two months yet to complete his office,"
and, as 4, 2 τελευτῶντος τοῦ μηνὸς says,
in the last quarter of the month, the
tenth month Munychion. But this cre-
ates a fearful chronological perplexity.
Munychion ended B.C. 431, May 7—
I have before me Ideler, and hope I
have carefully computed—quite a month
later than ἅμα ἦρι ἀρχομένῳ (see ch. 1).
Again, the invasion of Attica is spoken

ναίοις, μετὰ τὴν ἐν Ποτιδαίᾳ μάχην μηνὶ ἕκτῳ καὶ ἅμα
ἦρι ἀρχομένῳ, Θηβαίων ἄνδρες ὀλίγῳ πλείους τριακοσίων
(ἡγοῦντο δὲ αὐτῶν Βοιωταρχοῦντες Πυθάγγελός τε ὁ Φυλεί-
δου καὶ Διέμπορος ὁ Ὀνητορίδου) ἐσῆλθον περὶ πρῶτον
ὕπνον ξὺν ὅπλοις ἐς Πλάταιαν τῆς Βοιωτίας οὖσαν Ἀθη-
2 ναίων ξυμμαχίδα. ἐπηγάγοντο δὲ καὶ ἀνέῳξαν τὰς πύλας
Πλαταιῶν ἄνδρες Ναυκλείδης τε καὶ οἱ μετ’ αὐτοῦ, βουλό-
μενοι ἰδίας ἕνεκα δυνάμεως ἄνδρας τε τῶν πολιτῶν τοὺς
σφίσιν ὑπεναντίους διαφθεῖραι καὶ τὴν πόλιν Θηβαίοις προσ-
3 ποιῆσαι. ἔπραξαν δὲ ταῦτα δι’ Εὐρυμάχου τοῦ Λεοντιά-
δου, ἀνδρὸς Θηβαίων δυνατωτάτου· προϊδόντες γὰρ οἱ Θη-
βαῖοι ὅτι ἔσοιτο ὁ πόλεμος, ἐβούλοντο τὴν Πλάταιαν ἀεὶ
σφίσι διάφορον οὖσαν ἔτι ἐν εἰρήνῃ τε καὶ τοῦ πολέμου

ρ et τ). δ’ μῆνας speciose conjicit Krueger. Vid. ad. 57, 4. ὀλίγῳ corr. N. (ω m. r.
ὀλίγο diserte pr. m. fuit ὀλίγον). πλει′ corr. N. (ει′ m. r.). φιλήδου Τ. φυλίδου Α.J.
vulg. φυλείδου N.V.F.H. al. διέμπορος corr. N. (ιέ post lit. m. r. fuit op. δίμπορος).
§ 2. ἐπιγάγοντο (sic) Τ. πλαταιέων Α.J. vulg. πλαταιῶν N.T.V.F. ("sed a
man. rec. corr. πλαταιέων" Ba. tac. Br.) pl. omn. Be. ναυκλείδης τὲ et ἄνδρας τὲ N.T.
§ 3. Θηβαίου N. βαίων Τ. (suprascr. m. ead.). θβαῖοι Τ. (suprascr. m. ead.). ἠβού-
λοντο Τ. pl. omn. Be. (de F.H. tac. Ba.) Α.J. vulg. Bekk. ἐβούλοντο N.V. εἰρήνῃ τὲ
N.T. μήπου φανεροῦ Α.J.

of II. 19, 1 as taking place ὀγδοηκοστῇ
μάλιστα ἡμέρᾳ after the occupation of
Plataea, i.e. with our text considered
pure, nearly the end of July. How
can this be reconciled with the state-
ment v. 20, 1 ἡ ἐσβολὴ ἡ ἐς τὴν Ἀττικὴν
καὶ ἡ ἀρχὴ τοῦ πολέμου τοῦδε ἐγένετο very
few days before or after Elaphebolion
25, which I have attempted to identify
with April 13? Making all due allow-
ance for the looseness of Th. II. 19, 1,
who perhaps meant by ἐσέβαλον, "made
active use of the ἐσβολή," and for the
length of time certainly wasted during
the stay at Oenoe after the ἐσβολή had
really been made into Attica, still some
days, a week or two at least, would be
required for the mustering of the con-
tingents ch. 10, and this would bring the
first act of the invasion, the advance
to Oenoe, to the middle of May at least,
i. e. more than a month after April 13.
I once thought Krueger's ingenious con-
jecture, δ’ for δύο, had solved or nearly

solved this Gordian knot, but I now fear
that it comes under the ban of the pro-
verb μὴ κακοῖς ἰῶ κακά, for besides other
difficulties, it gives a month too early
for ἅμα ἦρι ἀρχομένῳ. Another conjec-
ture will be mentioned on 19, 1, equally
ingenious, but I fear equally unmanage-
able. I confess myself at fault, and
neither see how any compromise between
the Metonic cycle and the months κατὰ
σελήνην (II. 28) will help us, nor how
we can arrive at the date of the battle
of Potidaea, which might have thrown
light upon the matter to us, as μετὰ τὴν
ἐν Ποτιδαίᾳ μάχην μηνὶ ἕκτῳ may have
done to those who first read the history.
§ 3. ἔπραξαν κ.τ.λ. "This intrigue
they carried on through &c." —δυνατω-
τάτου: political meaning, as I. 115, 5,
126, 3; τὸ πλῆθος was loyal to Athens,
and the Thebans of this day, with whom
the Platacan anti-Athens party was
acting, were clearly, if not under a δυνα-
στεία ἀνδρῶν ὀλίγων (as when they me-

4 μήπω φανεροῦ καθεστῶτος προκαταλαβεῖν. ᾗ καὶ ῥᾷον
5 ἔλαθον ἐσελθόντες, φυλακῆς οὐ προκαθεστηκυίας. θέμενοι δὲ
ἐς τὴν ἀγορὰν τὰ ὅπλα τοῖς μὲν ἐπαγομένοις οὐκ ἐπείθοντο
ὥστ᾽ εὐθὺς ἔργου ἔχεσθαι καὶ ἰέναι ἐς τὰς οἰκίας τῶν ἐχθρῶν,
γνώμην δὲ ἐποιοῦντο κηρύγμασί τε χρήσασθαι ἐπιτηδείοις
καὶ ἐς ξύμβασιν μᾶλλον καὶ φιλίαν τὴν πόλιν ἀγαγεῖν, καὶ
ἀνεῖπεν ὁ κῆρυξ, εἴ τις βούλεται κατὰ τὰ πάτρια τῶν πάν-
των Βοιωτῶν ξυμμαχεῖν, τίθεσθαι παρ᾽ αὐτοὺς τὰ ὅπλα,
νομίζοντες σφίσι ῥᾳδίως τούτῳ τῷ τρόπῳ προσχωρήσειν
τὴν πόλιν.

III. οἱ δὲ Πλαταιῆς ὡς ᾔσθοντο ἔνδον τε ὄντας τοὺς
Θηβαίους καὶ ἐξαπιναίως κατειλημμένην τὴν πόλιν, καταδεί-
σαντες καὶ νομίσαντες πολλῷ πλείους ἐσεληλυθέναι (οὐ γὰρ
ἑώρων ἐν τῇ νυκτὶ) πρὸς ξύμβασιν ἐχώρησαν καὶ τοὺς λόγους
δεξάμενοι ἡσύχαζον, ἄλλως τε καὶ ἐπειδὴ ἐς οὐδένα οὐδὲν

§ 4. ῥᾷον hic N. ῥᾴδιον F. (teste Br. tac. Ba.).
§ 5. ἐπαγομένοις corr. N. (lit. supra ε corr. spir. a corr. γο supr. m. r. fuisse
videtur ἑπομένοις). ἐπαγομένοις F. "sed manus corrigit ἐπαγομένοις" Ba. (tac. Br.).
τε (post κηρύγμασι) om. N.V. κῆρυξ T.A.J. Bekk. πρῖα T. πάτρια corr. N. (ια
m. ead.). προσχωρήσειν corr. N. (acc. et ειν fuit προσχωρῆσαι).
III. Πλαταιεῖς N.T.V.F. (tac. Br.) H. al. A.J. Πλαταιῆς vulg. ἔνδον τὲ N.T.
ἐληλυθέναι corr. N. (add. spir. post lit. suprascr. m. r. Fuit ἐληλυθέναι).

dized III. 62, 4), yet under an aristocratic
form of government. See v. 31, 6.——
ἔτι ἐν εἰρήνῃ τε..."still while peace was
continuing and when the war was not
yet openly settled into."
§ 4. ᾗ ῥᾷον: ᾗ καὶ μᾶλλον is a favourite
expression of Th. I. 11, 3, on which
Krueger quotes I. 25, 5, III. 13, 2, IV. 1,
3, 103, 2, also this passage. The com-
parative is omitted by Dem. Mid. p. 577
§ 194 ᾗ καὶ γελοῖα εἶναι τὰ νῦν οἶμαι
δάκρυα εἰκότως ἂν αὐτοῦ δοκοίη.
§ 5. τοῖς ἐπαγομένοις, "the inviters."
See on 5, 9.—τίθεσθαι παρ᾽ αὐτοὺς τὰ ὅπλα.
I transcribe words from a now forgotten
pamphlet of mine, having no doubt of
the accuracy of the remarks therein
given. 'If Arnold's interpretation is to
be strained, if the proclamation of the
Theban herald in II. 2, or of the Athe-
nian in IV. 68, conveyed a summons to
literally pile arms, of course it cannot

be maintained. Is it not rather a sym-
bolical expression somewhat analogous
to our "cast in your lot among us," in
fact a synonyme of προσχωρεῖν? Is it
not in this sense that Plato says, αὐτὸ
(τὸ θυμοειδὲς) ἐν τῇ τῆς ψυχῆς στάσει
τίθεσθαι τὰ ὅπλα πρὸς τοῦ λογιστικοῦ?
(IV. Republ. 440 E). And so I believe
in all passages where it occurs with ὑπέρ
τινος, as in Demosth. Mid. p. 561 § 185
[= § 145]; Aeschin. Timarch. p. 5 St.=
55 R.; or πρός τινος, as in the Platonic
passage; or παρά τινα, as in Thuc. II. 2;
or μετά τινος, as in Thuc. IV. 68; we may
safely translate, "to take our stand
with one."' The herald might equally
say "come and join them (eos)," or
"come and join us (se)." It seems there-
fore here immaterial whether we read
αὐτοὺς or αὑτούς.——προσχωρήσειν: see
on 82, 6.
III. ἐς οὐδένα κ.τ.λ. Cp. IV. 51 ὑποπτ-

2 ἐνεωτέριζον. πράσσοντες δέ πως ταῦτα κατενόησαν οὐ πολλοὺς τοὺς Θηβαίους ὄντας καὶ ἐνόμισαν ἐπιθέμενοι ῥᾳδίως κρατῆσαι· τῷ γὰρ πλήθει τῶν Πλαταιῶν οὐ βουλομένῳ ἦν 3 τῶν Ἀθηναίων ἀφίστασθαι. ἐδόκει οὖν ἐπιχειρητέα εἶναι, καὶ ξυνελέγοντο διορύσσοντες τοὺς κοινοὺς τοίχους παρ' ἀλλήλους, ὅπως μὴ διὰ τῶν ὁδῶν φανεροὶ ὦσιν ἰόντες, ἁμάξας τε ἄνευ τῶν ὑποζυγίων ἐς τὰς ὁδοὺς καθίστασαν, ἵν' ἀντὶ τείχους ᾖ, καὶ τἆλλα ἐξήρτυον ᾗ ἕκαστον ἐφαίνετο πρὸς τὰ 4 παρόντα ξύμφορον ἔσεσθαι. ἐπεὶ δὲ ὡς ἐκ τῶν δυνατῶν ἕτοιμα ἦν, φυλάξαντες ἔτι νύκτα καὶ αὐτὸ τὸ περίορθρον ἐχώρουν ἐκ τῶν οἰκιῶν ἐπ' αὐτούς, ὅπως μὴ κατὰ φῶς θαρσαλεωτέροις οὖσι προσφέρωνται καὶ σφίσιν ἐκ τοῦ ἴσου γίγνωνται, ἀλλ' ἐν νυκτὶ φοβερώτεροι ὄντες ἥσσους ὦσι τῆς σφετέρας ἐμπει-

§ 2. In κρατῆσαι omnes consentiunt. Facile ἄν potuit hic post ἐνόμισαν et v. 22, 1 post ἔφασαν excidere. Interim in vulg. acquiesco. πλαταιῶν pr. N. πλαταιεῶν corr. N. (ε add. m. r.). πλαταιεῶν vulg. A.J. de F. tac. Ba. et Br. de H. tac. Ba. de V. tac. Ad. πλαταιῶν T. Ad versiculum -μισαν . . . . . πλαταιεῶν, γρ. ἀττικῶν N. marg. m. r. οὐ βουλομένῳ N. οὐ βουλομένοις⟨ους⟩ N. marg. m. r.

§ 3. διορύσσειντες (?) T. (supr. m. ead.). τοίχους N.J. τείχους V. ἀμάξας τὲ N.T. τ' ἄλλα N.T.

§ 4. ἕτοιμα Bekk. περὶ ὄρθρον F. (teste Br.) al. Be. προσφέροιντο A. προσφέρωντο (sic) J.

§ 5. προσεβάλλοντο δ' N.V. προσέβαλλόν T.F.H. (si interpr. recte silent. Baueri) pler. Be. A.J. vulg. προσέβαλον Schol. ut videtur, nam interpretatur προσ-

ευσάντων ἐς αὐτούς τι νεωτεριεῖν, corresponding to words which follow μηδὲν περὶ σφᾶς νεώτερον βουλεύσειν. There such as retain αὐτούς are wrong in thinking that ὑποψίαν ἔχειν ἔς τινα justifies ὑποπτεύειν ἔς τινα. See I. 26, 5.

§ 2. ἐνόμισαν...κρατῆσαι. I venture to translate " they thought to overpower them." IV. 127, I νομίσαντες φεύγειν τε αὐτὸν (that he was in flight) καὶ καταλαβόντες διαφθείρειν (to destroy him), Arist. Nic. Eth. III. 11 = 8, 13 διὰ τὸ οἴεσθαι κράτιστοι εἶναι (that they are) καὶ μηδὲν ἀντιπαθεῖν (think to, expect to, &c.). " I did not think to shed a tear in all my miseries," is an example of our sometime similar idiom.

§ 3. ἐπιχειρητέα: see for this and § 4 ἕτοιμα note on I. 7.——ἵν' ἀντὶ τείχους ᾖ: " that it (the fact of so doing) might

serve for a wall barricade." This is less licentious than the notion that Th. had in his thought ἅρματα, which probably he would not even in thought have identified with ἅμαξαι. So I understand IV. 9, 2, σφίσι δὲ τοῦ τείχους κ.τ.λ. " as their wall was least strong in this part, he expected it (such circumstance) to allure them, &c."

§ 4. φοβερώτεροι: usually " formidable," here clearly)(θαρσαλεωτέροις, and so " more timid." Cp. Xenoph. Cyrop. III. 3, 9 ἐκείνους μὲν φοβερωτέρους ποιήσομεν, ἡμᾶς δὲ αὐτοὺς θαρραλεωτέρους, Soph. Oed. T. (Poppo inadvertently says Ant.) 153 φοβερὰν φρένα δείματι πάλλων. Formidolosus has both meanings in Latin. In Eur. Troad. 1300 μαλερὰ μέλαθρα πυρὶ κατάδρομα I think μαλερὰ is passive.

5 ρίας τῆς κατὰ τὴν πόλιν. προσέβαλλόν τε εὐθὺς καὶ ἐς
χεῖρας ᾔεσαν κατὰ τάχος.

IV. οἱ δ' ὡς ἔγνωσαν ἠπατημένοι, ξυνεστρέφοντό τε
ἐν σφίσιν αὐτοῖς καὶ τὰς προσβολὰς ᾗ προσπίπτοιεν ἀπεω-
2 θοῦντο. καὶ δὶς μὲν ἢ τρὶς ἀπεκρούσαντο, ἔπειτα πολλῷ
θορύβῳ αὐτῶν τε προσβαλλόντων, καὶ τῶν γυναικῶν καὶ τῶν
οἰκετῶν ἅμα ἀπὸ τῶν οἰκιῶν κραυγῇ τε καὶ ὀλολυγῇ χρω-
μένων, λίθοις τε καὶ κεράμῳ βαλλόντων, καὶ ὑετοῦ ἅμα διὰ
νυκτὸς πολλοῦ ἐπιγενομένου, ἐφοβήθησαν καὶ τραπόμενοι
ἔφυγον διὰ τῆς πόλεως, ἄπειροι μὲν ὄντες οἱ πλείους ἐν
σκότῳ καὶ πηλῷ τῶν διόδων ᾗ χρὴ σωθῆναι (καὶ γὰρ τελευ-
τῶντος τοῦ μηνὸς τὰ γιγνόμενα ἦν), ἐμπείρους δὲ ἔχοντες
τοὺς διώκοντας τοῦ μὴ ἐκφεύγειν, ὥστε διεφθείροντο οἱ πολ-
3 λοί. τῶν δὲ Πλαταιῶν τις τὰς πύλας ᾗ ἐσῆλθον καὶ αἵπερ
ἦσαν ἀνεῳγμέναι μόναι, ἔκλῃσε στυρακίῳ ἀκοντίου ἀντὶ

ἔπεσον, Bekk. Poppo. Si quid video, imperfectum melius sequente ἐς χεῖρας ᾔεσαν,
non ᾔλθον. ᾔεσαν hic N. κατατάχος A.J.
IV. οἵδ' A.J. ἐξηπατημένοι A.J. vulg. ἠπατημένοι N.T.V.F.H. pl. omn. Be.
ξυνετρέφοντο pr. N. ξυνεστρέφοντο corr. N. (σ add. m. ead.).
§ 2. προσβαλόντων omn. Be. (de F. et H. tac. Ba. de V. tac. Ad.) Poppo. A.
vulg. προσβαλλόντων N.T. fort. al. J.   Cum Bekkero recepi. λίθοις τὲ corr. N.
(pr. ι m. ead. vid.). λίθοις τὲ T. σκότει N.V. lectio non temere repudianda. οἱ πολλοί
omnes ut vid. praeter unum librum. Ego reposui: vid. not. ad § 4.
§ 3. τῶν δὲ A.J. vulg. Bekk. τῶν τε N.T.V.F. (tac. Ba.) H. πλαταιέων N.T.V.A.J.
vulg. op. pl. omn. τὶς N.T.A.J. vulg. μόναι om. A.J. ἔκλεισε libri pl. omn.

§ 5. "They were commencing the
attack at once and coming to close
quarters."
IV. ἀπεωθοῦντο "kept driving off
before them." In § 2 ἀπεκρούσαντο,
"succeeded in repulsing them."
§ 2. κραυγῇ τε καὶ ὀλολυγῇ: τε καὶ
probably means either...or (see on i.
82, 2), κραυγῇ belonging to οἰκετῶν, and
ὀλολυγῇ to γυναικῶν in accordance with
the figure called chiasmus. Pollux i.
28 says, ὀλολύξαι καὶ ὀλολυγῇ χρήσασθαι
ἐπὶ γυναικῶν. See Spanheim Observ.
in Callim. Tom. ii. p. 478 foll., 646, or
Blomf. Gl. Aesch. Sept. Th. 254.
κραυγῇ: a word objected to by Atticists
as Hellenistic for κεκραγμός. It occurs
however elsewhere in Thuc. and several
times in Euripides and in the Attic
Orators. [κεκραγμὸς and κέκραγμα, I re-
mark in passing, are strangely formed

words, but as such strongly opposed to
the existence of the present κράζω in
pure Attic. I have long suspected that
Aristoph. in Equit. 287 himself gave
the vastly more sonorous κατακεκράξομαι
κεκραγώς.]——διόδων ᾗ, as § 3 τὰς πύλας ᾗ,
Plat. Phaedr. 255 c διὰ τῶν ὀμμάτων
ἰὸν, ᾗ πέφυκεν ἐπὶ τὴν ψυχὴν ἰέναι. In
these passages and many more that
might be cited ᾗ adverbiascit. So qua
in Latin not rarely. I quote one ex-
ample Cicer. Caecin. 8, 21 "ad omnis
introitus qua adiri poterat." So ἀνθ'
ὅτου after a feminine antecedent. Soph.
Oedip. Col. 967 ἁμαρτίας ... ἀνθ' ὅτου
(cur, quare, not propter quam, else ἥστι-
νος); Eur. Iph. T. 926 ἥ δ' αἰτία τίς ἀνθ'
ὅτου κτείνει πόσιν; Lysi. xii. § 2 p. 120
St. = 383 R. ἥτις ἦν αὐτοῖς πρὸς τὴν πόλιν
ἐχθρὰ ἀνθ' ὅτου τοιαῦτα ἐτόλμησαν.
§ 3. ἔκλῃσε κ.τ.λ., spiked, as we say

βαλάνου χρησάμενος ἐς τὸν μοχλόν, ὥστε μηδὲ ταύτῃ ἔτι
4 ἔξοδον εἶναι. διωκόμενοί τε κατὰ τὴν πόλιν οἱ μέν τινες
αὐτῶν ἐπὶ τὸ τεῖχος ἀναβάντες ἔρριψαν ἐς τὸ ἔξω σφᾶς
αὐτοὺς καὶ διεφθάρησαν οἱ πλείους, οἱ δὲ κατὰ πύλας ἐρή-
μους γυναικὸς δούσης πέλεκυν λαθόντες καὶ διακόψαντες τὸν
μοχλὸν ἐξῆλθον οὐ πολλοὶ (αἴσθησις γὰρ ταχεῖα ἐπεγένετο,)
5 ἄλλοι δὲ ἄλλῃ τῆς πόλεως σποράδην ἀπώλλυντο. τὸ δὲ
πλεῖστον καὶ ὅσον μάλιστα ἦν ξυνεστραμμένον, ἐσπίπτου-
σιν ἐς οἴκημα μέγα, ὃ ἦν τοῦ τείχους καὶ αἱ πλησίον θύραι
ἀνεῳγμέναι ἔτυχον αὐτοῦ, οἰόμενοι πύλας τὰς θύρας τοῦ
6 οἰκήματος εἶναι καὶ ἄντικρυς δίοδον ἐς τὸ ἔξω. ὁρῶντες δὲ
οἱ Πλαταιῆς αὐτοὺς ἀπειλημμένους ἐβουλεύοντο εἴτε κατα-
καύσωσιν ὥσπερ ἔχουσιν, ἐμπρήσαντες τὸ οἴκημα, εἴτε τι

vulg. στυρακίω corr. N. (ι m. ead. necne p. l.). ἀκοντίῳ T. (suprascr. m. ead.). μηδὲ
N.V.H. μηδὲ A.J. μὴ T. ἔτι om. T.
§ 4. διωκόμενοι δὲ A.J. vulg. Bekk. διωκόμενοι τε N.T.V.F. (tac. Ba.) H. al. εἰς
τὸ ἔξω N.V. οἱ δὲ T. ἀπώλυντο T. (suprascr. m. ead.). ἀπόλλυντο (sic) J.
§ 5. ξυνεστραμμένον corr. N. (ξυν m. r.). εἰς οἴκημα T. αἱ θύραι A.J. vulg. αἱ
πλησίον θύραι N.T.V.F.H. ("linea subducta notatum erat" Ba.) pl. Be. Placet
Haasii conjectura sic locum ordinantis τοῦ τείχους πλησίον, καὶ αἱ θύραι... Lucubr.
p. 51—54. οἰόμενος pr. T. οἰόμενοι corr. T. (s transv. cal. induct. et in ι mutat.).
ʂ' T. δίοδον N. δύοδον V.
§ 6. ὁρῶντες δὲ οἱ πλαταιεῖς αὐτοὺς N.V.F.H. ὁρῶντες δὲ αὐτοὺς οἱ πλ. A.J.
ὁρῶντες αὐτοὺς δὲ οἱ πλ. vulg. πλαταιεῖς op. omn. κατακαύσουσιν N. (de V. tac.
Ad.) vulg. κατακαύσουσι H. κατακαύσωσιν T. (de F. tac. Ba. Br.) A.J. εἴτε᾽ τι
T.A.J. εἴτε τι corr. N. (add. acc. supra alt. ε lit. supr. τι m. r.). εἴτε ὅτι F. ("sed

of a cannon; βάλανος "pin, bolt," could
be extracted by a βαλανάγρα only. There
was no means of extracting the στυρά-
κιον "spike at the end of a small javelin."
See more in Ad.

§ 4. οἱ πλείους refers to οἱ μέν τινες,
the greater number of this section of
the pursued. So probably οἱ πολλοὶ
in § 2, the majority of the greater num-
ber who had no knowledge of the streets
of Plataea, though I confess there I
should prefer πολλοὶ if supported by au-
thority.

§ 5. τὸ πλεῖστον, "the largest num-
ber which was compact anywhere," as
οἱ πλεῖστοι IV. 31, 2, 44, 2, VII. 30, 2.
Yet οἱ πλεῖστοι may also = οἱ πολλοὶ, as
IV. 26, 2.——οἴκημα, "building," as I. 134,
3, and IV. 47, 3, though the word is in
the Orators sometimes a euphemism for

"prison," as "the house" is by its in-
mates used for "the workhouse."——ὃ...
αὐτοῦ: see adnot. ad 74, 1.——αἱ πλησίον
θύραι may mean "the front gates,"
opposed to those at the back, and so
near to the fugitives. I confess how-
ever that the transposition of Haase
commends itself to me.

§ 6. For conjunctive see on I. 25, 1,
Aristot. Rhetor. II. 23, 27 οἷον Ξενοφά-
νης Ἐλεάταις ἐρωτῶσιν εἰ θύωσι τῇ Λευ-
κοθέᾳ καὶ θρηνῶσιν ἢ μὴ συνεβούλευεν
κ.τ.λ. Three of Bekker's Mss. give θύ-
ουσι...θρηνοῦσιν not in itself objectionable.
Their question might have been θύομεν
καὶ θρηνοῦμεν ἢ οὔ; which in the indirect
question might be μὴ as well as οὔ. See
Buttm. on Plat. Meno, p. 87 B = § 23, 1.
The vagaries of Greek authors in using
in the same sentence both modes of

7 ἄλλο χρήσωνται. τέλος δὲ οὗτοί τε καὶ ὅσοι ἄλλοι τῶν
Θηβαίων περιῆσαν κατὰ τὴν πόλιν πλανώμενοι, ξυνέβησαν
τοῖς Πλαταιεῦσι παραδοῦναι σφᾶς αὐτοὺς καὶ τὰ ὅπλα χρή-
8 σασθαι ὅ τι ἂν βούλωνται. οἱ μὲν δὴ ἐν τῇ Πλαταίᾳ οὕτως
ἐπεπράγεσαν.

V.   οἱ δ᾽ ἄλλοι Θηβαῖοι, οὓς ἔδει ἔτι τῆς νυκτὸς παρα-
γενέσθαι πανστρατιᾷ, εἴτι ἄρα μὴ προχωροίη τοῖς ἐσελη-

a manu rec. antea enim scr. εἴτε τι" Ba.) H.   χρήσονται N.A.J. vulg. χρή-
σωνται T.
§ 7.   οὗτοι καὶ T.   οὗτοι τὲ N.   πλαταιεῦσι N. (lit. supr. αι). σφᾶς τε αὐτοὺς παρα-
δοῦναι καὶ τὰ ὅπλα A.J. vulg.   παρ. σφᾶς αὐτ. καὶ τὰ ὅπλα N.T.V.F.H. (σφᾶς) al.
(post ὅπλα hypostigmen ponit N. m. r.).   ὅ, τι T.A.J. vulg.   ὅτι N.F.
V.   οἱ δὲ vulg.   οἱ δ᾽ N.T.F.H. al. (de V. tac. Ad.) A.J.   ἔτι om. N.V.   προσχωροίη
N.V.F.H. pl. Be. A.   προσχωρίοι (sic) J.   προχωροίη T.   καθ᾽ ὁδὸν corr. N. (θ m. ead.
                                                                                 οἷς
fuisse vid. καο).   αὐτῆς T. (suprascr. m. ead.).

expression where either is legitimate
may be illustrated by two examples.
Ḍem. Lept. p. 482, § 83, οὐ σκέψεσθε...
καὶ λογιεῖσθε ὅτι νῦν οὐχ ὁ νόμος κρίνεται
πότερόν ἐστιν ἐπιτήδειος ἢ οὔ, ἀλλ᾽
ὑμεῖς δοκιμάζεσθε εἴτ᾽ ἐπιτήδειοι πάσχειν
ἐστὲ εὖ τὸν λοιπὸν χρόνον εἴτε μή. The
other if proceeding from the author's
hand is still more strange. Isae. VIII.
§ 9 = p. 69 St. = 200 R. ἀνάγκη τὴν ἐμὴν
μητέρα, εἴτε θυγάτηρ ἦν Κίρωνος εἴτε μή,
καὶ εἰ παρ᾽ ἐκείνῳ διῃτᾶτο ἢ οὔ, καὶ γά-
μους εἰ δͅιττοὺς ὑπὲρ ταύτης ἐστίασεν
ἢ μή,...πάντα ταῦτα εἰδέναι τοὺς οἰκέτας
καὶ τὰς θεραπαίνας ἃς ἐκεῖνος ἐκέκτητο.
Scheibe here somewhat audaciously gives
the text thus; διῃτᾶτο [ἢ οὔ], καὶ γάμους
[εἰ] διττοὺς κ.τ.λ. Nor are the various
readings κατακαύσουσιν...χρήσονται hasti-
ly to be rejected. Eur. Ion, 758 εἴπωμεν
ἢ σιγῶμεν ἢ τί δράσομεν; Cp. Aeschyl.
Suppl. 777 τί πεισόμεσθα; ποῖ φύγω-
μεν...; with Soph. Trach. 973 τί πάθω;
τί δὲ μήσομαι; This deliberative future
("are we to," not "are we going to") is
constantly found in Plat. Republ. e. g.
II. p. 376 E ἆρ᾽ οὖν οὐ μουσικῇ πρότερον
ἀρξόμεθα παιδεύοντες ἢ γυμναστικῇ; 377 B
ἆρ᾽ οὖν ῥᾳδίως οὕτω παρήσομεν...;
§ 8.   οὕτως ἐπεπράγεσαν, VII. 24, 1. In
this expression frequent in Herodotus
Valckenaer and other commentators
(on Herod. III. 25) recognise in οὕτως
a euphemism for κακῶς, and so our

Schol. interprets ἐδυστύχησαν, and the
Schol. on Dem. de Coron. p. 293 § 93
οὕτως εἴμαρτο πρᾶξαι says πεπρωμένον ἦν
δυστυχῆσαι δηλαδή. This euphemistic
view of οὕτως receives corroboration from
Aeschyl. Agam. 128 εἶδον Ἰλίου πόλιν
πράξασαν ὡς ἔπραξε (which may be
compared with ὅπως ἔτυχε, see on Dem.
de F. Leg. § 309), οἵ δ᾽ εἶχον πόλιν | οὕτως
ἀπαλλάσσουσιν ἐν θεῶν κρίσει.

V. The confusion of πρός and πρό is
so frequent that I acquiesce in προχω-
ροίη. Still προσχωροίη i. e. Πλάταια, "in
case the city should not come over,"
might be justified by 2, 5 νομίζοντες σφίσι
ῥᾳδίως τούτῳ τῷ τρόπῳ προσχωρήσειν τὴν
πόλιν. εἴτι would be no obstacle for it,
as well as οὔτι, frequently adverbiascit
(if somehow, if at all). I have no doubt
that in Plat. Theaet. 192 E Σωκράτης
ἐπιγιγνώσκει Θεόδωρον καὶ Θεαίτητον ὁρᾷ
δὲ μηδέτερον the alteration εἴτι γιγνώσκει
is necessary on two grounds; partly
ἐπιγιγνώσκω cannot mean simply "to
know," in other words be a synonyme
of οἶδα, ἐπίσταμαι, γιγνώσκω, also οὐδέτε-
ρον would be required if εἰ had not pre-
ceded. Cp. Dem. Mid. p. 572 § 179 εἰ
μὴ τοῖς κηρύγμασιν...ἐπειθόμην, τίνος ἐκ
τῶν νόμων εἰ κύριος;...οὐδ᾽ οὕτω πείθομαι;
ἐπιβολὴν ἐπιβάλλειν.——ἅμα καθ᾽ ὁδὸν
"told them while they were on the
road." The Scholiast errs in joining
ἅμα with ἐπεβοήθουν.

λυθόσι, τῆς ἀγγελίας ἅμα καθ᾽ ὁδὸν αὐτοῖς ῥηθείσης περὶ
2 τῶν γεγενημένων ἐπεβοήθουν. ἀπέχει δὲ ἡ Πλάταια τῶν
Θηβῶν σταδίους ἑβδομήκοντα, καὶ τὸ ὕδωρ τὸ γενόμενον
τῆς νυκτὸς ἐποίησε βραδύτερον αὐτοὺς ἐλθεῖν· ὁ γὰρ Ἀσω-
3 πὸς ποταμὸς ἐρρύη μέγας καὶ οὐ ῥᾳδίως διαβατὸς ἦν. πο-
ρευόμενοί τε ἐν ὑετῷ καὶ τὸν ποταμὸν μόλις διαβάντες ὕστε-
ρον παρεγένοντο, ἤδη τῶν ἀνδρῶν τῶν μὲν διεφθαρμένων τῶν
4 δὲ ζώντων ἐχομένων. ὡς δ᾽ ᾔσθοντο οἱ Θηβαῖοι τὸ γεγενη-
μένον, ἐπεβούλευον τοῖς ἔξω τῆς πόλεως τῶν Πλαταιῶν·
ἦσαν γὰρ καὶ ἄνθρωποι κατὰ τοὺς ἀγροὺς καὶ κατασκευή,
οἷα ἀπροσδοκήτου κακοῦ ἐν εἰρήνῃ γενομένου· ἐβούλοντο
γὰρ σφίσιν, εἴ τινα λάβοιεν, ὑπάρχειν ἀντὶ τῶν ἔνδον, ἢν
5 ἄρα τύχωσί τινες ἐζωγρημένοι. καὶ οἱ μὲν ταῦτα διενοοῦντο,
οἱ δὲ Πλαταιῆς ἔτι διαβουλευομένων αὐτῶν ὑποτοπήσαντες
τοιοῦτόν τι ἔσεσθαι καὶ δείσαντες περὶ τοῖς ἔξω κήρυκα ἐξέ-

§ 2. ἀπέχει δὲ N.T.V.H. reposui. [ποταμὸς] vulg. ante Bekk. sed hab. omn.
(praeter 1 Paris.) et Auct. Neaerne p. 1379, § 99 qui hunc locum paene totidem verbis
exscripsit. ἐρρύη N.T. διαβατὸς corr. N. (δια corr. add. acc. m. r.).
§ 3. μόγις vulg. A.J. μόλις N.T.V.F.H. omn. praeter 1 Be.
§ 4. πλαταιέων N.A.J. vulg. πλαταιῶν T. οἷα corr. N. (acc. et spir. post lit. m.
ead.). ἠβούλοντο T.F. (tac. Br.) H. Ed. Bauer. ἐβούλοντο N.V. A.J.
§ 5. οἱ μὲν T. Πλαταιῆς vulg. πλαταιεῖς hic et § 7, § 8 N.T.V.F. (tac. Br.) H.
πλαταιεῖς hic, sed πλαταιῆς §§ 7, 8, A.J. ὅσια sequi. lib. A.J.

§ 2. "Kokhla, a small village, situ-
ated near the ruins of Plataea, to the
south-west, is about eight miles from
Thiva (Thebes) by the road, but the
nearest walls of the two ancient cities
were not more than six miles and a
half apart, and the direct distance was
little more than five geographical miles."
Leake, North. Greece, Vol. II. p. 323.
ἐρρύη μέγας as ῥέω πολὺς (multus fluo),
αὐξάνομαι μέγας.
§ 3. τῶν δὲ ς. ἐχ. "others held (in
custody) alive." This passive occurs
elsewhere e.g. IV. 106, 3 ἅμα ἕῳ ἂν εἴχετο,
108, 1 ἐχομένης δὲ τῆς Ἀμφιπόλεως, VI.
91, 3 ἔχεται καὶ ἡ πᾶσα Σικελία. A
noticeable instance is found in Aristot.
II. Rhet. 22, 11 ὅσῳ μὲν γὰρ ἂν πλείω
ἔχηται (are embraced by us) τῶν ὑπαρ-
χόντων τοσούτῳ ῥᾷον δεικνύναι, words
which might probably be obscure if not
followed by σχεδὸν μὲν οὖν ἡμῖν περὶ ἑκά-
στων τῶν εἰδῶν τῶν χρησίμων καὶ ἀναγ-
καίων ἔχονται οἱ τόποι.
§ 4. κατασκευή=instrumentum in its
full sense, "live and dead stock."—οἷα=
ἅτε, cp. VIII. 95, 2. I may remark that
ἅτε seems to be found only once in
Tragedy, Soph. Aj. 168 παταγοῦσιν ἅτε
πτηνῶν ἀγέλαι, and there not in the
sense utpote. —— εἴ τινα λάβοιεν ... ἢν
ἄρα τύχωσι... "Could they succeed in
taking any prisoner; should any hap-
pen to have been taken alive," as Ad.
has happily in translation marked the
moods.
§ 5. διαβουλευομένων "deliberating with
one another, holding a council," as
VI. 34, 6, VII. 50, 4. Liddell and Scott
say (quoting this passage) to deliberate
well. Surely well in all the instances is
out of place.——περὶ τοῖς "for," see on
I. 60, 1.——λέγοντες... "telling them that
...they told them also not to..." Obvi-

190 ΘΟΥΚΥΔΙΔΟΥ

πέμψαν παρὰ τοὺς Θηβαίους, λέγοντες ὅτι οὔτε τὰ πεποιημένα
ὁσίως δράσειαν ἐν σπονδαῖς σφῶν πειραθέντες καταλαβεῖν
6 τὴν πόλιν, τά τε ἔξω ἔλεγον αὐτοῖς μὴ ἀδικεῖν. εἰ δὲ μή,
καὶ αὐτοὶ ἔφασαν αὐτῶν τοὺς ἄνδρας ἀποκτενεῖν οὓς ἔχουσι
ζῶντας· ἀναχωρησάντων δὲ πάλιν ἐκ τῆς γῆς ἀποδώσειν αὐ-
7 τοῖς τοὺς ἄνδρας. Θηβαῖοι μὲν ταῦτα λέγουσι καὶ ἐπομόσαι
φασὶν αὐτούς· Πλαταιῆς δ' οὐχ ὁμολογοῦσι τοὺς ἄνδρας εὐθὺς
ὑποσχέσθαι ἀποδώσειν, ἀλλὰ λόγων πρῶτον γενομένων ἤν
8 τι ξυμβαίνωσι, καὶ ἐπομόσαι οὔ φασιν. ἐκ δ' οὖν τῆς γῆς
ἀνεχώρησαν οἱ Θηβαῖοι οὐδὲν ἀδικήσαντες· οἱ δὲ Πλαταιῆς
ἐπειδὴ τὰ ἐκ τῆς χώρας κατὰ τάχος ἐσεκομίσαντο, ἀπέκτει-
9 ναν τοὺς ἄνδρας εὐθύς. ἦσαν δὲ ὀγδοήκοντα καὶ ἑκατὸν οἱ
ληφθέντες, καὶ Εὐρύμαχος εἷς αὐτῶν ἦν, πρὸς ὃν ἔπραξαν οἱ
προδιδόντες.

VI. τοῦτο δὲ ποιήσαντες ἔς τε τὰς Ἀθήνας ἄγγελον
ἔπεμπον καὶ τοὺς νεκροὺς ὑποσπόνδους ἀπέδοσαν τοῖς Θη-
βαίοις, τά τ' ἐν τῇ πόλει καθίσταντο πρὸς τὰ παρόντα ᾗ
2 ἐδόκει αὐτοῖς. τοῖς δ' Ἀθηναίοις ἠγγέλθη εὐθὺς τὰ περὶ τῶν

§ 6. γῆς corr. N. (γη ᵐ. ead. necne p. l.). αὐτούς T.
§ 7. οὐχ' ὁμολογοῦσι T. vid. ad 1. 21, 1. εὐθύς om. T. ὑποσχέσθαι corr. N.
(σθ post lit. 3 vel 4 litt. cap. m. ead. necne p. l.). ὑποσχέσθαι corr. T. (v. m. ead.
fuit a). ἥντινα (pro ἤν τι) T.
§ 8. ἐκ γοῦν T. A.J. vulg. ἐκ δ' οὖν N.V.F.H. omn. Be. (si silent. recte in-
terpretor). κατατάχος T.A.J.
VI. τά τε N.V.
§ 2. εὐθύς corr. N. (m. ead.). παρὰ (ante τῶν πλ.) A.J. vulg. περὶ N.T.V.F.H.

ously ἔλεγον αὐτοῖς is added by a redun-
dancy more than once to be noted, and
οὔτε...τε legitimately correspond.

§ 7. εὐθὺς belongs to ἀποδώσειν. See
on Dem. Fals. Leg. § 117.——ἤν τι ξ.
"if they come to some terms." Krueger
appositely cites IV. 41, 1 and other pas-
sages.

§ 9. οἱ προδιδόντες, "the traitors."
So τοῖς ἐπαγομένοις 2, 5, τῶν διαβαλλόντων
III. 4, 4. In such passages by no means
rare the temporal sense of the partici-
ple is lost, and the participle becomes
nearly a substantive. Frequent exam-
ples of Σόλων ὁ τιθεὶς τοὺς νόμους τούτους
are found in the Orators co-existing with
ὁ θείς. There is a near correspondence

to this in the Latin idiom: quem dat
Sidonia Dido (is the giver) Verg. Aeneid.
IX. 266, sorbitio tollit quem dira cicutae
(is the slayer) Pers. IV. 2, on which see
Jahn's note.

VI. ἔς τε ... τά τ' ἐν correspond, as
the imperfects shew (καὶ .... ἀπέδοσαν
implies a work done). "While sending
a herald, they were arranging matters in
the city." For this panoramic imper-
fect I refer to note on 1. 26, 1. So 3, 5,
below § 3.

§ 2. νεώτερον ποιεῖν περὶ τῶν ἀνδρῶν:
περὶ with accus. in IV. 51 (quoted on
3, 1). See on 1. 135, 2.——βουλεύσωσι
"give their advice," not "deliberate"
(βουλεύσωνται).

Πλαταιῶν γεγενημένα, καὶ Βοιωτῶν τε παραχρῆμα ξυνέλαβον
ὅσοι ἦσαν ἐν τῇ Ἀττικῇ καὶ ἐς τὴν Πλάταιαν ἔπεμψαν κή-
ρυκα, κελεύοντες εἰπεῖν μηδὲν νεώτερον ποιεῖν περὶ τῶν ἀν-
δρῶν οὓς ἔχουσι Θηβαίων πρὶν ἄν τι καὶ αὐτοὶ βουλεύσωσι
περὶ αὐτῶν· οὐ γὰρ ἠγγέλθη αὐτοῖς ὅτι τεθνηκότες εἶεν. ἅμα
γὰρ τῇ ἐσόδῳ γιγνομένῃ τῶν Θηβαίων ὁ πρῶτος ἄγγελος
ἐξῄει, ὁ δὲ δεύτερος ἄρτι νενικημένων τε καὶ ξυνειλημμένων·
καὶ τῶν ὕστερον οὐδὲν ᾔδεσαν. οὕτω δὴ οὐκ εἰδότες οἱ
Ἀθηναῖοι ἐπέστελλον· ὁ δὲ κῆρυξ ἀφικόμενος εὗρε τοὺς ἄν-
δρας διεφθαρμένους. καὶ μετὰ ταῦτα οἱ Ἀθηναῖοι στρατεύ-
σαντες ἐς Πλάταιαν σῖτόν τε ἐσήγαγον καὶ φρουροὺς ἐγκατέ-
λιπον, τῶν τε ἀνθρώπων τοὺς ἀχρειοτάτους ξὺν γυναιξὶ καὶ
παισὶν ἐξεκόμισαν.

VII. γεγενημένου δὲ τοῦ ἐν Πλαταιαῖς ἔργου καὶ λελυ-
μένων λαμπρῶς τῶν σπονδῶν οἱ Ἀθηναῖοι παρεσκευάζοντο
ὡς πολεμήσοντες, παρεσκευάζοντο δὲ καὶ οἱ Λακεδαιμόνιοι
καὶ οἱ ξύμμαχοι αὐτῶν, πρεσβείας τε μέλλοντες πέμπειν
παρὰ βασιλέα καὶ ἄλλοσε ἐς τοὺς βαρβάρους, εἴ ποθέν τινα
ὠφέλειαν ἤλπιζον ἑκάτεροι προσλήψεσθαι, πόλεις τε ξυμμα-
χίδας ποιούμενοι ὅσαι ἦσαν ἐκτὸς τῆς ἑαυτῶν δυνάμεως. καὶ
Λακεδαιμονίοις μὲν πρὸς ταῖς αὐτοῦ ὑπαρχούσαις ἐξ Ἰταλίας
καὶ Σικελίας τοῖς τἀκείνων ἑλομένοις ναῦς ἐπετάχθησαν ποι-

pl. Be. πλαταιέων A.J. vulg. πλαταιῶν N.T.V.F.H. κελ. αὐτοῖς εἰπεῖν A.J. vulg.
αὐτοῖς om. N.T.V.F.H. πρὶν ἄν τί (sic) T.
§ 3. νενικημένων τὲ N.T. ξυνειλημμένων T. ὑστέρων F. (teste Br. tac. Ba.).
§ 4. δὴ οὐκ corr. N. (ἡ et add. spir. m. r.). κύρυξ T. (suprascr. m. ead.). κῆρυξ
A.J. Bekk.
§ 5. μετὰ ταῦτα T.A.J. σῖτον τὲ N.T. ς΄ φρουρ. ους T. ς΄ παισὶν T.

VII. γενομένου T. δὲ hab. N. om. V. σπονδῶν T. (suprascr. m. ead.). πρεσβείας
τὲ N. παρα (sic) N. ὠφέλειαν N.T.A.J. vulg. πόλεις τὲ N.T.
§ 2. ταῖς αὐτοῦ corr. N. (οὗ m. r. An fuit αὐτῶν?) Post ὑπαρχούσαις lit. N.
(op. ὑποστιγμῆς nam post ἑλομένοις ὑποστιγμὴν add. m. r.) ποιεῖσθαι add. N. post

§ 3. "For simultaneously with the
entrance of the Thebans the first mes-
senger was departing."
VII. § 2. I make no attempt to trans-
late a perhaps hopelessly corrupted
passage. I am persuaded that the
rendering "And for the Lacedaemoni-
ans in addition to the ships already on

the spot, states according to their mag-
nitude (αἱ πόλεις κατὰ μέγεθος, see on
I. 3, 2, p. 4 b) were enjoined to build
ships," is perfectly legitimate, the da-
tive appertaining either to ὑπαρχούσαις
(belonging to the Lac.) or to ναῦς ποιεῖσ-
θαι. But how to dovetail on to the rest
the intervening words ἐξ Ἰταλίας...ἑλο-

εἶσθαι κατὰ μέγεθος τῶν πόλεων, ὡς ἐς τὸν πάντα ἀριθμὸν
πεντακοσίων νεῶν ἐσομένων, καὶ ἀργύριον ῥητὸν ἑτοιμάζειν,
τά τ᾽ ἄλλα ἡσυχάζοντας καὶ Ἀθηναίους δεχομένους μιᾷ νηὶ
3 ἕως ἂν ταῦτα παρασκευασθῇ. Ἀθηναῖοι δὲ τήν τε ὑπάρχου-
σαν ξυμμαχίαν ἐξήταζον καὶ ἐς τὰ περὶ Πελοπόννησον μᾶλ-
λον χωρία ἐπρεσβεύοντο, Κέρκυραν καὶ Κεφαλληνίαν καὶ
Ἀκαρνᾶνας καὶ Ζάκυνθον, ὁρῶντες, εἰ σφίσι φίλια ταῦτ᾽ εἴη
βεβαίως, πέριξ τὴν Πελοπόννησον καταπολεμήσοντες.

VIII. ὀλίγον τε ἐπενόουν οὐδὲν ἀμφότεροι, ἀλλ᾽ ἔρ-
ρωντο ἐς τὸν πόλεμον, οὐκ ἀπεικότως· ἀρχόμενοι γὰρ πάντες
ὀξύτερον ἀντιλαμβάνονται, τότε δὲ καὶ νεότης πολλὴ μὲν

πόλεων (excurr. in marg. op. m. ead.) ead. colloc. in V. καὶ ἐς (pro ὡς ἐς) T.
de ϛ᾽ et ϛ᾽ permutatis vid. ad I. 2, 6. ῥητὸν om. N. suprascr. m. r. Ceterum
corruptela gravis et fortasse insanabilis hic se praebet. Pro ἐξ conjecit υξ᾽ (460)
ingeniose Krueger; ingeniosius σξ᾽ (260) et infra ἐπετάχθη σμ᾽ (240) Donaldsonus.
At cui probabitur Lacedaemoniis ineunte bello *ducentas sexaginta* naves fuisse?
Quis semel monitus in numero *quingentarum* navium non haereat? Diodor. Sic.
saltem modestius agit XII. 41. καὶ τοὺς κατὰ τὴν Σικελίαν καὶ Ἰταλίαν συμμάχους
διαπρεσβευσάμενοι διακοσίαις τριήρεσιν ἔπεισαν βοηθεῖν. Quanquam haud scio an
et ipse numerum auxerit. Ut in tantis tenebris, liceat mihi quoque aliquid peri-
clitari. καὶ...ὑπαρχούσαις, ἐξ Ἰταλίας καὶ Σικελίας τοῖς τἀκείνων ἑλομένοις ναῦς
ἐπετάχθη (οἳ καὶ πρὸς τὴν ξυμμαχίαν ἐτάχθησαν) ποιεῖσθαι κατὰ μέγεθος τῶν πόλεων, ὡς
ἐς τὸν πάντα ἀριθμὸν ρ᾽ (100). De ρ et φ confusis vid. Tab. VI. num. 13, VII. 12
post Bastii Comment. Palaeogr. Verba quae in uncinis sunt supplentur a III. 86, 3.
Vid. *not.* ἂν (post ἕως) om. V. hab. N.

§ 3. κεφαλληνίαν J. ἀκαρνάνας T. pr, N. ἀκαρνᾶνας corr. N. (acc. m. r.).᾽ ταῦτα
N.F. (teste Ba. tac. Br.). εἴη, βεβαίως interpungunt N.T.A.J. vulg. Bekk. Poppo.
Vid. *not.* καταπολεμήσαντες T.F. (teste Br. tac. Ba.). καταπολεμήσοντες corr. N.
οντες (m. ead. necne p. l.).

VIII. ὀλίγον τὲ N.T. ἔρρωντο (et ἔρρωτο § 6) N.T. Br. τότε δὴ omn. saltem pl.

μένοις (for the injunction was surely *on*
Italy and Sicily, not *for*), how to justify
the following accusatives ἡσυχάζοντας,
δεχομένους, and how to account for the
extraordinary number, passes my skill
in sense. For conjectures see *adn. crit.*
My own I render, "on those who from
Italy and Sicily espoused their cause it
was enjoined, &c."——μιᾷ νηΐ: cp. III.
71, 1, VI. 52, 1.

§ 3. τὰ περὶ Π. χωρία: not "round,"
but "in the neighbourhood of the Pelo-
ponnese." Cp. VII. 57, 7 τῶν τε περὶ Πε-
λοπόννησον νησιωτῶν Κεφαλλῆνες...Ζακύν-
θιοι...Κερκυραῖοι.——μᾶλλον "als ander-
swohin" Krueger, I think rightly.——βε-
βαίως certainly may be joined with κατα-
πολεμήσοντες, but εἰ σφίσι φίλια ταῦτ᾽ εἴη
alone would seem to imply that they were
courting friendly relations, whereas the

whole history shews that there existed
such friendly relations which they were
desirous to strengthen and confirm on a
solid basis. Nor does the omission of
Cephallenians in the list of Athenian
allies (ch. 9) militate against this view.
For the Athenian visit to Cephallenia
(ch. 30, 2) was not an unfriendly one.
The inhabitants were not reduced to
obedience but incorporated into alliance.
For the collocation of βεβαίως Ad. and
others quote IV. 20, 4 Λακεδαιμονίοις ἔξ-
εστιν ὑμῖν φίλους γενέσθαι βεβαίως.

VIII. Cp. VII. 59, 3 ὀλίγον οὐδὲν ἐς
οὐδὲν ἐπενόουν.——ὑπὸ ἀπειρίας. I. 80, 1 is
referred to by Krueger. The Scholiast
quotes the proverb γλυκὺς ἀπείρῳ πόλε-
μος. Inexperti belli amor Tac. Hist.
II. 4. (So for *labor*, repeated by a cleri-
cal error, recent Edd.)

οὖσα ἐν τῇ Πελοποννήσῳ πολλὴ δ' ἐν ταῖς Ἀθήναις οὐκ
ἀκουσίως ὑπὸ ἀπειρίας ἥπτετο τοῦ πολέμου, ἥ τε ἄλλη Ἑλ-
λὰς πᾶσα μετέωρος ἦν ξυνιουσῶν τῶν πρώτων πόλεων. καὶ
πολλὰ μὲν λόγια ἐλέγοντο, πολλὰ δὲ χρησμολόγοι ᾖδον ἔν τε
τοῖς μέλλουσι πολεμήσειν καὶ ἐν ταῖς ἄλλαις πόλεσιν. ἔτι δὲ
Δῆλος ἐκινήθη ὀλίγον πρὸ τούτων, πρότερον οὔπω σεισθεῖσα
ἀφ' οὗ Ἕλληνες μέμνηνται· ἐλέγετο δὲ καὶ ἐδόκει ἐπὶ τοῖς
μέλλουσι γενήσεσθαι σημῆναι. εἴ τέ τι ἄλλο τοιουτότροπον
ξυνέβη γενέσθαι, πάντα ἀνεζητεῖτο. ἡ δὲ εὔνοια παρὰ πολὺ
ἐποίει τῶν ἀνθρώπων μᾶλλον ἐς τοὺς Λακεδαιμονίους, ἄλλως
τε καὶ προειπόντων ὅτι τὴν Ἑλλάδα ἐλευθεροῦσιν. ἔρρωτό

omn. si Bekkeri silentium recte interpretor, de V. tac. Ad. οὐκακουσίως pr. N.
οὐκ ἀκουσίως corr. N. (add. spir. m. r.).   συνιουσῶν N.V.H.
   § 2.   ἐλέγετο A.J. vulg. Bekk. Sed ἐλέγοντο N.T.V.F. pl. Be. Poppo.   ἔλεγον H.
χρησμολόγοι corr. N. (οι m. ead. necne p. l.).   μέλλουσι corr. N. (έ m. ead. op.).
   § 3.   ὀλίγω (sic) A.J.   ὀλίγῳ re. F. (teste Br.) vulg.   ὀλίγων T.   ὀλίγον N.T.V.
pl. omn. Be.   τούτων corr. T. (ου m. ead.).
   § 4.   εἴτέ τι N.T.A.J.
   § 5.   παραπολύ T.A.J. vulg.   ἐπῄει cum sequi. libr. Bauer.   ἐποίει A.J.N.T.V.H.
(de F. in dubio est, nam. tac. Ba. "ἐπῄει G." Br.).   ἀνῶ'ν N.T.   μάλιστα V.   μᾶλλον N.

   § 2.   λόγιά ἐστι τὰ παρὰ τοῦ θεοῦ λε-
γόμενα καταλογάδην (in prose).   χρησμοὶ
δὲ οἵτινες ἐμμέτρως. Schol.   The words of
Th. seem to countenance this view, at
least as far as the one are uttered in
prose, the other in verse, but λόγια may
not necessarily be bound to deorum
voces, but include (as Haack says) prae-
sagia vatum, and probably omina in its
strict sense (voces hominum, as Cicero
says 1. de Divin. 45, 102, citing in-
stances). The distinction however is
not always observed, as every reader of
Ar. Equites well knows.——I have fol-
lowed the best Mss. in restoring ἐλέ-
γοντο, believing fully that the hitherto
unexplained usage in Greek of neuters
plural followed by verb singular is by no
means universal.
   § 3.   The discrepancy between Hero-
dotus VI. 98 and Th. may possibly be
never reconciled. I readily accept the
words of Thirlw. III. p. 123 "The holy
island of Delos had been recently shaken
by an earthquake. It was forgotten, or
was never known out of Delos itself,
that this had happened already, just

before the first Persian invasion." Thu-
cydides therefore treated the Delians'
account as a mere figment of the priests.
Herodotus himself qualifies his story,
ὡς ἔλεγον οἱ Δήλιοι.——σημῆναι: "to
serve as a mark for." σημεῖον εἶναι says
Schol., probably rather σημεῖον ποιεῖν
(significare). So v. 20, 2 ἐς τὰ προγε-
γενημένα σημαινόντων, and Xenoph. Hel-
len. v. 4, 17 ἀπιόντι γε μὴν ἄνεμος αὐτῷ
ἐξαίσιος ἐπεγένετο, ὃν καὶ οἰωνίζοντό τινες
σημαίνειν πρὸ τῶν μελλόντων.
   § 5.   παρὰ πολὺ ἐποίει... ἐς "made a
long way for." I think there is no
precisely similar expression iu stand-
ard Greek, but it has been imitated by
Appian. Bell. Civ. I. § 82 (quoted by
Krueger) ἡ γὰρ εὔνοια τῶν ἀνδρῶν ἐς τοὺς
ὑπάτους παρὰ πολὺ ἐποίει. The Latin
phrase facere ad (in) "make for, con-
duce to," is not dissimilar.——προειπόν-
των: the gen. absolute so frequently is
found in Th. that it seems to require
no notice.
   § 6.   Cp. IV. 14, 2. Milton has some-
what varied this conceit: Each on him-
self rely'd | As only in his arm the

τε πᾶς καὶ ἰδιώτης καὶ πόλις εἴ τι δύναιτο καὶ λόγῳ καὶ
ἔργῳ ξυνεπιλαμβάνειν αὐτοῖς· ἐν τούτῳ τε κεκωλῦσθαι ἐδόκει
7 ἑκάστῳ τὰ πράγματα ᾧ μή τις αὐτὸς παρέσται. οὕτως ὀργῇ
εἶχον οἱ πλείους τοὺς Ἀθηναίους, οἱ μὲν τῆς ἀρχῆς ἀπολυθῆ-
8 ναι βουλόμενοι, οἱ δὲ μὴ ἀρχθῶσι φοβούμενοι. παρασκευῇ
μὲν οὖν τοιαύτῃ καὶ γνώμῃ ὥρμηντο,

IX. πόλεις δὲ ἑκάτεροι τάσδ᾽ ἔχοντες ξυμμάχους ἐς
2 τὸν πόλεμον καθίσταντο. Λακεδαιμονίων μὲν οἵδε ξύμμαχοι,
Πελοποννήσιοι μὲν οἱ ἐντὸς ἰσθμοῦ πάντες πλὴν Ἀργείων
καὶ Ἀχαιῶν (τούτοις δ᾽ ἐς ἀμφοτέρους φιλία ἦν· Πελληνῆς δὲ
Ἀχαιῶν μόνοι ξυνεπολέμουν τὸ πρῶτον, ἔπειτα δὲ ὕστερον
καὶ ἅπαντες), ἔξω δὲ Πελοποννήσου Μεγαρῆς, Φωκῆς, Λοκροί,
3 Βοιωτοί, Ἀμπρακιῶται, Λευκάδιοι, Ἀνακτόριοι. τούτων ναυ-
τικὸν παρείχοντο Κορίνθιοι, Μεγαρῆς, Σικυώνιοι, Πελληνῆς,
Ἠλεῖοι, Ἀμπρακιῶται, Λευκάδιοι, ἱππέας δὲ Βοιωτοί, Φωκῆς,
4 Λοκροί· αἱ δ᾽ ἄλλαι πόλεις πεζὸν παρεῖχον. αὕτη Λακεδαι-
5 μονίων ξυμμαχία. Ἀθηναίων δὲ Χῖοι, Λέσβιοι, Πλαταιῆς,
Μεσσήνιοι οἱ ἐν Ναυπάκτῳ, Ἀκαρνάνων οἱ πλείους, Κερκυ-
ραῖοι, Ζακύνθιοι, καὶ ἄλλαι πόλεις αἱ ὑποτελεῖς οὖσαι ἐν

§ 6. πολίτης T.J. edd. ante Bauer. πόλις A.N.F.H. al. τούτῳ τε N.T.
κεκωλύσθαι N.A.J. vulg. κεκωλῦσθαι T. παρέσται corr. N. (corr. αι add. acc. m. r.).
§ 7. πλέους vulg. πλείους N.T.V.F.H. omn. Be. A.J. οἱ μὲν...οἱ δὲ T. ἀχθῶσι H.
§ 8. καὶ γνώμη τοιαύτη N. vulg. τοιαύτη καὶ γνώμη T.A.J.F. (si Bekkeri silen-
tium recte interpretor, de F. et H. tac. Ba. ut possis colligere utrumque cum vulg.
consentire. De V. tac. Ad.).
IX. πόλεις δὲ N.T. (de V. tac. Ad.) F. (teste Ba. tac. Be.) H. Popp. πόλεις δ᾽
A.J. vulg. Bekk.
§ 2. τούτοις...ξυνεπολέμουν om. N. add. N. marg. m. r. τούτοις...ἀχαιῶν om. T.
al. propter homoeoteleuton. hab. in margine F. (teste Br. tac. Ba.). πελληνῆς N. m.
A.J. vulg. "πελληνεῖς F." Br. "man. rec. alterum λ superscr." Ba. τοπρῶτον
N.T.A.J. vulg. τὸ πρῶτον F.H. μεγαρεῖς et sim. constanter N.T. -ῆς A.J. vulg.
λοκροὶ βοιωτοὶ φωκῆς A.J. vulg. φ. λ. β. N.T.V.H.F. (si recte interpr. sil. Bekk.
Contra potest colligi ex sil. Baueri cum vulg. consentire F.). ἀμβρακιῶται T. (et § 3)
F. (teste Br. tac. Ba.).
§ 3. μεγαρεῖς post ἠλεῖοι pon. N.V. (hab. -ῆς) λοκροὶ φωκεῖς V. φωκεῖς λοκροὶ N.
φωκεῖς om. T.
§ 4. αὕτη μὲν A.J. vulg. μὲν om. N.T.V.F.H. al.
§ 5. μεσήνιοι N.T. θαλάσσῃ corr. N. (lit. supr. αλ. add. acc. corr. η m. r.).

moment lay | Of victory. Par. Lost, VI.
238.
§ 7. οὕτως ὀργῇ can hardly mean ἐν
τοιαύτῃ ὀργῇ, and the conjecture of
Valckenaer (on Herod. v. 81) is plausi-
ble, οὕτως ὀργῆς εἶχον οἱ πλείους ἐς...as
φιλία ἐς 9, 2, ἔχθρα ἐς 68, 9.
IX. § 5. ἐν ἔθνεσι τοσοῖσδε Καρία
κ.τ.λ. The string of nominatives fol-
lowing the dative is remarkable. Similar

ἔθνεσι τοσοῖσδε, Καρία ἡ ἐπὶ θαλάσσῃ, Δωριῆς Καρσὶ πρόσ-
οικοι, Ἰωνία, Ἑλλήσποντος, τὰ ἐπὶ Θρᾴκης, νῆσοι ὅσαι
ἐντὸς Πελοποννήσου καὶ Κρήτης πρὸς ἥλιον ἀνίσχοντα, πᾶ-
6 σαι αἱ ἄλλαι Κυκλάδες πλὴν Μήλου καὶ Θήρας. τούτων
ναυτικὸν παρείχοντο Χῖοι, Λέσβιοι, Κερκυραῖοι, οἱ δ᾽ ἄλλοι
7 πεζὸν καὶ χρήματα. ξυμμαχία μὲν αὕτη ἑκατέρων καὶ πα-
ρασκευὴ ἐς τὸν πόλεμον ἦν.

X. οἱ δὲ Λακεδαιμόνιοι μετὰ τὰ ἐν Πλαταιαῖς εὐθὺς
περιήγγελλον κατὰ τὴν Πελοπόννησον καὶ τὴν ἔξω ξυμμα-
χίαν στρατιὰν παρασκευάζεσθαι ταῖς πόλεσι τά τε ἐπιτήδεια
οἷα εἰκὸς ἐπὶ ἔξοδον ἔκδημον ἔχειν, ὡς ἐσβαλοῦντες ἐς τὴν
2 Ἀττικήν. ἐπειδὴ δὲ ἑκάστοις ἕτοιμα γίγνοιτο κατὰ τὸν χρό-
νον τὸν εἰρημένον, ξυνῄεσαν τὰ δύο μέρη ἀπὸ πόλεως ἑκάστης
3 ἐς τὸν ἰσθμόν. καὶ ἐπειδὴ πᾶν τὸ στράτευμα ξυνειλεγμένον
ἦν, Ἀρχίδαμος ὁ βασιλεὺς τῶν Λακεδαιμονίων, ὥσπερ ἡγεῖτο
τῆς ἐξόδου ταύτης, ξυγκαλέσας τοὺς στρατηγοὺς τῶν πόλεων

δωριεῖς corr. N. εις (m. ead.). ἑλλήσποντος ἐπὶ θρᾴκης N. γρ. ἐλήσποντος (sic) τὰ ἐπὶ
θρᾴκης N. marg. m. r. τὰ om. T.F.H. al. ὅσαι (non ὅσοι) ἦσαν ἐντὸς N.F.H. νῆσοι
ἄλλαι ὅσαι ἦσαν ἐντὸς V.
§ 6. οἱ δὲ ἄλλοι τ. ς᾽ T.
X. περιήγγελον J. ξυμμαχίδα A.J. vulg. συμμαχίαν N. ξυμμαχίαν T.V.F.H.
al. utrumque probum.
§ 2. ἕτοιμα Bekk. γίγνοιντο T.V. ἑκάστοις pr. H.
§ 3. ἐπεὶ δὴ T. sed pr. acc. cal. transv. induct. συγκαλέσας N.T.V. πασῶν

---

loosely constructed sentences are found
elsewhere. Plat. Theaet. p. 156 B αἱ μὲν
οὖν αἰσθήσεις τὰ τοιάδε ἡμῖν ἔχουσιν ὀνό-
ματα, ὄψεις τε καὶ ἀκοαὶ κ.τ.λ. (though
κεκλημέναι which appears late in the
clause somewhat modifies the anacolu-
thon), Arist. Rhetor. 1. 6, 8 ὡς δὲ καθ᾽
ἓν εἰπεῖν, ἀνάγκη ἀγαθὰ εἶναι τάδε, εὐ-
δαιμονία...δικαιοσύνη, ἀνδρία κ.τ.λ.——τὰ
ἐπὶ Θρᾴκης is so frequently mentioned
in Th. as a special district that the ar-
ticle cannot be dispensed with. In its
widest application it may be defined to
embrace Chalcidice, with its three pro-
jecting tongues of land, together with
all the Hellenic colonies stretching east-
ward along the line of the sea-coast,
terminating at some point to the west
of the region called the Hellespont. It
is bordered on the west by Macedonia.

It included also Thasos if not more of
the northern islands of the Aegean:
see VIII. 64, 2. That Lemnos is not
mentioned in the catalogue is probably
to be accounted for from its being reck-
oned as part of Asia Minor, and so as
well as Lesbos, Chios, &c., would be
enumerated under Δωριῆς...Ἰωνία, Ἑλλή-
σποντος.

X. § 2. The distinction between op-
tative ἐπειδὴ γίγνοιτο "when the re-
spective contingents were ready," and
the indicative ἐπειδὴ ξυνειλεγμένον ἦν
§ 3 "when all were mustered," is so
clear as hardly to deserve a passing
notice.

§ 3. I have ventured to give the
reading of N. and V. the invariable
position in Thuc. when ushering in a
speech of τοιάδε, τάδε, ὧδε with but one

πασῶν καὶ τοὺς μάλιστα ἐν τέλει καὶ ἀξιολογωτάτους παρεῖ-
ναι ἔλεξε τοιάδε.

XI. "ΑΝΔΡΕΣ Πελοποννήσιοι καὶ οἱ ξύμμαχοι, καὶ οἱ
" πατέρες ἡμῶν πολλὰς στρατείας καὶ ἐν αὐτῇ Πελοποννήσῳ
" καὶ ἔξω ἐποιήσαντο, καὶ αὐτῶν ἡμῶν οἱ πρεσβύτεροι οὐκ
" ἄπειροι πολέμων εἰσίν· ὅμως δὲ τῆσδε οὔπω μείζονα παρα-
" σκευὴν ἔχοντες ἐξήλθομεν, ἀλλὰ καὶ ἐπὶ πόλιν δυνατωτάτην
" νῦν ἐρχόμεθα καὶ αὐτοὶ πλεῖστοι καὶ ἄριστοι στρατεύοντες.
2 " δίκαιον οὖν ἡμᾶς μήτε τῶν πατέρων χείρους φαίνεσθαι μήτε
3 " ἡμῶν αὐτῶν τῆς δόξης ἐνδεεστέρους. ἡ γὰρ Ἑλλὰς πᾶσα
" τῇδε τῇ ὁρμῇ ἐπῆρται καὶ προσέχει τὴν γνώμην, εὔνοιαν
" ἔχουσα διὰ τὸ Ἀθηναίων ἔχθος πρᾶξαι ἡμᾶς ἃ ἐπινοοῦμεν.
4 " οὔκουν χρή, εἴ τῳ καὶ δοκοῦμεν πλήθει ἐπιέναι καὶ ἀσφά-

om. T. τοιάδ' ἔλεξεν F.H. Bekk. Poppo. T. τοιάδ' ἔλεξε T.A.J. ἔλεξε τοιάδε N.V.
quod reposui, quanquam optima est conjectura Madvigii Adv. Crit. p. 309 not.
παρῆνει pro παρεῖναι, omisso ἔλεξε.

XI. δημηγορία N. marg. δημηγορία ἀρχιδάμου πρ̱ᵃ̱ πελοποννησίους T. marg.

litt. min. οἱ πρε̄́ς (om. καί) N. sed οἱ corr. post lit. pl. litt. cap. m. r. (fuit
K. οἱ) οἱ πρε̄́ς T. καί om. T.V.F. ("καί a manu recentiori additum" Ba.)
pl. Be. στρατιᾶς (sic) T. αὐτῇ τῇ πελοποννήσῳ A.J. vulg. τῇ om. N.T.V.H. omn.
praeter 1 Be. (de F. tac. Ba.). ἡμῶν αὐτῶν A.J. vulg. αὐτῶν ἡμῶν N.T.V.H. (de F.
tac. Ba.) al. οὐκ ἄπειροι om. T. ἄριστα T.
   § 2. πρῶ̄ν N.T. αὐτῶν τε τῆς δόξης N.
   § 3. προέχει T. ἔχουσα (sic) J.
   § 4. ἀσφαλείᾳ πολλῇ pr. N. ἀσφάλεια πολλὴ corr. N. (m. ead. vid.). ἀσφαλεία

exception to the best of my memory
τοιάδε παρεκελεύετο VI. 67, 3. (Iu one
of the two instances where Th. departs
from his ordinary rule—see on I. 31, 4
—we have the collocation ἐς τὸ κοινὸν
τοιούτους δὴ λόγους εἶπεν.) Besides the
cadence to my mind is wonderfully im-
proved. I confess Madvig's conjecture
when first known to me nearly took me
by storm, but παρεῖναι so naturally fol-
lows ξυγκαλέσας (not ἀξιολογωτάτους)
that I retain it.

XI. "As our fathers have gone on
many campaigns both within and with-
out the Peloponnese, so are the elder
of ourselves, &c.," and below, "while it
is a most powerful state which we are
marching against, ourselves also, &c."
may serve for a rendering of a couple of
pairs of the frequently recurring καί.

§ 2. δίκαιον, κ.τ.λ., substituted for
the more idiomatic δίκαιοι οὖν ἐσμὲν
μήτε...ἐνδεέστεροι.

§ 3. ἐπῆρται, precisely our "is on
the tiptoe."——εὔνοιαν ἔχουσα, "having
goodwill that we succeed," i.e. "wishing
from goodwill our success," a pregnant
expression that has been compared with
III. 83, 3 καταφρονοῦντες κἂν προαισθέσθαι,
V. 40, 3 ἐν φρονήματι ὄντες τῆς Πελοπον-
νήσου ἡγήσεσθαι.

§ 4. εἴ τῳ καὶ δ. Neither here nor
§ 7 εἰ μὴ καὶ νῦν do I recognise a mis-
placed καί. "If one actually imagines,"
" if not even now."——ἀσφαλείᾳ πολλῇ
might stand if εἶναι were omitted, but
δοκεῖ is easily supplied from δοκοῦμεν.
——I join ἀλλὰ καί here, though § 1
I have separated them conceiving καί
πόλιν corresponded to καὶ αὐτοί, "but
rather in each contingent state, officer
and soldier should be ever in expecta-

"λεια πολλὴ εἶναι μὴ ἂν ἐλθεῖν τοὺς ἐναντίους ἡμῖν διὰ μά-
"χης, τούτου ἕνεκα ἀμελέστερόν τι παρεσκευασμένους χωρεῖν,
"ἀλλὰ καὶ πόλεως ἑκάστης ἡγεμόνα καὶ στρατιώτην τὸ καθ'
5 "αὑτὸν ἀεὶ προσδέχεσθαι ἐς κίνδυνόν τινα ἥξειν. ἄδηλα γὰρ
"τὰ τῶν πολέμων, καὶ ἐξ ὀλίγου τὰ πολλὰ καὶ δι' ὀργῆς αἱ
"ἐπιχειρήσεις γίγνονται· πολλάκις τε τὸ ἔλασσον πλῆθος
"δεδιὸς ἄμεινον ἠμύνατο τοὺς πλέονας διὰ τὸ καταφρονοῦντας
6 "ἀπαρασκεύους γενέσθαι. χρὴ δὲ ἀεὶ ἐν τῇ πολεμίᾳ τῇ μὲν
"γνώμῃ θαρσαλέους στρατεύειν, τῷ δὲ ἔργῳ δεδιότας παρα-
"σκευάζεσθαι· οὕτω γὰρ πρός τε τὸ ἐπιέναι τοῖς ἐναντίοις
"εὐψυχότατοι ἂν εἶεν, πρός τε τὸ ἐπιχειρεῖσθαι ἀσφαλέστα-
7 "τοι. ἡμεῖς δὲ οὐδ' ἐπὶ ἀδύνατον ἀμύνεσθαι οὕτω πόλιν
"ἐρχόμεθα, ἀλλὰ τοῖς πᾶσιν ἄριστα παρεσκευασμένην, ὥστε
"χρὴ καὶ πάνυ ἐλπίζειν διὰ μάχης ἰέναι αὐτούς, εἰ μὴ καὶ
"νῦν ὥρμηνται ἐν ᾧ οὔπω πάρεσμεν, ἀλλ' ὅταν ἐν τῇ γῇ

πολλῇ T.F. (teste Br. tac. Ba.) H. pl. Be.   ἀνελθεῖν pr. N.   ἂν ἐλθεῖν corr. N. (add.
acc. spir. m. r.).   ἐθέλειν A.J.   τούτων A.J. vulg.   τούτου N.T.V.F.H. pl. omn. Be.
τὸ καθ' ἑαυτὸν T.   ἥξειν pr. T.   εἴξειν vid. corr. T.   ἥξειν T. marg. (m. ead. op.).
§ 5.   ὀλίγου N. (ov post lit. cum damno chartae).   πολλάκις τὲ N.T.   τοὺς
πλέοντας T. τοὺς πλέονας T. marg (m. ead.)
§ 6.   δεδιώτας (sic) J.   παρεσκευάσθαι A.J. vulg.   παρασκευάζεσθαι N.T.V.F.H.
omn. praeter 1 Be.   εὐψυχώτατοι H.   ἀσφαλέστατον T.
§ 7.   παρεσκευασμέν′ corr. N. (ην m.r.).   αὐτοὺς διὰ μάχης ἰέναι N.V.   δηοῦντας
τὲ T.   τᾳκείνων A.J.

tion that himself may come into dan-
ger." τὸ καθ' αὐτόν might mean "his
own division;" see on 1. 48, 3. But the
insertion of στρατιώτην gives the sense
"for his own part."

§ 5. ἐξ ὀλίγου, "at a short notice,"
as v. 64, 4, 65, 5, where it is coupled
with αἰφνιδίῳ.——For δεδιὸς and its an-
tithetic words see note on 1. 36, 1.

§ 6. In spirit march with boldness;
in action make your preparations with
caution. The old reading παρεσκευά-
σθαι has no standing place here.——
πρός τε τὸ ἐπ. "and for sustaining an
attack most secure."

§ 7. Madvig. Adv. Crit. p. 309 wishes
to remove οὕτω as repeated from two
lines preceding. He objects to its posi-
tion. But surely this is captious. It

seems immaterial whether we say οὐ ῥᾳ-
δίως οὕτως or οὐχ οὕτω ῥᾳδίως, though
"non obtusa adeo gestamus pectora Teu-
cri" in Latin is rare. "Not so power-
less [to resist] as they would have us
believe." AD.——τἀκείνων not for τὰ
σφέτερα, but "the lands of those yonder."
He is pointing to the plain of Attica. So
in the short speech of Hippocrates before
the battle of Delium, IV. 95, 2 ἐν δὲ
μιᾷ μάχῃ τήνδε τε προσκτᾶσθε καὶ ἐκείνην
(yonder your father-land) μᾶλλον ἐλευθε-
ροῦτε. Cp. Scipio's address to his soldiers
on the banks of the Ticinus Liv. XXI. 41,
17 identidem hoc animo reputet, nostras
nunc intueri manus senatum populum-
que Romanum: qualis nostra vis virtus-
que fuerit, talem deinde fortunam illius
urbis ac Romani imperii fore.

14

8 "ὁρῶσιν ἡμᾶς δηοῦντάς τε καὶ τἀκείνων φθείροντας. πᾶσι
"γὰρ ἐν τοῖς ὄμμασι καὶ ἐν τῷ παραυτίκα ὁρᾶν πάσχοντάς
"τι ἄηθες ὀργὴ προσπίπτει· καὶ οἱ λογισμῷ ἐλάχιστα χρώ-
9 "μενοι θυμῷ πλεῖστα ἐς ἔργον καθίστανται. Ἀθηναίους δὲ
"καὶ πλέον τι τῶν ἄλλων εἰκὸς τοῦτο δρᾶσαι, οἳ ἄρχειν τε
"τῶν ἄλλων ἀξιοῦσι καὶ ἐπιόντες τὴν τῶν πέλας δηοῦν μᾶλ-
10 "λον ἢ τὴν ἑαυτῶν ὁρᾶν. ὡς οὖν ἐπὶ τοσαύτην πόλιν στρα-
"τεύοντες, καὶ μεγίστην δόξαν οἰσόμενοι τοῖς τε προγόνοις
"καὶ ἡμῖν αὐτοῖς ἐπ᾽ ἀμφότερα ἐκ τῶν ἀποβαινόντων, ἕπεσθε
"ὅπη ἄν τις ἡγῆται, κόσμον καὶ φυλακὴν περὶ παντὸς ποιού-
"μενοι καὶ τὰ παραγγελλόμενα ὀξέως δεχόμενοι· κάλλιστον

§ 8. ὄμασι T. (supraser. m. ead.). πάσχοντάς τε pr. H. πάσχοντάς τι corr. H.
ς᾽ οἱ T.). ἐλάχιστοι T.
§ 9. πλέον τι A.J. πλέον τι T. vulg. πλέον τι N. δρᾶσαι corr. N. (acc. fuit
δρᾶσαι T.). ἄρχειν τὲ T.
§ 10. Pro τοσαύτην, τὴν ἄλλην T. ut aliq. Be. F. ("additis in margine γρ.:
τοσαύτην δ καὶ βέλτιον" Br.). Exscribo notam Baueri, quid sibi velit plane
ignorans: "ἐπὶ τοσαύτην π. Cass. [H.] et in Marg. γρ. ὡς οὖν ἐπὶ τοσαύτην πόλιν
δ καὶ βέλτιον. Unde apparet, in libro, e quo id descriptum est, τοιαύτην, vel
ἄλλην fuisse. In Aug. [F.] τοσαύτην sed, ut videtur, correct. ab antiqua tamen
manu." [Fortasse voluit scribere "in Aug. Marg. γρ. κ.τ.λ." nam infra scribit
"τοσαύτην, quod, ut e cod. Aug. notavimus, melius est."] ἐπ᾽ (ante ἀμφότερα)
om. N.V. ἔπεσθ᾽ ὅποι A.J. vulg. ἔπεσθε ὅπη N.T.F. ἔπεσθαι ὅπη V. (teste Ad.)
ἔπαισθε ὅπη H. παραγγελόμενα T.

§ 8. The first clause in this section is certainly rugged, but bears no trace of corruption: πᾶσι... ὁρᾶν πάσχοντας is in keeping with ἔξεστιν ἐμοὶ εὐδαίμονα εἶναι, and the abrupt substitution of ὀργὴ προσπίπτει for the more tame ὀργὴν ἐμποιεῖ seems quite oratorical. Cp. ταῦτα ἀπορία ἐστί, of which examples might easily be produced. There is a somewhat similar abruptness 4ξ, 4 μὴ χείροσι γενέσθαι ὑμῖν, μεγάλη ἡ δόξα, and in the speech of Gylippus VII. 68, 3 τὸ δὲ... τούσδε τε κολασθῆναι καὶ τῇ πάσῃ Σικελίᾳ καρπουμένῃ καὶ πρὶν ἐλευθερίαν παραδοῦναι, καλὸς ὁ ἀγών. Cp. also VIII. 46, 3 εὐτελέστερα δὲ τὰ δεινά, βραχεῖ μορίῳ τῆς δαπάνης καὶ ἅμα μετὰ τῆς ἑαυτοῦ ἀσφαλείας αὐτοὺς περὶ ἑαυτοὺς τοὺς Ἕλληνας κατατρῖψαι (though this Book clearly has not received the Author's summa manus). I can readily conceive that a writer some centuries ago might have penned, "With all to see before their eyes presently themselves suffering somewhat unwonted, there doth fall upon them anger." I give as a sample of English in the 16th century an extract from a letter to Cecil written by Warwick, afterwards Duke of Northumberland, father of Elizabeth's Leicester and father-in-law of Lady Jane Grey; "Being desirous to hear whether my Lord hath proceeded with the arrogant Bishop (Stephen Gardiner) according to his deservings, is the chief occasion of my writing to you at this time," a mixture, as we critics say, of two constructions, "being desirous...I am chiefly prompted to write," and "my desire...is the chief occasion." (Tytler's England under Edward VI. and Mary, Vol. I. p. 108.) ——ἐν τοῖς ὄμμασιν ὁρᾶν: So Homer first ἐν ὀφθαλμοῖσιν ὁρῶμαι. For this use of ἐν see on I. 93, 6.

§ 9. ὁρᾶν: supply δηουμένην.

§ 10. ἐπ᾽ ἀμφότερα: see on I. 83, 3.

"γὰρ τόδε καὶ ἀσφαλέστατον, πολλοὺς ὄντας ἑνὶ κόσμῳ
"χρωμένους φαίνεσθαι."

XII. Τοσαῦτα εἰπὼν καὶ διαλύσας τὸν ξύλλογον ὁ Ἀρ-
χίδαμος Μελήσιππον πρῶτον ἀποστέλλει ἐς τὰς Ἀθήνας τὸν
Διακρίτου ἄνδρα Σπαρτιάτην, εἴ τι ἄρα μᾶλλον ἐνδοῖεν οἱ
2 Ἀθηναῖοι ὁρῶντες ἤδη σφᾶς ἐν ὁδῷ ὄντας. οἱ δὲ οὐ προσε-
δέξαντο αὐτὸν ἐς τὴν πόλιν οὐδ' ἐπὶ τὸ κοινόν· ἦν γὰρ Περι-
κλέους γνώμη πρότερον νενικηκυῖα κήρυκα καὶ πρεσβείαν μὴ
προσδέχεσθαι Λακεδαιμονίων ἐξεστρατευμένων· ἀποπέμπου-
σιν οὖν αὐτὸν πρὶν ἀκοῦσαι καὶ ἐκέλευον ἐκτὸς ὅρων εἶναι
αὐθημερόν, τό τε λοιπὸν ἀναχωρήσαντας ἐπὶ τὰ σφέτερα αὐ-
3 τῶν ἤν τι βούλωνται πρεσβεύεσθαι. ξυμπέμπουσί τε τῷ
4 Μελησίππῳ ἀγωγοὺς ὅπως μηδενὶ ξυγγένηται. ὁ δὲ ἐπειδὴ
ἐπὶ τοῖς ὁρίοις ἐγένετο καὶ ἔμελλε διαλύσεσθαι, τοσόνδε εἰπὼν
ἐπορεύετο ὅτι "ἥδε ἡ ἡμέρα τοῖς Ἕλλησι μεγάλων κακῶν
5 ἄρξει." ὡς δὲ ἀφίκετο ἐς τὸ στρατόπεδον καὶ ἔγνω ὁ Ἀρχί-
δαμος ὅτι οἱ Ἀθηναῖοι οὐδέν πω ἐνδώσουσιν, οὕτω δὴ ἄρας

XII. λύσας T. ΔΙΑ facile excidit post ΑΙ et ante Λ. σύλλογον N.V. μελλή-
σιππον T. (teste Br. tac. Ba.) H.F. Λακρίτου, pro Διακρίτου, satis ingeniose restitu-
tum vult Cobet. Nov. Lect. p. 339.
    § 2. οἱ δὲ T. λακεδαιμονίων om. pr. N. add. N. m. r. exc. in marg. αὐτη-
μερόν J. ἀναχωρήσαντες vulg. ἀναχωρήσαντες T. (m. ead.). ἀναχωρήσαντας A.J.N.
al. ut vid. Nam vulg. fort. errore typographico in Edit. Hudson. irrepsit. ἤν τινα T.
βούλωνται pr. H.
    § 3. πέμπουσι T. μελλησίππω H. μελησίππω hic T.
    § 4. ὅ δ' ἐπειδὴ N.T.A.J. ὁ δ' ἐπειδὴ V.F.H. διαλύεσθαι A.J. vulg. δια-
λύεσθαι pr. N. διαλύεσθαι corr. N. (suprascr. σ m. r.). διαλύσεσθαι V.F.H. pl. Be.
διαλύσασθαι T. τοσόνδε εἰπὼν ἐπορεύετο corr. N. (εἰπὼν ἔπο exc. in marg. add. m. r.
ρεύετο post lit. add. m. r. fuit τοσόνδε εἰπὼν). ἐπορεύετο om. F. (teste Br. "in Aug.
sed a manu antiqua, ut videtur, superscriptum" Ba.). ἐπαρεύετο (op.) T. suprascr.
m. ead.
    § 5. οἱ ἀθηναῖοι om. N. add. N. marg. m. r. προυχώρει N. Bekk.

XII. § 2. οὐ προσεδέξαντο "did not
admit," μὴ προσδέχεσθαι, "to refuse to
admit." See on de Fals. Leg. § 365.
For γνώμη νενικηκυῖα see on § 49 of same
Edition.
    § 4. This memorable saying clearly
suggested to Aristoph. the prayer Pac.
435 σπεύδοντες εὐχώμεσθα τὴν νῦν ἡμέραν
| Ἕλλησιν ἄρξαι πᾶσι πολλῶν κἀγαθῶν.
    § 5. That οὐπώποτε, τίς πώποτε, μη-
πώποτε, were not used with a future

till the decay of the language, seems on
all hands to be acknowledged. (τίς γὰρ
ἁλώσεται πώποτε ψευδομαρτυρῶν; Dem. c.
Steph. 1. p. 1115 § 45 is to my surprise
retained by Bekk. Ed. st. and the Zu-
rich Edition, but there πω seems to
have crept in from a clerical error in
writing ποποτε for ποτε. Cratin. jun.
ἐν Τιτᾶσι Mein. Frag. Poet. Com. Tom.
III. p. 377 still wants a corrector.) But
as to οὔπω no such obligation attaches.

6 τῷ στρατῷ προὐχώρει ἐς τὴν γῆν αὐτῶν. Βοιωτοὶ δὲ μέρος
μὲν τὸ σφέτερον καὶ τοὺς ἱππέας παρείχοντο Πελοποννησίοις
ξυστρατεύειν, τοῖς δὲ λειπομένοις ἐς Πλάταιαν ἐλθόντες τὴν
γῆν ἐδῄουν.

XIII. ἔτι δὲ τῶν Πελοποννησίων ξυλλεγομένων τε ἐς
τὸν ἰσθμὸν καὶ ἐν ὁδῷ ὄντων, πρὶν ἐσβαλεῖν ἐς τὴν Ἀττικήν,
Περικλῆς ὁ Ξανθίππου στρατηγὸς ὢν Ἀθηναίων δέκατος
αὐτὸς ὡς ἔγνω τὴν ἐσβολὴν ἐσομένην, ὑποτοπήσας, ὅτι Ἀρ-
χίδαμος αὐτῷ ξένος ὢν ἐτύγχανε, μὴ πολλάκις ἢ αὐτὸς ἰδίᾳ
βουλόμενος χαρίζεσθαι τοὺς ἀγροὺς αὐτοῦ παραλίπῃ καὶ μὴ
δῃώσῃ, ἢ καὶ Λακεδαιμονίων κελευσάντων ἐπὶ διαβολῇ τῇ
αὐτοῦ γένηται τοῦτο, ὥσπερ καὶ τὰ ἄγη ἐλαύνειν προεῖπον

§ 6. ξυνστρατεύειν H.   λιπομένοις F. (teste Br. tac. Ba.).
XIII. ξυλλεγομένων τὲ N.T.   τε om. V.   αὐτοῦ om. N.V.   αὐτοῦ cum Br. re-
scripsi.   ἒ corr. N. (m. r. fort. fuit ἤ).   καὶ (post ἢ) om. T.V.   hab. N. ἑαυτοῦ A.J.
vulg. Bekk.   αὐτοῦ N.V.F.H. pl. Be.   αὐτοῦ an αὑτοῦ hic et supr. T. p. l.   μέντοι
(pro μὲν oἱ) T.F. (teste Br. tac. Ba.) al.   ἀφίησιν corr. N. (ꟷ. m. ead. necne p. l.).
oἱ om. N.V.F.H. ("cui deinde manus recentior addiderat." Ba.).   γίνεσθαι N.V.F.
(teste Ba. tac. Br.) H.

I accept the rule of the Grammarians
(Thom. Magist. p. 664) τὸ οὔπω ἀναιρεῖ
τὸ ἐνεστὸς καὶ τὸ παρεληλυθός, καὶ ἐπαγ-
γέλλεται τὸ μέλλον, οἷον οὔπω ἐστι καιρός,
καὶ οὔπω γέγονεν, ἀλλ' ἔσται δηλονότι.
"I have not yet done it," "I am not
yet sure," "I will not yet commit my-
self," all imply that "the time may
come when I shall or will." The fact of
μήπω in a prayer being not unfrequent
"may it not be yet" (Soph. Philoct. 961
ὄλοιο μήπω πρὶν μάθοιμ'), or with im-
perative (1409 μήπω γε (στεῖχε), πρὶν ἂν
τῶν ἡμετέρων ἀίῃς μύθων), and subjunctive
(Fr. 520 Dind.) presupposes that οὔπω can
be joined with a future. Let us look into
data. μήπω (μηδέ τί πω) is found six times
in Homer. οὔπω with future I have no-
ticed twice; Iliad III. 306 οὔπω τλήσομ' ἐν
ὀφθαλμοῖσιν ὁρᾶσθαι (on which Eustath. p.
418, 10 τὸ δὲ οὔπω τλήσομαι ἀσύνηθες τοῖς
ὕστερον, a mistake, as will presently ap-
pear), Odyss. v. 358 ἀλλὰ μάλ' οὔπω πεί-
σομ'. Besides our passage Plato furnishes
two examples, Theaet. 200 D οὐ γάρ πω
ἀπεροῦμέν γέ πω (read γέ που, and in
Eur. Ion 546 οὐ γὰρ ὕστερόν γέ που),
Phileb. 23 D οὐδείς πώ σε ἡμῶν μεθήσει

πρὶν ἂν εἰς τέλος ἐπεξέλθῃς τούτων τῷ
λόγῳ.
XIII. μὴ πολλάκις "lest possibly,"
only example in Th. of this use of the
word. Demosthenes also gives one Ze-
noth. p. 883 § 3 ἅνπερ ἐγὼ τὰ πεπραγ-
μένα αὐτῷ πρὸς ὑμᾶς πολλάκις εἰπεῖν δυ-
νηθῶ. This usage (after ἄν, εἰ, μή) so
swarms in Plato, that one is tempted
invariably to recognise it. In two in-
stances however after the hypothetical
particle πολλάκις = saepe. Gorg. 513 c
ἀλλ' ἐὰν πολλάκις ἴσως καὶ βέλτιον ταὐτὰ
ταῦτα διασκοπώμεθα, πεισθήσει ("but if
perhaps we were to examine these same
questions often over again and better,
you'd be convinced" Cope), Cratyl.
404 c ἴσως δὲ μετεωρολογῶν ὁ νομοθέτης
τὸν ἀέρα Ἥραν ὠνόμασεν ἐπικρυπτόμενος,
θεὶς τὴν ἀρχὴν ἐπὶ τὴν τελευτήν· γνοίης
δ' ἄν, εἰ πολλάκις λέγοις (if you should
repeat frequently) τὸ τῆς Ἥρας ὄνομα. I
am persuaded however that the ordinary
usage is observed in Phaedr. 238 D ὥστε
ἐὰν ἄρα πολλάκις νυμφόληπτος προϊόντος
τοῦ λόγου γένωμαι, μὴ θαυμάσῃς, and that
Boeckh's "saepius se a nymphis cor-
reptum iri" (Herm. Opusc. VII. p. 108 not.)

ἕνεκα ἐκείνου, προηγόρευε τοῖς ᾿Αθηναίοις ἐν τῇ ἐκκλησίᾳ ὅτι
᾿Αρχίδαμος μέν οἱ ξένος εἴη, οὐ μέντοι ἐπὶ κακῷ γε τῆς
πόλεως γένοιτο, τοὺς δ᾿ ἀγροὺς τοὺς ἑαυτοῦ καὶ οἰκίας ἦν ἄρα
μὴ δῃώσωσιν οἱ πολέμιοι ὥσπερ καὶ τὰ τῶν ἄλλων, ἀφίησιν
αὐτὰ δημόσια εἶναι καὶ μηδεμίαν οἱ ὑποψίαν κατὰ ταῦτα
2 γίγνεσθαι. παρῄνει δὲ καὶ περὶ τῶν παρόντων ἅπερ καὶ
πρότερον, παρασκευάζεσθαί τε ἐς τὸν πόλεμον καὶ τὰ ἐκ τῶν
ἀγρῶν ἐσκομίζεσθαι, ἔς τε μάχην μὴ ἐπεξιέναι, ἀλλὰ τὴν
πόλιν ἐσελθόντας φυλάσσειν, καὶ τὸ ναυτικὸν ᾗπερ ἰσχύουσιν
ἐξαρτύεσθαι, τά τε τῶν ξυμμάχων διὰ χειρὸς ἔχειν, λέγων
τὴν ἰσχὺν αὐτοῖς ἀπὸ τούτων εἶναι τῶν χρημάτων τῆς
προσόδου, τὰ δὲ πολλὰ τοῦ πολέμου γνώμῃ καὶ χρημάτων

§ 2. δὲ ς᾿ (et § 1 ὥσπερ ς᾿) T.   ἔς τε τὴν μάχην N. vulg.   ἔς τε μάχην T. (de V.
tac. Ad.) F.H. omn. Be. Δ.J.   ᾗπερ F. (teste Br. tac. Ba.).   τοῖν (ante ἰσχὺν) pr. T.
τὴν corr. m. ead.

is an unfaithful rendering.——μὴ...μὴ,
for μὴ...οὐ (vereor ne non) is very rare.
Madvig, Synt. § 201 b not., quotes but
one example ἐθαύμαζε Σωκράτης, εἴ τις
φοβοῖτο, μὴ ὁ γενόμενος καλὸς κἀγαθὸς τῷ
τὰ μέγιστα εὐεργετήσαντι μὴ τὴν μεγίστην
χάριν ἕξοι Xenoph. Memorab. I. 2, 7.—
ἐπὶ διαβολῇ "to excite prejudice against
him." Arist. Rhet. I. 1, 4 διαβολὴ γὰρ
καὶ ἔλεος καὶ ὀργή...§ 5 οὐ γὰρ δεῖ τὸν
δικαστὴν διαστρέφειν εἰς ὀργὴν προάγοντας
ἢ φθόνον ἢ ἔλεον.——ὅτι εἴη...γένοιτο
...ἀφίησιν: this change of mood has
been noticed on Dem. Fals. Leg. § 213
ann. crit. I now think γίγνεσθαι is, as
5, 5 μὴ ἀδικεῖν, to be rendered "and he
bade no suspicion to be created against
him," or, as we less tortuously should
say, "he bade them to entertain no
suspicion." Cp. VI. 99, 2 ἀποκλήσεις
γίγνεσθαι, where no difficulty would
have arisen had Th. written ἀπ. ποιεῖσ-
θαι. Similar tortuous (to us) expressions
will be there further discussed.——ὥσπερ
καὶ: see on Aristoph. Journ. of Philo-
logy Vol. IV. p. 313. To instances there
given this and Herod. II. 20 οἱ οὐδὲν
τοιοῦτο πάσχουσι οἷον καὶ ὁ Νεῖλος may
be added. I quote a passage from S.
Paul's 1 Ep. Cor. x. 6...10 mainly be-
cause our Translators seem to have car-
ried their love of literal rendering to
an undue excess, ταῦτα δὲ τύποι ἡμῶν
ἐγενήθησαν, εἰς τὸ μὴ εἶναι ἡμᾶς ἐπιθυμη-
τὰς κακῶν, καθὼς κἀκεῖνοι ἐπιθύμησαν ("as
they also lusted")...μηδὲ εἰδωλολάτραι
γίνεσθε, καθώς τινες αὐτῶν ("as were
some of them")...μηδὲ πορνεύωμεν, καθὼς
τινες αὐτῶν ἐπόρνευσαν ("as some of
them committed")...μηδὲ ἐκπειράζωμεν
τὸν Χριστόν, καθὼς καί τινες αὐτῶν ἐπείρα-
σαν ("as some of them also tempted")
...μηδὲ γογγύζετε, καθὼς καί τινες αὐτῶν
ἐγόγγυσαν ("as some of them also mur-
mured"). ὥσπερ καὶ above, ἅπερ καὶ πρό-
τερον § 2, ἅπερ καὶ πρὸ τοῦ 15, 3, are duly
represented by "as before too (also)."

§ 2. ναυτικὸν ᾗπερ: see on 4, 2 "the
very point in which they are strong."—
διὰ χειρὸς ἔχειν "to hold the reins tight."
See on I. 75, 2. The words are literally
used 76, 4.——τὰ δὲ πολλά...κρατεῖσθαι
"and that most successes in war were
by judgement (policy) and superabund-
ance in money won." Despite of modern
mismanagement this glorious truth,
coupled with the realisation of καὶ τὸ
ναυτικὸν ᾗπερ ἰσχύουσιν ἐξαρτύεσθαι, as it
has been so will be Old England's motto
for all time.

3 περιουσίᾳ κρατεῖσθαι. θαρσεῖν τε ἐκέλευε προσιόντων μὲν ἑξακοσίων ταλάντων ὡς ἐπὶ τὸ πολὺ φόρου κατ᾽ ἐνιαυτὸν ἀπὸ τῶν ξυμμάχων τῇ πόλει ἄνευ τῆς ἄλλης προσόδου, ὑπαρχόντων δὲ ἐν τῇ ἀκροπόλει ἔτι τότε ἀργυρίου ἐπισήμου ἑξακισχιλίων ταλάντων (τὰ γὰρ πλεῖστα τριακοσίων ἀποδέοντα μύρια ἐγένετο, ἀφ᾽ ὧν ἔς τε τὰ προπύλαια τῆς ἀκροπόλεως καὶ τἆλλα οἰκοδομήματα καὶ ἐς Ποτίδαιαν ἀπανηλώθη), χωρὶς δὲ χρυσίου ἀσήμου καὶ ἀργυρίου ἔν τε ἀναθήμασιν ἰδίοις καὶ δημοσίοις καὶ ὅσα ἱερὰ σκεύη περί τε τὰς πομπὰς καὶ τοὺς ἀγῶνας καὶ σκῦλα Μηδικὰ καὶ εἴ τι τοιουτότροπον, οὐκ ἐλάσ-
4 σονος [ἦν] ἢ πεντακοσίων ταλάντων. ἔτι δὲ καὶ τὰ ἐκ τῶν ἄλλων ἱερῶν προσετίθει χρήματα οὐκ ὀλίγα, οἷς χρήσεσθαι αὐτούς, καὶ ἢν πάνυ ἐξείργωνται πάντων, καὶ αὐτῆς τῆς θεοῦ τοῖς περικειμένοις χρυσίοις· ἀπέφαινε δ᾽ ἔχον τὸ ἄγαλμα τεσσαράκοντα τάλαντα σταθμὸν χρυσίου ἀπέφθου, καὶ πε-
5 ριαιρετὸν εἶναι ἅπαν. χρησαμένους τε ἐπὶ σωτηρίᾳ ἔφη
6 χρῆναι μὴ ἐλάσσω ἀντικαταστῆσαι πάλιν. χρήμασι μὲν οὖν οὕτως ἐθάρσυνεν αὐτούς, ὁπλίτας δὲ τρισχιλίους καὶ μυρίους εἶναι ἄνευ τῶν ἐν τοῖς φρουρίοις καὶ τῶν παρ᾽ ἔπαλξιν

§ 3. θαρσεῖν τὲ Ν. ἐκελευεν Τ. suprascr. m. ead. ὡς ἐπιτοπολὺ Τ.Α.J. vulg. ὡς ἐπιτοπολὺ Ν. ἐπὶ τὸ πολὺ V.H. ἐγένοντο Τ. τἆλλα corr. Ν. (lit. supr. pr. a fuit τ᾽ἄλλα). τ᾽ἄλλα Τ. τἆλλα Α.J. vulg. Bekk. Poppo. καὶ ἀσήμου Τ. σκῦλα corr. Ν. (acc. post lit. m. r. fuit σκῦλα). ἐλάσσονος ἦν omn. ut vid.
§ 4. χρήσασθαι Τ. quod et ipsum bonum est.
§ 5. χρησαμένους τὲ Ν.Τ. σωτηρίαι Τ.
§ 6. παρ᾽ ἔλπαξιν Τ. παρ᾽ ἔπαλξιν Τ. marg. m. ead.

§ 3. ἄνευ (and § 6) "independent of."——ἀπανηλώθη, "expenses had been incurred, sums had been spent." For the impersonal see on i. 5, 4, 6, 5, 93, 4. ——οὐκ ἐλάσσονος [ἦν]. The verb cannot be justified unless we suppose Th. is not representing what Pericles stated, but is vouching for the fact himself. This is sufficiently harsh when the enumeration of Pericles is continued in § 4, and though ὅσα ἱερὰ σκεύη might have produced the finite verb, yet we should want ἔλασσον ἢ πεντακόσια τάλαντα or ἔλασσον πεντακοσίων ταλάντων.
§ 4. οἷς χρήσεσθαι: His words would be οἷς χρήσεσθε, "which you will make use of." χρήσασθαι the reading of T.

suggests the imperative "make use of it."——περιαιρετόν: as τὸ ἄγαλμα περιηρέθη τὰ χρυσία is legitimate Greek, it seems the simplest way to give the epithet to τὸ ἄγαλμα, "and the statue could be stript of its golden ornaments." The power of taking off the ornaments may possibly have given rise, or at least countenance, to the scandalous story of Phidias' peculation and Pericles' connivance recorded in Plutarch Pericl. cit. 31, and probably alluded to by Arist. Pac. 605 πρῶτα μὲν γὰρ αὐτῆς ἦρξε (qu. ἦρξ᾽ ὑτῆς) Φειδίας πράξας κακῶς.
§ 5. ἐλάσσω n. pl. χρυσία.
§ 6. τῶν παρ᾽ ἔπαλξιν VII. 28, 2 πρὸς τῇ ἐπάλξει used collectively "a line of

7 ἑξακισχιλίων καὶ μυρίων. τοσοῦτοι γὰρ ἐφύλασσον τὸ πρῶ-
τον ὁπότε οἱ πολέμιοι ἐσβάλοιεν, ἀπό τε τῶν πρεσβυτάτων
8 καὶ τῶν νεωτάτων, καὶ μετοίκων ὅσοι ὁπλῖται ἦσαν· τοῦ τε
γὰρ Φαληρικοῦ τείχους στάδιοι ἦσαν πέντε καὶ τριάκοντα
πρὸς τὸν κύκλον τοῦ ἄστεος, καὶ αὐτοῦ τοῦ κύκλου τὸ φυλασ-
σόμενον τρεῖς καὶ τεσσαράκοντα· ἔστι δὲ αὐτοῦ ὃ καὶ ἀφύ-
9 λακτον ἦν, τὸ μεταξὺ τοῦ τε μακροῦ καὶ τοῦ Φαληρικοῦ. τὰ
δὲ μακρὰ τείχη πρὸς τὸν Πειραιᾶ τεσσαράκοντα σταδίων, ὧν
τὸ ἔξωθεν ἐτηρεῖτο· καὶ τοῦ Πειραιῶς ξὺν Μουνυχίᾳ ἑξήκοντα
μὲν σταδίων ὁ ἅπας περίβολος, τὸ δὲ ἐν φυλακῇ ἦν ἥμισυ
10 τούτου. ἱππέας δ' ἀπέφαινε διακοσίους καὶ χιλίους ξὺν ἱπ-
ποτοξόταις, ἑξακοσίους δὲ καὶ χιλίους τοξότας, καὶ τριήρεις
11 τὰς πλωΐμους τριακοσίας. ταῦτα γὰρ ὑπῆρχεν Ἀθηναίοις
καὶ οὐκ ἐλάσσω· ἕκαστα τούτων, ὅτε ἡ ἐσβολὴ τὸ πρῶτον
ἔμελλε Πελοποννησίων ἔσεσθαι καὶ ἐς τὸν πόλεμον καθί-
12 σταντο. ἔλεγε δὲ καὶ ἄλλα οἷάπερ εἰώθει Περικλῆς ἐς ἀπό-
δειξιν τοῦ περιέσεσθαι τῷ πολέμῳ.

XIV. οἱ δὲ Ἀθηναῖοι ἀκούσαντες ἀνεπείθοντό τε καὶ
ἐσεκομίζοντο ἐκ τῶν ἀγρῶν παῖδας καὶ γυναῖκας καὶ τὴν

§ 7. τοπρῶτον N.T.A.J. vulg. τὸ πρῶτον H. ὁπλῖται T.
§ 8. ἄστεως vulg. ἄστεος N.T.V.H. al. (de F. tac. et Ba. et Br.) A.J. τρεῖς
corr. N. (εἰς op. m. ead.). ὅ s' T. καὶ τοῦ om. T.
§ 9. πειραιᾶ corr. N. (αιᾶ post. lit. sed op. m. ead.) τὸ (ante ἔξωθεν) om. F.
(teste Br. tac. Ba.). πειραιέως A.J. vulg. ante Bauer. πειραιῶς N.T.F.H. omn. Be.
de V. tac. Ad. τὸ δ' ἐν A.J. vulg. Bekk. τὸ δὲ ἐν N.T.V.H. ὃν ἦν ἥμισυ A.J. vulg.
ὄν om. pauci Bekk. ἦν om. N.T.V.F. Poppo, de H. tac. Ba. ην facile ante ημ irrepere
potuit.
§ 10. ἀπέφηνε T. s' τριήρεις T. πλοΐμους T.F. (teste Ba.) Bekk. πλωΐμους N.A.
vulg. Poppo. πλωΐμοις (sic) J. τριακοσίους F. (teste Ba. tac. Br.).
§ 11. ὑπῆρχον V. ὑπῆρχεν N. ἕκαστα om. N. add. N. marg. m. r. τοπρῶτον
N.T.A.J. vulg. τὸ πρῶτον V.H.
§ 12. s' ἄλλα T. οἷα περ (sic) T. ἐς ἀπόδειξιν om. N. add. N. marg. m. r.
Tabulam satis rudem partium custoditarum et incustoditarum praebet litt. min. T.
ad calcem paginae.

XIV. παῖδας γυναῖκας T. supraser. m. ead. παρασκευὴν A.J. s' αὐτῶν T.

battlements." ἐπάλξεις IV. 69, 2, 115, 1,
116, 1.
§ 8. κύκλον = περίβολον.——τοῦ μακροῦ
more precisely § 9 called τὰ μακρὰ τείχη,
as the wall to the Piraeus was a double
wall, so τὸ ἔξωθεν. See on I. 107, 1.
§ 12. περιέσεσθαι. See I. 55, 2.
XIV. ἀνεπείθοντο implies the reluctant

yielding of the Athenians (οὐ ῥᾳδίως ch.
16, and χαλεπῶς below § 2). VI. 87, 1
μήτε...ταῖς τῶνδε διαβολαῖς ἀναπείθεσθε
...ἀξιώσομεν πείθειν.——κατασκευὴν is a
sufficiently comprehensive word but here
excludes cattle (I. 10, 2, above 5, 4), and
could hardly include wives and children.
So τὴν ἄλλην is "also."——ξύλωσιν may

ἄλλην κατασκευὴν ἣ κατ' οἶκον ἐχρῶντο, καὶ αὐτῶν τῶν οἰκιῶν καθαιροῦντες τὴν ξύλωσιν· πρόβατα δὲ καὶ ὑποζύγια ἐς τὴν Εὔβοιαν διεπέμψαντο καὶ ἐς τὰς νήσους τὰς ἐπικειμέ-
2 νας. χαλεπῶς δὲ αὐτοῖς διὰ τὸ ἀεὶ εἰωθέναι τοὺς πολλοὺς ἐν τοῖς ἀγροῖς διαιτᾶσθαι ἡ ἀνάστασις ἐγίγνετο.

XV. ξυνεβεβήκει δὲ ἀπὸ τοῦ πάνυ ἀρχαίου ἑτέρων
2 μᾶλλον Ἀθηναίοις τοῦτο. ἐπὶ γὰρ Κέκροπος καὶ τῶν πρώ-
των βασιλέων ἡ Ἀττικὴ ἐς Θησέα ἀεὶ κατὰ πόλεις ᾠκεῖτο
πρυτανεῖά τε ἔχουσα καὶ ἄρχοντας, καὶ ὁπότε μή τι δεί-
σειαν, οὐ ξυνῄεσαν βουλευσόμενοι ὡς τὸν βασιλέα, ἀλλ'
αὐτοὶ ἕκαστοι ἐπολιτεύοντο καὶ ἐβουλεύοντο· καί τινες καὶ
ἐπολέμησάν ποτε αὐτῶν, ὥσπερ καὶ Ἐλευσίνιοι μετ' Εὐ-
3 μόλπου πρὸς Ἐρεχθέα. ἐπειδὴ δὲ Θησεὺς ἐβασίλευσε, γε-
νόμενος μετὰ τοῦ ξυνετοῦ καὶ δυνατός, τά τε ἄλλα διεκό-
σμησε τὴν χώραν, καὶ καταλύσας τῶν ἄλλων πόλεων τά τε
βουλευτήρια καὶ τὰς ἀρχὰς ἐς τὴν νῦν πόλιν οὖσαν, ἓν

§ 2. πολλοὺς pr. N. πολλοὺς corr. N. (add. acc. m. r.).

XV. συνεβεβήκει T.H. συνεβεβήκει N. (suprascr. m. r.). συνεπεβεβήκει V.F. (teste Br. "συνεβεβήκει Aug. Sed videtur antea fuisse συνεπεβεβήκει, quod erasae sunt litterae quaedam" Ba.).

§ 2. τῶν βασιλέων τῶν πρώτων T. ἐς θησέα corr. N. (post lit. m. r.). ᾠκεῖτο hic N. πρυτανεῖα τε N.T. ἀρχὰς corr. N. (lit. sup. αρ- add. spir. ἀς corr. post lit. pl. litt. cap. m. r. fuit ἄρχοντας.). ἀρχὰς V. ξυνίεσαν T.H.

§ 3. πόλιν (pro χώραν) T. τὰ βουλευτήρια om. τε N.V. ς' νεμομένους T. τὰ

be added to the list of verbals in Th. given by Lob. ad Phryn. p. 351.

§ 2. ἡ ἀνάστασις here "migration, removal," as Herod. IX. 106. VII. 75, 1 used for "the breaking-up of the camp" cp. ἀναστάντες VII. 50, 3. So ἐξανίστασθαι VII. 49, 3; Herod. IV. 108, 115, without the notion of a removal forced upon men by others, the more common usage of the words. μετανίστασθαι, μετανάστασις (ch. 16) usually express voluntary removal.

XV. ἑτέρων μᾶλλον I. 85, 1. In IV. 92, 4 ἐπικινδυνοτέραν ἑτέρων τὴν παροίκησιν τῶνδε ἔχομεν not ἢ ἕτεροι (than others have) but rather ἢ τὴν τῶν ἑτέρων (than that of others). See on I. 71, 2. For the early legends of Attica see Thirlw. H. G. ch. XI. Grote ch. XI.——ἐπολιτεύοντο καὶ ἐβουλεύοντο: "administered severally

their civic and deliberative functions." When in course of time Athens became one πόλις, and the olden πόλεις sunk into δῆμοι or aggregates of δῆμοι, for πολιτεύ-εσθαι was substituted δημοτεύεσθαι in the conducting of "local deliberations," e.g. Dem. Eubulid. p. 1314 § 49 δημοτευό-μενος μετ' ἐμοῦ. A collection of four demes Oenoe, Probalinthus, Tricorythus, Marathon, retained in later times the distinguishing name of τετράπολις, Eur. Heracl. 80 τετράπτολιν ξύνοικον λαὸν (Μα-ραθῶνα καὶ σύγκληρον χθόνα 32), Arist. Lysistr. 295 μή νυν ἔτ' ἐν τετραπόλει τού-μὸν τροπαῖον εἴη, commemorative of the ancient independence.——ὥσπερ καὶ... "as for instance," "as the Eleusinians too as well as others."

§ 3. ἐβασίλευσε "became king." In Aesop's fable wherein the horse com-

βουλευτήριον ἀποδείξας καὶ πρυτανεῖον, ξυνῴκισε πάντας,
καὶ νεμομένους τὰ αὑτῶν ἑκάστους ἅπερ καὶ πρὸ τοῦ ἠνάγ-
κασε μιᾷ πόλει ταύτῃ χρῆσθαι, ἣ ἁπάντων ἤδη ξυντελούντων
ἐς αὐτὴν μεγάλη γενομένη παρεδόθη ὑπὸ Θησέως τοῖς ἔπειτα·
καὶ ξυνοίκια ἐξ ἐκείνου Ἀθηναῖοι ἔτι καὶ νῦν τῇ θεῷ ἑορτὴν
δημοτελῆ ποιοῦσι. τὸ δὲ πρὸ τούτου ἡ ἀκρόπολις ἡ νῦν
οὖσα πόλις ἦν, καὶ τὸ ὑπ᾽ αὐτὴν πρὸς νότον μάλιστα τε-
τραμμένον. τεκμήριον δέ· τὰ γὰρ ἱερὰ ἐν αὐτῇ τῇ ἀκρο-
πόλει καὶ ἄλλων θεῶν ἐστὶ καὶ τὰ ἔξω πρὸς τοῦτο τὸ μέρος
τῆς πόλεως μᾶλλον ἵδρυται. τό τε τοῦ Διὸς τοῦ Ὀλυμπίου
καὶ τὸ Πύθιον καὶ τὸ τῆς Γῆς καὶ τὸ ἐν Λίμναις Διονύσου,
ᾧ τὰ ἀρχαιότερα Διονύσια τῇ δωδεκάτῃ ποιεῖται ἐν μηνὶ

αὑτῶν Τ.Η. αὐτῶν corr. Ν. (post. lit. corr. spir. m. r.). προτοῦ Α.J. vulg. πρὸ τοῦ
Ν.Τ.V.Η. γενομένη μεγάλη Τ.

§ 4. τὸ (ante ὑπ᾽ αὐτὴν) om. T. μάλι corr. Ν. (στα supraser. m. r.). μάλιστα
πρ νότον Ν.V.

§ 5. ς᾽ ἄλλων Τ. θεῶν ἐστι Ν.Τ.Α.J. vulg. πρὸ τουτοῦ (ut vid.) pr. T. πρὸ τοῦτο
(sic) corr. Τ. (m. ead. voluit op. πρὸς τοῦτο). τὸ τοῦ διὸς corr. Ν. (supraser. m. r.). τό,
τε Α.J. vulg. καὶ (post ὥσπερ) om. Ν.V.

plained to the man that the stag wasted
his pasture, and in order to have his
revenge accepted the man's conditions
to bridle and mount upon him, ἀντὶ τοῦ
τιμωρήσασθαι αὐτὸς ἐδούλευσεν ἤδη (himself
became henceforth slave) τῷ ἀνθρώπῳ
Aristot. Rhet. II. 20, 5.——μετὰ τοῦ ξυ-
νετοῦ (neut.) condensed for μετὰ τοῦ ξυνε-
τὸς εἶναι, as Plat. Theaet. p. 185 E καλὸς
γὰρ εἶ, ὦ Θεαίτητε, καὶ οὐχ, ὡς ἔλεγε Θεό-
δωρος, αἰσχρός· ὁ γὰρ καλῶς λέγων καλός
τε κἀγαθός. πρὸς δὲ τῷ καλῷ εὖ ἐποίησάς
με ... Here Heindorf stopt, expecting
εἶναι, but surely then καλός. Stallbaum
has on the passage given reference to
many examples.——ἀρχάς, "boards of
magistracy," plural of ἀρχή, which has
been noticed on I. 96, 2. So τὰς κατα-
σκευὰς 16=τὴν κατασκευὴν ἕκαστος.——
ξυντελούντων, "counting with, telling
with" for political union, as Scotland
with England, Ireland with Great Britain,
since the respective Unions. Cp. IV.
76, 3 Χαιρώνειαν ἢ ἐς Ὀρχομενὸν ξυντελεῖ,
"counts with" in election of a Boeotarch,
as, to use a home illustration, Barnwell

and Chesterton with Cambridge in elect-
ing members of parliament. This mea-
sure of Theseus, as others have observed,
is more truly recorded by Livy XXXI. 30
delubra sibi fuisse, quae quondam paga-
tim habitantes in parvis illis castellis
vicisque consecrata ne in unam urbem
quidem contributi majores sui deserta
reliquerint, than by Cicero Leg. II. 2, 5
ut vestri Attici postquam Theseus eos
demigrare ex agris et in astu, quod appel-
latur, omnes se conferre jussit. Still
Cicero meant the same however loosely
he has written, for doubtless in the close
of the sentence he wrote, according to
the admirable conjecture made by Bake
and Madvig separately, et sui erant iidem
et Attici (members each of his own deme,
as well as bearing the comprehensive
name).——ἑορτὴν ποιοῦσι not "celebrate"
(which would be ποιοῦνται), but "ap-
point" as πομπὴν ποιεῖν, ἀγῶνα ποιεῖν,
and the like. See on I. 77, 1.

§ 5. καὶ ἄλλων θεῶν, "of other gods
as well as Athene," and § 6 καὶ ἄλλα
"others as well as those just enume-

Ἀνθεστηριῶνι, ὥσπερ καὶ οἱ ἀπ' Ἀθηναίων Ἴωνες ἔτι καὶ
6 νῦν νομίζουσιν. ἵδρυται δὲ καὶ ἄλλα ἱερὰ ταύτῃ ἀρχαῖα.
7 καὶ τῇ κρήνῃ τῇ νῦν μὲν τῶν τυράννων οὕτω σκευασάντων
Ἐννεακρούνῳ καλουμένῃ, τὸ δὲ πάλαι φανερῶν τῶν πηγῶν
οὐσῶν Καλλιρρόῃ ὠνομασμένῃ, ἐκείνῃ τε ἐγγὺς οὔσῃ τὰ
πλείστου ἄξια ἐχρῶντο, καὶ νῦν ἔτι ἀπὸ τοῦ ἀρχαίου πρό
τε γαμικῶν καὶ ἐς ἄλλα τῶν ἱερῶν νομίζεται τῷ ὕδατι χρῆ-
8 σθαι. καλεῖται δὲ διὰ τὴν παλαιὰν ταύτῃ κατοίκησιν καὶ ἡ
ἀκρόπολις μέχρι τοῦδε ἔτι ὑπὸ Ἀθηναίων πόλις.

XVI. τῇ τε οὖν ἐπὶ πολὺ κατὰ τὴν χώραν αὐτονόμῳ
οἰκήσει μετεῖχον οἱ Ἀθηναῖοι, καὶ ἐπειδὴ ξυνῳκίσθησαν,
διὰ τὸ ἔθος ἐν τοῖς ἀγροῖς ὅμως οἱ πλείους τῶν ἀρχαίων καὶ
τῶν ὕστερον μέχρι τοῦδε τοῦ πολέμου πανοικησίᾳ γενόμε-
νοί τε καὶ οἰκήσαντες οὐ ῥᾳδίως τὰς μεταναστάσεις ἐποιοῦντο,

§ 6. ἀρχαῖα ταύτῃ vulg. ταύτῃ ἀρχαῖα N.T.V.F.H. al. A.J.
§ 7. οὕτως H. σκευασάντων......ἐκείνῃ τε ἐγγὺς om. F. (teste Ba.). κελευσάντων
sequi. libr. A.J. καλλιρόη N.V.F. (teste Br. καλλιρόηι) A.J. καλλιρώη T. ἐκεῖνοι
speciose Bekk. vid. not. ἐκείνῃ τὲ N.T.
§ 8. δὲ (ante διὰ) om. T. ταύτην κατ. A.J. vulg. ταύτῃ N.T.F.H. al. de V. tac.
Ad. ὑπὸ ἀθηναίων N.T.F. (teste Ba.) H. quod recepi.
XVI. τῇ...αὐτονόμῳ οἰκήσει μετεῖχον omnes praeter Graevianum in quo su-
prascr. μετοικέων ut vid. libri et Schol. Locutionem cum explicare nemo possit,
nemo explicandum sibi proponere debuit. Nam quod Poppo somniat breviter
sed satis refutavi ad Dem. Fals. Leg. § 384. Emendatrice manu opus est, at
quisnam emendator locuples potest inveniri? In loco paene desperato liceat
periculum fieri conjecturae. οἰκήσειμετειχον vix discrepat ab οικησειρετειχον i.e.
οἴκησιν (ει et ι permutata esse nemo est qui nesciat) ετ' εἶχον. οἰκήσειν semel in
οικησειμ corrupto, τῇ et αὐτονόμῳ pro eo quod dici debuit τὴν et αὐτόνομον sponte
sua sequebantur. Porro vide ne pro τε οὖν Th. δ' οὖν scripserit.——ἐπιπολὺ N.T.
A.J. vulg. ante Bauer. ἐπὶ πολὺ H. οἱ (ante ἀθηναῖοι) om. N.T. τῶν τε ἀρχαίων
A.J. vulg. τῶν ἀρχαίων N.T.V.H. ("a prima manu cui deinde adscriptum est"
Ba.). De F. tac. Ba. Br. πανοικεσία T. μεταστάσεις N.V.F. ("syllaba να a man.

rated."——νομίζουσιν used absolutely,
"continue the usage." See on I. 77, 8.
So § 7 νομίζεται, "the usage is con-
tinued."

§ 7. ἐκείνῃ: I am not prepared to
reject this reading, understanding the
fountain as it then was before the altera-
tion made by the Pisistratidae compared
with its present appearance. So τε...καὶ
correspond. I admit at the same time
the facility of Bekker's change, η (γ) and
οι being so frequently confused. We
have an instance above. II. 8, 5.

§ 8. πόλις: examples of this use are
found throughout the Lysistr. and else-
where in Aristophanes; and in Th. in
public documents v. 18, 9, 23, 5, 47, 11.

XVI. I hope my conjecture may com-
mend itself to the reader. If the dative
with μετέχειν could mean "to have a
share in" as well as "to have a share
with," still the tenant of a dwelling
could only then be said "to have a share
in" if there was a joint tenant. But
such meaning of the dative is impossible.
The passage according to my alteration

ἄλλως τε καὶ ἄρτι ἀνειληφότες τὰς κατασκευὰς μετὰ τὰ
Μηδικά, ἐβαρύνοντο δὲ καὶ χαλεπῶς ἔφερον οἰκίας τε κατα-
λιπόντες καὶ ἱερὰ ἃ διὰ παντὸς ἦν αὐτοῖς ἐκ τῆς κατὰ τὸ
ἀρχαῖον πολιτείας πάτρια, δίαιτάν τε μέλλοντες μεταβάλλειν
καὶ οὐδὲν ἄλλο ἢ πόλιν τὴν αὐτοῦ ἀπολείπων ἕκαστος.

XVII. ἐπειδή τε ἀφίκοντο ἐς τὸ ἄστυ, ὀλίγοις μέν
τισιν ὑπῆρχον οἰκήσεις καὶ παρὰ φίλων τινὰς ἢ οἰκείων
καταφυγή, οἱ δὲ πολλοὶ τά τε ἔρημα τῆς πόλεως ᾤκησαν
καὶ τὰ ἱερὰ καὶ τὰ ἡρῷα πάντα πλὴν τῆς ἀκροπόλεως καὶ
τοῦ Ἐλευσινίου καὶ εἴ τι ἄλλο βεβαίως κλῃστὸν ἦν· τό τε
Πελασγικὸν καλούμενον τὸ ὑπὸ τὴν ἀκρόπολιν, ὃ καὶ ἐπάρα-

rec. superscr." Ba. tac. Br.). καὶ (post ἄλλως τε) om. T. ut pl. omn. vi. 72, 2.
οἰκίας τὲ N.T. an καταλείποντες? διαπαντὸς N.T.A.J. αὐτοῦ N. vulg. αὐτοῦ an
αὐτοῦ T. p. l. de F. tac. Ba. Br. de H. tac. Ba. αὐτοῦ A.J. ἀπολείπων corr. N.
(ω m. r. fuit ἀπολείπειν?)
    XVII. ἐπειδὴ δὲ A.J. vulg. ἐπειδή τὲ (sic) N. ἐπειδή τε T.V.H. de F. tac. Ba.
Br. ὀλίγοι μέν τινες ὑπῆρχον οἰκήσει pr. N. ὀλίγοις μέν τισιν ὑπῆρχον οἰκήσεις corr. N.
(σ supra γοι scr. σιν corr. σ supra ει scr. N.) φίλων N.V. τά ἔρημα om. τε N.V.
ἐρήμα Br. ᾤκησαν hic N. τὰ (ante ἡρῷα) om. T. τοῦ ἐλ. corr. N. (οὖ m. r.).
κλειστὸν N.T.F. (teste Ba. tac. Br.) H. κλῃῦστὸν A.J. vulg. τό, τε corr. N. (, add.
m. r.). τό, τε T.A.J. vulg. ἐπάρατον pr. N. ἐπάρατόν τε corr. N. (add. alt. acc. et τε

is "The Athenians then (resuming from
ch. 14) still continued their general inde-
pendent dwelling in the country, and
because, after the union, yet according
to usage the majority had been born and
dwelt in the country, they reluctantly
changed their abodes."——κατασκευὰς:
see on 15, 3.——καταλείποντες surely
seems necessary especially as μέλλοντες
μεταβάλλειν and ἀπολείπων follow. "They
felt heaviness of heart at leaving."——
οὐδὲν ἄλλο ἢ (nihil aliud quam) where
Greek and Latin leave out a word which
we supply (do nothing else than) is so
well known an idiom (see Buttm. Ind.
Plat. Dialog. iv.) that I should not have
noticed it, if I had not in the course of
my experience found it occasionally a
stumblingblock with a beginner. Plat.
Theaet. p. 206 A ὡς οὐδὲν ἄλλο μανθάνων
διετέλεσας ("you continued to do nothing
else while learning") ἢ τὰ στοιχεῖα...δια-
γιγνώσκειν πειρώμενος. A similar diffi-
culty of the participle found in Plat.
Phaedr. p. 276 D seems still to require
explanation. The words are ὅταν δὲ

ἄλλοι παιδιαῖς ἄλλαις χρῶνται, συμποσίοις
τε ἄρδοντες αὐτοὺς ἑτέροις τε ὅσα τούτων
ἀδελφά, τότ' ἐκεῖνος, ὡς ἔοικεν, ἀντὶ τούτων
οἷς λέγω παίζων διάξει. As in the first-
quoted Platonic passage it is difficult at
first sight to separate μανθάνων from διε-
τέλεσας, so in this all seem to have
joined παίζων with διάξει. But first, can
οἷς λέγω παίζω mean the same as ἐν οἷς
λέγω π.? We have below E τοῦ ἐν λόγοις
δυναμένου παίζειν. Secondly, does Socra-
tes mean that the serious man will pass
his time in disporting in amusements,
even in the intellectual disport? Rather
he means "when others are indulging
in other pastimes, recreating themselves
(moistening their clay) with &c., then
will he, when in sportive humour, con-
tinue to recreate himself (ἄρδων ἑαυτόν, a
beautiful example of zeugma) with such
as I am speaking of."

XVII. τὸ ἄστυ not here, as usually,
in contrast to the Piraeus alone, but to
the country at large as well. So Cicero
in the passage above quoted has under-
stood the borrowed Greek word.

τόν τε ἦν μὴ οἰκεῖν καί τι καὶ Πυθικοῦ μαντείου ἀκροτε-
λεύτιον τοιόνδε διεκώλυε, λέγον ὡς

τὸ Πελασγικὸν ἀργὸν ἄμεινον,

2 ὅμως ὑπὸ τῆς παραχρῆμα ἀνάγκης ἐξῳκήθη. καί μοι δοκεῖ
τὸ μαντεῖον τοὐναντίον ξυμβῆναι ἢ προσεδέχοντο· οὐ γὰρ
διὰ τὴν παράνομον ἐνοίκησιν αἱ ξυμφοραὶ γενέσθαι τῇ πόλει,
ἀλλὰ διὰ τὸν πόλεμον ἡ ἀνάγκη τῆς οἰκήσεως, ὃν οὐκ ὀνο-
μάζον τὸ μαντεῖον προῄδει μὴ ἐπ' ἀγαθῷ ποτὲ αὐτὸ κατοι-
3 κισθησόμενον. κατεσκευάσαντο δὲ καὶ ἐν τοῖς πύργοις τῶν
τειχῶν πολλοὶ καὶ ὡς ἕκαστός που ἐδύνατο· οὐ γὰρ ἐχώρησε
ξυνελθόντας αὐτοὺς ἡ πόλις, ἀλλ' ὕστερον δὴ τά τε μακρὰ
τείχη ᾤκησαν κατανειμάμενοι καὶ τοῦ Πειραιῶς τὰ πολλά,
4 ἅμα δὲ καὶ τῶν πρὸς τὸν πόλεμον ἥπτοντο, ξυμμάχους τε
ἀγείροντες καὶ τῇ Πελοποννήσῳ ἑκατὸν νεῶν ἐπίπλουν ἐξαρ-
5 τύοντες· καὶ οἱ μὲν ἐν τούτῳ παρασκευῆς ἦσαν.

XVIII. ὁ δὲ στρατὸς τῶν Πελοποννησίων προϊὼν ἀφί-
κετο τῆς Ἀττικῆς ἐς Οἰνόην πρῶτον, ᾗπερ ἔμελλον ἐσβαλεῖν.

m. r.) καὶ (ante πυθικοῦ) om. N. μαντεῖον T. λέγειν T. (suprascr. m. ead.) ἐς
(pro ὡς) T. ἐξῳκήθη corr. N. (θ post. lit. corr. m. r. an fuit -σθη? non -ισθη, nam ή
pr. m. diserte legitur).
§ 2. ἦ (pro ῇ) 2 Be. τῇ πόλει (sic) T. ὁ οὐκ pl. omn. Be. (de F. tac. Ba.)
ὀνομάζον (sic) corr. N. (corr. pr. o del. acc. supr. alt. o m. r. fuit ὠνόμαζον). ἐνόμαζον
(sic) T. (sed acc. alt. transv. cal. induct.). τὸ τὸ μαντ. T. Sed pr. τὸ transv. cal.
induct. προῄδει hic N. ἐπαγαθῷ (sic) T. ἐπ' ἀγαθῷ ποτε A.J.
§ 3. ἐδύνατο N.T. συνελθόντας T. ᾤκησαν (hic) N. ὤκισαν T. s' T. πειραιέως
A.J. vulg. ante Bauer. πειραιῶς N.T.F.H.

§ 4. καὶ (post ἅμα δὲ) om. T. πρ N. ἥπτοντο corr. N. (pr. o op. m. ead.).
ξυμμάχους τὲ T. ξυμμάχους τὲ corr. N. (add. acc. supr. a et τε corr. ους m. r.).
ἀγείροντες corr. N. (o op. m. ead.) τῷ πελ. T. (suprascr. m. cad.). οἱ μὲν T.

XVIII. στρατ N. ἀφίκετο corr. N. (o m. ead. op.).

§ 2. ξυμβῆναι "to have a fulfilment,"
as v. 26, 3 καὶ τοῖς ἀπὸ χρησμῶν τι ἰσχυ-
ρισαμένοις μόνον δὴ τοῦτο ἐχυρῶς ξυμβάν.
——αἱ ξυμφοραί: supply from the above
δοκοῦσι, as 11, 4.
§ 3. For this cp. the graphic descrip-
tion in Aristoph. Equit. 792 καὶ πῶς σὺ
φιλεῖς ὃς τοῦτον ὁρῶν οἰκοῦντ' ἐν ταῖς φιλάκ-
ναισι | καὶ γυπαρίοις καὶ πυργιδίοις ἔτος
ὄγδοον (exaggerating the time, or pro-

bably dating the gathering in from the
siege of Potidaea) οὐκ ἐλεαίρεις;
XVIII. ἐσβαλεῖν in point of form is
either aorist or future. So τεμεῖν 20, 3,
so βαλεῖν Eur. Suppl. 330 ἐτ' αὐτὸν ἄλλα
βλήμαθ' ἐν κύβοις βαλεῖν | πέποιθ'. This
is only in the infinitive, as βαλῶ fut. and
βάλω aor. subj., βαλῶν fut. and βαλὼν
aor., cannot be confounded. It is also
probably rare; for this form of aorist

2 καὶ ὡς ἐκαθέζοντο, προσβολὰς παρεσκευάζοντο τῷ τείχει
ποιησόμενοι μηχαναῖς τε καὶ ἄλλῳ τρόπῳ· ἡ γὰρ Οἰνόη οὖσα
ἐν μεθορίοις τῆς Ἀττικῆς καὶ Βοιωτίας ἐτετείχιστο, καὶ αὐτῷ
φρουρίῳ οἱ Ἀθηναῖοι ἐχρῶντο ὁπότε πόλεμος καταλάβοι.
3 τάς τε οὖν προσβολὰς εὐτρεπίζοντο καὶ ἄλλως ἐνδιέτριψαν
4 χρόνον περὶ αὐτήν. αἰτίαν τε οὐκ ἐλαχίστην Ἀρχίδαμος
ἔλαβεν ἀπ᾿ αὐτοῦ, δοκῶν καὶ ἐν τῇ ξυναγωγῇ τοῦ πολέμου
μαλακὸς εἶναι καὶ τοῖς Ἀθηναίοις ἐπιτήδειος, οὐ παραινῶν
προθύμως πολεμεῖν· ἐπειδή τε ξυνελέγετο ὁ στρατός, ἥ τε ἐν
τῷ ἰσθμῷ ἐπιμονὴ γενομένη καὶ κατὰ τὴν ἄλλην πορείαν ἡ
σχολαιότης διέβαλεν αὐτόν, μάλιστα δὲ ἡ ἐν τῇ Οἰνόῃ ἐπί-
5 σχεσις. οἱ γὰρ Ἀθηναῖοι ἐσεκομίζοντο ἐν τῷ χρόνῳ τούτῳ,
καὶ ἐδόκουν οἱ Πελοποννήσιοι ἐπελθόντες ἂν διὰ τάχους

§ 2. ποιησόμενοι corr. N. (ὁ post lit. 2 litt. cap. m. r.). αὐτῷ τῷ φρουρίῳ T., τῷ bis
scripto.
§ 3. ηὐτρεπίζοντο N.T. pl. omn. A.J. vulg. Bekk. εὐτρεπίζοντο IV. 123, 4 omn.
libr. et ead.
§ 4. αἰτίαν τὲ N.T. διέβαλεν corr. N. (λ post lit. 2 litt. cap. m. r. fuit διέβαλ-
λεν). δὲ ἡ ἐν N. ἢ om. V. δὲ οἱ ἐν T.
§ 5. διὰ τάχους N. διατάχους T.A.J. πάντα τὰ ἔξω N.V. καταλαβεῖν corr. N.
(λαβ. m. r.).

is generally found accompanied by *fu-
ture middle*, e.g. πεσεῖν (αορ.) πεσεῖσθαι
(*fut.*), so μολεῖν)(μολεῖσθαι, θανεῖν)(θανεῖ-
σθαι. The forms ἐσβαλεῖν, τεμεῖν, found
in our passages, and βαλεῖν in Eurip., of
course are *future*.
§ 2. ἐτετείχιστο. A too literal trans-
lation "had been fortified" might here
mislead, conveying as probably it has
done to Leake the idea of a *recently
erected* fort. Translate "Oenoe was a
fortified position." See on 2, 2, and
I. 135, 3. For the site of Oenoe, not to
be confounded with its namesake deme
a member of the τετράπολις, see Leake
Topogr. of Athens Vol. II. p. 129, 130.
"It was fortified prior to the Pelopon-
nesian war, and became one of the most
important defences of the Attic frontier.
It still exists in ruins under the name of
Ghyftó-kastro, and is one of the most
complete examples of a Greek fortress
extant." North Greece Vol. II. p. 376,
377.——αὐτῷ "it (Oenoe) as a garrison."
This attraction, almost invariable in

Latin, is occasionally found in Greek.
Plat. Phaedr. p. 245 E ψυχῆς οὐσίαν τε καὶ
λόγον τοῦτον αὐτόν τις λέγων οὐκ αἰσχυ-
νεῖται, though above ὁ τοῦτο πηγὴ καὶ
ἀρχὴ κινήσεως, rendered by Cicer. Tusc.
I. 23, 53, or Republ. VI. 25, 27 *hic* fons
hoc principium est movendi.
§ 3. ἐνδιέτριψαν with χρόνον as 85, 8,
without χρόνον III. 29, 1, VII. 81, 3.——
καὶ ἄλλως, "and in other ways," as
πᾶσαν ἰδέαν 19, 1 shows.
§ 4. ἐπιτήδειος "a convenient enemy
for the Ath.," as Propert. v. 1, 138 Et
Veneris pueris *utilis* hostis eris. So
οὐκ ἀνωφελεῖς VI. 33, 4, ξυμφορώτατοι
προσπολεμῆσαι VIII. 96, 5, and elsewhere.
The *tardiness* of Archidamus is through-
out the cause of blame, not *friendliness*
to the Ath., though the word would
bear this meaning.——Of the large a-
bundance of words denoting nearly the
same idea σχολαιότης seems an ἅπαξ
λεγόμενον, ἐπίσχεσις had been used be-
fore by Homer Odyss. XVII. 451 ἐπεὶ οὔτις
ἐπίσχεσις.

πάντα ἔτι ἔξω καταλαβεῖν, εἰ μὴ διὰ τὴν ἐκείνου μέλλησιν.
6 ἐν τοιαύτῃ μὲν ὀργῇ ὁ στρατὸς τὸν Ἀρχίδαμον ἐν τῇ καθέδρᾳ
7 εἶχεν. ὁ δὲ προσδεχόμενος, ὡς λέγεται, τοὺς Ἀθηναίους τῆς
γῆς ἔτι ἀκεραίου οὔσης ἐνδώσειν τι καὶ κατοκνήσειν περιιδεῖν
αὐτὴν τμηθεῖσαν, ἀνεῖχεν.

XIX. ἐπειδὴ μέντοι προσβαλόντες τῇ Οἰνόῃ καὶ πᾶσαν
ἰδέαν πειράσαντες οὐκ ἐδύναντο ἑλεῖν, οἵ τε Ἀθηναῖοι οὐδὲν
ἐπεκηρυκεύοντο, οὕτω δὴ ὁρμήσαντες ἀπ' αὐτῆς, μετὰ τὰ ἐν
Πλαταίᾳ τῶν ἐσελθόντων Θηβαίων γενόμενα ἡμέρᾳ ὀγδοη-
κοστῇ μάλιστα, τοῦ θέρους καὶ τοῦ σίτου ἀκμάζοντος, ἐσέ-
βαλον ἐς τὴν Ἀττικήν· ἡγεῖτο δὲ Ἀρχίδαμος ὁ Ζευξιδάμου,

§ 7. ὁ δὲ T. ἐνδώσειν τί N. (lit. supr. τί et ut vid. add. acc.). ἐνδόσειν (sic) corr.
T. ειν (m. r. vid.). τί A. τὶ T.J. vulg.
XIX. ἐδύναντο omn. et libr. et edd. ἐλθεῖν T. ἀπεκηρυκεύοντο F. (teste Br. tac.
Ba.). ὡρμήσαντες N. ἐσέβαλλον T. δὲ corr. N. (post. lit. 3 vel. 4 litt. cap. an fuit
δὲ ὁ?) δὲ ὁ F.H. βασιλεὺς corr. N. (ϡa m. r.).

§ 5. εἰ μὴ διά : see on Dem. de F. Leg.
§ 83. "But for, had it not been for,
his delay."
§ 7. περιϊδεῖν is alike joined with a
participle or infinitive. We have the
latter 1. 35, 4, below 20, 2, the former
20, 3.——ἀνεῖχεν as VIII. 94, 2. ἀνεῖχε
also used intransitively VII. 48, 3.
XIX. πᾶσαν ἰδέαν, "in every form of
besieging," as πάντα τρόπον is constant-
ly used.——The alteration of ὀγδοηκοστῇ
into πεντηκοστῇ will bring the invasion
to June 26 and, μάλιστα expressing
round numbers, to our Midsummer.
But I think it has been shown that the
invasion of Plataea must have been quite
a month earlier. See note on 2, p. 3. If
we retain ὀγδοηκοστῇ here, and for δύο
2, 1 replace τρεῖς (γ΄ for β΄, I admit an
alteration not commending itself on cri-
tical grounds) we get at precisely the
same date, as Anthesterion ended in this
year on April 7. Other difficulties which
have long perplexed our chapter are by
either conjecture surmounted. The ga-
thering of contingents at the Isthmus,
the tardy operations before Oenoe, the
active invasion of Attica probably last-
ing forty days, will make up the eighty
days. Dating the invasion from the be-
ginning of the siege of Oenoe (ἡ ἐσβολὴ

ἡ ἐς τὴν Ἀττικήν v. 20, 1) will allow the
fifty days. The eclipse of the sun Aug.
3 (ch. 28) after the invasion was ended
is also clear. Finally τοῦ θέρους καὶ τοῦ
σίτου ἀκμάζοντος is intelligible. If spring
was the early part of summer and be-
gan at the vernal equinox (see on 1) the
Midsummer of Th. would correspond
with ours.——σίτου ἀκμάζοντος I rather
understand to mean "when the corn
was in full ear" than "when the corn
was ripe for the sickle," a sense which I
presume will not be inconsistent with
harvest-time in Attica and seems only
to suit the meaning of ἀκμάζειν. οἱ ἀκ-
μάζοντες in age are in an intermediate
state between οἱ νέοι and οἱ πρεσβύτεροι
Aristot. Rhet. II. 14, the ἀκμὴ of the
body being between thirty to thirty-five,
the πρεσβύτεροι are παρηκμακότες II. 13.
See also I. 5, 11. (Plat. v. Rep. 460 E
extends the ἀκμὴ to the age of fifty-five
for special reasons, but his ἀκμάζοντες
are not πρεσβύτεροι.) Adulta aestas
Tacit. Ann. II. 23, adultus autumnus
XI. 31, may be as Ritter interprets them,
for Tacitus might commence spring and
autumn at the equinoxes. Still I think
he followed his contemporaries, and
donec ver adolesceret XIII. 36 suggests to
me several weeks before May.

Λακεδαιμονίων βασιλεύς. καὶ καθεζόμενοι ἔτεμνον πρῶτον
μὲν Ἐλευσῖνα καὶ τὸ Θριάσιον πεδίον, καὶ τροπήν τινα τῶν
Ἀθηναίων ἱππέων περὶ τοὺς Ῥείτους καλουμένους ἐποιήσαντο·
ἔπειτα προὐχώρουν ἐν δεξιᾷ ἔχοντες τὸ Αἰγάλεων ὄρος διὰ
Κρωπειᾶς ἕως ἀφίκοντο ἐς Ἀχαρνάς, χῶρον μέγιστον τῆς
Ἀττικῆς τῶν δήμων καλουμένων. καὶ καθεζόμενοι ἐς αὐτὸν
στρατόπεδόν τε ἐποιήσαντο χρόνον τε πολὺν ἐμμείναντες
ἔτεμνον.

ΧΧ. γνώμῃ δὲ τοιᾷδε λέγεται τὸν Ἀρχίδαμον περί τε
τὰς Ἀχαρνὰς ὡς ἐς μάχην ταξάμενον μεῖναι καὶ ἐς τὸ πεδίον
ἐκείνῃ τῇ ἐσβολῇ οὐ καταβῆναι. τοὺς γὰρ Ἀθηναίους ἤλ-
πιζεν, ἀκμάζοντάς τε νεότητι πολλῇ καὶ παρεσκευασμένους
ἐς πόλεμον ὡς οὔπω πρότερον, ἴσως ἂν ἐπεξελθεῖν καὶ τὴν
γῆν οὐκ ἂν περιιδεῖν τμηθῆναι. ἐπειδὴ οὖν αὐτῷ ἐς Ἐλευ-
σῖνα καὶ τὸ Θριάσιον πεδίον οὐκ ἀπήντησαν, πεῖραν ἐποιεῖτο
περὶ τὰς Ἀχαρνὰς καθήμενος εἰ ἐπεξίασιν· ἅμα μὲν γὰρ αὐτῷ
ὁ χῶρος ἐπιτήδειος ἐφαίνετο ἐνστρατοπεδεῦσαι, ἅμα δὲ καὶ
οἱ Ἀχαρνῆς μέγα μέρος ὄντες τῆς πόλεως (τρισχίλιοι γὰρ
ὁπλῖται ἐγένοντο), οὐ περιόψεσθαι ἐδόκουν τὰ σφέτερα δια-

§ 2. ἔτεμον Τ. θριάσιον corr. Ν. (σ m. r.). ῥειτοὺς pr. Ν. ῥείτους corr. Ν.
(add. acc. m. r. lit. supra τους.) καλουμένους corr. Τ. (ους m. ead.). προυχώρουν Ν.
Bekk. προυχώρει F. (test. Br. tac. Ba.). αἰγάλεον Ν.V. αἰγαλέων Τ. ὄρ (sic.) Α.
κεκρωπείας Α.J. Κεκροπίας vulg. κρωπειᾶς Ν.V.F.H. pl. omn. Be. διακρωπιᾶς Τ.
ἐφίκοντο Ν.V. χωρίον Α.J. vulg. Bekk. χῶρον Ν.Τ.V.F.H. ("in quo deinde χωρίον
factum, et accentus mutatus erat." Ba.) pl. Be.
§ 3. καὶ καθεζόμενοί τε Τ. αὐτὸ Α.J. vulg. Bekk. αὐτὸν Ν.Τ.V.F.H. pl. Be.
χρόνον τὲ Ν.Τ.
ΧΧ. τοιάδε Τ. καταβῆναι Ν. (lit. supr. κατ vel mend. libri.). καὶ (pro ὡς) Τ.
vid. ad. 1, 2, 6.
§ 2. ἤλπιζε Τ. παρασκευασμένους Τ. ἐπεξελθεῖν Ν. (lit. supr. alt. ε vel mend.
libri.) περιιδεῖν corr. Ν. (ερ corr. alt. ι add. m. r. an fuit παριδεῖν?)
§ 3. θριάσιον corr. Ν. (σι m. r.). ἀχαρνῆς Α.J. vulg. ἀχαρνεῖς Ν.Τ.V.F. (teste
Ba. tac. Br.) Η. μέγα μένος Α.J. ὁπλῖται Τ.

§ 2. For Ῥείτους, "salt-springs, which,
crossing the narrow pass at the entrance
of the Thriasian plain, formed the na-
tural boundary of the Athenians and
Eleusinii," see Leake Topogr. Ath. Vol.
II. 131...141.——χῶρον (and § 3 αὐτὸν) I
read with best MSS. We have χῶρος
22, 3, χώρους 23, 2. χῶρος, which in

time the diminutive entirely superseded
in prose, is one of the words common to
the older Attics with Ionic writers and
poets. We find it in Antiph. III. § 8
p. 122 St. = 664 R. τοῦ χώρου διαμαρτὼν
ἐν ᾧ διατρέχων οὐκ ἂν ἐπλήγη. In Ly-
curg. c. Leocr. § 96 p. 160 St.= 201 R.
ἀφ' ὧν καὶ τὸ χωρίον ἔτι καὶ νῦν προσ-

4 φθαρέντα, ἀλλ' ὁρμήσειν καὶ τοὺς πάντας ἐς μάχην. εἴ τε
καὶ μὴ ἐπεξέλθοιεν ἐκείνῃ τῇ ἐσβολῇ οἱ Ἀθηναῖοι, ἀδεέστε-
ρον ἤδη ἐς τὸ ὕστερον τὸ πεδίον τεμεῖν καὶ πρὸς αὐτὴν τὴν
πόλιν χωρήσεσθαι· τοὺς γὰρ Ἀχαρνέας ἐστερημένους τῶν
σφετέρων οὐχ ὁμοίως προθύμους ἔσεσθαι ὑπὲρ τῆς τῶν ἄλ-
5 λων κινδυνεύειν, στάσιν δὲ ἐνέσεσθαι τῇ γνώμῃ. τοιαύτη
μὲν διανοίᾳ ὁ Ἀρχίδαμος περὶ τὰς Ἀχαρνὰς ἦν.

XXI. Ἀθηναῖοι δέ, μέχρι μὲν οὗ περὶ Ἐλευσῖνα καὶ
τὸ Θριάσιον πεδίον ὁ στρατὸς ἦν, καί τινα ἐλπίδα εἶχον ἐς
τὸ ἐγγυτέρω αὐτοὺς μὴ προϊέναι, μεμνημένοι καὶ Πλειστο-
άνακτα τὸν Παυσανίου Λακεδαιμονίων βασιλέα, ὅτε ἐσβαλὼν
τῆς Ἀττικῆς ἐς Ἐλευσῖνα καὶ Θρίωζε στρατῷ Πελοποννησίων
πρὸ τοῦδε τοῦ πολέμου τέσσαρσι καὶ δέκα ἔτεσιν ἀνεχώρησε
πάλιν ἐς τὸ πλεῖον οὐκέτι προελθὼν (διὸ δὴ καὶ ἡ φυγὴ αὐτῷ
ἐγένετο ἐκ Σπάρτης δόξαντι χρήμασι πεισθῆναι τὴν ἀναχώ-

§ 4. ἐπεξέλθοιεν Ν. ἐξέλθοιεν V. ἐπεξέλθοιεν ἐν pr. F. (teste Br. tac. Ba.). ἀδεέσ-
τερον corr. Ν. (ὰ post. lit 2 litt. cap. corr. m. r.). τό, τε πεδίον A.J. vulg. τὸ πεδίον
N.T.V.F.H. pl. omn. Bc. ἐς αὐτὴν A.J. vulg. Notabilis varietas. Sed ut ἐν inter-
dum pro eo est quod Latine dicitur *in vicinia*, ὁ στρατὸς ἔτι ἐν ταῖς Ἀθήναις ὢν IV. 5,
1 (ἐν τῇ Ἀττικῇ ὄντες 6, 1), ἐν τῇ Ἐπιδαύρῳ οἱ Ἀργεῖοι ἦσαν V. 55, 1 (ἐσέβαλον ἐς τὴν
ὸ
Ἐπιδαυρίαν 54, 3), ita non memini ἐς idem valere quod *in viciniam*. πρ Ν. πρὸς
T.V.F.H. pl. omn. Bc. οὐχ ὁμοίως T. vid. ad I. 21, 1. στάσιν "ita emendatum erat
in Cass. [H.] pro πᾶσιν" Ba. In Aeschyl. Prom. V. 354 τυφῶνα θοῦρον, στάσιν
ὃς ἀντέστη θεοῖς diu est cum conjeci, iisdem numeris quibus parcius sed nonnun-
quam utitur Aeschyl. v.c. Suppl. 516 ἀλλ' οὔτι δαρὸν χρόνον ἐρημώσει πατήρ, Pers. 181.
XXI. μέχρι μὲν οὗ A.J. vulg. Bekk. Poppo. μέχρι μὲν οὖν Ν. (sed in marg. οὗ
man. diversa ab ea quam dixi "m. r.") T.V.F.H. (" sed in hoc manu recent. correc-
ὸ
tum οὗ" Ba.) al. Θριάσιον corr. Ν. (σι m. r.). στρατ Ν. θρίωζε corr. Ν. (ἰω m. r.).
σιν
θριῶζε F. (teste Br. tac. Ba.). ἐθρίωζε H. πρὸ τούτου T. τέσσαρσιν T. ἔτε corr.
σιν
Ν. (post lit. ε m. r. fort. fuit ἔτη). ἀνεχώρησε corr. Ν. (ω m. ead. vid.). πλέον A.J.
vulg. πλεῖον N.T.V.F.H. al. διὸ δὲ vulg. διὸ δὴ N.T.V.F.H. al. A.J. καὶ hab. (non
om.) Ν. τῆς γῆς vulg. γῆς N.T.V.F.H. omn. Be. A.J.

ἀγορεύεσθαι (λέγεται) τῶν εὐσεβῶν χῶρον,
χωρίον is the Orator's own word, χῶρον
retained from the old tradition.
XX. § 3. καὶ τοὺς πάντας: The em-
phasis-giving force of καὶ is very well
known with πᾶς. There are numerous
examples in Th. alone. I have noticed
some on Dem. de F. Leg. § 212.
§ 4. τεμεῖν: see on 18, 1.
XXI. καί τινα ἐλπίδα εἶχον, "had
some hope," though καὶ may be apodotic.

See on I. 72, 2. That this is the apo-
dosis, and not οὐκέτι ἀνασχετὸν ἐποιοῦντο,
is clear from μέχρι μὲν οὗ...ἐπειδὴ δέ.
——μεμνημένοι...ὅτε "remembering *the
time when* Pleistoanax..." Eur. Hec. 109
οἶσθ' ὅτε χρυσέοις ἐφάνη ξὺν ὅπλοις, on
which Porson says, "plus est si quis
simul et rem ipsam et rei tempus quam
si rem solam memorat." The invasion
and sudden return is briefly mentioned
I. 114, 4.——πεισθῆναι ταῦτα and similar

ρησιν)· ἐπειδὴ δὲ περὶ Ἀχαρνὰς εἶδον τὸν στρατὸν ἑξήκοντα
σταδίους τῆς πόλεως ἀπέχοντα, οὐκέτι ἀνασχετὸν ἐποιοῦντο,
ἀλλ' αὐτοῖς, ὡς εἰκός, γῆς τεμνομένης ἐν τῷ ἐμφανεῖ ὃ οὔπω
ἑωράκεσαν οἵ γε νεώτεροι, οὐδ' οἱ πρεσβύτεροι πλὴν τὰ Μη-
δικά, δεινὸν ἐφαίνετο, καὶ ἐδόκει τοῖς τε ἄλλοις καὶ μάλιστα
τῇ νεότητι ἐπεξιέναι καὶ μὴ περιορᾶν. κατὰ ξυστάσεις τε
γιγνόμενοι ἐν πολλῇ ἔριδι ἦσαν, οἱ μὲν κελεύοντες ἐξιέναι, οἱ
δέ τινες οὐκ ἐῶντες. χρησμολόγοι τε ᾖδον χρησμοὺς παν-
τοίους, ὧν ἀκροᾶσθαι ὡς ἕκαστος ὥργητο. οἵ τε Ἀχαρνῆς
οἰόμενοι παρὰ σφίσιν αὐτοῖς οὐκ ἐλαχίστην μοῖραν εἶναι
Ἀθηναίων, ὡς αὐτῶν ἡ γῆ ἐτέμνετο, ἐνῆγον τὴν ἔξοδον μά-
λιστα. παντί τε τρόπῳ ἀνηρέθιστο ἡ πόλις, καὶ τὸν Περι-
κλέα ἐν ὀργῇ εἶχον, καὶ ὧν παρῄνεσε πρότερον ἐμέμνηντο
οὐδέν, ἀλλ' ἐκάκιζον ὅτι στρατηγὸς ὢν οὐκ ἐπεξάγοι, αἴτιόν
τε σφίσιν ἐνόμιζον πάντων ὧν ἔπασχον.

§ 2. καταξυστάσεις T. τὲ N.T.   ἐπεξιέναι A.J. vulg. ἐξιέναι N.T.V.F.H. al.
οἱ μὲν...οἱ δέ τινες T.

§ 3. χρησμολόγοι τὲ N.T.   ᾖδον hic N. ὧν ἠκροᾶτο A.J. vulg. ante Bauer. ὧν
ἀκροᾶσθαι N.T.F.H. al. (de V. tac. Ad.). ἀκρωᾶσθαι (sic) T. ὡς om. N.T.V.F. ὥρμη-
το A.J. vulg. ὥργητο N. (ὥρμητο N. marg. m. r.) T.F. pr. H. ("ex ὥργητο in
textu recentiore manu factum erat ὥρμητο" Ba.) de V. tac. Ad. Dubitauter
reliqui.

§ 4. οἵ γε T. ἀχαρνῆς A.J. vulg. ἀχαρνεῖς N.T.V.F. (tac. Br.) H. μοῖραν (sic)
T. γῆ (sic) N.

§ 5. παρῄνεσε hic N. παρῄνησε T. στρατηγ N. ἐνόμιζον corr. N. (1 m. ead. vid.).

neuters contain nothing to dwell upon
(see on I. 32, 1), but τὴν ἀναχ. is more
noticeable. Herm. quotes our passage
in his note on Eur. Orest. 275 (= 286
Dind.) ὅστις μ' ἐπάρας ἔργον ἀνοσιώτατον,
which line however though in a poet he
suspects. (Plat. Rep. III. p. 415 c τοῦ-
τον οὖν τὸν μῦθον ὅπως ἂν πεισθεῖεν ἔχεις
τινὰ μηχανήν; admits of an explanation,
as will be shewn on v. 36, 2.)——ἐπεξιέ-
ναι here and 22, 1 (ἐξιέναι § 2) present;
"they voted to sally forth."

§ 3. The form ὥργητο is not found
elsewhere, though Suidas has ὠργωμέ-
νοις: ἐκτεταμένοις, ἐπιθυμοῦσιν, for which
read ὀργωμένοις (or ὠργημένοις) and pro-
bably ἐπιτεταμένως ἐπιθυμοῦσιν, as Etym.
Magn. 629, 50, Orion Theb. 627, 35

(Etym. Gud. ἐπιτεταμένους 433, 16), in-
terpret ὀργῶντας.

§ 5. ἐκάκιζον, not simply "kept on
abusing him," but "charging him with
cowardice." Cp. I. 105, 7, v. 75, 3, Plat.
Phaedr. p. 254 c πολλὰ κακίζων τόν τε
ἡνίοχον καὶ τὸν ὁμόζυγα ὡς δειλίᾳ τε καὶ
ἀνανδρίᾳ λιπόντε τὴν τάξιν. Still κακί-
ζειν is not always so limited. Dem.
de Coron. p. 327 § 306 τὴν τύχην κακίζειν
τὴν οὕτω τὰ πράγματα κρίνασαν, Mid. p.
538 § 73 οἳ τὸν μὲν (the man who had
committed the assault) κακεῖν οἷς ἔπραξε,
τὸν δ' ἐπαινέσεσθαι μετὰ ταῦτα ἀνασχόμε-
νον καὶ κατασχόνθ' ἑαυτὸν ἔμελλον, Conon
p. 1257 § 5 λοιδορηθέντος δ' αὐτοῖς ἐκείνου
καὶ κακίσαντος (having reprimanded) αὐ-
τοὺς οὐ μόνον περὶ ὧν εἰς ἡμᾶς ἠσέλγαινον.

15

XXII. Περικλῆς δὲ ὁρῶν μὲν αὐτοὺς πρὸς τὸ παρὸν
χαλεπαίνοντας καὶ οὐ τὰ ἄριστα φρονοῦντας, πιστεύων δὲ
ὀρθῶς γιγνώσκειν περὶ τοῦ μὴ ἐπεξιέναι, ἐκκλησίαν τε οὐκ
ἐποίει αὐτῶν οὐδὲ ξύλλογον οὐδένα, τοῦ μὴ ὀργῇ τι μᾶλλον ἢ
γνώμῃ ξυνελθόντας ἐξαμαρτεῖν, τήν τε πόλιν ἐφύλασσε καὶ
2 δι' ἡσυχίας μάλιστα ὅσον ἐδύνατο εἶχεν. ἱππέας μέντοι ἐξέ-
πεμπεν ἀεὶ τοῦ μὴ προδρόμους ἀπὸ τῆς στρατιᾶς ἐσπίπτοντας
ἐς τοὺς ἀγροὺς τοὺς ἐγγὺς τῆς πόλεως κακουργεῖν· καὶ ἱππο-
μαχία τις ἐγένετο βραχεῖα ἐν Φρυγίοις τῶν τε Ἀθηναίων
τέλει ἑνὶ τῶν ἱππέων καὶ Θεσσαλοῖς μετ' αὐτῶν πρὸς τοὺς
Βοιωτῶν ἱππέας, ἐν ᾗ οὐκ ἔλασσον ἔσχον οἱ Ἀθηναῖοι καὶ
Θεσσαλοί, μέχρι οὗ, προσβοηθησάντων τοῖς Βοιωτοῖς τῶν
ὁπλιτῶν τροπὴ ἐγένετο αὐτῶν καὶ ἀπέθανον τῶν Θεσσαλῶν
καὶ Ἀθηναίων οὐ πολλοί· ἀνείλοντο μέντοι αὐτοὺς αὐθημερὸν
3 ἀσπόνδους. καὶ οἱ Πελοποννήσιοι τροπαῖον τῇ ὑστεραίᾳ
4 ἔστησαν. ἡ δὲ βοήθεια αὕτη τῶν Θεσσαλῶν κατὰ τὸ πα-
λαιὸν ξυμμαχικὸν ἐγένετο τοῖς Ἀθηναίοις· καὶ ἀφίκοντο παρ'
αὐτοὺς Λαρισαῖοι, Φαρσάλιοι, [Παράσιοι,] Κρανώνιοι, Πυ-

XXII. πρ Ν. γινώσκειν Τ.V. γιγνώσκειν corr. N. (post lit. γν. m. ead. necne
p. l.). ἐκκλησίαν τὲ N.T. οὐχ ἐποίει T. (suprascr. m. ead.). ἡδύνατο A.J. vulg.
ἐδύνατο N.T.V.H. (ἐδύνατο F. si recte interpr. silent. Bekkeri. tac. B.).
§ 2. ἱππομαχία τίς Ν.Α. τὶς T.J. vulg. ἐγένετο N.A.J. vulg. ἐνεγένετο T.F.H.
al. de V. tac. Ad. Θεσσαλοις corr. N. (οἷς m. r.). πρ N. ἔχειν Τ. ἀθηναῖοι corr.
N. (acc. post lit.). μέχρις N.T.A.J. vulg. de V. tacet Ad. de F. tac. Ba. Br. μέχρι
H. οἱ πολλοὶ A.J. sequi. libri.
§ 3. τρόπαιον N.V. τροπαῖον T.
§ 4. λαρισαῖοι N.A.J. vulg. λαρισσαῖοι pr. T. λαρισαῖοι corr. T. (m. ead.).
λαρισσαῖοι F. (teste Br. tac. Bn.) H. παράσιοι omn. practer 1 Be. παράλιοι ex conj.
Gottlob. ed. Bauer. Sed ortum esse ex var. lect. sequentis πειράσιοι vel πυράσιοι alii
jam viderunt. Mox πειράσιοι N.A.J. vulg. Bekk. πυράσιοι H. Poppo. παράσιοι,...
φεραῖοι om. T.

XXII. ἐκκλησίαν τε οὐκ... more rare
for οὔτε ἐκκλησίαν. So τε οὐκ in clause
second 1. 5, 2 (where Poppo refers to
Herm. on Soph. Antig. 759), 125, 6.
  § 2. Φρυγίοις must be a spot in the
neighbourhood of Acharnae from the
context. It is not mentioned by Leake
nor by Ross, Demen von Attica. Steph.
Byzant. ἐστι δὲ τὰ Φρύγια οὐδετέρως,
τόπος μεταξὺ (probably meaning ἐν μεθο-
ρίοις) Βοιωτίας καὶ Ἀττικῆς. τὸ τοπικὸν
Φρυγιεύς, ὡς Μέγαρα Μεγαρεύς. The to-

pographer means our place but seems to
have given too vague a locality. For
the Thessalian alliance see on 1. 107, 9.
  ——ἀσπόνδους : ὅ ἐστι μὴ δεηθέντας σπον-
δῶν αἴτησιν παρὰ Πελοποννησίων. οὐδὲ
γὰρ ἦσαν πάνυ ἡττηθέντες, ὥστε καὶ δεη-
θῆναι σπονδῶν ἵνα θάψωσιν αὐτοὺς Schol.
  § 5. τῆς στάσεως, "his faction" (one
oligarchical, the other democratical).
Neither τῆς ἑαυτοῦ (or αὐτοῦ) στάσεως, nor
ἑκατέρας (though specious) seems neces-
sary.

ράσιοι, Γυρτώνιοι, Φεραῖοι. ἡγοῦντο δὲ αὐτῶν ἐκ μὲν Λα-
ρίσης Πολυμήδης καὶ Ἀριστόνους, ἀπὸ τῆς στάσεως ἑκάτε-
ρος, ἐκ δὲ Φαρσάλου Μένων· ἦσαν δὲ καὶ τῶν ἄλλων κατὰ
πόλεις ἄρχοντες.

XXIII. οἱ δὲ Πελοποννήσιοι, ἐπειδὴ οὐκ ἐπεξῄεσαν
αὐτοῖς οἱ Ἀθηναῖοι ἐς μάχην, ἄραντες ἐκ τῶν Ἀχαρνῶν ἐδῄ-
ουν τῶν δήμων τινὰς ἄλλους τῶν μεταξὺ Πάρνηθος καὶ Βρι-
λήσσου ὄρους. ὄντων δὲ αὐτῶν ἐν τῇ γῇ οἱ Ἀθηναῖοι ἀπέ-
στειλαν τὰς ἑκατὸν ναῦς περὶ Πελοπόννησον ἅσπερ παρε-
σκευάζοντο, καὶ χιλίους ὁπλίτας ἐπ᾽ αὐτῶν καὶ τοξότας τε-
τρακοσίους· ἐστρατήγει δὲ Καρκίνος τε ὁ Ξενοτίμου καὶ
Πρωτέας ὁ Ἐπικλέους καὶ Σωκράτης ὁ Ἀντιγένους. καὶ οἱ
μὲν ἄραντες τῇ παρασκευῇ ταύτῃ περιέπλεον, οἱ δὲ Πελοπον-
νήσιοι χρόνον ἐμμείναντες ἐν τῇ Ἀττικῇ ὅσον εἶχον τὰ ἐπι-

§ 5. λαρίσσης N.A.J. vulg. λαρίσης T.F. (teste Br. tac. Ba.) H. ἀριστώνους T.
ὡς ἑκάτερος T. ἑκατέρας Scholiastes videtur legisse.
XXIII. ἐπεξίασιν N.V.F.H. quod vide ut prorsus repudiandum sit, si interpre-
tari liceat ἐπεξιέναι μέλλουσι. πάρνιθος T. πάρνητος J. βριλησσοῦ corr. N. (η corr.
add. acc. m. r. lit. supr. penult.). βριλυσσοῦ V. βριλησσοῦ Poppo.
§ 2. ἀπέστελλον T. ἃς παρεσκευάζοντο N. de V. tac. Ad. καρκίνος N.A.J. vulg.
de F. tac. Ba. Br. de H. tac. Ba. κάρκινός T. "καρκίνος legendum esse Aris-
tophanis versibus plurimis evincitur" Poppo. τε suprascr. N. m. r.
§ 3. οἱ μὲν T. ἐν (ante τῇ ἀττικῇ) om. T. ὅσον T.A.J. vulg. ὅσον corr. N. (υ
m. r. fuit ὅσοv). ὅσον F.H. pl. omn. Be. ὅσα V. ἐσέβαλλον T. παριόντες corr. N.

XXIII. § 2. τὰς ἑκατὸν... "The hun-
dred ships which I told you they were
getting ready." We have been told so
17, 5. This use of the imperfect right-
ly stated by Ad. will often recur. I
quote one instance from Herod. III. 47
τίσασθαι βουλόμενοι τοῦ κρητῆρος τῆς ἁρ-
παγῆς τὸν ἦγον Κροίσῳ (you have heard
that before I. 69) καὶ τοῦ θώρηκος τὸν αὐ-
τοῖσι Ἄμασις ὁ Αἰγύπτου βασιλεὺς ἔπεμψε
(had sent, which I have not before men-
tioned) δῶρον. Thus the clause follow-
ing is intelligible; καὶ γὰρ θώρηκα ἐληΐ-
σαντο τῷ προτέρῳ ἔτεϊ ἢ τὸν κρητῆρα οἱ
Σάμιοι· "for the Samians had robbed the
Lacedaemonians of a thorax as well as the
year before &c."
§ 3. ὅσον belongs to τὰ ἐπιτήδεια,
"provisions for which," as σιτί᾽ ἡμερῶν
τριῶν. So III. 1, 3.——τὴν Πειραϊκὴν
seems to have been rightly compared

with ἐς Ὠρωπὸν τῆς πέραν γῆς III. 91, 3,
but whether here or there or in both
passages lurks a corruption is hard to
decide. If our word is connected with
πέραν, the difficulty lies not so much in
accepting the notion of "across bound-
aries" (i. e. "land over the borders"
rather than "the border country"),
though "across water" seems to have
been the original meaning (see Buttm.
Lexil. Art. 91, J. C. Hare Philol. Mus.
Vol. I. p. 190 foll.), as in accounting for
the form πειραϊκὴ instead of περαϊκή.
Neither Homer nor Herodotus has
this Ionism. We have always πέρην,
περαίη, περάω (in either sense "to cross"
or "carry across"), περαιόω. On the
contrary πέρας "limit" becomes πεῖραρ
or πεῖρας, περαίνω becomes πειραίνω. Is
it impossible that Πειραιεύς may be con-
nected with πέρας? It and Πειραιὸν VIII.

τήδεια ἀνεχώρησαν διὰ Βοιωτῶν, οὐχ ᾗπερ ἐσέβαλον· παρι-
όντες δὲ Ὠρωπὸν τὴν γῆν τὴν Πειραϊκὴν καλουμένην, ἣν
4 νέμονται Ὠρώπιοι Ἀθηναίων ὑπήκοοι, ἐδῄωσαν. ἀφικόμενοι
δὲ ἐς Πελοπόννησον διελύθησαν κατὰ πόλεις ἕκαστοι.

XXIV. ἀναχωρησάντων δὲ αὐτῶν οἱ Ἀθηναῖοι φυλα-
κὰς κατεστήσαντο κατὰ γῆν καὶ κατὰ θάλασσαν, ὥσπερ δὴ
ἔμελλον διὰ παντὸς τοῦ πολέμου φυλάξειν· καὶ χίλια τά-
λαντα ἀπὸ τῶν ἐν τῇ ἀκροπόλει χρημάτων ἔδοξεν αὐτοῖς
ἐξαίρετα ποιησαμένοις χωρὶς θέσθαι καὶ μὴ ἀναλοῦν, ἀλλ'
ἀπὸ τῶν ἄλλων πολεμεῖν· ἢν δέ τις εἴπῃ ἢ ἐπιψηφίσῃ κινεῖν
τὰ χρήματα ταῦτα ἐς ἄλλο τι, ἢν μὴ οἱ πολέμιοι νηΐτῃ

(a m. r. fuit περιόντες). πειραϊκὴν omn. ut vid. Γραϊκὴν Casaub. ad Strabon.
p. 404=618, Heyn. ad Hom. Iliad. II. 498, et nuperrime Poppo ex Steph. Byzant.
in Ὠρωπός: καὶ Θουκυδίδης δευτέρα· παριόντι Ὠρωπὸν τὴν Γραϊκὴν καλουμένην, ἣν
νέμονται Ὠρώπιοι Ἀθηναίων ὑπήκοοι, ἐδῄωσαν. Vid. not. ἀθηναίων ὑπήκοοι om. N. add.
N. marg. m. r.
§ 4. καταπόλεις T.
XXIV. φύλακας A.J. vulg. ante Bauer. φυλακὰς N.T. de V. tac. Ad. de F.H.
tac. Ba. "φύλακας E." Br. ergo φυλακὰς F. et pl. omn. Be. διαπαντὸς T.A.J.
ψηφίσῃ F. (teste Br.). ψηφίσῃ Ba. ("ἐπὶ a man. rec. superscr."). ψηφίζειν nonnisi

10, 3 belong quite as much to the notion of ἔσχατος as to that of μεθόρια. May not then ἡ Πειραϊκὴ γῆ (if the true reading) simply mean "the *end*-land," neither distinctly asserting a claim on the part of Athens to the debateable district as part of territory, nor admitting, which "country across the border" might do, that it was Theban property? This conjecture—which I throw out with considerable diffidence—is very favourable to Prof. Peyron's proposed substitution of τῆς Πειραϊκῆς in III. 91, 3. There ΠΕΡΑΙΚΗΣ would be near ΠΕΡΑΝΓΗΣ, and ΠΕΡΑΙΚΗΝ may have once had place in the texts of Th., possibly also Steph. Byz. may have given ΠΕΡΑΙ-ΚΗΝ corrupt d, through the more than once proximity of ΓΡΑΙΑ (mentioned also under Τάναγρα), first into ΓΡΑΙΚΗΝ then into ΓΡΑΙΚΗΝ. The topographer's article is so jumbled, that in such a farrago one hardly knows for what purpose he quotes the Th. words. The writer in the Phil. Mus. mentioned above——let me in passing ask my readers to study it: it will repay the time——says, "he evidently cites this

passage as an example of the use of Ὠρωπὸς as a feminine." (p. 193.) I thought so once: I now think he cites it for the form Ὠρώπιος, a form Ὠρωπιεὺς having before been given, especially as he has said before λέγεται καὶ ἀρσενικῶς. Θουκυδίδης ὀγδόῃ (60, 2, and invariably), ἔχοντες οὖν τὸν Ὠρωπὸν ἀφικνοῦνται εἰς τὴν Ῥόδον. Γραϊκὴν is adopted by Grote VI. 180, Ross having found in an inscription Γραῆς ranged under tribe Pandionis, Demen von Attica p. 3. Ross himself p. 8 is so confident that he says, "daher bei Thukydides τὴν καλουμένην Γραϊκήν," leaving his reader in the dark that our Mss. have Πειραϊκήν.

XXIV. φυλακὰς, praesidia, in different parts of the country different φυλακτήρια.——ἀναλοῦν, an olden form, for which in *present* and *imperfect* in course of time ἀναλίσκειν was nearly exclusively used. ἀναλίσκειν however appears as early as Pindar Pyth. IX. 25, is once used by Eurip. Iph. T. 337, once by Aristoph. Thesm. 1130 (probably words of Euripides), and by Th. in later books. ——ἐς ἄλλο τι may possibly have crept in from § 2, yet ἢν μὴ may be epexe-

στρατῷ ἐπιπλέωσι τῇ πόλει καὶ δέῃ ἀμύνασθαι, θάνατον
ζημίαν ἐπέθεντο. τριήρεις τε μετ᾽ αὐτῶν ἑκατὸν ἐξαιρέτους
ἐποιήσαντο κατὰ τὸν ἐνιαυτὸν ἕκαστον τὰς βελτίστας, καὶ
τριηράρχους αὐταῖς, ὧν μὴ χρῆσθαι μηδεμιᾷ ἐς ἄλλο τι ἢ
μετὰ τῶν χρημάτων περὶ τοῦ αὐτοῦ κινδύνου, ἢν δέῃ.

XXV. οἱ δ᾽ ἐν ταῖς ἑκατὸν ναυσὶ περὶ Πελοπόννησον
Ἀθηναῖοι καὶ Κερκυραῖοι μετ᾽ αὐτῶν, πεντήκοντα ναυσὶ
προσβεβοηθηκότες, καὶ ἄλλοι τινὲς τῶν ἐκεῖ ξυμμάχων ἄλλα
τε ἐκάκουν περιπλέοντες, καὶ ἐς Μεθώνην τῆς Λακωνικῆς
ἀποβάντες τῷ τείχει προσέβαλον ὄντι ἀσθενεῖ καὶ ἀνθρώπων

Sophocl. Aj. 449 οὐκ ἄν ποτε | δίκην κατ᾽ ἄλλου φωτὸς ὧδ᾽ ἐψήφισαν, et ibi pro ἐψήφι-
σαντο, non ἐπεψήφισαν. ἄλλό τι Τ.Ν.Α.Ϳ. νηΐτῃ στρατῷ corr. Ν. (ι et στ m. ead.).
τὴν ζημίαν vulg. ante Bauer. ζημίαν Ν.Τ.F.H. fort. omn. libr. Α.Ϳ.
§ 2. τριήρεις τὲ Ν.Τ. ἐξαιρέτους ἑκατὸν Α.Ϳ. vulg. ἑκατὸν (ante ἐξ.) om. Ν. add.
Ν. marg. m. r. ἑκατὸν om. Τ.Η. om. in litura F. ἑκατὸν ἐξαιρέτους V. 3 Be. Mox
ἕκαστον corr. Ν. (add. acc. corr. στ m. r. lit. supr. ον, fuit ἑκατόν). ἑκατὸν corr. F.
(" ἕκαστον mutatum in ἑκατὸν" Ba.). ἑκατὸν Τ.Η. (omisso ἕκαστον). In librorum
discrepantia lectionem quam dant pr. Ν.Τ.Η. sequendam duxissem, nisi omisso
ἕκαστον articulus quoque omittendus esse videretur. ἄλλό τι Ν.Τ.Α.Ϳ.
XXV. πελλοπόννησον Ν. προσβεβοηθηκότες corr. Ν. (οηθηκό m. ead.). Post ξυμ-
μάχων, πολλῶν add. Τ. ἄλλα τὲ Ν.Τ. προσέβαλον Τ. δνῶν Ν.Τ.

getic, "for any other purpose, i.e. un-
less the enemy &c." See more on III.
11, 4.——νηΐτῃ στρατῷ: cp. IV. 85, 5.
——ἐπέθεντο: in an apparently similar
passage VIII. 67, 2 we have actives μεγά-
λας ζημίας ἐπέθεσαν, but there it is used
of the proposers of the measure (ἐσήνεγ-
καν οἱ ξυγγραφῆς § 1), here of the vote
passed. So the difference of τιθέναι
νόμον, τίθεσθαι νόμον (see on I. 37, 3), of
νομοθετεῖν, νομοθετεῖσθαι. I hold Stallb.
on Plat. Gorg. p. 483 B to be utterly
wrong. οἱ τιθέμενοι τοὺς νόμους are not
the law-promulgators but the law-ac-
cepters, the legislative assembly which
enacts the law. See Σόλων ὁ τιθεὶς (θεὶς)
passim in the Orators. Herod., who
does use the middle of Solon I. 29 νό-
μοισι τοὺς ἄν σφι Σόλων θῆται, and II.
177 τὸν νόμον Ἀθηναίοισι ἔθετο, may pos-
sibly have the distinction in view which
Stallb. foists upon Attic writers. (Ari-
stoph. Vesp. 467 τῶν νόμων...ὧν ἔθηκεν
ἡ πόλις I confess puzzles me. ἐθήκαθ᾽
is not an Attic form. May some proper
name lurk under ἡ πόλις, such as Εὔ-
πολις?)

§ 2. μὴ χρῆσθαι ἐς ἄλλο τι: μὴ in it-
self suggests the prohibition "they were
forbidden to be used for other pur-
poses:" so Aristoph. Acharn. 722 Λαμά-
χῳ δὲ μή, "but say no to Lamachus."
I wonder that this vexed passage has
not hitherto been compared with Eccles.
560 foll. οὐ γὰρ ἔτι τοῖς τολμῶσιν αὐτὴν
αἰσχρὰ δρᾶν | ἔσται τὸ λοιπόν, οὐδαμοῦ
δὲ μαρτυρεῖν, | οὐ συκοφαντεῖν,...μὴ λωπο-
δυτῆσαι, μὴ φθονεῖν τοῖς πλησίον, κ.τ.λ.—
χρῆσθαί τινί τι is too common to require
illustration, ἔς τι is more rare; but we
have 15, 7 τὰ πλεῖστον ἄξια ἐχρῶντο
followed by ἐς ἄλλα τῶν ἱερῶν νομίζε-
ται τῷ ὕδατι χρῆσθαι. Of course this
is not to be compared with χρησάμενος
ἐς τὸν μοχλὸν 4, 3, nor with Herod. I. 34
πάντα τοῖσι χρέονται ἐς πόλεμον ἄνθρωποι,
Xenoph. Anab. I. 4, 15 ὑμῖν χρήσεται καὶ
εἰς φρούρια καὶ εἰς λοχαγίας, V. 1, 16 τοῖς
πλοίοις χρήσαντο εἰς παραγωγήν. Th. IV.
97, 2 πρὸς τὰ ἱερὰ χέρνιβι (ὕδατι) χρῆ-
σθαι is also of a different stamp.

XXV. The aid of the Corcyreans
might lead one to infer that the result
of the embassy mentioned 7, 3 had been

2 οὐκ ἐνόντων. ἔτυχε δὲ περὶ τοὺς χώρους τούτους Βρασίδας ὁ Τέλλιδος ἀνὴρ Σπαρτιάτης φρουρὰν ἔχων, καὶ αἰσθόμενος 3 ἐβοήθει τοῖς ἐν τῷ χωρίῳ μετὰ ὁπλιτῶν ἑκατόν. διαδραμὼν δὲ τὸ τῶν Ἀθηναίων στρατόπεδον ἐσκεδασμένον κατὰ τὴν χώραν καὶ πρὸς τὸ τεῖχος τετραμμένον ἐσπίπτει ἐς τὴν Μεθώνην, καὶ ὀλίγους τινὰς ἐν τῇ ἐσδρομῇ ἀπολέσας τῶν μεθ᾽ ἑαυτοῦ τήν τε πόλιν περιεποίησε καὶ ἀπὸ τούτου τοῦ τολμήματος πρῶτος τῶν κατὰ τὸν πόλεμον ἐπηνέθη ἐν Σπάρτῃ. 4 οἱ δὲ Ἀθηναῖοι ἄραντες παρέπλεον, καὶ σχόντες τῆς Ἠλείας ἐς Φειὰν ἐδῄουν τὴν γῆν ἐπὶ δύο ἡμέρας, καὶ προσβοηθή-σαντας τῶν ἐκ τῆς κοίλης Ἤλιδος τριακοσίους λογάδας καὶ τῶν αὐτόθεν ἐκ τῆς περιοικίδος Ἠλείων μάχῃ ἐκράτησαν. 5 ἀνέμου δὲ κατιόντος μεγάλου χειμαζόμενοι ἐν ἀλιμένῳ χωρίῳ, οἱ μὲν πολλοὶ ἐπέβησαν ἐπὶ τὰς ναῦς καὶ περιέπλεον τὸν Ἰχθὺν καλούμενον τὴν ἄκραν ἐς τὸν ἐν τῇ Φειᾷ λιμένα, οἱ δὲ Μεσσήνιοι ἐν τούτῳ καὶ ἄλλοι τινὲς οἱ οὐ δυνάμενοι ἐπιβῆναι 6 κατὰ γῆν χωρήσαντες τὴν Φειὰν αἱροῦσι. καὶ ὕστερον αἵ τε

§ 2. βρασίδας ὁ τέλλιδος corr. N. (post lit. plur. litt. cap. ας ὁ τέ corr. m. r.). πέλλιδος T.
§ 3. ἀπωλέσας (sic) N.V. πολέμων F. (teste Br. tac. Ba.).
§ 5. ἀλιμένι T. ἰχθὺν N. 1 Bekk. ἰχθῦν T.H. Bauer. Poppo de aliis tacetur. ἰχθυν A.J. Ιχθυν (sic) Edd. Huds. Duk. τὸ ἰχθῦς προσηγορικὸν περιεσπάσθη ἀλόγως Arcad. de Accent. p. 91, 11. Ἰχθίν dat Kramer. Strab. xvii. p. 836 = 1193. μεσ-σήνιοι pr. N. μεσήνιοι corr. N. (m. ead. necne p. l.). μεσήνιοι T.V. ἄλλοί τινες corr. N. (add. alt. acc. m. r. lit. supra ες null. vestig. Fuit ἄλλοι τινες). ἄλλοι τινὲς T.

a ξυμμαχία as the Scholiast on that pas-sage says; and the Corcyreans are in fact mentioned among the Ath. allies 9, 5. Still, as III. 70, 3 ἐψηφίσαντο Κερ-κυραῖοι Ἀθηναίοις μὲν ξύμμαχοι εἶναι κατὰ τὰ ξυγκείμενα, Πελοποννησίοις δὲ φίλοι ὥσπερ καὶ πρότερον, the alleged intention of Pithias § 7 τὸ πλῆθος ἀναπείσειν τοὺς αὐτοὺς Ἀθηναίοις φίλους τε καὶ ἐχθροὺς νομίζειν, and the subsequent fulfilment 75, 1, are decisively fatal to this view, we must conceive that the Peloponne-sian invasion of Attica justified in the eyes of the Corcyreans the sending this aid as if not in letter yet in spirit an act purely defensive.——ἀνθρώπων οὐκ

ἐνόντων: λείπει πολλῶν Scholiast. As we might say, "there being no men in the fort."
§ 3. ἐπηνέθη: see on Dem. de Fals. Leg. § 35.
§ 4. τῆς περιοικίδος, "the descendants of the older people, who were conquer-ed by the Aetolians, and now formed, as in so many Peloponnesian states, the subordinate class called the περίοικοι." Ad.
§ 5. For Ἰχθύς, Cape Katákolo, and Φειά, a small creek at the foot of a hill containing the ruins of a castle called Pondikócastro, see Leake, Morea, Vol. II. p. 190, 191.

νῆες περιπλεύσασαι ἀναλαμβάνουσιν αὐτοὺς καὶ ἐξανάγονται
ἐκλιπόντες Φειάν, καὶ τῶν Ἠλείων ἡ πολλὴ ἤδη στρατιὰ
7 προσεβεβοηθήκει. παραπλεύσαντες δὲ οἱ Ἀθηναῖοι ἐπὶ
ἄλλα χωρία ἐδῄουν.

XXVI. ὑπὸ δὲ τὸν αὐτὸν χρόνον τοῦτον οἱ Ἀθηναῖοι
τριάκοντα ναῦς ἐξέπεμψαν περὶ τὴν Λοκρίδα, καὶ Εὐβοίας
ἅμα φυλακήν· ἐστρατήγει δὲ αὐτῶν Κλεόπομπος ὁ Κλεινίου.
2 καὶ ἀποβάσεις ποιησάμενος τῆς τε παραθαλασσίου ἔστιν ἃ
ἐδῄωσε καὶ Θρόνιον εἷλεν, ὁμήρους τε ἔλαβεν αὐτῶν, καὶ ἐν
Ἀλόπῃ τοὺς βοηθήσαντας Λοκρῶν μάχῃ ἐκράτησεν.

XXVII. ἀνέστησαν δὲ καὶ Αἰγινήτας τῷ αὐτῷ θέρει
τούτῳ ἐξ Αἰγίνης Ἀθηναῖοι, αὐτούς τε καὶ παῖδας καὶ γυναῖ-
κας, ἐπικαλέσαντες οὐχ ἥκιστα τοῦ πολέμου σφίσιν αἰτίους
εἶναι· καὶ τὴν Αἴγιναν ἀσφαλέστερον ἐφαίνετο, τῇ Πελο-
2 ποννήσῳ ἐπικειμένην, αὐτῶν πέμψαντας ἐποίκους ἔχειν. καὶ
3 ἐξέπεμψαν ὕστερον οὐ πολλῷ ἐς αὐτὴν τοὺς οἰκήτορας. ἐκπε-
σοῦσι δὲ τοῖς Αἰγινήταις οἱ Λακεδαιμόνιοι ἔδοσαν Θυρέαν
οἰκεῖν καὶ τὴν γῆν νέμεσθαι, κατά τε τὸ Ἀθηναίων διάφορον
καὶ ὅτι σφῶν εὐεργέται ἦσαν ὑπὸ τὸν σεισμὸν καὶ τῶν
4 Εἱλώτων τὴν ἐπανάστασιν. ἡ δὲ Θυρεᾶτις γῆ μεθορία τῆς

§ 6. ἐκλειπόντες (sic) T. στρατιᾶ pr. T. στρατιὰ corr. T. (man. ead.). οἱ
πολλοὶ J.
XXVI. λοκρίδα corr. N. (post lit. a m. r.). εὐοίας T.
§ 2. ὁμήρους τὲ N.T. ἀλώπη A.J. vulg. ἀλόπη N.T.V.F.H. (si recte interpr.
silent. Bekk. tac. Ba.) pl. omn. Be. Homer. Iliad. II. 682 οἳ τ᾽ Ἄλον οἵ τ᾽ Ἀλόπην οἵ
τε Τρηχῖν᾽ ἐνέμοντο, ubi de alia urbe, quae in Pthiotide cognominis est, agitur.
XXVII. οὐχήκιστα T.A.J. οὐχ ἥκιστα N. καὶ (ante σφίσιν) add. T. αὐτῶν
N.T. de aliis tacetur A.J. vulg. ante Bauer. πέμψαντες T.F.A.J. vulg. ante Bauer.
πέμψαντας N.H. pl. Be. de V. tac. Ad. Nominativus habet quo se possit defendere.
§ 3. καὶ τῶν εἱλώτων......οἱ μὲν om. T. εἱλώτων H.
§ 4. θυρεᾶτις corr. N. (ε suprascr. post lit. add. acc. m. r. fuit θυράτις). θυρεάτις
A.J. vulg. de V. ceteris tacetur. γῇ (sic) N.

XXVI. § 2. For Thronium and Alope
see Leake, North. Greece, Vol. II. p. 176
—178.
XXVII. ἐποίκους. Aristophanes is
said to have been one of these κληρού-
χοι. So he humorously tells us that
the Lacedaemonians' desire to recover
Aegina was not so much for the value
of the island as to rob the Athenians of
the poet, for the king had said that

either of the great powers πολὺ νικήσειν
τοῦτον ξύμβουλον ἔχοντας Acharn. 650
foll.
§ 3. Θυρέαν, the battlefield famous
"in song and story" between the 300
Spartans and the 300 Argives, a conditio-
nal revival of which the semi-barbarous
Argives demand and obtain a promise
thereof from the Lacedaemonians at a
later period of the war, v. 41.

'Αργείας καὶ Λακωνικῆς ἐστὶν ἐπὶ θάλασσαν καθήκουσα.
5 καὶ οἱ μὲν αὐτῶν ἐνταῦθα ᾤκησαν, οἱ δ' ἐσπάρησαν κατὰ
τὴν ἄλλην Ἑλλάδα.

XXVIII. τοῦ δ' αὐτοῦ θέρους νουμηνίᾳ κατὰ σελήνην,
ὥσπερ καὶ μόνον δοκεῖ εἶναι γίγνεσθαι δυνατόν, ὁ ἥλιος
ἐξέλιπε μετὰ μεσημβρίαν καὶ πάλιν ἀνεπληρώθη, γενόμενος
μηνοειδὴς καὶ ἀστέρων τινῶν ἐκφανέντων.

XXIX. καὶ ἐν τῷ αὐτῷ θέρει Νυμφόδωρον τὸν Πύθεω,
ἄνδρα Ἀβδηρίτην, οὗ εἶχε τὴν ἀδελφὴν Σιτάλκης, δυνάμενον
παρ' αὐτῷ μέγα οἱ Ἀθηναῖοι πρότερον πολέμιον νομίζοντες
πρόξενον ἐποιήσαντο καὶ μετεπέμψαντο, βουλόμενοι Σιτάλκην
2 σφίσι τὸν Τήρεω Θρᾳκῶν βασιλέα ξύμμαχον γενέσθαι. ὁ
δὲ Τήρης οὗτος ὁ τοῦ Σιτάλκου πατὴρ πρῶτος Ὀδρύσαις
τὴν μεγάλην βασιλείαν ἐπὶ πλεῖον τῆς ἄλλης Θρᾴκης
3 ἐποίησε· πολὺ γὰρ μέρος καὶ αὐτόνομόν ἐστι Θρᾳκῶν. Τηρεῖ
δὲ τῷ Πρόκνην τὴν Πανδίονος ἀπ' Ἀθηνῶν σχόντι γυναῖκα
προσήκει ὁ Τήρης οὗτος οὐδέν, οὐδὲ τῆς αὐτῆς Θρᾴκης
ἐγένοντο, ἀλλ' ὁ μὲν ἐν Δαυλίᾳ τῆς Φωκίδος νῦν καλουμένης

§ 5. ᾤκησαν hic Ν.
XXVIII. $C_\eta^{αί}$ i. e. σημείωσαι (vid. ad 1. 118, 4) marg. Ν. m. ead. κατὰ (pro
μετὰ) Τ. πάλιν corr. Τ. (αλ m. ead. vid.). μηνοειδὴς corr. Ν. (η m. r.).
XXIX. εἶχεν Τ. sed ν transv. cal. induct. βουλόμενοι om. Τ. τήρεων Τ. τή-
ρεω corr. Ν. (ήρ m. r.).
§ 2. ὁ (sic) δὲ Τ. τήρης corr. Ν. (ήρ m. r.). πῆρ' Ν.Τ. ἐπιπλέον Δ.J. vulg.
ἐπὶ πλεῖον Ν.Τ.F.V. (teste Ba. "πλεόν" Br.) H. al. αὐτόνομον ἐστι Τ.
§ 3. τύρει Ν. αὐτῶ (pro τῶ) Τ. τὴν πρόκνην (non τῶ τὴν πρόκνην) Ν. πρώκνην
J. τοῦ (pro τὴν) Η. πανδίονος corr. Ν. (pr. o m. r.). προσῆκεν Δ.J. vulg. προσήκει

XXVIII. "Verba κατὰ σελήνην addi-
dit Thucydides, propterea quod νουμηνία
πολιτικὴ cycli Metonici non semper in
veram νουμηνίαν incidebat" Elmsl. ad
Eur. Heracl. 779, words endorsed by
Clinton, Fast. Hellen. p. 339.
XXIX. § 2. "Was the first who car-
ried out the limits to a greater extent
than the rest of Thrace." So I take the
genitive =ἡ τὴν ἄλλην Θρᾴκην. Cp. I. 9, 3
ἐπὶ πλέον τῶν ἄλλων (ἢ οἱ ἄλλοι) ἰσχύσας.
In VII. 48, 2 it is varied, ἐπὶ πλέον ἢ οἱ
ἄλλοι. The other interpretation "over
a larger portion of the rest of Thrace"
cannot be wrong. The extent of the

kingdom under Sitalces, and a list of
the independent tribes, are given below
96 foll.——καὶ αὐτόνομον, "is also inde-
pendent." Some have taken it "ipsorum
quoque Thracum non tantum Grae-
corum," but καὶ cannot belong to any
other word than αὐτόνομον.
§ 3. ὁ μὲν...ὁ Τηρεὺς. The one lived
...I mean Tereus. Matth. Gr. Gr. § 288
Obs. 5 quotes besides this passage VII.
86, 3 ξυνέβαινε δὲ τὸν μὲν πολεμιώτατον
αὐτοῖς εἶναι Δημοσθένην, and Plat. Gorg.
501 A ἡ μὲν τούτου οὗ θεραπεύει καὶ τὴν
φύσιν ἔσκεπται καὶ τὴν αἰτίαν ὧν πράττει,
καὶ λόγον ἔχειν τούτων ἑκάστου δοῦναι ἡ

γῆς ὁ Τηρεὺς ᾤκει τότε ὑπὸ Θρακῶν οἰκουμένης· (καὶ τὸ
ἔργον τὸ περὶ τὸν Ἴτυν αἱ γυναῖκες ἐν τῇ γῇ ταύτῃ ἔπραξαν·
πολλοῖς δὲ καὶ τῶν ποιητῶν ἐν ἀηδόνος μνήμῃ Δαυλιὰς ἡ
ὄρνις ἐπωνόμασται· εἰκὸς δὲ καὶ τὸ κῆδος Πανδίονα ξυνά-
ψασθαι τῆς θυγατρὸς διὰ τοσούτου ἐπ' ὠφελείᾳ τῇ πρὸς
ἀλλήλους μᾶλλον ἢ διὰ πολλῶν ἡμερῶν ἐς Ὀδρύσας ὁδοῦ·)
Τήρης δὲ οὔτε τὸ αὐτὸ ὄνομα ἔχων, βασιλεύς τε πρῶτος ἐν
4 κράτει Ὀδρυσῶν ἐγένετο. οὗ δὴ ὄντα τὸν Σιτάλκην οἱ
Ἀθηναῖοι ξύμμαχον ἐποιήσαντο, βουλόμενοι σφίσι τὰ
5 ἐπὶ Θρᾴκης χωρία καὶ Περδίκκαν ξυνεξελεῖν αὐτόν. ἐλθών
τε ἐς τὰς Ἀθήνας ὁ Νυμφόδωρος τήν τε τοῦ Σιτάλκου
ξυμμαχίαν ἐποίησε καὶ Σάδοκον τὸν υἱὸν αὐτοῦ Ἀθηναῖον,
τόν τε ἐπὶ Θρᾴκης πόλεμον ὑπεδέχετο καταλύσειν· πείσειν
γὰρ Σιτάλκην πέμψειν στρατιὰν Θρᾳκίαν Ἀθηναίοις ἱππέων

corr. N. (η m. ead.).   προσήκει V.F.H. al.   προσήει T.   τήρης corr. N. (ήρ m. r.).
ὁ μὲν T.   τυρεὺς N.   Ἴτυν corr. N. (υ m. r.).   Ἴτυν A.J. vulg.   δαυλίας T.   ὠφελίᾳ
Bekk. Poppo.   ἐσοδρύσας (sic) T.   τήρης corr. N. (ήρ m. r.).

§ 4.   ξύμαχον T.   περδίκκαν corr. N. (suprascr. m. r.).   ξυνελεῖν N.   γρ. ξυν (cetera
desunt opera glutinatoris) marg. N. m. r.   ξυνεξελεῖν V. al. sequi. libri. Poppo.
ξυνελεῖν T. Bekk.

§ 5.   ἐλθὼν τε T.   ὑπεδέχοντο T.   πείσει pr. N. (ν suprascr. m. r.).   πέμπειν vulg.
πέμψειν N.T.V.F.H. al. A.J.   ἱππέων τὲ N.T.

ἰατρική, on which see Heindorf. I
suggest this explanation of Plat. Phileb.
41 C οὐκοῦν τὸ μὲν ἐπιθυμοῦν ἦν ἡ ψυχὴ
τῶν τοῦ σώματος ἐναντίων ἕξεων, τὸ δὲ τὴν
ἀλγηδόνα ἤ τινα διὰ πάθος ἡδονὴν τὸ
σῶμα ἦν τὸ παρεχόμενον. Another τὸ δὲ
which has perplexed editors and readers
of Phileb. 24 E τὸ δὲ εἰς αὖθίς τε καὶ αὖθις
ἴσως λεχθέντα τόν τ' ἐρωτῶντα καὶ τὸν ἐρω-
τώμενον ἱκανῶς ἂν ξυμφωνοῦντας ἀποφήνειεν
may perhaps belong to the usage first
noticed by Heindorf on Theaet. 157 B
"whereas perhaps if they be stated again
and yet again &c."——διὰ τοσούτου)(διὰ
πολλῶν ἡμερῶν ὁδοῦ. "At so short a
distance."——ἔχων...ἐγένετο. The sim-
plest explanation I think is to carry on
ᾤκει to ἔχων on the principle mentioned
on I. 20, 3, ἐγένετο in clause second
being substituted for γενόμενος, a usage
noted on I. 58, 1.
§ 4.   ξυνελεῖν though reading of most

Mss. seems to have no pertinent mean-
ing. Here V. and probably marg. N.
have the true reading, "jointly with
them ἐξελεῖν," expugnare, a favourite
word of Th.
§ 5.   It is hardly worth noticing that
the Ath. ξύμμαχον ἐποιήσαντο Sitalces
§ 4, while Nymphodorus a third party
ξυμμαχίαν ἐποίησε. For the rest—the
new citizen and his weakness for black-
puddings, the locust-peltasts, &c.—see
the charming scene Aristoph. Ach. 141
foll.——πείσειν...πέμψειν: Hermann, who
once thought that here and in Soph.
Phil. 1394 πείσειν δυνησόμεσθα the future
infinitive was due to attraction, has
rightly observed on the passage of Soph.
that other tenses of δύναμαι, θέλω, προ-
θυμοῦμαι, &c. are followed by the future.
Cp. I. 27, 3 ἐδεήθησαν...ξυμπροπέμπειν,
VIII. 2, 1 ξυμπροθυμηθέντες...ἀπαλλάξεσθαι,
where the old reading supported by Mss.

6 τε καὶ πελταστῶν. ξυνεβίβασε δὲ καὶ τὸν Περδίκκαν τοῖς
Ἀθηναίοις, καὶ Θέρμην αὐτῷ ἔπεισεν ἀποδοῦναι· ξυνεστρά-
τευσέ τ᾽ εὐθὺς Περδίκκας ἐπὶ Χαλκιδέας μετ᾽ Ἀθηναίων καὶ
7 Φορμίωνος. οὕτω μὲν Σιτάλκης τε ὁ Τήρεω Θρᾳκῶν βασι-
λεὺς ξύμμαχος ἐγένετο Ἀθηναίοις καὶ Περδίκκας ὁ Ἀλεξάν-
δρου Μακεδόνων βασιλεύς.

XXX. οἱ δ᾽ ἐν ταῖς ἑκατὸν ναυσὶν Ἀθηναῖοι ἔτι ὄντες
περὶ Πελοπόννησον Σόλλιόν τε Κορινθίων πόλισμα αἱροῦσι
καὶ παραδιδόασι Παλαιρεῦσιν Ἀκαρνάνων μόνοις τὴν γῆν
καὶ πόλιν νέμεσθαι· καὶ Ἄστακον, ἧς Εὔαρχος ἐτυράννει,
λαβόντες κατὰ κράτος καὶ ἐξελάσαντες αὐτὸν τὸ χωρίον ἐς
2 τὴν ξυμμαχίαν προσεποιήσαντο. ἐπί τε Κεφαλληνίαν τὴν
3 νῆσον προσπλεύσαντες προσηγάγοντο ἄνευ μάχης· κεῖται
δὲ ἡ Κεφαλληνία κατὰ Ἀκαρνανίαν καὶ Λευκάδα τετράπολις
4 οὖσα, Παλῆς, Κράνιοι, Σαμαῖοι, Προνναῖοι. ὕστερον δ᾽ οὐ
πολλῷ ἀνεχώρησαν αἱ νῆες ἐς τὰς Ἀθήνας.

§ 6. περδίκαν N. (suprascr. m. r.). "Vocis Θέρμην litteram η corr. F." Bekk.
tac. Ba. μετὰ ἀθ. N.V. ξυνεστράτευσέ τε N. V. περδίκας N. (suprascr. m. r.). ἐπὶ
χαλκιδέας om. N. add. N. marg. m. r.

§ 7. σιτάλκης corr. N. (κ m. ead.) τὲ N.T. τήρεω corr. N. (ήρ m. r.). περδίκας N.
(suprascr. m. r.).
XXX. σόλιόν N.T.A.J. vulg. Bekk. de V. tac. Ad. de F.H. tac. Ba. (σόλιον F.
opinor nam tac. Br.). σόλλιον sequi. libr. Steph. Byzant. Poppo. (III. 95, 1 σόλιον
pr. N. σόλλιον corr. N. σόλιον T. v. 30, 2 σόλειον N. σόλλειον T.) παραδιδόασιν T.
παλιρεῦσιν A.J. vulg. παλαιρεῦσιν N.T.V.H. al. de F. tac. Ba. sed opinor παλαι-
ρεῦσιν nam tac. Br. ἄστακον T. κατακράτος T.A.J. αὐτὴν T.
§ 2. κεφαληνίαν et infra κεφαληνία T. πλεύσαντες 2 Be. Bekk. [προσ]πλεύσαν-
τες Poppo. προσήγοντο T.
§ 3. παλῆς A. vulg. πολλῆς J. παλῆς T.F. παλεῖς N.V.H. κράνιοι J.
πρόναιοι vulg. πρόνναιοι A.J. προνναῖοι N.T.V.H. de F. tac. Ba. sed προνναῖοι op.
nam tac. Br. Bekk. Πρεναῖοι Poppo.
§ 4. πολλῷ N. πολλῷ χρόνω V. αἱ νῆες corr. T. (a m. ead. op.).

ἀπαλλάξασθαι cannot be restored, for the
form is ἀπαλλαγῆναι. The same fatal
objection applies to Dobree's conjecture
πρεθυμήσασθαι for προθυμήσεσθαι IV. 9, 2.
See Lobeck on Phryn. p. 744 foll.
§ 6. For the capture of Therme see
I. 61, and the mission of Phormio I. 64.
XXX. Sollium, Palaerus, and Asta-
cus, can hardly be identified now. See
Leake, North. Greece, Vol. IV. p. 18, 19.
He suggests for the first the small port of
Stravolemióna, for the last Port Platiá.

Of Palaerus he says, "it occupied per-
haps the valley of Liváthi situated be-
tween those of Zavérdha and Kandíli."
The positions of these places in Mueller's
map (Dorians) vary considerably from
those given in Leake's.
§ 2. See on 7, 3.
§ 3. Whatever be the orthography of
Προνναῖοι, it suggests to the most won-
derful hunter after obscurities Lycophron
a name for the suitors of Penelope,
Cassandra 791. So Tzetzes interprets

XXXI. περὶ δὲ τὸ φθινόπωρον τοῦ θέρους τούτου
Ἀθηναῖοι πανδημεί, αὐτοὶ καὶ οἱ μέτοικοι, ἐσέβαλον ἐς τὴν
2 Μεγαρίδα Περικλέους τοῦ Ξανθίππου στρατηγοῦντος. καὶ
οἱ περὶ Πελοπόννησον Ἀθηναῖοι ἐν ταῖς ἑκατὸν ναυσὶν (ἔτυ-
χον γὰρ ἐν Αἰγίνῃ ὄντες ἐπ' οἴκου ἀνακομιζόμενοι) ὡς ᾔ-
σθοντο τοὺς ἐκ τῆς πόλεως πανστρατιᾷ ἐν Μεγάροις ὄντας,
3 ἔπλευσαν παρ' αὐτοὺς καὶ ξυνεμίχθησαν. στρατόπεδόν τε
μέγιστον δὴ τοῦτο ἀθρόον Ἀθηναίων ἐγένετο, ἀκμαζούσης
ἔτι τῆς πόλεως καὶ οὔπω νενοσηκυίας· μυρίων γὰρ ὁπλιτῶν
οὐκ ἐλάσσους ἦσαν αὐτοὶ Ἀθηναῖοι (χωρὶς δὲ αὐτοῖς οἱ ἐν
Ποτιδαίᾳ τρισχίλιοι ἦσαν), μέτοικοι δὲ ξυνεσέβαλον οὐκ
ἐλάσσους τρισχιλίων ὁπλιτῶν, χωρὶς δὲ ὁ ἄλλος ὅμιλος
4 ψιλῶν οὐκ ὀλίγος. δῃώσαντες δὲ τὰ πολλὰ τῆς γῆς ἀνεχώ-
5 ρησαν. ἐγένοντο δὲ καὶ ἄλλαι ὕστερον ἐν τῷ πολέμῳ κατὰ
ἔτος ἕκαστον ἐσβολαὶ Ἀθηναίων ἐς τὴν Μεγαρίδα, καὶ
ἱππέων καὶ πανστρατιᾷ, μέχρι οὗ Νίσαια ἑάλω ὑπ' Ἀθη-
ναίων.

XXXI. φθεινόπωρον Τ.
§ 2. ἤδη A.J. vulg. Bekk. ἤδη om. N.T.V.F.H. Poppo.
§ 3. ἐλάσσους (σσους exc. in marg.) corr. N. (lit. supr. ε add. acc. ους corr. m. r.
fuit ἔλασσον). αὐτοὶ οἱ F. sed " οἱ a man. rec." Ba. tac. Br. ξυνέβαλον Τ. ὁμίλλος (sic)
pr. T. ὅμιλλος corr. T. (" transv. cal. induct. " add. m. ead.). ὀλίγων N. ὀλίγου V.
                                                                                ος
ὀλίγων Τ. (suprascr. m. ead.).
§ 5. ἄλλαι πολλαὶ A.J. ἄλλαι [πολλαὶ] vulg. πολλαὶ om. N.T.V.H. omn. Bc.
(de F. tac. Ba.). ἐσβολαι pr. N. (add. acc. m. r.). μέχρις N.A.J. vulg. μέχρι T.H. de
V. tac. Ad. de F. tac. Ba. Br.

Πρωνίων. Θουκυδίδης εἰς τέσσαρα φῦλα
διαιρεῖ τὴν Κεφαληνίαν, Πρώνους, Σαμίους,
Παλεῖς, καὶ Κρανείους. Πρωνίων δὲ τῶν
μνηστήρων ἀπὸ ἔθνους.
XXXI. τὸ φθινόπωρον: sec on I. p.
181.
§ 2. ἐν Μεγάροις, "in the vicinity of
Megara" (§ 1 ἐς τὴν Μεγαρίδα). See
adn. crit. on 20, 4. So ἡ μεγάλη μάχη...
ἡ ἐν Κορίνθῳ (we say battle of) Dem.
Leptin. p. 472 § 52, παρετάξατο ἐν Θήβαις
479 § 76.
§ 5. The capture of Nisaea was B.C.
424, IV. 69. The invasions into the Me-
garid were twice a year (see IV. 66, 1),
and, if the Megarian who in year 425
comes to the market provided by Dicae-

opolis is to be trusted, very destructive.
The ordinary articles salt, garlic, are so
clean gone, that he sells his daughters for
these very necessaries (Arist. Ach. 813).
No mention whatever of other staple
commodities, woollen cloaks, cucumbers,
leverets (see 519, 520). Such luxuries
he has no ability to bring. He is far
better off in the Pax, but then the war
was over and Athens had been for some
years in possession of Nisaea, and her
interest was that Megara should thrive.
We then have the prayer and the hope
(999...1002) καὶ τὴν ἀγορὰν ἡμῖν ἀγαθῶν |
ἐμπλησθῆναι, μεγάλων σκορόδων, | σικύων
πρώων, μήλων, ῥοιῶν, | δούλοισι χλανισκι-
δίων μικρῶν.

XXXII. ἐτειχίσθη δὲ καὶ ᾿Αταλάντη ὑπ᾿ ᾿Αθηναίων φρούριον τοῦ θέρους τούτου τελευτῶντος, ἡ ἐπὶ Λοκροῖς τοῖς ᾿Οπουντίοις νῆσος ἐρήμη πρότερον οὖσα, τοῦ μὴ λῃστὰς ἐκπλέοντας ἐξ ᾿Οποῦντος καὶ τῆς ἄλλης Λοκρίδος κακουρ-
2 γεῖν τὴν Εὔβοιαν. ταῦτα μὲν ἐν τῷ θέρει τούτῳ μετὰ τὴν Πελοποννησίων ἐκ τῆς ᾿Αττικῆς ἀναχώρησιν ἐγένετο.

XXXIII. τοῦ δ᾿ ἐπιγιγνομένου χειμῶνος Εὔαρχος ὁ ᾿Ακαρνὰν βουλόμενος ἐς τὴν ῎Αστακον κατελθεῖν πείθει Κορινθίους τεσσαράκοντα ναυσὶ καὶ πεντακοσίοις καὶ χιλίοις ὁπλίταις ἑαυτὸν κατάγειν πλεύσαντας, καὶ αὐτὸς ἐπικούρους τινὰς προσεμισθώσατο· ἦρχον δὲ τῆς στρατιᾶς Εὐφαμίδας τε ὁ ᾿Αριστωνύμου καὶ Τιμόξενος ὁ Τιμοκράτους καὶ Εὔμαχος
2 ὁ Χρύσιδος. καὶ πλεύσαντες κατήγαγον· καὶ τῆς ἄλλης ᾿Ακαρνανίας τῆς περὶ θάλασσαν ἔστιν ἃ χωρία βουλόμενοι προσποιήσασθαι καὶ πειραθέντες, ὡς οὐκ ἐδύναντο, ἀπέπλεον
3 ἐπ᾿ οἴκου. σχόντες δ᾿ ἐν τῷ παράπλῳ ἐς Κεφαλληνίαν καὶ ἀπόβασιν ποιησάμενοι ἐς τὴν Κρανίων γῆν, ἀπατηθέντες ὑπ᾿ αὐτῶν ἐξ ὁμολογίας τινὸς ἄνδρας τε ἀποβάλλουσι σφῶν αὐτῶν, ἐπιθεμένων ἀπροσδοκήτοις τῶν Κρανίων, καὶ βιαιότερον ἀναγαγόμενοι ἐκομίσθησαν ἐπ᾿ οἴκου.

XXXII. ἐτειχίσθη...ἀθηναίων om. T.
§ 2. τὴν τῶν πελ. F. ed. Bauer. Popp. μετὰ τῶν π. ed. Duker. sed om. τῶν N.T. V. (de H. tacetur) A.J.
XXXIII. ἐπιγιγνομένου N. ἐπιγενομένου V. χειμῶνος corr. N. (ει m. ead.). ἀκαρνὰν corr. N. (post lit. add. acc. m. r.). ἀκαρνὰς T. ἄστακτον T. ἄστακον corr. N. (post lit. ακο corr. acc. supraser. pr. a m. r.). καθελθεῖν (sic) J. εὐφαμίδας τὲ N. τε om. T.
§ 2. ἠδύναντο N.T. pl. omn. A. Popp. ἰδύναντο (sic) J. Ego cum Bekk. ἐδύναντο. ἐπέπλεον T.
§ 3. κεφαληνίαν T. γῆν (sic) N. ὁμολογίας (sic) T. ἄνδρας τὲ N.T. ἀπροσδο-

XXXII. ᾿Αταλάντη, now Talandonisi, Leake, North. Greece, Vol. II. p. 172. The Athenian works now constructed sustained great damage some years afterwards from an inundation of the sea following upon a great earthquake, III. 89, 3.
XXXIII. κατελθεῖν: κατέρχομαι, κάθοδος, &c. serve for passives. Later writers give κατάγομαι, καταγωγή, &c. All scholars know Porson's wonderful divination in restoring the exact words of Eur. Med. 1011 (1015) suggested by

an ingenious but far clumsier alteration proposed by Musgrave. Yet that neuters used as passives do not quite supersede passive forms I hope I have shewn on Dem. F. L. § 292.——Χρύσιδος: a masc. name after the analogy of Tellis (25, 2), Daphnis, Thyrsis, and the like, frequent in Doric. The Argive priestess Χρυσὶς II. 1, 1, IV. 133 bears a name (as the accent indicates) analogous in form to νησὶς, Νηρηΐς.
§ 3. The variant ἀπροσδοκήτως is not hastily to be rejected. The adverb is

XXXIV. ἐν δὲ τῷ αὐτῷ χειμῶνι οἱ Ἀθηναῖοι τῷ
πατρίῳ νόμῳ χρώμενοι δημοσίᾳ ταφὰς ἐποιήσαντο τῶν ἐν
2 τῷδε τῷ πολέμῳ πρῶτον ἀποθανόντων τρόπῳ τοιῷδε· τὰ
μὲν ὀστᾶ προτίθενται τῶν ἀπογενομένων πρότριτα σκηνὴν
ποιήσαντες, καὶ ἐπιφέρει τῷ αὑτοῦ ἕκαστος ἤν τι βούληται.
3 ἐπειδὰν δὲ ἡ ἐκφορὰ ᾖ, λάρνακας κυπαρισσίνας ἄγουσιν
ἄμαξαι, φυλῆς ἑκάστης μίαν· ἔνεστι δὲ τὰ ὀστᾶ ἧς ἕκαστος
4 ἦν φυλῆς. μία δὲ κλίνη κενὴ φέρεται ἐστρωμένη τῶν ἀφα-
5 νῶν, οἳ ἂν μὴ εὑρεθῶσιν ἐς ἀναίρεσιν. ξυνεκφέρει δὲ ὁ
βουλόμενος καὶ ἀστῶν καὶ ξένων, καὶ γυναῖκες πάρεισιν αἱ
6 προσήκουσαι ἐπὶ τὸν τάφον ὀλοφυρόμεναι. τιθέασιν οὖν ἐς
τὸ δημόσιον σῆμα, ὅ ἐστιν ἐπὶ τοῦ καλλίστου προαστείου
τῆς πόλεως, καὶ ἀεὶ ἐν αὐτῷ θάπτουσι τοὺς ἐκ τῶν πολέμων,
πλήν γε τοὺς ἐν Μαραθῶνι· ἐκείνων δὲ διαπρεπῆ τὴν ἀρετὴν
7 κρίναντες αὐτοῦ καὶ τὸν τάφον ἐποίησαν. ἐπειδὰν δὲ κρύ-
ψωσι γῇ, ἀνὴρ ᾑρημένος ὑπὸ τῆς πόλεως, ὃς ἂν γνώμῃ τε
δοκῇ μὴ ἀξύνετος εἶναι καὶ ἀξιώσει προήκῃ, λέγει ἐπ᾽ αὐτοῖς

κήτως A.J. vulg. ἀπροσδοκήτοις T.F.H. ἀπροσδοκήτοις corr. N. (οις m. r.) V.
(οι m. r.). Vid. not. ἀναγόμενοι T.V. ἀναγάγομενοι N.
    XXXIV. νόμῳ om. N. supraser. m. r. δημοσίας T. τὰς ταφὰς N. de V. tac.
Ad.
    § 2. προθίθενται (sic) J. αὑτοῦ N.V. αὐτοῦ an αὑτοῦ T. pl. Vid. ad 1. 136, 3.
    § 3. δὲ [καὶ] vulg. Sed καὶ om. N.T.V.F.H. A.J. κυπαρισίνους V. κυπαρισσίνας
N. ἄμαξαι (sic) T. ἔνεστί (sic) δὲ καὶ T. δὲ καὶ A.J. vulg. καὶ om. N.V.F.H. omn.
Be. ἕκαστος corr. N. (post lit. στο add. acc. supra ἐ m. r.).
    § 4. εἰς ἀναίρεσιν N.T.V.
    § 5. παρῆσαν A.J. vulg. ante Hudson.
    § 6. ὅ ἐστιν (sic) T. ὅ ἐστι J.
    § 7. γῇ hic N. ὑπὸ corr. N. (post lit. ὑ m. ead. op.). γνώμῃ τὲ N.T. ἀξιώματι

found, I think, in all Mss. IV. 29, 4,
VII. 21, 4. As ἀπροσδόκητος is *passive*
of *things*, *active* of *persons* (cp. ἀνέλ-
πιστος, ἄπρακτος, ἀφύλακτος, see further
on III. 30, 2), in IV. 103, 4, and VIII.
23, 3, either the *adverb* is to be restored
in the former, or in both (which I
rather believe) ἀπροσδοκήτοις.——βιαιό-
τερον, "under unusual pressure."
    XXXIV. ταφὰς ἐποιήσαντο simply
is ἔθαψαν. See on de F. L. § 103.
Below § 6 τὸν τάφον ἐποίησαν, "they
constructed the tomb," as σκηνὴν ποιή-
σαντες § 2, and ταφὰς...ποιεῖν Plat. Menex.

init. Stallb. rightly renders. ἡ βουλὴ
could not strictly be said θάπτειν. In
Dem. Lept. p. 499 § 141 ταφὰς ποιεῖτε
(*you ordain burials*) and ταφὰς ποιεῖσθε
(*you bury*) are equally admissible, accord-
ing as "you" refers to the *functionaries*
or the *people*. See on I. 77, 1.
    § 2. πρότριτα: not "three days be-
fore" but "on the third day before."
The usual mode was, as others have
remarked, τῇ προτεραίᾳ.
    § 6. ὅ ἐστιν...καὶ ἐν αὐτῷ: see Ann.
Crit. on I. 74, 1.
    § 7. ἀξιώσει: see on 37, 2.

8 ἔπαινον τὸν πρέποντα· μετὰ δὲ τοῦτο ἀπέρχονται. ὧδε μὲν
θάπτουσι· καὶ διὰ παντὸς τοῦ πολέμου, ὁπότε ξυμβαίη αὐ-
9 τοῖς, ἐχρῶντο τῷ νόμῳ. ἐπὶ δ' οὖν τοῖς πρώτοις τοῖσδε
10 Περικλῆς ὁ Ξανθίππου ᾑρέθη λέγειν. καὶ ἐπειδὴ καιρὸς
ἐλάμβανε, προελθὼν ἀπὸ τοῦ σήματος ἐπὶ βῆμα ὑψηλὸν
πεποιημένον, ὅπως ἀκούοιτο ὡς ἐπὶ πλεῖστον τοῦ ὁμίλου,
ἔλεγε τοιάδε.

A.J. vulg. ἀξιώσει N.T.V.F.H. pl. omn. Be. προήκει T.F.H. προήκη corr. N. (alt.
η m. r. fuit προήκει) de V. tac. Ad.
§ 8. διαπαντὸς T.*A.J.* "Ante τῷ deletas duas F." Br. tac. Ba.
§ 9. ᾑρέθη corr. N. (post lit. add. spir. m. ead.).
§ 10. καιρὸν corr. N. (ὸν m. r.) γρ. καιρὸς N. marg. m. r. de V. tac. Ad.
καιρὸς T. καιρὸν 2 Be. Edidit Bekk. De passivo ἀκούεσθαι vid. infra dicta.
In Archilochi fragmento quod Herodianus περὶ σχημάτων servavit (Villoisoni
Anecd. Graec. T. II. p. 93, p. 57 ed. Dind. Lips. MDCCCXXV.=Fr. 63 [90] *Bergk.*)
νῦν (v. l. νῦν δὲ) Λεώφιλος μὲν ἄρχει, Λεώφιλος (v. l. -φίλου) δ' ἐπικρατεῖ, | Λεωφίλῳ
δὲ πάντα κεῖται, Λεώφιλε (v. l. -φιλος) δ' ἄκουε, ultima Porson. Supplem. ad
Praefat. p. 21 ed. Scholef. MDCCCXXVI. tentavit Λεωφίλου δ' ἀκούεται. Praecessit
πολύπτωτον δὲ ὅταν ἤτοι τὰς ὀνομοσίας ἢ τὰ ὀνόματα εἰς πάσας τὰς πτώσεις μεταβάλ-
λοντες διατιθώμεθα τὸν λόγον, ὡς παρὰ Κλεοχάρῃ. Δημοσθένης ὑπέστη Φιλίππῳ.
Δημοσθένους πένης μὲν ὁ βίος...Δημοσθένει πολλῶν διδομένων...Δημοσθένη Ἀλέξανδρος
ἐξῆγει [? ἀπῆγει. Vid. Cobet. Var. Lect. p. 275]...ἀδίκως τε ἀπέθανες, ὦ Δημόσθενες·
ἔστι δὲ τὸ τοιοῦτον σχῆμα καὶ παρὰ τισι τῶν ποιητῶν, ὡς παρὰ Ἀρχιλόχῳ. Sequitur
παρὰ δὲ Ἀνακρέοντι ἐπὶ τριῶν. Κλεοβούλου μὲν ἔγωγ' ἐρῶ, | Κλεοβούλῳ δ' ἐπιμαίνομαι,
| Κλεοβούλον δ' ἰδέειν ποθέω. Quidnam apertius est quam ἐπὶ τεττάρων dixisse
Archilochum? Itaque non dubito quin Λεωφίλου (quod habet Cod. opt.) ἔπη
κρατεῖ reponendum sit (in Eur. Suppl. 296 ἔπη κρύπτειν alii reposuerunt. Graeci
dicunt κρύπτω vel κρύπτομαί σε ταῦτα, sed constanter ἀποκρύπτομαι, ἐπικρύπτομαι)
in pr. versu, in altero Λεώφιλον. Si constaret ἀκούω σε posse dici pro eo quod
dicitur ἀκούω ἔπη σου, fidenter rescriberem Λεώφιλον δ' ἀκούετε, i. e. ἃ λέγει.
Aliquid debuerit etiam necessitati in hujusmodi lusibus, paene dixeram ineptiis.
ὡς ἐπιπλεῖστον T.*A.J.* vulg. ἐπὶ πλεῖστον V.H. ὡσεπιπλεῖστον N.

§ 8. ὧδε, where οὕτω might be ex-
pected. But see on I. 31, 4.

§ 9. δ' οὖν: usual resumption after
a digression (I. 3, 5, 10, 7); in Bacon's
language "but howsoever." On a War
with Spain, Vol. III. p. 526. The words
seem worth quoting: "but howsoever
it makes proof to the world, that an
invasion of a few English upon Spain,
may have just hope of victory, at least
of passport to depart safely."

§ 10. The phrase is somewhat cu-
rious; but I think καιρὸς λαμβάνει με,
when it comes upon me; I λαμβάνω
καιρόν, *when I seize upon an opportu-
nity.* Eurip. Ion 659 χρόνῳ δὲ καιρὸν
λαμβάνων προσάξομαι | δάμαρτ' ἐὰν σε
σκῆπτρα τἀμ' ἔχειν χθονός. This sense
seems to have no place here. The time
came for Pericles to speak over the

dead. He did not avail himself of an
occasion. He performed the task which
he was chosen to perform. So I do not
λαμβάνω πυρετόν, but πυρετὸς λαμβάνει με.
Moreover the Mss. authority for καιρὸν
seems very small.——ἀκούοιτο=*passive*
somewhat rare. ἀκουσθὲν III. 38, 4)(δρα-
σθέν. Plato three times uses ἀκούεσθαι in
contrast to ἀκούειν Rep. VI. 508 c and D,
and gives ἀκούομεναι συμφωνίαι VII. 531
A and c, possibly elsewhere though I
cannot call to mind other examples.——
ἐπὶ (ὡς ἐπὶ) πολύ (πλέον, πλεῖστον) may
serve for *object* equally and *subject,* as
καθ' ἑαυτοὺς (ἑκάστους) briefly touched
upon I. 3, 2, and *inter nos* (*vos, se*) in
Latin, and the *article* is rarely prefixed.
Still I am not quite sure that Th. did
not write ὅπως ἀκούοι τὸ ὡς ἐπὶ πλεῖστον
τοῦ ὁμίλου.

XXXV. "ΟΙ μὲν πολλοὶ τῶν ἐνθάδε εἰρηκότων ἤδη
"ἐπαινοῦσι τὸν προσθέντα τῷ νόμῳ τὸν λόγον τόνδε, ὡς
"καλὸν ἐπὶ τοῖς ἐκ τῶν πολέμων θαπτομένοις ἀγορεύεσθαι
2 "αὐτόν. ἐμοὶ δ' ἀρκοῦν ἂν ἐδόκει εἶναι ἀνδρῶν ἀγαθῶν ἔργῳ
"γενομένων ἔργῳ καὶ δηλοῦσθαι τὰς τιμάς, οἷα καὶ νῦν περὶ
"τὸν τάφον τόνδε δημοσίᾳ παρασκευασθέντα ὁρᾶτε, καὶ μὴ

XXXV. ἐπιτάφιο περικλέου   N. marg. (utrumque σ opera glutinatorum excidit),
δημηγορία περικλέους
πρ ἀθηναίους   T. marg. litt. min. ἤδη εἰρηκότων A.J. vulg. Sed ἤδη
post εἰρ. locant N.T.V.F.H. al. εἰρηκότων corr. N. (ων m. r.) post ἤδη ponit ὑπο-
στιγμὴν N. (m. r.) post ϛἰρηκότων T. ἐπὶ om. N.V. πόλεων F.
§ 2. ἂν ἀρκοῦν T.A.J. vulg. ἀρκοῦν ἂν N.V.F.H. pl. omn. Be. ὁρᾶται N.V.

XXXV. This magnificent Oration—
how far to be assigned to Pericles, how
far to Thucydides, may be impossible
to determine; but I believe in man-
ner and in matter the very speech of
Pericles—omits the oft-quoted phrase
twice noticed by Aristot. Rhet. I. 7, 34,
III. 10, 7 (quoting from memory as the
variety in the wording signifies), "that
the youth was taken from the city, as
if one were to take the spring out of the
year." The sentiment was itself bor-
rowed from Gelon saying, when the con-
dition of his succour before the battle of
Artemisium was refused, οὐκ ἂν φθάνοιτε
(says he to the envoys) τὴν ταχίστην
ὀπίσω ἀπαλλασσόμενοι, καὶ ἀγγέλλοντες
τῇ Ἑλλάδι ὅτι ἐκ τοῦ ἐνιαυτοῦ τὸ ἔαρ
αὐτῇ ἐξαραίρηται. Herod. VII. 162. Thirlw.
II. 273, Grote v. 296. Either Th.
designedly omits the words as not
original, or, as is far more probable,
they were employed in the earlier
ἐπιτάφιος λόγος spoken by Pericles over
those who fell in the Samian war 440
B.C. Such is Grote's opinion VI. 41 n. 3.
For a succinct account of the Funeral
Orations of the Greeks the reader is
referred to Professor Churchill Babing-
ton's Funeral Oration of Hyperides
App. A. edit. 8vo.——ἤδη may belong
to ἐπαινοῦσι, "go so far as to praise,"
as in § 5 to ἀπιστοῦσιν. I prefer to join
it with what precedes, "who have before
me spoken on this platform."—— τῷ
νόμῳ: it seems idle to enquire who the
author of the law was. δηλονότι τὸν

Σόλωνα, of course says the Scholiast.
Besides τῷ νόμῳ may mean no more than
"the usage, custom" either here or
34, 1.—ὡς καλὸν (ὄν), as λεγόμενον
47, 4 καλός ἐστιν ὁ λόγος ἀγορεύεσθαι, is
per se Greek, but the addition of αὐτὸν
seems to determine that καλὸν is neuter.
§ 2. "I should have thought it
might be sufficient . . . ." If ἂν be-
longs to the infinitive, it is not necessary
to read δοκεῖ, for ἡγούμην, ᾤμην, puta-
bam, literally "I used to think," "my
own impression was," answer to what
in our idiom is "I should have thought."
ἂν ἐδόκει would imply "I should have
thought under certain conditions, which
conditions not existing I do not think,"
incongruous, at least to my mind, with
what follows. Cp. Plat. Prot. 319 A
οὐκ ᾤμην διδακτὸν εἶναι followed by
ἡγοῦμαι οὐ B, οὐχ ἡγοῦμαι 320 C. If ἂν
had been added to ᾤμην, Socrates would
have meant "but I do not think so
now," obviously not as yet meant, nor
said till—and then not said without
qualification—ἐπειδὴ δέ σου ἀκούω ταῦτα
λέγοντος κάμπτομαι καὶ οἶμαί τί σε λέγειν.
So Pericles here, while complying with
the usage of former men, does not
change his own opinions, though he
modestly says "it was my notion" in
preference to saying "it is my notion."
——καὶ μὴ ἐν..... "and that not in (the
mouth of) one man should the valorous
feats of many be imperilled that on his
speaking well or worse should the credi-
bility thereof stand." [Such is my

" ἐν ἑνὶ ἀνδρὶ πολλῶν ἀρετὰς κινδυνεύεσθαι <u>εὖ</u> τε καὶ χεῖρον
3 " εἰπόντι πιστευθῆναι. χαλεπὸν γὰρ τὸ μετρίως εἰπεῖν ἐν ᾧ
4 " μόλις καὶ ἡ δόκησις τῆς ἀληθείας βεβαιοῦται. ὅ τε γὰρ
" ξυνειδὼς καὶ εὔνους ἀκροατὴς τάχ' ἄν τι ἐνδεεστέρως πρὸς
" ἃ βούλεταί τε καὶ ἐπίσταται νομίσειε δηλοῦσθαι, ὅ τε

§ 4. ὅ, τε (hic et infra) T.A.J. vulg. ὅτε N. ξεινειδὼς (sic) J. νομίσει T.
διαφθόνον (sic) N.

faithful rendering; *slipshod version*
some call it. As an editor I refuse to
hear the voice of the charmer, holding
that in this matter he charmeth not
wisely. A translating Editor or Teacher
has not only to get out the meaning,
but the way in which the meaning is
expressed in the original. He has to
study above all things as far as possible
the author's order of collocation, and so
to draw out the full emphasis of any
given sentence. He must do this under
the guidance of perspicuity, but to literal
rendering he must sacrifice elegance.
The intelligent reader or pupil will
shape out far better his translation after
imbibing such written or oral instruc-
tion. On this point *semel dictum sit.*]
——For τε...καὶ see on I. 82, 2, and below
on 42, 3.——χεῖρον following εὖ. See a
striking instance of this IV. 65, 4 ἀλλὰ
καὶ τὰ δυνατὰ ἐν ἴσῳ καὶ τὰ ἀπορώ-
τερα μεγάλῃ τε ὁμοίως καὶ ἐνδεεστέρᾳ
παρασκευῇ κατεργάζεσθαι. May not such
to our notions loose usage justify (or
palliate) Plat. Phileb. 56 D καὶ δεῖ τὰ
μὲν ὡς καθαρώτατα νομίζειν, τὰ δ' ὡς
ἀκαθαρτότερα? Badham's second ob-
jection seems to be founded upon the
conception that the *superlative* means
" most" and not " very."

§ 3. μετρίως=μήτε πρὸ καιροῦ μηθ'
ὕπερ· " duly, fairly, neither too much nor
too little."——δόκησις, another of Th.
verbals (see on I. 73, 1). He has this word
in common with Herod. Soph. Eurip.

§ 4. ὅ τε ἄπειρος: προσυπακουστέον
καὶ μὴ εὔνους Scholiast. This looseness
permeates the language, and is occa-
sionally found in Latin, more rarely in
English. For the latter I stint myself
to Addison, Spectator 293: " Though
prudence does undoubtedly in a great
measure produce our good or ill fortune

in the world" (i.e. prudence or impru-
dence). In the former I cite Cicer. de
Fin. III. 3, 11 ceterae philosophorum
disciplinae,...quae rem ullam virtutis
expertem aut in bonis aut in malis nume-
rent, mainly because Madvig's note led
me originally to collect passages. Madvig
says " Si sic Cicero scripsit, valde negle-
genter scripsit, tanquam de solis bonis
Cato loquatur." He keeps this note
in ed. 2, noticing a similar case in
IV. 17, 47, to which I add Tac. Hist.
II. 74 esse privatis cogitationibus pro-
gressum, i.e. aut regressum. In Greek
I draw out of a large store a few. Plat.
Protag. 331 E οὐχὶ τὰ ὅμοιόν τι ἔχοντα
ὅμοια δίκαιον καλεῖν, οὐδὲ τὰ ἀνόμοιόν τι
ἔχοντα ἀνόμοια, κἂν πάνυ σμικρὸν ἔχῃ τὸ
ὅμοιον, where some have interpolated
ἔχῃ τὸ ἀνόμοιον ἢ τὸ ὅμοιον. 356 A τὸ
παραχρῆμα ἡδύ (i.e. καὶ λυπηρὸν) τοῦ εἰς
τὸν ὕστερον χρόνον καὶ ἡδέος καὶ λυπηροῦ.
I. Rep. 340 E ὥστε δημιουργὸς ἢ σοφός
ἢ ἄρχων οὐδεὶς ἁμαρτάνει τότε, ὅταν ἄρχων
(i.e. ἢ δημιουργὸς ἢ σοφὸς) ᾖ. Phaedr.
272 B ὅτι ἂν αὐτῶν τις ἐλλείπῃ λέγων ἢ
διδάσκων ἢ γράφων, φῇ δὲ τέχνῃ λέγειν
(i.e. ἢ διδάσκειν ἢ γράφειν). Phileb. 40 E
πονηρὰς δόξας καὶ χρηστὰς ἄλλως ἢ ψευ-
δεῖς (i.e. καὶ ἀληθεῖς) γιγνομέναις ὁμοίως
εἰπεῖν; IV. Rep. 442 D ἀλλὰ μὲν δὴ δίκαιός
γε, ᾧ (i.e. καὶ ὡς) πολλάκις λέγομεν,
τούτῳ καὶ οὕτως ἔσται, with which cp.
[Auct.] Nic. Ethic. v. 8=5, 9 ἀνῃροῦντο
γὰρ ἄν, εἰ μὴ ἐποίει τὸ ποιοῦν καὶ ὅσον
καὶ οἷον, καὶ τὸ πάσχον ἔπασχε τοῦτο
καὶ τοσοῦτον καὶ τοιοῦτον, where Bekker
has needlessly inserted ὃ before ἐποίει.
Dem. de F. Leg. § 107 (my ed.) p. 371
τηλικαῦτα καὶ τοιαῦτα ἡλίκα, where some
Mss. omit καὶ τοιαῦτα. My investiga-
tion got me out of difficulties which
others may have laboured under. Plat.
Theaet. 161 B λόγον λαβεῖν καὶ ἀποδέ-

" ἄπειρος ἔστιν ἃ καὶ πλεονάζεσθαι διὰ φθόνον εἴ τι ὑπὲρ
5 " τὴν ἑαυτοῦ φύσιν ἀκούοι. μέχρι γὰρ τοῦδε ἀνεκτοὶ οἱ
" ἔπαινοί εἰσι περὶ ἑτέρων λεγόμενοι, ἐς ὅσον ἂν καὶ αὐτὸς
" ἕκαστος οἴηται ἱκανὸς εἶναι δρᾶσαί τι ὧν ἤκουσε· τῷ δ᾿
6 " ὑπερβάλλοντι αὐτῶν φθονοῦντες ἤδη καὶ ἀπιστοῦσιν. ἐπειδὴ
" δὲ τοῖς πάλαι οὕτως ἐδοκιμάσθη ταῦτα, καλῶς ἔχειν, χρὴ
" καὶ ἐμὲ ἑπόμενον τῷ νόμῳ πειρᾶσθαι ὑμῶν τῆς ἑκάστου
" βουλήσεώς τε καὶ δόξης τυχεῖν ὡς ἐπὶ πλεῖστον.

XXXVI. "ἄρξομαι δ᾿ ἀπὸ τῶν προγόνων πρῶτον·
" δίκαιον γὰρ αὐτοῖς καὶ πρέπον δὲ ἅμα ἐν τῷ τοιῷδε τὴν

§ 5. ἔπαινοι εἰσὶ N.T.   δρᾶσαί τι corr. N. (post lit. add. acc. supr. ρα. add. acc. supr. αι. lit. supr. τε m. r. fuit δρᾶσαι τι) δρᾶσαί τι T.   corr. δρᾶσαί τι (m. ead.). τῷ δὲ A.J. vulg. τῷ δ᾿ N.T.   τῷ δ᾿ V.F.H.   αὐτῶν corr. N. (ῶν m. r. fuit αὐτὸν) αὐτον pr. H. corr. αὐτῶν.   αὐτῶν corr. F.   αὐτῶν T. de V. tac. Ad.   αὐτὸν pl. omn. Be.
§ 6. οὕτω T.   ἐπιπλεῖστον T.A.J. vulg.   ἐπὶ πλεῖστον V.F.H.   ὡσεπιπλεῖστον N.   Similiter 34, 10:
XXXVI.   δὲ ἀπὸ A.J. vulg. δ᾿ ἀπὸ N.T.V.F.H. al.

ξασθαι is not explained (as far as I have seen) by commentators. The latter word means "allow, approve," not simply "receive from." I found the explanation in 1. Rep. 337 E ἄλλου δ᾿ ἀποκρινομένου λαμβάνῃ λόγον, καὶ ἐλέγχῃ, and Meno 75 D σὸν ἔργον λαμβάνειν λόγον καὶ ἐλέγχειν, that "criticise" was meant, but why? I then remembered Arist. Eth. Nic. 1. 1 = 3, 4, 8 where ὁ πεπαιδευμένος, the pupil adapted for a catechumen, ἀποδέχεσθαι, ἀποδεκτέον is used, and thankfully compared de Part. Animal. init. πεπαιδευμένου γάρ ἐστι κατὰ τρόπον τὸ δύνασθαι κρῖναι εὐστόχως τί καλῶς ἢ μὴ καλῶς ἀποδίδωσιν ὁ λέγων. So I learnt that ἀποδέχεσθαι did service for its correlative δυσχεραίνειν as well as for itself, and was glad to see the same in Arist. N. Eth. IV. = 6, 5 οὐ γὰρ τῷ φιλεῖν ἢ ἐχθαίρειν ἀποδέχεται (i. e. ἢ δυσχεραίνει) ἕκαστα ὡς δεῖ (cp. § 3 ἀποδέξεται ἃ δεῖ καὶ ὡς δεῖ, ὁμοίως δὲ καὶ δυσχερανεῖ) and reversely in Plat. III. Rep. 401 E καὶ ὀρθῶς δὴ δυσχεραίνων (i. e. τὰ ἀποδεχόμενος) τὰ μὲν καλὰ ἐπαινοῖ...τὰ δ᾿ αἰσχρὰ ψέγοι. I hope this tedious note may serve to satisfy the student of Aristophanes that in Ran. 719, 720 the received text καὶ τὸ καινὸν χρυσίον may hold its own against Meineke's most audacious conjecture καὶ

καλῶς κεκομμένον.

§ 5. τῷ δ᾿ ὑπερβάλλοντι αὐτῶν i. e. ἐπαίνων "to what is excessive in them," as the Scholiast rightly takes it. The variant αὐτὸν which I interpret αὐτὸν I would not quite repudiate "what exceeds himself i. e. his own powers," for in speaking of a class sing. and plur. are wonderfully mixed in Greek and Latin, even in our language, though more sparingly.

§ 6. τοῖς πάλαι precedes ἐδοκιμάσθη, so makes the difficulty of the dative less. Possibly ἔδοξε was contemplated originally.

XXXVI. καὶ——δὲ is vastly more forcible than καὶ——γε which critics formerly substituted for it. It is found in Thuc. 1. 132, 2 on which Poppo cites this passage, and VI. 71, 2, VII. 56, 3. " καὶ in talibus valet etiam et δὲ nectit sententias " says Seidler on Eurip. Electr. 1112 (1117). This view is confirmed by the co-existence of οὐδὲ——δέ. Aristot. Nic. Eth. IV. 2 = 1, 14 οὐδὲ λήψεται δὲ ὅθεν μὴ δεῖ, where οὐδὲ is obviously ne—quidem, "and he will not receive either from improper sources." Cp. καὶ λήψεται δ᾿ ὅθεν δεῖ καὶ ὅσα δεῖ § 24. It may be observed that καὶ—δὲ abounds in this Book of the Ethics.

2 "τιμὴν ταύτην τῆς μνήμης δίδοσθαι. τὴν γὰρ χώραν
"ἀεὶ οἱ αὐτοὶ οἰκοῦντες διαδοχῇ τῶν ἐπιγιγνομένων μέχρι
3 "τοῦδε ἐλευθέραν δι᾽ ἀρετὴν παρέδοσαν. καὶ ἐκεῖνοί τε
"ἄξιοι ἐπαίνου καὶ ἔτι μᾶλλον οἱ πατέρες ἡμῶν· κτησάμε-
"νοι γὰρ πρὸς οἷς ἐδέξαντο ὅσην ἔχομεν ἀρχὴν οὐκ ἀπό-
4 "νως ἡμῖν τοῖς νῦν προσκατέλιπον. τὰ δὲ πλείω αὐτῆς
"αὐτοὶ ἡμεῖς οἵδε οἱ νῦν ἔτι ὄντες μάλιστα ἐν τῇ καθεστη-
"κυίᾳ ἡλικίᾳ ἐπηυξήσαμεν, καὶ τὴν πόλιν τοῖς πᾶσι παρε-
"σκευάσαμεν καὶ ἐς πόλεμον καὶ ἐς εἰρήνην αὐταρκεστά-
5 "την.//ὧν ἐγὼ τὰ μὲν κατὰ πολέμους ἔργα, οἷς ἕκαστα
"ἐκτήθη, ἢ εἴ τι αὐτοὶ ἢ οἱ πατέρες ἡμῶν βάρβαρον ἢ
"Ἕλληνα πόλεμον ἐπιόντα προθύμως ἠμυνάμεθα, μακρηγο-

§ 2. διαδοχῇ (sic) pr. N. acc. suprascr. m. r.
§ 3. ἐκεῖνοι τὲ N.T. ἐδέξαντο corr. N. (post lit. ἐ. op. m. ead.). οὐκ T.
§ 4. πλέω A.J. vulg. πλείω N.T.V.F.H. al. ἔτι om. T.
§ 5. πολέμους N. corr. σ m. ead. nisi mend. sit chartae. μακριγορεῖν ἐνειδόσιν
(sic) T. οἵας τὲ N.T. ἤλθομεν A.J. vulg. Bekk. ἦλθον N.T.V.F.H. μετ᾽ οἵας J.

§ 2. This *autochthon* pride Athenians had in common with Arcadians. See de F. Leg. p. 424 § 296 (my Ed.) with Valcken. note there quoted. In fact the former were sober in their claim in comparison with the latter, if the couplet is true, Ante Jovem natum terras habuisse feruntur Arcades, et luna gens prior illa fuit.——διαδοχῇ may be *ablative* as Poppo renders it *successione posterorum.* To me it seems rather *dative;* "to a succession of posterity."

§ 3. "And not only (τε) they are deserving commendation but also (καὶ) our fathers; (i.e. the generation immediately preceding our own) for having won in addition to what they inherited all the empire which we now hold not without effort, to us of the present day they also bequeathed it." So I translate, but possibly Th. left to the reader the option of joining οὐκ ἀπόνως with what follows, or with what goes before; though the parallel passage 62, 3 οἱ μετὰ πόνων κ.τ.λ. seems to favour the view I have taken.

§ 4. τὰ δὲ πλείω...not "increased more of it" (i.e. enlarged our empire's limits) which would be inconsistent with

§ 3 ὅσην ἔχομεν, and the invariable policy of Pericles (see 1. 144, 1, and below, 65, 7), moreover would have been expressed by πλείονα (πλείω) αὐτὴν ἐπηυξήσαμεν, but "the greater part of it we magnified," enlarged its power, improved it, consolidated it. Cp. VII. 70, 7 τὴν οἰκείαν ἑκάστους πατρίδα νικήσαντας ἐπαυξῆσαι (*aggrandise*): μεγαλῦναι might have been substituted. αὐξάνειν used of any increase equally of bulk as of number.——τῇ καθεστ. ἡλικίᾳ "the settled, staid, so matured age of life." (ἡλικία not necessarily *age in general*, but in a military point of view *age for bearing arms;* ὅστις καὶ ὁπωσοῦν ἐδόκει ἡλικίας μετέχων ἐπιτήδειος εἶναι VII. 60, 3, ξυνώμνυσαν δὲ καὶ Σαμίων πάντες τὸν αὐτὸν ὅρκον οἱ ἐν τῇ ἡλικίᾳ.) In Hamlet IV. 7, 79 "Youth no less becomes The light and careless livery that it wears Than settled age his sables and his weeds," is Shakespeare contrasting the *old* with the *young,* or rather the grave and sober attire of *middle age* with the light foppery of youth?

§ 5. πόλεμον the conjecture of Haas, Lucubr. p. 65, of which he confidently says "manifestum est scripsisse Thucydidem," does not commend itself to

"ρεῖν ἐν εἰδόσιν οὐ βουλόμενος ἐάσω· ἀπὸ δὲ οἵας τε
"ἐπιτηδεύσεως ἤλθομεν ἐπ᾽ αὐτὰ καὶ μεθ᾽ οἵας πολιτείας καὶ
"τρόπων ἐξ οἵων μεγάλα ἐγένετο, ταῦτα δηλώσας πρῶτον
"εἶμι καὶ ἐπὶ τὸν τῶνδε ἔπαινον, νομίζων ἐπί τε τῷ πα-
"ρόντι οὐκ ἂν ἀπρεπῆ λεχθῆναι αὐτά, καὶ τὸν πάντα
"ὅμιλον καὶ ἀστῶν καὶ ξένων ξύμφορον εἶναι αὐτῶν ἐπα-
"κοῦσαι.

XXXVII. "χρώμεθα γὰρ πολιτείᾳ οὐ ζηλούσῃ τοὺς
"τῶν πέλας νόμους, παράδειγμα δὲ μᾶλλον αὐτοὶ ὄντες
2 "τινὶ ἢ μιμούμενοι ἑτέρους. καὶ ὄνομα μὲν διὰ τὸ μὴ ἐς
"ὀλίγους ἀλλ᾽ ἐς πλείονας οἰκεῖν δημοκρατία κέκληται·
"μέτεστι δὲ κατὰ μὲν τοὺς νόμους πρὸς τὰ ἴδια διάφορα
"πᾶσι τὸ ἴσον, κατὰ δὲ τὴν ἀξίωσιν, ὡς ἕκαστος ἔν τῳ

XXXVII. ζηλώσῃ T. νόμων T. supraser. m. ead. αὐτοὶ μᾶλλον A.J. vulg.
μᾶλλον αὐτοὶ N.T.V.F.H. omn. Be. ὄντές τισιν A.J. τισὶν vulg. τινὶ N.T.V.F.H. pl.
omn. Be. ἑτέρους μιμούμενοι N.V.
§ 2. ὀλίγους corr. N. (post lit. ους m. r.) ἥκειν corr. N. (ἢ lit. supr. ει m. r. fuit
οἰκεῖν) γρ. οἰκεῖν N. marg. m. r. ἥκειν Ed. Bauer. οἰκεῖν T.V. de F.H. tacetur. A.J.

me. There is a bold personification of πόλεμος, (common in poetry, πόλεμον θ' εὔδοντ' ἐπεγείρει,) traces of which I think I see in IV. 18, 4, but not too bold for an impassioned orator of the age of Pericles. On this supposition the adjectives are rightly used, and so are the verbs. "To repel an invading war" would strike me as strong but by no means too audacious in an English Speaker. Besides in itself πόλεμος ἐπέρχεται is justified by the use of an analogous word ἐπιτίθεσθαι. See I. 23, 4 ταῦτα γὰρ πάντα (σεισμοί, ἡλίου ἐκλείψεις, αὐχμοί, λιμοί, ἡ λοιμώδης νόσος) μετὰ τοῦδε τοῦ πολέμου ξυνεπέθετο. Cp. IV. 126, 6 δ (τὸ προϋπάρχον δεινὸν) ὑπεμείναντες ἐπιφερόμενον, and VI. 91, 3 καὶ ὃν ἄρτι κίνδυνον ἐκεῖθεν προεῖπον οὐκ ἂν διὰ μακροῦ ὑμῖν ἐπιπέσοι. If the Mss. had given πολέμον, it would have been rashness itself to propose πόλεμον. But finding πόλεμον, I acknowledge a power which I cannot venture to weaken.— ἐπὶ τῷ παρόντι not = ἐν τῷ π. (ἐπὶ τοῦ παρόντος), but analogous to 34, 7 λέγει ἐπ᾽ αὐτοῖς, 9 ἐπὶ τοῖς πρώτοις λέγειν.

XXXVII. ζηλούσῃ emulating, cp. παραδείγμα, μιμούμενοι.
§ 2. ὄνομα a cognate case to κέκληται. —οἰκεῖν used absolutely, "administers." —ἀξίωσιν clearly)(ἀξιώματος. The latter denotes "the estimate in which he is held by others," the former "his estimate of self," what he claims; the latter his "condition," the former is "self-confidence." This distinction is marked here and 65, 8 by the contrast of the words. It is less clear in 34, 7, and VI. 54, 3 because there is no contrast in either passage; still in either I think "belief in his own value, powers" satisfies the sense. ἀξίωμα in other writers serves for both significations ὅτου τις ἀξιοῖ ἑαυτόν, and ὅτου ἀξιοῦται. As an example of the former see Arist. Nic. Eth. III. 11 = 8, 16 χείρους δ᾽ ὅσῳ ἀξίωμα οὐδὲν ἔχουσιν (οἱ ἀγνοοῦντες) ἐκεῖνοι (οἱ εὐέλπιδες) δέ. The word seems to have a mixed meaning in IV. 8 = 3, 12 ὁ δὲ μικρόψυχος ἐλλείπει καὶ πρὸς ἑαυτὸν, καὶ πρὸς τὸ τοῦ μεγαλοψύχου ἀξίωμα. The lowly-minded man from diffidence in powers which he possesses

"εὐδοκιμεῖ, οὐκ ἀπὸ μέρους τὸ πλεῖον ἐς τὰ κοινὰ ἢ ἀπὸ
"ἀρετῆς προτιμᾶται, οὐδ' αὖ κατὰ πενίαν, ἔχων δέ τι ἀγα-
"θὸν δρᾶσαι τὴν πόλιν, ἀξιώματος ἀφανείᾳ κεκώλυται.
3 "ἐλευθέρως δὲ τά τε πρὸς τὸ κοινὸν πολιτεύομεν καὶ ἐς
"τὴν πρὸς ἀλλήλους τῶν καθ' ἡμέραν ἐπιτηδευμάτων ὑπο-
"ψίαν, οὐ δι' ὀργῆς τὸν πέλας εἰ καθ' ἡδονήν τι δρᾷ
"ἔχοντες, οὐδὲ ἀζημίους μὲν λυπηρὰς δὲ τῇ ὄψει ἀχθηδό-
4 "νας προστιθέμενοι. ἀνεπαχθῶς δὲ τὰ ἴδια προσομιλοῦντες
"τὰ δημόσια διὰ δέος μάλιστα οὐ παρανομοῦμεν, τῶν τε

vulg. ante Bauer. ἴσον T.A.J. ἔν τω corr. N. (add. acc. m.r. lit. supr. ω, fuit
ἐν τῷ). ἔν τω ("sine iota subscripto" Ba.) F. ("τῷ F." Br.). ἔν τω T. ἀπ' ἀρετῆς
A.J. vulg. Bekk. ἀπὸ ἀρ. N.T.V.F.H. al. Popp. δρᾶσαι corr. N. (acc. m.r. fuit
δρᾶσαι) δρᾶ'σαι T. sed pr. acc. transv. cal. induct. m. ead. "post ἀξιώματος deletas
tres F." Br. ἀφανία T. ἀφανίᾳ A.J.

§ 3. καθημέραν A.J. καθ' ἡμέραν N.T. ἔποψιν Madv. οὐ om. T. τῶν N.
suprascr. m. r. πέλας corr. N. (ε. m. ead. op.). οἱ καθ' ἡδονήν τι δρᾷ A.J. ἡδονήν
corr. N. (post. lit. δο et ἡν op. m. r.). δρᾶν N. (suprascr. m.r.). τι bis T. οὐδ' N.V.
ἀζήμους pr. T. ἀζημίους corr. T. (m. ead.). λυπηραὶ T.

underrates himself, and so underrates
the self-estimate of the high-minded
man and the estimate in which others
hold him. οἱ ἐν ἀξιώματι always = οἱ
ἀξιούμενοι τιμῆς.——οὐκ ἀπὸ μέρους......
"He is not from a section (as at Sparta)
so much to public offices as from merit
promoted, nor again on score of poverty,
when able to do some good service to
his country, is he owing to obscurity of
position prevented."——κατὰ πενίαν by
a forced sort of attraction corresponds
with κατὰ τοὺς νόμους, κατὰ τὴν ἀξίωσιν.
The following clause should require
πένης μὲν ὤν, or κατὰ πενίαν should be
followed by ἔχων γε (conjectured by
Reiske) or εἰ ἔχει, according to the law
of rigid grammar.

§ 3. ἐς...ὑποψίαν: not our, but men's
general mutual suspicion. Madv. says
"nec recte dicitur ὑποψία τῶν καθ' ἡμ.
ἐπι." Why?——τὸν πέλας: Elmsl. on
Eur. Med. 85 doubts the singular seem-
ingly on no intelligible grounds. We have
had it already I. 32, 4, which he quotes
as well as Herod. III. 142 simply to state
his suspicion "utrumque locum cor-
ruptum esse." Why the many exam-
ples which he gives of the plural should
eliminate the few instances of the sin-

gular might satisfy Prof. Cobet, but
passes I confess my comprehension.——
οὐδὲ......προστιθέμενοι. Admitting the
obscurity of this passage, I cannot
acquiesce in the rendering "wearing
a look of offence" (Ad.), "austeri-
tatem (morositatem) vultu praeferentes"
(Poppo), accepted by Grote. Neither
can I separate τῇ ὄψει from λυπηράς.
I hold Goeller's original view to be
right that allusion is made to the flog-
gings of the Spartan youth not as a
punishment but to make them hardy.
But how are we to account for the
middle? I once thought Aristoph. Equit.
5 πληγὰς ἀεὶ προστρίβεται τοῖς οἰκέταις
(he gets inflicted; he does not himself
inflict the blows, but through having his
master's ear he procures the infliction:
cp. 64 ψευδῆ διαβάλλει· κᾆτα μαστιγού-
μεθα | ἡμεῖς· and 67 ὁρᾶτε τὸν Ὕλαν δι'
ἐμὲ——not ὑπ' ἐμοῦ——μαστιγούμενον,
and 69 πατούμενοι | ὑπὸ τοῦ γέροντος)
might justify this rendering "ordering
the infliction of torments not indeed
penal but painful to the eye." The
middle so used is not uncommon. Still
the usages of the Greek middle are so
many and so varied, that one feels one-
self here not treading on sure ground.

"ἀεὶ ἐν ἀρχῇ ὄντων ἀκροάσει καὶ τῶν νόμων, καὶ μά-
"λιστα αὐτῶν ὅσοι τε ἐπ᾽ ὠφελείᾳ τῶν ἀδικουμένων
"κεῖνται)καὶ ὅσοι ἄγραφοι ὄντες αἰσχύνην ὁμολογουμένην
"φέρουσι.

XXXVIII. "καὶ μὴν καὶ τῶν πόνων πλείστας ἀνα-
"παύλας τῇ γνώμῃ ἐπορισάμεθα, ἀγῶσι μέν γε καὶ θυσίαις
"διετησίοις) νομίζοντες, ἰδίαις δὲ κατασκευαῖς εὐπρεπέσιν,
2 "ὧν καθ᾽ ἡμέραν ἡ τέρψις τὸ λυπηρὸν ἐκπλήσσει. ἐπεσέρ-
"χεται δὲ διὰ μέγεθος τῆς πόλεως ἐκ πάσης γῆς τὰ πάντα,
"καὶ ξυμβαίνει ἡμῖν μηδὲν οἰκειοτέρᾳ τῇ ἀπολαύσει τὰ
"αὐτοῦ ἀγαθὰ γιγνόμενα καρποῦσθαι ἢ καὶ τὰ τῶν ἄλλων
"ἀνθρώπων.

XXXIX. "διαφέρομεν δὲ καὶ ταῖς τῶν πολεμικῶν
2 "μελέταις τῶν ἐναντίων τοῖσδε· τήν τε γὰρ πόλιν κοινὴν

§ 4. ὅσοι τὲ N.T. ὠφελίᾳ Bekk. Popp. ὠφελείᾳ N.T. Vid. ad 1. 28, 4.
XXXVIII. τῇ γνώμῃ om. pr. N. add. marg. N. m. r. γε (post μὲν) om. N.V.
Vellem omiss. in al. Codd. ἐκπλήσσει corr. N. (ἐκ post lit. 3 litt. cap. σσει post lit.
5 vel 6 litt. cap. m. r.).
§ 2. ἐπεισέρχεται constanter libri et Edd. praeter Bekk. quem secutus sum.
γῆς (sic) N. ἦ s᾽ T. Vid. ad. 1. 2, 6. ἀνῶ᾽ν N.T.
XXXIX. διαφέροιμεν T.

May I not—on the analogy of ἐπέθεντο
24, 1, p. 217—translate "enacting the
infliction..."?
§ 4. δέος: see on 1. 36, 1.——ἀκροάσει:
The grammatical relation between this
dative (or ablative) and what goes before
is puzzling. Th. furnishes two other
examples VI. 37, 2 στρατοπέδῳ τε ἐκ
νεῶν ἱδρυθέντι (where the Scholiast tries
to cut the knot λείπει χρώμενοι), and
VII. 67, 4 οὐ παρασκευῆς πίστει μᾶλλον
ἢ τύχης ἀποκινδυνεύσει. In all a parti-
cipial notion appears to be contained,
"showing obedience to," "having a
camp," "not trusting so much...as de-
sperately hazarding." See more on
VI. 37, 2. ἀκροάσις, ἀκροᾶσθαι, generally
have the simple notion of "hearing,
listening to, attending lectures as a
pupil," here and III. 27, 2 of "obedi-
ence to."—αἰσχύνην (see on I. 84, 5)
"sense of honour," which deters men
from violating laws not legally enforced,
but morally binding. φόβος deters men
from transgressing τοὺς γεγραμμένους
νόμους. Aristot. II. Rhet. 6, 2 defines

αἰσχύνη λύπη τις καὶ ταραχὴ περὶ τὰ εἰς
ἀδοξίαν φαινόμενα φέρειν τῶν κακῶν.
XXXVIII. τῇ γνώμῃ (dative) "for
our feelings." The various applications
of this word will hereafter be noticed.
——ἀγῶσι...νομίζοντες: see on I. 77, 8.
——κατασκευαῖς: see on I. 10, 2.
§ 2. "And it befals us that with
enjoyment no more our own the good
things grown in our land (αὐτοῦ, on the
spot) we reap the harvest of than of the
productions also of the rest of the
world." It is curious to think how
much more this is applicable to our own
country, and was so even in the days of
Addison. The reader is referred to an
interesting number of the Spectator
(69) too good to curtail, and far too
long to transcribe.
XXXIX. The Orator has hitherto
covertly contrasted his own nation with
Lacedaemon. He now openly avows
the contrast.——Join τῶν ἐναντίων (not
μελέταις) with διαφέρομεν. "We differ
from our enemies in training for war
in the following points." διαφέρειν

"παρέχομεν, καὶ οὐκ ἔστιν ὅτε ξενηλασίαις ἀπείργομέν
"τινα ἢ μαθήματος ἢ θεάματος, ὃ μὴ κρυφθὲν ἄν τις τῶν
"πολεμίων ἰδὼν ὠφεληθείη, πιστεύοντες οὐ ταῖς παρα-
"σκευαῖς τὸ πλέον καὶ ἀπάταις ἢ τῷ ἀφ' ἡμῶν αὐτῶν ἐς
"τὰ ἔργα εὐψύχῳ· καὶ ἐν ταῖς παιδείαις οἱ μὲν ἐπιπόνῳ
"ἀσκήσει εὐθὺς νέοι ὄντες τὸ ἀνδρεῖον μετέρχονται, ἡμεῖς
"δὲ ἀνειμένως διαιτώμενοι οὐδὲν ἧσσον ἐπὶ τοὺς ἰσοπαλεῖς
3 "κινδύνους χωροῦμεν. τεκμήριον δέ· οὔτε γὰρ Λακεδαι-
"μόνιοι καθ' ἑκάστους, μετὰ πάντων δ' ἐς τὴν γῆν ἡμῶν
"στρατεύουσι, τήν τε τῶν πέλας αὐτοὶ ἐπελθόντες οὐ χα-
"λεπῶς ἐν τῇ ἀλλοτρίᾳ τοὺς περὶ τῶν οἰκείων ἀμυνομένους
4 "μαχόμενοι τὰ πλείω κρατοῦμεν. ἀθρόᾳ τε τῇ δυνάμει
"ἡμῶν οὐδείς πω πολέμιος ἐνέτυχε διὰ τὴν τοῦ ναυτικοῦ τε
"ἅμα ἐπιμέλειαν καὶ τὴν ἐν τῇ γῇ ἐπὶ πολλὰ ἡμῶν αὐτῶν
"ἐπίπεμψιν· ἢν δέ που μορίῳ τινὶ προσμίξωσι, κρατήσαντές

§ 2.   τοπλέον A.J. vulg. τὸ πλέον N.T.V.F.H. εἰς N.T.V. παιδίαις (sic) T.
οἱ μὲν T.   ἐπιπόνῳ καὶ ἀσκήσει H.   "Sed deinde correctum manu recent." Ba.
ἐπὶ πόνω pr. T. pr. acc. transv. cal. induct. m. ead. τὸ ἀνδρεῖον om. N. Sed hab.
N. marg. m. "diversa" (Vid. ad 21. 1, quamquam h. l. dilutius atramentum est).
κίνδύνους (sic) T.
§ 3.   καθ' ἑκάστους ut vid. omnes. Vid. not.   δ' (post πάντων) om. T. ἐπιστρα-
τεύουσι T.   οὐχ' ἁπλῶς T.   ἀλλοτρίᾳ hic N. ταπλείω vulg. τὰ πλείω N.T.V.F.H.
A.J.
§ 4.   ἀθρόᾳ τὲ N.T. τῇ corr. N. (acc. nisi mend. chart.).   ναυτικοῦ τε N.

(differ from) requires genitive, διαφέρε-
σθαι (differ with,) dative. So διάφορος.
In Eur. Med. 579 (566 Elmsl. whom
the dative unduly perplexed) ἢ πολλὰ
πολλοῖς εἰμὶ διάφορος βροτῶν translate:
"Verily on many points am I at vari-
ance (issue) with many amongst man-
kind."   εἰμὶ διάφ. = διαφέρομαι.
§ 2.   οὐκ ἔστιν ὅτε (cp. οὐκ ἔστιν ὅπως)
= never, but οὐκ...ἔστιν ὅτε = οὐκ...ἐνίοτε
VII. 21, 3.——τῷ ἀφ' ἡμῶν αὐτῶν εὐψύχῳ
"the courage which wells (springs)
from ourselves," fully justifies the pre-
position in III. 37, 4 τῇ ἐξ ἑαυτῶν ξυνέσει,
on which see more. τὰ ἀπὸ τῆς τύχης
and the like not to the purpose.——ἀνει-
μένως διαιτώμενοι "passing a more un-
shackled less-fettered mode of life." Cp.
I. 6, 3, VII. 69, 2 τῆς ἀνεπιτάκτου πᾶσιν ἐς
τὴν δίαιταν ἐξουσίας.
§ 3.   καθ' ἑκάστους)(μετὰ πάντων

"Thucydides chose to say Λακεδαιμόνιοι
rather than Πελοποννήσιοι, because the
Lacedaemonians were particularly the
objects of his comparison: but he adds
καθ' ἑκάστους, meaning that the Lace-
daemonians would not attack Athens
with the single force of any one state of
the confederacy, but required the aid of
all together with their own force." AD.
Precisely as in the late war we should
say "the Prussians" used their con-
tingents of Bavaria, Saxony, &c., and
not "the Germans." It is a question
with me whether adopting the conjecture
καθ' ἑαυτούς we should not want μετὰ
πάντων δὲ τῶν ξυμμάχων, as V. 109,
τῆς γοῦν οἰκείας παρασκευῆς ἀπιστίᾳ καὶ
μετὰ ξυμμάχων πολλῶν τοῖς πέλας ἐπέρ-
χονται.
§ 4.   ἐπίπεμψιν: another of Th. verbals.
See on I. 73, 1. (In ordinary Gr. usage

"τέ τινας ἡμῶν πάντας αὐχοῦσιν ἀπεῶσθαι καὶ νικηθέντες
5 "ὑφ' ἁπάντων ἡσσῆσθαι. καίτοι εἰ ῥᾳθυμίᾳ μᾶλλον ἢ
"πόνων μελέτῃ καὶ μὴ μετὰ νόμων τὸ πλεῖον ἢ τρόπων
"ἀνδρίας ἐθέλοιμεν κινδυνεύειν, περιγίγνεται ἡμῖν τοῖς τε
"μέλλουσιν ἀλγεινοῖς μὴ προκάμνειν, καὶ ἐς αὐτὰ ἐλθοῦσι
"μὴ ἀτολμοτέρους τῶν ἀεὶ μοχθούντων φαίνεσθαι. ·

ναυτικοῦ τὲ T. ἐπιπολλὰ A.J. προμίξωσι T. κρατήσαντες τινὰς N. κρατησαντές τε
τινὰς T.A.J. vulg. τε om. V. πῶ T. m. ead. ἡσσῆσθαι corr. N. (ἡσσῃ m. ead.).
§ 5. τοπλεῖον A.J. vulg. τὸ πλεῖον N.T.V.F.H. τρόπον F. (teste Ba. tac. Br.)
H. ἐθέλομεν cum 2 libris Br. Sed vere Poppo "nihil nisi modestius dicendi
genus est pro indic." περιγίγνεσθαι T. ἡμῖν τε τοῖς N.V.F.H. ἀτολμοτέρους sed
corr. ἀτολμοτέροις F. ἀτολμοτέροις rec. m. suprascr. τέρους H. ἀτολμοτέροις N.T.V.
Utraque constructio proba.

διὰ τὸ...ἐπιπέμπειν.) ἐπιπέμπειν means
(a) "to send against," (let slip upon),
(β) " to send after," as VI. 73, VII. 15, 1.
The former sense seems more usual.
Lys. de Olea § 40 p. 111 St. = 292 R.
τοιούτους δὲ ἐπιπέμπουσί μοι, where Reiske
truly remarks "probum est in hac
re proprium, ut cum venatores feris
canes immittunt." So the Deity ἐπι-
πέμπει a judgement, e. g. a pestilence,
the sphinx, the wild boar of Calydon.
Dem. Timocr. p. 738 § 121 τὴν ὕβριν καὶ
τὴν ὑπερηφανίαν...ὑπὸ τῆς θεοῦ ἐπιπεμφθεῖ-
σαν, Lys. c. Andoc. § 20 p. 105 St. = 217
R. δέῃ πολλὰ καὶ κινδύνους ὁ θεὸς ἐπιπέμ-
πει τοῖς ἀδικοῦσι. A due attendance to
collocation will enable the student to
appreciate Plat. Phaedr. 245 B οὐκ
ἐπ' ὠφελείᾳ ὁ ἔρως τῷ ἐρῶντι καὶ τῷ ἐρω-
μένῳ ἐκ θεῶν ἐπιπέμπεται (is sent as a
visitation). Here probably the repeti-
tion of the prep. in the verbal accords
with the principle already touched upon
in note on I. 13, 2.
§ 5. The reader is left to exercise his
judgement whether ἀνδρίας grammati-
cally belongs to νόμων as well as τρόπων
(rules rather than fashions of manliness),
or as above ῥᾳθυμίᾳ)(πόνων μελέτῃ so
here νόμων)(τρόπων ἀνδρίας. I confess
that the punctuality of Greek antithesis
makes me lean to the latter view. Cp.
Arist. Nic. Eth. VI. 1 οὔτε πλείω οὔτε
ἐλάττω δεῖ πονεῖν οὐδὲ ῥᾳθυμεῖν (exer-
cise, recreation).——τῶν ἀεὶ μοχθούντων
"who are always, ever more, engaged in
toiling." Cp. Arist. Rhet. II. 6, 18 διὰ
τοῦτο τοὺς ἀεὶ παρεσομένους μᾶλλον αἰσχύ-

νονται, Plat. Rep. VII. 517 A τοῖς ἀεὶ δεσ-
μώταις ἐκείνοις, perhaps 413 E τὸν ἀεὶ (in
all stages of life) ἔν τε παισὶ καὶ νεανίσκοις
καὶ ἐν ἀνδράσι βασανιζόμενον, Dem. pro
Phorm. p. 961 § 55 τὸν γὰρ συκοφαντοῦντα
ἀεὶ (who never ceases from) τί χρὴ νομί-
ζειν νῦν ποιεῖν; see below ὁ μὲν γὰρ
περὶ πάντ' ἄδικος. ἀεὶ is either ἑκάστοτε,
as Plat. Phaedr. 242 C ἀεὶ δέ με ἐπίσχει
ὃ ἂν μέλλω πράττειν (obviously not "It
is always checking me," but " on every
visitation it checks me," whence I
infer, if it does not visit me, that
it tacitly permits me to act: ἐᾷ—not
κελεύει—Theaet. 151 A), or συνεχῶς. In
the combination of the word with ar-
ticle and participle (ὁ ἀεὶ κρατῶν), or
with relative and verb (ὃς ἂν ἀεὶ κρατῇ),
the former usage is undoubtedly the
more prevalent. But obviously "those
who from time to time are toiling" is in-
applicable to our passage. It may be
a question in Plat. Theaet. p. 146 A ὁ δὲ
ἁμαρτών καὶ ὃς ἂν ἀεὶ ἁμαρτάνῃ καθεδεῖται,
ὥσπερ φασὶν οἱ παῖδες οἱ σφαιρίζοντες,
ὄνος whether the sense is "and who from
time to time shall miss" i. e. each suc-
cessive misser shall in his turn sit down
as a donkey, or "who shall always miss,"
never hit at all. On the latter supposi-
tion, which I own I prefer, between
"the always misser" (the donkey) and
"the always hitter" (the king), there
will be various posts assigned differing
in degree according to the number of
hits or misses, all subject to different
tasks dictated by the king. Poll. IX. 106
ὁπότε πρὸς τὸν τοῖχον τὴν σφαῖραν ἀντι-

XL. "Καὶ ἔν τε τούτοις τὴν πόλιν ἀξίαν εἶναι θαυμά-
2 " ζεσθαι καὶ ἔτι ἐν ἄλλοις. φιλοκαλοῦμέν τε γὰρ μετ' εὐτε-
"λείας καὶ φιλοσοφοῦμεν ἄνευ μαλακίας, πλούτῳ τε ἔργου
"μᾶλλον καιρῷ ἢ λόγου κόμπῳ χρώμεθα, καὶ τὸ πένεσθαι
"οὐχ ὁμολογεῖν τινὶ αἰσχρόν, ἀλλὰ μὴ διαφεύγειν ἔργῳ
3 " αἴσχιον. ἔνι τε τοῖς αὐτοῖς οἰκείων ἅμα καὶ πολιτικῶν
"ἐπιμέλεια, καὶ ἑτέροις πρὸς ἔργα τετραμμένοις τὰ πολιτικὰ
"μὴ ἐνδεῶς γνῶναι· μόνοι γὰρ τόν τε μηδὲν τῶνδε μετέχοντα
"οὐκ ἀπράγμονα ἀλλ' ἀχρεῖον νομίζομεν, καὶ αὐτοὶ ἤτοι
"κρίνομέν γε ἢ ἐνθυμούμεθα ὀρθῶς τὰ πράγματα, οὐ τοὺς
"λόγους τοῖς ἔργοις βλάβην ἡγούμενοι, ἀλλὰ μὴ προδιδαχ-

XL. Pro ἔτι, ὅτι T.
§ 2. τε γὰρ A.J. vulg. τε om. T.F.H. φιλοκαλοῦμεν N. τε supraser. m.r. [De
V. tac. Ad.] Restitui. μαλακίας corr. N. (ι fort. m.r.). πλούτω τὲ (non πλούτου τὲ) N.
πλούτου τὲ T. ἔργου N. ἔργω corr. N. m. r. (fuit ἔργου). ἔργῳ V.H. μᾶλλον corr. N.
ον m. r. (lit. plur. litt. cap. fuit μᾶλλον ἐν). ἐν καιρῷ vulg. Sed ἐν om. T.V.F. al.
                                                                                    αι
A.J. τένεσθε T. supraser. m. ead. οὐχ' ὁμολογεῖν T. τινι om. T. τινὶ corr. N.
(add. acc. m. r.). τωι A.J.
§ 3. ἔνι τὲ corr. N. (add. ι acc. supr. alt. ε m. r. fuit ἔν τε). ἔν τε T. F. ("sed

πέμποιεν τὸ πλῆθος τῶν πηδημάτων
διελογίζοντο καὶ ὁ μὲν ἡττώμενος ὄνος
ἐκαλεῖτο καὶ πᾶν ἐποίει τὸ προσταχθέν, ὁ δὲ
νικῶν βασιλεύς τε ἦν καὶ ἐπέταττεν seems
to support my view, and still more Tacit.
XIII. Annal. 15 regnum lusu sortientium
evenerat ea sors Neroni, igitur ceteris
diversa nec ruborem adlatura.
XL. § 2. "We are lovers of elegance
with economy, and lovers of literature
without effeminacy." For φιλοσοφεῖν
cp. the contemptuous outcry of Callicles
against such as carry on their studies
beyond a certain period, whereby he
says they become unfit for the duties of
active life, Plat. Gorg. 485, 486. Neither
there nor here has it the vague meaning
given to it by Isocrates who doats upon
the word. See Sandys' note on Paneg.
§ 10 and articles therein referred to.
One of his citations however bears on
this passage. Panathen. § 209 = p. 276 D
where the Lacedaemonians are thus
represented : τοσοῦτον ἀπολελειμμένοι τῆς
κοινῆς παιδείας καὶ φιλοσοφίας εἰσὶν ὥστε
οὐδὲ γράμματα μανθάνουσιν. Plato Pro-
tag. 342 A–343 C admits that such is the
prevalent belief, but attributes it to the

ξενηλασίαι and consequent ignorance
which foreigners have of the inner
Spartan life. [For Archidamus' estimate
of his countrymen see 1. 84.]——καιρῷ
and κόμπῳ predicates of πλούτῳ, as in the
well-known expressions τούτοις παραδείγ-
μασι (τεκμηρίοις) χρῆσθαι, where we add
"as." See on 1. 70, 6.——αἴσχιον of
course not the same as αἰσχρόν,—how
redundant the repetition would be!—as
Bauer after some grammarians says,
but μᾶλλον αἰσχρόν. Poppo quotes VIII.
27, 3. It is hardly necessary to add III.
63, 5 καὶ λέγετε ὡς αἰσχρὸν ἦν προδοῦναι
τοὺς εὐεργέτας, πολὺ δέ γε αἴσχιον κ.τ.λ.,
only the climax there is more perspicu-
ously shown. So § 3 μᾶλλον (βλάβην).
§ 3. ἑτέροις: "a distinctive class," οἷον
τοῖς δημιουργοῖς καὶ γεωργοῖς καὶ κυνηγοῖς (?)
καὶ τοῖς ἄλλοις ἰδιώταις (?) καὶ χειροτέχναις
Schol.——οὐκ ἀπράγμονα..."not un-
meddling but unprofitable."——ἤτοι
γε–ἤ. "The particle γε always ex-
presses the most certain part of an alter-
native, although the two things be not
placed in the same order as in English."
Ad. Always in Th. Cp. VI. 34, 2 ἤτοι
κρύφα γε ἢ φανερῶς, either openly or at

" θῆναι μᾶλλον λόγῳ πρότερον ἢ ἐπὶ ἃ δεῖ ἔργῳ ἐλθεῖν.
4 " διαφερόντως γὰρ δὴ καὶ τόδε ἔχομεν ὥστε τολμᾶν τε οἱ
" αὐτοὶ μάλιστα καὶ περὶ ὧν ἐπιχειρήσομεν ἐκλογίζεσθαι·
" ὃ τοῖς ἄλλοις ἀμαθία μὲν θράσος, λογισμὸς δὲ ὄκνον φέρει.
5 " κράτιστοι δ᾽ ἂν τὴν ψυχὴν δικαίως κριθεῖεν οἱ τά τε δεινὰ
" καὶ ἡδέα σαφέστατα γιγνώσκοντες, καὶ διὰ ταῦτα μη ἀπο-
6 " τρεπόμενοι ἐκ τῶν κινδύνων. καὶ τὰ ἐς ἀρετὴν ἠναντιώ-
" μεθα τοῖς πολλοῖς· οὐ γὰρ πάσχοντες εὖ ἀλλὰ δρῶντες
7 " κτώμεθα τοὺς φίλους. βεβαιότερος δὲ ὁ δράσας τὴν χάριν

a man. rec. supers. ἐνι" Ba.) H. π̔ρ N. post ἔργοις, add. μᾶλλον T. μᾶλλον mox
om. T.
     ἡγούμενοι corr. N. (νοι post lit. m. ead.). § 4. τολμᾶν τε hic N.T. ante τοῖς
ἄλλοις, ο (sic) A.J. λογισμ̔ N.
     § 5. κριθοῖεν T. γινώσκοντες N.T.V. διαταῦτα A.J.
     § 6. εἰς ἀρετὴν T. φίλους N. supraser. m. ead.

any rate secretly, 38, 2 ἤτοι λόγοις γε τοιοῖσδε…ἢ ἔργοις, 40, 1 ἤτοι μαθόντες γε ἢ μεταγνόντες, if you wont repent, at least be taught your duty. In course of time the combination of words became familiar, and the force of γε seems to have been forgotten. In Plat. Gorg. 467 E ἆρ᾽ οὖν ἐστι τι τῶν ὄντων ὃ οὐχὶ ἤτοι ἀγαθόν γέ ἐστὶν ἢ κακὸν ἢ μεταξὺ τούτων, οὔτε ἀγαθὸν οὔτε κακόν; surely "either bad or at least good" cannot commend itself as a translation. In Protag. 331 B ἤτοι ταὐτόν γέ ἐστι δικαιότης ὁσιότητι ἢ ὅτι ὁμοιότατον, and Apol. 27 c τοὺς δὲ δαί-μονας οὐχὶ ἤτοι θεούς γε ἡγούμεθα εἶναι, ἢ θεῶν παῖδας, the more certain part of the alternative is in the second clause. (The particle however in the first passage is omitted in some MSS. and Edd.) The student may further investigate the matter by himself, as Elmsl. on Med. 1263 has furnished copious examples.— For ἐνθυμούμεθα see on 60, 6.

§ 4. ὃ τοῖς ἄλλοις κ.τ.λ. "Touching which (i. e. the combination of daring with calculating foresight, ὃ relative to τολμᾶν and ἐκλογίζεσθαι alike) as regards other men (as a general rule) while ignorance produces rash confidence (one of the parts of the antecedent clause), yet calculation (the other part) produces hesitation, tardiness, delay. This com-

bination is not found in others. One part of it, over-confidence, is the off-spring of ignorance, the other, cautious calculation, is the parent of tardy timidity. For the sentiment in the latter clause cp. IV. 10, 1 ὅσα γὰρ ἐς ἀνάγκην ἀφῖκται ὥσπερ τάδε λογισμὸν ἥκιστα ἐνδεχόμενα κινδύνου τοῦ ταχίστου προσδεῖται, and Ben Jonson's Catiline, " The more Actions of depth and danger are considered, The less assuredly they are performed." The relative is no more used adverbially than in such well-known passages as ὅπερ φιλεῖ μεγάλα στρατόπεδα ἀσαφῶς ἐκπλήγνυσθαι, ita quod ceteri propter liberos pecuniae cupidiores esse solent (Cic. pro Cluent. 9, 28), however untranslateable in either case it may be in our idiom. The supposed parallel III. 12, 1 presents no difficulty, as will be shown there.

§ 5. τά τε δεινὰ καὶ ἡδέα. See on I. 10, 4.

§ 6. ἀρετὴν λέγει νῦν τὴν φιλίαν καὶ εὐεργεσίαν Schol. rightly followed by Editors. So § 7. Cp. IV. 19, 2 ἀρετῇ νικήσας, and 3 ἀνταποδοῦναι ἀρετήν. " Kindliness " may perhaps convey the meaning.

§ 7. Editors have in elucidation of this sentence quoted Arist. Nic. Ethic. IX. 7, and Plin. Epist. III. 4, 6. "He

" ὥστε ὀφειλομένην δι᾽ εὐνοίας ᾧ δέδωκε σώζειν· ὁ δ᾽ ἀντο-
" φείλων ἀμβλύτερος, εἰδὼς οὐκ ἐς χάριν ἀλλ᾽ ἐς ὀφείλημα
8 " τὴν ἀρετὴν ἀποδώσων. καὶ μόνοι οὐ τοῦ ξυμφέροντος
" μᾶλλον λογισμῷ ἢ τῆς ἐλευθερίας τῷ πιστῷ ἀδεῶς τινὰ
" ὠφελοῦμεν.

XLI. " ξυνελών τε λέγω τήν τε πᾶσαν πόλιν τῆς
" Ἑλλάδος παίδευσιν εἶναι, καὶ καθ᾽ ἕκαστον δοκεῖν ἄν μοι
" τὸν αὐτὸν ἄνδρα παρ᾽ ἡμῶν ἐπὶ πλεῖστ᾽ ἂν εἴδη καὶ μετὰ
" χαρίτων μάλιστ᾽ ἂν εὐτραπέλως τὸ σῶμα αὐταρκὲς παρέ-
2 " χεσθαι. καὶ ὡς οὐ λόγων ἐν τῷ παρόντι κόμπος τάδε
" μᾶλλον ἢ ἔργων ἐστὶν ἀλήθεια, αὐτὴ ἡ δύναμις τῆς πόλεως,
3 " ἣν ἀπὸ τῶνδε τῶν τρόπων ἐκτησάμεθα, σημαίνει. μόνη

§ 7. ὄφλημα T. ὄφλημα pr. N. ὀφείλημα corr. N. (lit. supr. o add. spir. εἰ m.r.).
ἀποδώσων corr. N. (ων m.r.).
§ 8. μόνοι pr. N. οὐ add. m. r. excurrit in marg.
XLI. καθέκαστον A.J. ἐπὶ πλεῖστον ἂν εἴδη (sic) T.V. ἐπὶ πλεῖστον ἂν ᾔδη (sic)
corr. N. (ον supr. οτἂν add. m. r. fuit ἐπὶ πλεῖστ᾽ ἂν) εἰδῇ (sic) N. marg. m. r.
ἐπὶ πλεῖστ᾽ ἂν εἴδη F.H. ἐπὶ πλεῖστ᾽ εἴδη vulg. χαρίτων corr. N. (lit. supr. αρ. add.
acc. supr. ι ων corr. m. r. fuit χάριτος o diserte legitur).
§ 2. λόγου N.V. μᾶλλον τάδε (teste Br. tac. Ba.). αὕτη A.J. vulg. αὐτὴ N.T.V.H.
[de F. tac. Ba. Sed Br. vid. legisse.] Procul dubio recte. *Ipsae urbis vires.* Cf.
αὐτὸ βοᾷ similia.

who confers the favour is a more sure, abiding, friend, with a view to preserve entire (never to lose) the sense of obligation due to him through his kind feeling towards the person on whom he has bestowed it." By perpetuating his acts of beneficence he strives to secure the gratitude of the recipient of his grace. Pliny's words " *conservandum veteris officii meritum novo videbatur,*" admirably illustrate σώζειν. And Goeller has aptly cited Plutarch. Flaminin ι = p. 369 πρὸς δὲ τὰς χάριτας τελεσιουργὸς καὶ τοῖς εὐεργετηθεῖσι διὰ παντὸς ὥσπερ εὐεργέταις εὔνους καὶ πρόθυμος, ὡς κάλλιστα τῶν κτημάτων τοὺς εὖ πεπονθότας ὑπ᾽ αὐτοῦ περιέπειν ἀεὶ καὶ σώζειν. The Scholiast's ὥστε ὀφειλομένην σώζειν ἐκεῖνον δηλονότι ᾧ δι᾽ εὐνοίας δέδωκε does violence to the order of the words, and it may be questioned whether σώζειν would in Th. mean " to preserve the memory of," though σώζεσθαι is so used frequently in the Tragedians and Plato.

§ 8. Why ἐλευθερίας (from ἐλεύθερος) should = ἐλευθεριότητος (from ἐλευθέριος), any more than *libertas* should = *liberalitas*, I cannot see. The words simply mean " confidence in our freedom."

XLI. παρ᾽ ἡμῶν: " from amongst us" AD. Besides v. 115, 2 cp. Dem. Leptin. p. 478 § 69 ὅτου γὰρ ἄν τις παρ᾽ ἡμῶν ἀγαθοῦ τοῖς ἄλλοις αἴτιος γένηται. ——ἐπὶ πλεῖστ᾽......." for the most various kinds of action with the happiest versatility " AD. who quotes a charming passage from Sh. W. Tale IV. 4, 135—46. Cp. Livy's character of Cato the Censor " huic versatile ingenium sic pariter ad omnia fuit ut natum ad id unum diceres quodcunque ageret" XXXIX. 40, 5. For an unfavourable view of the Greek—particularly the Athenian, *mediis sed natus Athenis*—versatility, cp. Juvenal III. 73—80.——αὐταρκες, "self-sufficient, self-dependent, requiring no aid from others."——For the repeated ἄν, see note on I. 76, 4.

§ 2. κόμπος τάδε. See on I. 7.

"γὰρ τῶν νῦν ἀκοῆς κρείσσων ἐς πεῖραν ἔρχεται, καὶ μόνη
"οὔτε τῷ πολεμίῳ ἐπελθόντι ἀγανάκτησιν ἔχει ὑφ᾽ οἵων
"κακοπαθεῖ, οὔτε τῷ ὑπηκόῳ κατάμεμψιν ὡς οὐχ ὑπ᾽ ἀξίων
4 "ἄρχεται. μετὰ μεγάλων δὲ σημείων καὶ οὐ δή τοι ἀμάρ-
"τυρόν γε τὴν δύναμιν παρασχόμενοι τοῖς τε νῦν καὶ τοῖς
"ἔπειτα θαυμασθησόμεθα, καὶ οὐδὲν προσδεόμενοι οὔτε
"Ὁμήρου ἐπαινέτου οὔτε ὅστις ἔπεσι μὲν τὸ αὐτίκα τέρψει,
"τῶν δ᾽ ἔργων τὴν ὑπόνοιαν ἡ ἀλήθεια βλάψει, ἀλλὰ πᾶσαν
"μὲν θάλασσαν καὶ γῆν ἐσβατὸν τῇ ἡμετέρᾳ τόλμῃ κατα-
"ναγκάσαντες γενέσθαι, πανταχοῦ δὲ μνημεῖα κακῶν τε
5 "κἀγαθῶν ἀΐδια ξυγκατοικίσαντες. περὶ τοιαύτης οὖν πό-
"λεως οἵδε τε γενναίως, δικαιοῦντες μὴ ἀφαιρεθῆναι αὐτήν,
"μαχόμενοι ἐτελεύτησαν, καὶ τῶν λειπομένων πάντα τινὰ
"εἰκὸς ἐθέλειν ὑπὲρ αὐτῆς κάμνειν.

XLII. "διὸ δὴ καὶ ἐμήκυνα τὰ περὶ τῆς πόλεως,
"διδασκαλίαν τε ποιούμενος μὴ περὶ ἴσου ἡμῖν εἶναι τὸν
"ἀγῶνα καὶ οἷς τῶνδε μηδὲν ὑπάρχει ὁμοίως, καὶ τὴν εὐ-
"λογίαν ἅμα ἐφ᾽ οἷς νῦν λέγω φανερὰν σημείοις καθιστάς.

§ 3. πεῖρὰν (sic) T. ἐπελθόντι om. N. add. marg. m. r. ἕως οὐχ᾽ ὑπ᾽ T. ἕως F.
(teste Br. tac. Ba.).
§ 4. Post νῦν, ς᾽ T. τοαυτίκα A.J. vulg. τῶν δὲ N.V. τῶ δὲ ἔργω T. γῆν ut
alibi N. ἀΐδια corr. N. (add. pr. ἀ add. acc. supr. ιδ lit. supr. alt. ι, fuit ἰδία). ἰδία T.
ἰδίαι F. ἰδίᾳ H. sed m. r. corr.
§ ς. οἵ δέ τε N.T. ς᾽ T.
XLII. διδασκαλίαν τὲ N.T. τῶνδε corr. N. (post lit. add. acc.). ὑπάρχει: ὁμοίως
δὲ καὶ T.

§ 3. ἀγανάκτησιν ἔχει......"contains
grounds for indignation...self-depprecia-
tion" as προσβολὴν ἔχον IV. 1, 2.——
ὑφ᾽ οἵων=ὅτι ὑπὸ τοιούτων "by such,
so unworthy a foe" is well illustrated
by ὡς οὐχ ὑπ᾽ ἀξίων which follows.
§ 4. τοῖς τε νῦν grammatically con-
strued with παρασχόμενοι in sense also
belongs to θαυμασθησόμεθα. —— ἔπεσι
verses, poetry. See on III. 67, 6 λόγοι
ἔπεσι κοσμηθέντες. —— κακῶν τε..."the
good or evil which we have done."
Some have conjectured καλῶν, but the
grandest eulogy that could be be-
stowed on a man in olden times was
that he was competent to do the great-
est good to a friend and the greatest
injury to an enemy. See Xenophon's

character of Cyrus the younger 1.
Anab. 9, 11 φανερὸς δ᾽ ἦν καὶ εἴ τίς τι
ἀγαθὸν ἢ κακὸν ποιήσειεν αὐτὸν νικᾶν
πειρώμενος· καὶ εὐχὴν δέ τινες αὐτοῦ
ἐξέφερον ὡς εὔχοιτο τοσοῦτον χρόνον ζῆν
ἔς τε νικῴη καὶ τοὺς εὖ καὶ τοὺς κακῶς
ποιοῦντας ἀλεξόμενος. Th. IV. 63, 2
αὐτοκράτορες ὄντες τὸν εὖ καὶ κακῶς δρῶντα
ἐξ ἴσου ἀρετῇ ἀμυνούμεθα. The golden
rule, the sacred duty, of a heathen
being this "to do to another what he
has done unto you," ἴσος ὢν ἴσοις ἀνήρ
Soph. Philoct. 685.
§ 5. δικαιοῦντες......"deeming it their
duty not to be deprived of her."
XLII. ἐφ᾽ οἷς νῦν λέγω "of those
over whom I am now speaking," mascu-
line. Of the absorption of the relative

2 " καὶ εἴρηται αὐτῆς τὰ μέγιστα· ἃ γὰρ τὴν πόλιν ὕμνησα,
" αἱ τῶνδε καὶ τῶν τοιῶνδε ἀρεταὶ ἐκόσμησαν, καὶ οὐκ ἂν
" πολλοῖς τῶν Ἑλλήνων ἰσόρροπος ὥσπερ τῶνδε ὁ λόγος τῶν
3 " ἔργων φανείη. δοκεῖ δέ μοι δηλοῦν ἀνδρὸς ἀρετὴν πρώτη
" τε μηνύουσα καὶ τελευταία βεβαιοῦσα ἡ νῦν τῶνδε κατα-
4 " στροφή. καὶ γὰρ τοῖς τἆλλα χείροσι δίκαιον τὴν ἐς τοὺς
" πολέμους ὑπὲρ τῆς πατρίδος ἀνδραγαθίαν προτίθεσθαι·

§ 2. αὐτοῖς T. corr. H. m. r. contrario errore in Arist. Vesp. 422 pro αὐτοῖς quod hodie legitur MS. Ven. αὐτῆς in ceteris libris in αὗτις corruptum.
§ 3. πρώτη τὲ N.T. τελευταῖα T. βεβαιοῦσα corr. N. (οὐ fort. m. ead.). καταστρατὸς (sic) T.
§ 4. τἆλλα A.J. Edd. τ'ἄλλα T. τἆλλα corr. N. (post lit. add. acc. m. r. fuit τ'ἄλλα). πρ̄ιδος (sic sine acc.) T.

into the antecedent we have more than one instance in this speech e. g. εὐνοίας ᾧ δέδωκε 40, 7, i. e. ἐκείνου.

§ 2. αὐτῆς i. e. τῆς εὐλογίας.—ὕμνησα, decantavi, descanted upon, in praise or in censure. Not only used in poetry (see Aeschyl. Sept. Th. 7 and Blomf. Gl.) but in prose. Plat. Theaet. 174 E τὰ δὲ γένη ὑμνούντων.— καὶ οὐκ ἂν πολλοῖς... The grammatical elucidation of this sentence depends upon the right conception of the idiom οὐχ ὥσπερ... briefly noticed by me on de F. L. § 140 p. 111 Ed. 4, and amply illustrated by Heind. on Plat. Gorg. 522 A, Stallb. on Symp. 179 E. Take one of the passages cited Arist. Equit. 784 οὐχ ὥσπερ ἐγὼ ῥαψάμενός σοι τουτὶ φέρω, according to our idiom "he is not as I bringing," to the Greek " he, not as I am bringing." Cp. Auct. Nic. Eth. v. 2 = 1, 7 ἔοικε δὲ πλεοναχῶς λέγεσθαι ἡ δικαιοσύνη καὶ ἀδικία, ἀλλὰ διὰ τὸ σύνεγγυς εἶναι τὴν ὁμωνυμίαν αὐτῶν λανθάνει, καὶ οὐχ ὥσπερ ἐπὶ τῶν πόρρω δῆλη μᾶλλον, "and not as in things remote—it is more distinctly clear." The sense perhaps may be most easily conveyed by inverting the comparison: "In things remote it is more distinct not as in (contrary to) the former." "I am bringing you a cushion here as he, contrary to what he does." So here "the report of these men's actions would be found (not as would be found with many of the Greeks) the just equipoise of their actions." To other

Greeks the words applied by Corinthians to Lacedaemonians might be applicable ὧν ἄρα ὁ λόγος τοῦ ἔργου ἐκράτει I. 68, 8, whereas these men's actions quite come up to the reputation thereof. I have joined here τῶνδε with ἔργων, by no means disputing that τῶνδε ὁ λόγος may fairly be rendered "the report of, fame of, these men." See on I. 61, 1. If my view of the construction is correct neither is τοῖσδε which some have conjectured wanting, nor is there any confusion of cases in the latter clause.

§ 3. "It seems that an indication of man's valour, either evincing it for the first time, or confirming it for the last, is given by the death of those before me." Some have in this campaign "fleshed their maiden swords;" with others it is the crowning witness of a successful career. See for τε...καὶ on I. 82, 2. τῶν μὲν ... τῶν δὲ would have been more perspicuous. So III. 82, 17 πλήθους τε ἰσονομίας πολιτικῆς καὶ (either ...or, the one, the other) ἀριστοκρατίας σώφρονος, προτιμήσει, again ἐτόλμησάν τε τὰ δεινότατα ἐπεξῇεσάν τε τὰς τιμωρίας ἔτι μείζους (where I marvel at the perverse punctuation of many Editors), IV. 62, 2 γνοὺς ὅτι πλείους ἤδη καὶ τιμωρίαις μετιόντες τοὺς ἀδικοῦντας καὶ ἐλπίσαντες ἕτεροι δυνάμει τινὶ πλεονεκτήσειν, where τιμωρίαις μετιόντες exactly parallels ἐπεξῇεσαν τὰς τιμωρίας in the above-cited passage.

§ 4. προτίθεσθαι may either be middle or passive without change of

" ἀγαθῷ γὰρ κακὸν ἀφανίσαντες κοινῶς μᾶλλον ὠφέλησαν
5 " ἢ ἐκ τῶν ἰδίων ἔβλαψαν. τῶνδε δὲ οὔτε πλούτῳ τις τὴν
" [ἔτι] ἀπόλαυσιν προτιμήσας ἐμαλακίσθη, οὔτε πενίας ἐλ-
" πίδι, ὡς κἂν ἔτι διαφυγὼν αὐτὴν πλουτήσειεν, ἀναβολὴν
" τοῦ δεινοῦ ἐποιήσατο· τὴν δὲ τῶν ἐναντίων τιμωρίαν ποθει-
" νοτέραν αὐτῶν λαβόντες, καὶ κινδύνων ἅμα τόνδε κάλλι-
" στον νομίσαντες, ἐβουλήθησαν μετ' αὐτοῦ τοὺς μὲν τιμω-
" ρεῖσθαι τῶν δὲ ἐφίεσθαι, ἐλπίδι μὲν τὸ ἀφανὲς τοῦ κατορθώ-
" σειν ἐπιτρέψαντες, ἔργῳ δὲ περὶ τοῦ ἤδη ὁρωμένου σφίσιν
" αὑτοῖς ἀξιοῦντες πεποιθέναι, καὶ ἐν αὐτῷ τὸ ἀμύνεσθαι καὶ
" παθεῖν μᾶλλον ἡγησάμενοι ἢ τὸ ἐνδόντες σῴζεσθαι, τὸ μὲν

§ 5. πλούτου vulg. et Br. πλούτῳ corr. Ν. (ω m.r. fuit πλούτου). πλούτῳ Τ. πλούτῳ
V.F.H. al. A.J. τὶς Ν.Τ.V.A.J. vulg. τὴν ἔτι A.J. vulg. edd. ἔτι om. pr. Ν. (add. ante
τὴν corr. Ν. m.r.) Τ.H. corr. F. ("abrasa scr. in Aug. deletum" Ba.). ἔτι τὴν
(ut corr. Ν.) V. Vide ne a seq. irrepserit. Certe propter collocationis diversitatem
suspectum. Itaque uncinis inclusi. ἐλπίδι corr. Ν. alt. ι. m. r. ὡς κἂν vulg.
ὡς κἂν Ν.Τ. ὡς οὐκ ἂν V. (teste Ad.). ἠβουλήθησαν A. vulg. ἠβουλήθεισαν J.
ἐβουλήθησαν Ν.Τ.V.F.H. omn. Be. τοὺς μὲν ... τῶν δὲ Τ. τῷ ἀμύνασθαι vulg.
τῷ corr. Ν. ῶ m. r. (fuit τὸ) V. (fort. nam tac. Ad.). τὸ T.F. (de H. tac. Ba.).
ἀμύνεσθαι Ν.Τ.V.F.H. μᾶλλον omn. ut vid. κάλλιον conjecerunt alii et nuper
Madvig. Adv. Crit. p. 309 n. 1. ἢ τῷ A.J. vulg. (ἢ τῳ edidit Bauer.) ἢ τὸ
Ν.Τ.V.H.F. al. ἐνδόντες corr. Ν. (post lit. supr. ε pr. add. spir. corr. ὸν post lit.

sense. The metaphor seems to be " as
a screen to hide their other faults."
Ad. ἀνδραγαθίαν προΰθεσθε III. 64, 3
is somewhat different.

§ 5. If τὴν ἔτι ἀπ. is to be retain-
ed, it means "the continued enjoy-
ment "=τὸ ἔτι ἀπολαύειν. But see Ann.
Crit.—πενίας ἐλπίδι, " the expectation
touching poverty that...." Cp. I. 138, 2
τοῦ Ἑλληνικοῦ ἐλπίδα ἣν ὑπετίθει αὐτῷ
δουλώσειν i. e. ἐλπίδα ἣν...δουλώσειν τὸ
Ἑλληνικόν, and see on I. 61, 1 αὐτῶν
the enjoyment and the expectation.—
λαβόντες as elsewhere in Th. = ὑπολα-
βόντες.——τῶν τοὺς μὲν...to avenge them-
selves upon the one (τῶν ἐναντίων), to
yearn after the other (the enjoyment
and the expectation).——It is difficult to
decide what Th. here wrote (see various
readings in Ann. Crit.). Assuming the
text usually received, it would seem
that μᾶλλον=κρεῖσσον (and so Scholiast)
but though Herod. III. 104 has ἐπὶ τὸ
μᾶλλον yet one hardly draws an infer-
ence from it, any more than from τὰ
μάλιστα, that μᾶλλον can per se be an

adjective. A plausible idea that ἡγη-
σάμενοι is used in the pregnant sense of
ἡγήσδεῖν, undoubtedly true of ἀμύν. ἡγ.,
seems to be destroyed by the article.
Restoring the old text τῷ ἀμ......τῷ ἐν-
δόντες, the sense will be "thinking
safety is brought about by resistance
and its consequent suffering than by
yielding," i. e. τῷ ἐνδόντες=τῷ ἐνδοῦναι.
But in this use of the participle else-
where Th. always has the preposition
preceding. See on I. 2, 5. [I have no
doubt in VI. 1,² 2 ἤπειρος οὖσα should
be ἠπειροῦσθαι, though Stallb. quotes
it with the other passages from Th.
in justification of διαφέρει τῇ μεγίστῃ
καὶ ἀρίστῃ καὶ πλεῖστα ὠφελοῦσα ἡμᾶς
Plat. Phileb. 58 c.] τῳ ἐνδόντες given by
Bauer may be right, as in Plat. Phaedr.
232 A possibly ἐπαρθῆναί τῳ λέγειν, com-
paring B διὰ φιλίαν τῳ διαλέγεσθαι. Upon
the whole I am at present inclined to
κάλλιον, though not so convinced as to
place it in the text.—— The last diffi-
culty in this very difficult sentence I
fear I cannot satisfactorily surmount.

" αἰσχρὸν τοῖ λόγου ἔφυγον, τὸ δὲ ἔργον τῷ σώματι ὑπέμει-
" ναν, καὶ δι᾽ ἐλαχίστου καιροῦ τύχης ἅμα ἀκμῇ τῆς δόξης
" μᾶλλον ἢ τοῦ δέους ἀπηλλάγησαν.

XLIII.   " καὶ οἴδε μὲν προσηκόντως τῇ πόλει τοιοίδε
" ἐγένοντο· τοὺς δὲ λοιποὺς χρὴ ἀσφαλεστέραν μὲν εὔχεσθαι,
" ἀτολμοτέραν δὲ μηδὲν ἀξιοῦν τὴν ἐς τοὺς πολεμίους διά-
" νοιαν ἔχειν, σκοποῦντας μὴ λόγῳ μόνῳ τὴν ὠφέλειαν, ἢν
" ἄν τις πρὸς οὐδὲν χεῖρον αὐτοὺς ὑμᾶς εἰδότας μηκύνοι,
" λέγων ὅσα ἐν τῷ τοὺς πολεμίους ἀμύνεσθαι ἀγαθὰ ἔνεστιν,
" ἀλλὰ μᾶλλον τὴν τῆς πόλεως δύναμιν καθ᾽ ἡμέραν ἔργῳ
" θεωμένους καὶ ἐραστὰς γιγνομένους αὐτῆς, καὶ ὅταν ὑμῖν
" μεγάλη δόξῃ εἶναι, ἐνθυμουμένους ὅτι τολμῶντες καὶ γιγ-
" νώσκοντες τὰ δέοντα καὶ ἐν τοῖς ἔργοις αἰσχυνόμενοι ἄνδρες
" αὐτὰ ἐκτήσαντο, καὶ ὁπότε καὶ πείρᾳ του σφαλεῖησαν,
" οὔκουν καὶ τὴν πόλιν γε τῆς σφετέρας ἀρετῆς ἀξιοῦντες

3 vel 4 litt. cap. m. r. Vestigia videntur ἐν pr. m. scripti, alioqui ἐνδιδόντες fuisse suspicarer). τὸ δ᾽ ἔργον A.J. vulg. Edd. τὸ δὲ N.T.V. quod recepi.   Post τύχης add. hypostigmen N. m. r.
XLIII. τὴν εἰς τοὺς N.T.V.F. (teste Ba. tac. Br.) H. al. ὠφελίαν Bekker. Poppo. ὠφέλειαν N.T.V. A.J. vulg. Vid. ad I. 28, 4 Ann. Crit. μηκύνοι corr. N. οἱ m. r. post λέγων add. hypost. N. m. r.   μηκύνοι, λέγων T. ἔνεστιν corr. N. ν alt. (fort. m. pr.). καθημέραν T. καθ᾽ ἡμέραν N.A. (non καθημέραν) J. ἡμῖν pr. T. ὑμῖν corr. T. m. ead. ἐνθυμουμένος, corr. N. (ους m. r. vid. fuisse ἐνθυμουμένοις, non ἐνθυμούμενος, nam lit. supr. ου vestig. prorsus nullum video). ἐνθυμουμένος, F. (teste Br. "a prima manu, sed manus recentior accentum in antepenultima delevit, et ο in ου mutavit." Ba.). ἐνθυμουμένους T.H. A.J. [ἐνθυμουμένοις Huds. Duker.] γινώσκοντες T. V. (teste Ad. Tom. II. p. 443 Ed. I, nam in Ed. 3 idem tacet). γιγνώσκοντες N. πείρᾳ του corr. N. (add. supr. ει acc. post lit. supr. α add. acc. corr. του m. r. πείρᾳ pr. m. dedisse suspicor, quid secutum sit non video). ἡ πεῖρα τοῦ (sic) T.

I prefer, joining τύχης with καιρῷ, to render the last words " at the very crisis of their anticipation rather than their fear (misgivings of success) they departed from us." ἀπαλλαχθῆναι βίου more than once is found, without βίου (as others have observed) Eur. Heracl. 1000.

XLIII. ἢν...μηκύνοι obviously is not the same as ἐμήκυνα τὰ τῆς πόλεως 41, 1, any more than δέομαι ταῦτα would justify δέομαι σωτηρίαν. A friend and some-time pupil once suggested to me that this might be compared with Soph. Oed. Col. 1120 τέκν᾽ εἰ φανέντ᾽ ἄελπτα μηκύνω λόγον, τέκνα being governed of μηκύνω,

λόγον added loosely as in such passages as ποῖ μ᾽ ὑπεξάγεις πόδα. " Discuss at length," " enlarge upon." Enlarge alone seems not to have been so used—καὶ ἐν τοῖς ἔργοις αἰσχυνόμενοι. See on I. 84, 5.——ἔρανον in allusion to the ἐσφορά. Arist. Lysistr. 650 ἢν ἀμείνω γ᾽ εἰσενέγκω τῶν παρόντων πραγμάτων. | τοὐράνου γάρ μοι μέτεστι· τοὺς γὰρ ἄνδρας εἰσφέρω. | τοῖς δὲ δυστήνοις γέρουσιν οὐ μέτεσθ᾽ ὑμῖν· ἐπεὶ | τὸν ἔρανον τὸν λεγόμενον παππῷον ἐκ τῶν Μηδικῶν | εἶτ᾽ ἀναλώσαντες οὐκ ἀντεισφέρετε τὰς εἰσφοράς.—προιέμενοι "lavishly bestowing," a more telling ending of the sentence than the ordinary ἐσφέροντες, as Poppo rightly points out.

" στερίσκειν, κάλλισταν δὲ ἔρανον αὐτῇ προϊέμενοι· κοινῇ
" γὰρ τὰ σώματα διδόντες ἰδίᾳ τὸν ἀγήρων ἔπαινον ἐλάμ-
" βανον καὶ τὸν τάφον ἐπισημότατον, οὐκ ἐν ᾧ κεῖνται
" μᾶλλον, ἀλλ᾽ ἐν ᾧ ἡ δόξα αὐτῶν παρὰ τῷ ἐντυχόντι ἀεὶ
" καὶ λόγου καὶ ἔργου καιρῷ ἀείμνηστος καταλείπεται.
" ἀνδρῶν γὰρ ἐπιφανῶν πᾶσα γῆ τάφος, καὶ οὐ στηλῶν
" μόνον ἐν τῇ οἰκείᾳ σημαίνει ἐπιγραφή, ἀλλὰ καὶ ἐν τῇ μὴ
" προσηκούσῃ ἄγραφος μνήμη παρ᾽ ἑκάστῳ τῆς γνώμης
" μᾶλλον ἢ τοῦ ἔργου ἐνδιαιτᾶται. οὓς νῦν ὑμεῖς ζηλώσαντες,
" καὶ τὸ εὔδαιμον τὸ ἐλεύθερον τὸ δὲ ἐλεύθερον τὸ εὔψυχον
" κρίναντες, μὴ περιορᾶσθε τοὺς πολεμικοὺς κινδύνους. οὐ
" γὰρ οἱ κακοπραγοῦντες δικαιότερον ἀφειδοῖεν ἂν τοῦ βίου,
" οἷς ἐλπὶς οὐκ ἔστ᾽ ἀγαθοῦ, ἀλλ᾽ οἷς ἡ ἐναντία μεταβολὴ ἐν
" τῷ ζῆν ἔτι κινδυνεύεται καὶ ἐν οἷς μάλιστα μεγάλα τὰ
" διαφέροντα, ἤν τι πταίσωσιν. ἀλγεινοτέρα γὰρ ἀνδρί γε
" φρόνημα ἔχοντι ἡ [ἐν τῳ] μετὰ τοῦ μαλακισθῆναι κάκωσις
" ἢ ὁ μετὰ ῥώμης καὶ κοινῆς ἐλπίδος ἅμα γιγνόμενος ἀναί-
" σθητος θάνατος.

§ 2. ἀγήρων N. ἀγείρων V. ἀγήρω T. μᾶλλον ἢ sequ. libri. καὶ (ante λόγου)
om. F. (teste Br. tac. Ba.).
§ 3. ἐπιγραφή corr. N. (add. acc. m. r. fort. post lit.) ἀλλὰ in marg. sinistr.
auto initium versiculi N. m. ead. ἐπιγραφῇ F. (teste Br. tac. Ba.).
§ 4. ἡμεῖς T. περιορᾶσθ pr. T. περιορᾶσθ corr. T. m. ead.
§ 5. ἐλπὶς om. T. οὐκ ἔστ᾽ ἀγαθὸν T.
§ 6. ἐν τῷ μετὰ τοῦ N.T. A.J. καὶ ἀναίσθητος sequi. libri. A.J.

§ 2. A similarly constructed sentence
we find VII. 67, 1 ἡ μεγίστη ἐλπὶς μεγίσ-
την καὶ τὴν προθυμίαν παρέχεται. Our
collocation of the article would in either
be the same. "The future safety of our
country depends on the right choice of
our means" reproduced in Greek is ἡ
μέλλουσα σωτηρία ἐν ὀρθῇ τῇ αἱρέσει κεῖται
τῶν ὑπαρχόντων.——παρὰ τῷ ἐντυχόντι
not to be joined with καιρῷ which would
require ἐν, as Krüger rightly says. Cp.
§ 3 παρ᾽ ἑκάστῳ...ἐνδιαιτᾶται.
§ 4. "And judging freedom to be
happiness and courage to be freedom"
—περιορᾶσθε. I am not sure that this
use of the middle (which ordinarily
means "to look on for one's own in-

terests" e.g. περιορωμένους ὁποτέρων ἡ
νίκη ἔσται IV. 73, 1) occurs elsewhere in
Th. It has been noticed by Thom.
Magister. It is curious to observe how
we interchange the uses of overlook,
overlooker, oversee, overseer, oversight.
§ 5. κινδυνεύεται. See 35, 1 and on de
F. L. § 204.
§ 6. I have in deference to others
left [ἐν τῳ]. ἐν τῷ might be a gloss of or
various reading for μετὰ τοῦ "ut 1. 6
μετὰ τοῦ γυμνάζεσθαι Schol. ἐν τῷ γ. ex-
plicat." Poppo. Still I think ἐν τῷ may
be justified by ἔν τινι κακοὺς below 37, 3.
——ἀναίσθητος simply "painless." αἱμά-
των εὐθηνσίμων ἀποῤῥυέντων, the result
of καιρίας πληγῆς Aeschyl. Agam. 1293.

XLIV. "διόπερ καὶ τοὺς τῶνδε νῦν τοκέας, ὅσοι πά-
2 "ρεστε, οὐκ ὀλοφύρομαι μᾶλλον ἢ παραμυθήσομαι. ἐν
"πολυτρόποις γὰρ ξυμφοραῖς ἐπίστανται τραφέντες· τὸ δ'
"εὐτυχές, οἳ ἂν τῆς εὐπρεπεστάτης λάχωσιν, ὥσπερ οἵδε μὲν
"νῦν τελευτῆς, ὑμεῖς δὲ λύπης, καὶ οἷς ἐνευδαιμονῆσαί τε ὁ
3 "βίος ὁμοίως καὶ ἐντελευτῆσαι ξυνεμετρήθη. χαλεπὸν μὲν
"οὖν οἶδα πείθειν ὄν, ὧν καὶ πολλάκις ἕξετε ὑπομνήματα ἐν
"ἄλλων εὐτυχίαις, αἷς ποτὲ καὶ αὐτοὶ ἠγάλλεσθε· καὶ λύπη
"οὐχ ὧν ἄν τις μὴ πειρασόμενος ἀγαθῶν στερίσκηται, ἀλλ'

XLIV.   ὀλοφύρωμαι H.
§ 2.   νῦν (post οἵδε μὲν) om. N.V.   καὶ ἐν οἷς A.J. vulg. ante Bauer. καὶ οἷς
N.T.H.F. et, si a silentio judicari licet, omn. Be.
§ 3.   πείθειν corr. N. εἰ post lit. et ειν m. r. diserte θο pr. m.   ἀπαθεῖν Madvig.
Adv. Crit. p. 310, "non commoveri dolore." Infelicissima si quid video conjectura,
quam lectores aspernaturos esse ipse intelligit.   ἕξετε· ὑπομνήματα γὰρ T. αἷς
ποτε N.A.J. αἷς ποτὲ T.   οὐχ' ὧν T.   πειρασάμενος unus et alter sequi. libr. vulg.
Edd. πειρασόμενος N.T.V.F.H. fere omn. Be.   Cum Kruegero revocavi.   ἐθὰς
omn. ut vid. In Dem. Androt. p. 605 § 37 inter ἐθάδων et ἠθάδων variatur in
libris ἠθάδων Paris. S. ἠθὰς solum poetae agnoscunt.——ἀφαιρεθείη N.T. A.J.
vulg. Sed nullo pacto stare potest. Caussa erroris patet. ἀφαιρεθεῖ notissima
mutatione cum scriptum esset, ἡ suprascripsit librarius. Hinc ex ἀφαιρεθεῖ factum
est ἀφαιρεθείη. Similem corruptelam in Eur. Herc. F. diu est cum emendavi.
1049 μὴ τὸν εὖ διαιόντα ὑπνώδεά τ' εὐνᾶς ἐγείρετε. Dederat Eurip. μὴ τὸν ἰαύοντα.
Librarius εὐδ. (i. e. εὔδοντα) glossema suprascripsit. Sequentes εὖ δ. in textum
interpolaverunt.

XLIV.   ὀλυφυροῦμαι, which has been
conjectured, not only weakens the ora-
torical effect, but is not entirely correct.
The ἐπιτάφιος λόγος throughout is more
or less an ὀλόφυρσις, what is coming is a
παραμυθία.
§ 2.   τὸ δ' εὐτυχές, κ.τ.λ. "But good
fortune is theirs, to whom has been
allotted the most glorious—end, as to
these before me now—sorrow, as to you,
and to whom life has been portioned out
equally to enjoy happiness in it (ἐν βίῳ),
and to die in the fruition of it, of happi-
ness (ἐν εὐδαιμονίᾳ)." τὸ εὐτυχὲς Poppo
supplies ἐπίστανται ὄν. Surely ἐστι is
more natural. This is by no means so
harsh a construction as if he had said
τῆς δ' εὐτυχίας, like III. 45, 7 πολλῆς
εὐηθείας ὅστις οἴεται, for the antecedent
is easily supplied.
§ 3.   "I know it is difficult to at-
tempt persuasion (i. e. to urge you not
to indulge in too much grief), when ye
will very frequently be reminded of them

(your children) in the successes of others,
wherein yourselves too sometime felt
pride." Resolve ὧν into ἐπειδὴ ἐκείνων
quippe quorum. See Ad. on IV. 26, 4.
Cp. Herod. VII. 236 εἰ δ' ἐπὶ τῆσι παρεού-
σῃσι τύχῃσι, τῶν νέες νεναυγήκασι τετρα-
κόσιαι, "seeing that 400 of our ships
have been wrecked."——στερίσκω 43, 1.
στερίσκομαι 49, 8, 1. 73, 2, IV. 106, 1,
Xenoph. Agesil. II. 5 μείζω ζημίαν ἡγού-
μενος φίλων ἢ χρημάτων στερίσκεσθαι,
Herod. IV. 159 οἷα τῆς τε χώρης στε-
ρισκόμενοι καὶ περιυβριζόμενοι ὑπὸ τῶν
Κυρηναίων, VII. 162 στερισκομένην ὧν τὴν
Ἑλλάδα τῆς ἑωυτοῦ συμμαχίης, εἴκαζει ὡς
εἰ τὸ ἔαρ ἐκ τοῦ ἐνιαυτοῦ ἐξαραιρημένον
εἴη, Eur. Suppl. 1093 τοῦδε νῦν στερίσκο-
μαι (1090 οἷον στέρεσθαι πατέρα γίγνεται
τέκνων), Plat. III. Rep. 414 καὶ μοι
δοκοῦσιν ἄκοντες ἀληθοῦς δόξης στερίσκεσθαι
(above τῶν μὲν ἀγαθῶν ἀκουσίως στέρεσθαι
τοὺς ἀνθρώπους), Timae. Locr. 100 c ἃς
(ἀκουᾶς) στερισκόμενος ἐκ γενέσιος ὁ ἄνθρω-
πος οὐδὲ λόγον ἔτι προέσθαι δύνασεται,

4 "οὗ ἂν ἐθὰς γενόμενος ἀφαιρεθῇ. καρτερεῖν δὲ χρὴ καὶ
"ἄλλων παίδων ἐλπίδι, οἷς ἔτι ἡλικία τέκνωσιν ποιεῖσθαι·
"ἰδίᾳ γάρ τε τῶν οὐκ ὄντων λήθη οἱ ἐπιγιγνόμενοί τισιν
"ἔσονται, καὶ τῇ πόλει διχόθεν ἔκ τε τοῦ μὴ ἐρημοῦσθαι
"καὶ ἀσφαλείᾳ ξυνοίσει· οὐ γὰρ οἷόν τε ἴσον τι ἢ δίκαιον
"βουλεύεσθαι οἳ ἂν μὴ καὶ παῖδας ἐκ τοῦ ὁμοίου παρα-
5 "βαλλόμενοι κινδυνεύωσιν. ὅσοι δ' αὖ παρηβήκατε, τόν
"τε πλείονα κέρδος ὃν εὐτυχεῖτε βίον ἡγεῖσθε καὶ τόνδε
6 "βραχὺν ἔσεσθαι, καὶ τῇ τῶνδε εὐκλείᾳ κουφίζεσθε. τὸ
"γὰρ φιλότιμον ἀγήρων μόνον, καὶ οὐκ ἐν τῷ ἀχρείῳ τῆς
"ἡλικίας τὸ κερδαίνειν, ὥσπερ τινές φασι, μᾶλλον τέρπει,
"ἀλλὰ τὸ τιμᾶσθαι.

XLV. "παισὶ δ' αὖ ὅσοι τῶνδε πάρεστε ἢ ἀδελφοῖς

§ 4. ἡλικί corr. N. a' m. r. ἰδίᾳ τε γὰρ T. A.J. γάρ τε N.V.F.H. omn. Be.
οἱ ἐπιγιγνόμενοι τισίν N.T. ς T. ἀσφάλεια F. (teste Br. tac. Ba.). ξυνοίσειν A.J.
vulg. ξυνοίσει N.T.V.F. (" pr. manu " Ba. tac. Br.) H. pl. omn. Be. ἴσόν τε T.
V. ἴσον τὲ N. ἴσόν τε F.H. ἴσον τι A.J. vulg. ἢ om. T. οἳ ἂν καὶ μὴ N.V.F.
pl. omn. Be. οἳ μὴ ἂν καὶ H. κινδυνεύσωσιν A.J.
§ 5. κέρδος ὃν A.J. vulg. ὃν N.T.F.H. pl. omn. Be. (de V. tac. Ad.). τούτων
(pro τῶνδε) T.
§ 6. ἀγήρων (hic) T. ἀγήρω A.J. ὥσπερ τινὲς φασὶ N. vulg. ὥσπέρ τινες φασίν T.
(ν transv. cal. induct.). ὥσπερ τινες φασὶ A.J.

Agathon ap. Auct. Nic. Eth. vi. 2, 6
μόνου γὰρ αὐτοῦ καὶ θεὸς στερίσκεται. In
all these passages στερίσκομαι may mean
(not privor, orbor, but) careo, in some
(e. g. the two last cited) undoubtedly
does, so is synonym of στέρομαι. No
dependence whatever can be placed on
the copyists who most impartially give
aorist for future, and future for aorist;
so πειρασάμενος may be the true reading,
only I would not render it "quum quis
bonis quae numquam est expertus priva-
tur," (albeit, as is partially indicated
on I. 22, 4, the genius of the Greek
language repudiates not bulls) but "cum
quis bonis nunquam expertus caret."
But I think the future participle gives
good sense. "Sorrow belongs not to
such blessings which one lacks destined
never to experience them." As it is a
far less ground for vexation to fail in
obtaining a seat in parliament than to
have it taken from you after you have
obtained it. Cp. 62, 3, and etenim est
gravius spoliari fortunis, quam non

augeri dignitate Cicer. pro Plancio 9,
22. οὐ γὰρ τὸ μὴ λαβεῖν τἀγαθὰ οὕτω
γε χαλεπὸν ὥσπερ τὸ λαβόντα στερηθῆναι
λυπηρόν Xenoph. Cyrop. VII. 5, 82 has
been appositely quoted by others.
§ 4. λήθη, ground for forgetfulness,
as τοῦτό ἐστιν ἀπορία.——καὶ παῖδας
"children too as well as themselves,"
ἐκ τοῦ ὁμοίου "equally with others."
§ 5. The old reading κέρδος ὃν is not
absolutely wrong and may be explained
as passages quoted on I. 20, 3. Still
the received reading commends itself.
§ 6. A sentiment eminently worthy
and characteristic of the noble nature
of Pericles. Still I fear experience tells
us that Aristotle's is the truer portrait,
δοκεῖ τὸ γῆρας καὶ πᾶσα ἀδυναμία ἀνελευ-
θέρους ποιεῖν Nic. Ethic. IV. 3 = I, 37.
XLV. ὅσοι τῶνδε: our collocation of
the genitive would be in the antecedent
clause. Passages similar have been quoted
from Th. by Editors. I will give one or
two from other Authors. Dem. Mid.
p. 518 § 12 ἐν γὰρ οὐδέν ἐστιν ἐφ' ᾧ τῶν

"ὁρῶ μέγαν τὸν ἀγῶνα· τὸν γὰρ οὐκ ὄντα ἅπας εἴωθεν
"ἐπαινεῖν, καὶ μόλις ἂν καθ᾽ ὑπερβολὴν ἀρετῆς οὐχ ὅμοιοι
2 "ἀλλ᾽ ὀλίγῳ χείρους κριθείητε. φθόνος γὰρ τοῖς ζῶσι πρὸς
"τὸ ἀντίπαλον, τὸ δὲ μὴ ἐμποδὼν ἀνανταγωνίστῳ εὐνοίᾳ
3 "τετίμηται. εἰ δέ με δεῖ καὶ γυναικείας τι ἀρετῆς ὅσαι νῦν
"ἐν χηρείᾳ ἔσονται μνησθῆναι, βραχείᾳ παραινέσει ἅπαν
4 "σημανῶ. τῆς τε γὰρ ὑπαρχούσης φύσεως μὴ χείροσι
"γενέσθαι ὑμῖν μεγάλη ἡ δόξα, καὶ ἧς ἂν ἐπ᾽ ἐλάχιστον
"ἀρετῆς πέρι ἢ ψόγου ἐν τοῖς ἄρσεσι κλέος ᾖ.

XLVI.   "εἴρηται καὶ ἐμοὶ λόγῳ κατὰ τὸν νόμον ὅσα
"εἶχον πρόσφορα, καὶ ἔργῳ οἱ θαπτόμενοι τὰ μὲν ἤδη
"κεκόσμηνται, τὰ δὲ αὐτῶν τοὺς παῖδας τὰ ἀπὸ τοῦδε
"δημοσίᾳ ἡ πόλις μέχρι ἥβης θρέψει, ὠφέλιμον στέφανον
"τοῖσδέ τε καὶ τοῖς λειπομένοις τῶν τοιῶνδε ἀγώνων προ-
"τιθεῖσα· ἆθλα γὰρ οἷς κεῖται ἀρετῆς μέγιστα, τοῖς δὲ καὶ

XLV. μέγα T. οὐχ᾽ ὅμοιοι T.
§ 2. τὸν ἀντίπαλον A.J. vulg. ante Bauer. Sed τὸ N.T.F.H. (de V. tac. Ad.). ἐμποδὼν F.
§ 3. γυναικείας τι T. vulg. τι post ἀρετῆς ponunt N.V.
§ 4. χείροσι N. χείρωσι V. ὑμῖν corr. N. ν m. ead. vid. δόξα corr. N. ὁ et a m. ead. vid. καὶ οἷς ἂν A.J. vulg. ante Bauer. καὶ ἧς ἂν N.T.F.H. ψόγον T.
XLVI. ἐμοὶ corr. N. m. r. κατὰ......ἔργῳ om. N. (add. marg. m. r.) add. marg. F. (teste Br. tac. Ba.) et H. καὶ ἔργῳ om. F. (teste Br. "non sunt in textu sed in margine" Ba.). τὰ μὲν...τὰ δὲ T. τὰ ἀπὸ τοῦδε N.T.V.F.H. "contra morem" ait Poppo. Constantem esse in his rebus morem nego. Aeschyl. Agam. 248 τὰ δ᾽ ἔνθεν, Soph. Oed. Col. 476 τὸ δ᾽ ἔνθεν. τὰ τῆς τύχης, τὰ τοῦ πολέμου perinde usurpantur ac τὸ τῆς τύχης, τὸ τοῦ πολέμου. Imo pluraliter loqui amant Attici. Vid. ad 1. 7. ad Dem. de Fals. Leg. § 173 Ann. Crit. Itaque auctoritati Codd. obsequendum statui. δημόσια pr. N. δημοσίᾳ corr. N. lit. supr. ο add. acc. op. m. ead. μέχρις N.Δ.J vulg. μέχρι T.F.H. ἆθλα T. Post μέγιστα, τοῖς δε N. (sed lit. supr. δε nisi mend. chart.) T.

πεπραγμένων οὐ δίκαιος ὢν ἀπολωλέναι φανήσεται, p. 576 § 190 οὐδείς ἐστιν ὅστις ἐμοὶ τῶν λεγόντων συναγωνίζεται, Eur. Bacch. 664 βάκχας ποτνιάδας εἰσιδὼν αἱ τῆσδε γῆς | οἴστροισι λευκὸν κῶλον ἐξηκόντισαν, "the Bacchantes of our own land," as distinguished from the Asiatic votaries who had followed Dionysus (55—57). Such as join τῆσδε γῆς with ἐξηκόντισαν forget that neither the original Bacchantes nor the newly admitted Theban women had left the land, but were per- forming their orgies in the glades of Cithaeron.
§ 2. Dem. de F. L. § 359. "Death

hath this also; that it openeth the gate to good fame, and extinguisheth envy." Bacon Essay of Death.
§ 4. μεγάλη ἡ δόξα: see on 11, 8.—— καὶ ἧς ἂν "and to her of whom." A- nother instance of absorption of the re- lative. The reader will hardly have failed to notice the intermixture of *second* and *third persons*, found also in docu- ments of truce and alliance.
XLVI. καὶ ἐμοὶ I have done my duty in delivery of the oration, the city has in deed partly done hers and is prepared to do more, seems the intended anti- thesis, as if καὶ πόλις τὰ μὲν κεκόσμηκε

2 " ἄνδρες ἄριστοι πολιτεύουσι. νῦν δὲ ἀπολοφυράμενοι ὃν
" προσήκει ἕκαστος ἄπιτε."

XLVII. Τοιόσδε μὲν ὁ τάφος ἐγένετο ἐν τῷ χειμῶνι
τούτῳ· καὶ διελθόντος αὐτοῦ πρῶτον ἔτος τοῦ πολέμου τοῦδε
2 ἐτελεύτα. τοῦ δὲ θέρους εὐθὺς ἀρχομένου Πελοποννήσιοι καὶ
οἱ ξύμμαχοι, τὰ δύο μέρη, ὥσπερ καὶ τὸ πρῶτον, ἐσέβαλον
ἐς τὴν Ἀττικήν· ἡγεῖτο δὲ Ἀρχίδαμος ὁ Ζευξιδάμου Λακε-
3 δαιμονίων βασιλεύς. καὶ καθεζόμενοι ἐδῄουν τὴν γῆν. καὶ
4 ὄντων αὐτῶν οὐ πολλάς πω ἡμέρας ἐν τῇ Ἀττικῇ ἡ νόσος
πρῶτον ἤρξατο γενέσθαι τοῖς Ἀθηναίοις, λεγόμενον μὲν καὶ
πρότερον πολλαχόσε ἐγκατασκῆψαι καὶ περὶ Λῆμνον καὶ ἐν
ἄλλοις χωρίοις, οὐ μέντοι τοσοῦτός γε λοιμὸς οὐδὲ φθορὰ
5 οὕτως ἀνθρώπων οὐδαμοῦ ἐμνημονεύετο γενέσθαι. οὔτε γὰρ
ἰατροὶ ἤρκουν τὸ πρῶτον θεραπεύοντες ἀγνοίᾳ, ἀλλ' αὐτοὶ
μάλιστα ἔθνησκον ὅσῳ καὶ μάλιστα προσῇσαν, οὔτε ἄλλη
ἀνθρωπεία τέχνη οὐδεμία· ὅσα τε πρὸς ἱεροῖς ἱκέτευσαν
ἢ ·μαντείοις καὶ τοῖς τοιούτοις ἐχρήσαντο, πάντα ἀνωφελῆ

§ 2. ἑκάστῳ A.J. vulg. ἕκαστος N.T.V.F.H. ἄπιτε A.J. vulg. Bekker. ἀπο-
χωρεῖτε N.T.V.F.H.
XLVII. § 2. τοπρῶτον vulg. τὸ πρῶτον N.T.V.H. A.J.
§ 4. γενέσθαι corr. N. pr. ε lit. supr. add. acc. op. m. r. (fuit γίνεσθαι). γίνεσθαι
F. ("corr. F." Br.). H. ἐγκατασκῆψαι corr. N. ασκῆψαι m. r. τοσοῦτος γε N.T.
(ἦ vid. ad 28. περὶ τοῦ λοιμοῦ marg. T. min. litt. ἀνῶν' N.T.
§ 5. τοπρῶτον hic N.T. A.J. vulg. τὸ πρῶτον V.H. και (post ὅσῳ) sic sine
acc. N. προσῇσαν hic N. προσῆσαν A.J. ἀνεῖ'α ὅσα τε (hic) N.T. πρ N. μαν-
τείοις T. A.J. vulg. Poppo. μαντείαις corr. N. (αις m. r. fuit μαντείοις). μαντείοις

τὰ δὲ θρέψει had followed. Some cp. καὶ
ἐμὲ 35, 6 "myself as well as others who
have been my predecessors." In that
chapter the antithesis of καὶ ἐμὲ to τοῖς
πάλαι is distinctly marked. Here is no
trace of it.——οῖς...τοῖς δὲ simply datives
of relation. "With whom, for whom."
§ 2. "Finishing your wailing each
for him whom it is the duty of each (to
bewail)" ἀπαλγήσαντας 61, 4.
XLVII. § 4. λεγόμενον: ὡς πρὸς τὸ
νόσημα ὑπήντησεν. Ὅμηρος, νεφέλη δέ
μιν ἀμφιβέβηκεν | κυανέη, τὸ μὲν οὔποτε
(XII Odyss. 74) ὡς πρὸς τὸ νέφος ὑπήν-
τησε. Such interpretation cannot be
denied. But how much more probably
λεγόμενον is absolute, as γεγραμμένον,
εἰρημένον?——φθορὰ οὕτως. For variety's

sake Th. has accommodated the adverb
to the verb. Instead of "such, so great, a
destruction," he ends with "did a de-
struction take place to such an extent."
Demosth. de Coron. Trier. p. 1232 § 16
οὕτω γὰρ ἡγοῦνταί τινες ἐξουσίαν εἶναι
σφίσι, where τοσαύτην would appear more
natural. So Plat. Protag. 328 D ὡς
χάριν σοι ἔχω, Phaedr. 230 B ὡς ἀκμὴν
ἔχει τῆς ἄνθης, (in both ὅσην might be
substituted). Cp. also Eur. Troad. 893
ὧδ' ἔχει κηλήματα (τοιάδε). Students
familiar with Terence will recal to mind
ita ingenio sumus, ut est homo, (eo,
qualis.)
§ 5. πρὸς ἱεροῖς: not so much "with-
in" as "close by." So III. 81, 5 ἀπὸ
(not ἐκ) τῶν ἱερῶν ἀπεσπῶντο precedes.

ἦν, τελευτῶντές τε αὐτῶν ἀπέστησαν ὑπὸ τοῦ κακοῦ νικώμενοι.

XLVIII. ἤρξατο δὲ τὸ μὲν πρῶτον, ὡς λέγεται, ἐξ Αἰθιοπίας τῆς ὑπὲρ Αἰγύπτου, ἔπειτα δὲ καὶ ἐς Αἴγυπτον καὶ ² Λιβύην κατέβη καὶ ἐς τὴν βασιλέως γῆν τὴν πολλήν. ἐς δὲ τὴν Ἀθηναίων πόλιν ἐξαπιναίως ἐνέπεσε, καὶ τὸ πρῶτον ἐν τῷ Πειραιεῖ ἥψατο τῶν ἀνθρώπων, ὥστε καὶ ἐλέχθη ὑπ' αὐτῶν ὡς οἱ Πελοποννήσιοι φάρμακα ἐσβεβλήκοιεν ἐς τὰ ³ φρέατα· κρῆναι γὰρ οὔπω ἦσαν αὐτόθι. ὕστερον δὲ καὶ ἐς τὴν ἄνω πόλιν ἀφίκετο, καὶ ἔθνησκον πολλῷ μᾶλλον ἤδη. ₄ λεγέτω μὲν οὖν περὶ αὐτοῦ ὡς ἕκαστος γιγνώσκει καὶ ἰατρὸς καὶ ἰδιώτης, ἀφ' ὅτου εἰκὸς ἦν γενέσθαι αὐτό, καὶ τὰς αἰτίας ἅστινας νομίζει τοσαύτης μεταβολῆς ἱκανὰς εἶναι δύναμιν ἐς τὸ μεταστῆσαι σχεῖν· ἐγὼ δὲ οἷόν τε ἐγίγνετο λέξω, καὶ ἀφ' ὧν ἄν τις σκοπῶν, εἴ ποτε καὶ αὖθις ἐπιπέσοι, μάλιστ' ἂν ἔχοι τι προειδὼς μὴ ἀγνοεῖν, ταῦτα δηλώσω αὐτός τε νοσήσας καὶ αὐτὸς ἰδὼν ἄλλους πάσχοντας.

XLIX. τὸ μὲν γὰρ ἔτος, ὡς ὡμολογεῖτο, ἐκ πάντων

corr. F. (teste Br. tac. Ba.). μαντείαις V. πάντ' N. τελευτῶντες τὲ N.T. ὑπὸ corr. N. ὑ. m. r. νικόμενοι T.
XLVIII. ς' Λιβύην T.
§ 2. τοπρῶτον N.T. A.J. vulg. τὸ πρῶτον V.F.H. καὶ ἐν τῷ πειραιεῖ τοπρῶτον T. ἄνω ᵛ N.T. καὶ (pro ὡς) T. ut I. 2, 6. ἐσεβεβλήκοιεν T. εἰς (ante τά) T.F. (teste Ba. tac. Br.) H.
§ 4. γιγνώσκει T.V. γιγνώσκει N. ἀφότου pr. N. ἀφ' ὅτου corr. N. m. r. pro σχεῖν, ἔχειν T. ἐγὼ δὲ corr. N. (δ et add. acc. supr. ε m. r. fuit ἐγώ τε). ἐγώ τε F.H. οἷόν τε corr. N. (τε m. r. fuit οἷόν τι). ἐγώ τε οἷόν τι F.H. ἐγίγνετο N.T. ἐγένετο V. ἂν ἔχῃ F. ("manus recentior superscripsit ἔχοι" Ba.). ἔχοι τί N. ἔχοι τι T.
XLIX. Post ἐκ πάντων hypost. ponit N. post ὡμολογεῖτο T. ἐτύγχανεν...... ἀπεκρίθη om. N. add. N. marg. m.r. aliquot litt. glutinatoris opera desideratis.

So Aesch. Eumen. 238 πρὸς ἄλλοισιν οἴκοις, 282 πρὸς ἑστίᾳ θεοῦ, 451 πρὸς ἄλλοις οἴκοισι. Yet in Soph. Trach. 371 πρὸς μέσῃ Τραχινίων | ἀγορᾷ the substitution of ἐν for πρός would not materially alter the meaning.——μαντείοις (as χρηστήριον see on I. 9, 3 Ann. Crit.) being properly an adjective, means alike an oracular response (consultation) as an oracular place.
XLVIII. § 2. ἐσβεβλήκοιεν. This form of the perfect optative I have noticed in App. A. Dem. de F. Leg. p. 278

n. ed. 4.——φρέατα: "the reservoirs or tanks made to catch the rain-water" Ar. The κρήνη mentioned 15, 7 was in the ἄνω πόλις distinguished from the Piraeus also 1. 93, 9.
§ 4. γιγνώσκει: not "knows," but "judges," as VI. 2, 1 ἀρκείτω δὲ ὡς ποιηταῖς τε εἴρηται καὶ ὡς ἕκαστός πη γιγνώσκει περὶ αὐτῶν.——ἐς τὸ μεταστῆσαι i.e. μεταβολήν, "causes of so great a change adequate to get the power to produce it." See on I. 5, 2.
XLIX. It is immaterial whether we

μάλιστα δὴ ἐκεῖνο ἄνοσον ἐς τὰς ἄλλας ἀσθενείας ἐτύγχα-
νεν ὄν· εἰ δέ τις καὶ προέκαμνέ τι, ἐς τοῦτο πάντα ἀπεκρίθη.
2 τοὺς δ' ἄλλους ἀπ' οὐδεμιᾶς προφάσεως ἀλλ' ἐξαίφνης ὑγιεῖς
ὄντας πρῶτον μὲν τῆς κεφαλῆς θέρμαι ἰσχυραὶ καὶ τῶν ὀφ-
θαλμῶν ἐρυθήματα καὶ φλόγωσις ἐλάμβανε, καὶ τὰ ἐντός, ἥ
τε φάρυγξ καὶ ἡ γλῶσσα, εὐθὺς αἱματώδη ἦν καὶ πνεῦμα
ἄτοπον καὶ δυσῶδες ἠφίει· ἔπειτα ἐξ αὐτῶν πταρμὸς καὶ
βράγχος ἐπεγίγνετο, καὶ ἐν οὐ πολλῷ χρόνῳ κατέβαινεν ἐς
τὰ στήθη ὁ πόνος μετὰ βηχὸς ἰσχυροῦ· καὶ ὁπότε ἐς τὴν
καρδίαν στηρίξαι, ἀνέστρεφέ τε αὐτὴν καὶ ἀποκαθάρσεις
χολῆς πᾶσαι ὅσαι ὑπὸ ἰατρῶν ὠνομασμέναι εἰσὶν ἐπήεσαν,
3 καὶ αὗται μετὰ ταλαιπωρίας μεγάλης. λύγξ τε τοῖς πλείοσιν
ἐνέπεσε κενή, σπασμὸν ἐνδιδοῦσα ἰσχυρόν, τοῖς μὲν μετὰ
4 ταῦτα λωφήσαντα, τοῖς δὲ καὶ πολλῷ ὕστερον. καὶ τὸ μὲν
ἔξωθεν ἁπτομένῳ σῶμα οὔτ' ἄγαν θερμὸν ἦν οὔτε χλωρόν,

§ 2. ἀπ' οὐδὲ μιᾶς T.F. (teste Ba. tac. Br.). Scripturus fuit Th. οὐδ' ἀπὸ
μιᾶς. ὑγιεῖς corr. N. εἶ m. op. ead. φάρυξ T.F. (teste Br. tac. Ba.) pl. Be. αἱματώδη
corr. N. (η m. r. lit. 2 litt. cap. fuit αἱματώδης). αἱματώδης V. ϛ' (ante δυσῶδες) T.
                                                                          ὃ
ἠφίει corr. N. (ἡ m. r. fort. fuit ὑφίει). πταρμ N. σπαραγμὸς T. ἀνέστρεφ corr. N.
                                            ἐν
(post lit. ἐτε suprascr. m. r. fuit ἀνέστρεφ).
§ 3. λύγξ τὲ N. λύγξ τε T. ἐνέπιπτε A.J. vulg. Bekk. ἐνέπεσε N.V.F.H.
pl. Be. Popp. ἀνέπεσε T. τοῖς μὲ'ν...τοῖς δὲ' T. μεταταῦτα T.A.J.
§ 4. ἁπτομένῳ hic T. οὐκ αὔγαν (sic) T. οὐκ ἄγαν N.F.A.J. al. Poppo.

join ἐκ πάντων with ὡμολογεῖτο, as Plat.
Theaet. 171 B ἐξ ἁπάντων...ἀμφισβητήσε-
ται i.e. undique, not ab omnibus (see
further on III. 57, 4), or in concurrence
with others leave the text as it is pointed,
as Soph. Oed. Col. 742 ἐκ δὲ τῶν μάλιστ'
ἐγώ.
§ 2. προφάσεως: Xen. Hell. VI. 4, 33
ὁ γὰρ θάνατος αὐτοῦ (Polydorus tagus of
Pherae) ἐξαπιναῖός τε καὶ οὐκ ἔχων φανε-
ρὰν πρόφασιν ἐγένετο.——ἀποκαθάρσεις,
not only vomitings and purgings, but
every other mode of getting rid of bile.
"Evacuations" I have been told is the
medical word.
§ 3. I have adopted ἐνέπεσε, partly
on the authority of the most and best
Mss., but also because here and § 5
ἔδρασαν and § 9 ἠγνόησαν instances are
given not of universal but of general

application (τοῖς πλείοσιν, πολλοί, τοὺς
δέ). Thucyd. intends to convey not the
usual recurring features or other circum-
stances of the malady, but how it acted
upon or affected a given class of patients.
Besides in the three passages, as Poppo
properly remarks, "Patet ob notionem
verbi ipsius rem unius momenti desig-
nantem aoristum potuisse poni."——
μετὰ ταῦτα, "immediately afterwards,"
as τὰ πρὸ αὐτῶν I. 1, 3. Dobree's junc-
tion of λωφ. with ταῦτα I hardly under-
stand. λωφήσαντα=ὃς ἐλώφησε, "The
majority were seized by an empty retch-
ing, producing within violent spasms,
which with some at once ceased." The
two tenses are in harmony.
§ 4. τὸ ἔξωθεν σῶμα has no more diffi-
culty than the frequently recurring οἱ
αὐτόθεν, where we should use "those on

ἀλλ' ὑπέρυθρον, πελιτνὸν, φλυκταίναις μικραῖς καὶ ἕλκεσιν
ἐξηνθηκός· τὰ δὲ ἐντὸς οὕτως ἐκάετο ὥστε μήτε τῶν πάνυ
λεπτῶν ἱματίων καὶ σινδόνων τὰς ἐπιβολὰς μήτ' ἄλλο τι ἢ
γυμνὸν ἀνέχεσθαι, ἥδιστά τε ἂν ἐς ὕδωρ ψυχρὸν σφᾶς
5 αὐτοὺς ῥίπτειν. καὶ πολλοὶ τοῦτο τῶν ἠμελημένων ἀνθρώπων
καὶ ἔδρασαν ἐς φρέατα, τῇ δίψῃ ἀπαύστῳ ξυνεχόμενοι· καὶ
ἐν τῷ ὁμοίῳ καθειστήκει τό τε πλέον καὶ ἔλασσον ποτόν.
6 καὶ ἡ ἀπορία τοῦ μὴ ἡσυχάζειν καὶ ἡ ἀγρυπνία ἐπέκειτο διὰ
7 παντός. καὶ τὸ σῶμα, ὅσον περ χρόνον καὶ ἡ νόσος ἀκμά-
ζοι, οὐκ ἐμαραίνετο ἀλλ' ἀντεῖχε παρὰ δόξαν τῇ ταλαιπωρίᾳ,
ὥστε ἢ διεφθείροντο οἱ πλείους ἐναταῖοι καὶ ἑβδομαῖοι ὑπὸ
τοῦ ἐντὸς καύματος, ἔτι ἔχοντές τι δυνάμεως, ἢ εἰ διαφύγοιεν,

οὔτε vel οὔτ' sequi. libri. οὔτ' Bekk. πελιδνὸν omn. ut vid. πελιτνὸν cum
Atticistis Bekk. Poppo. Iu Alexidis loco quem citat Pierson. ad Moerid. p. 325
(ap. Athen. III. 107 D=Com. Poet. Meinek. III. 429) πελιδνὸν contra metrum est.
Correxit Pors. Adv. p. 65 αἰσχύνεται γὰρ πελιτνὸν ὂν τῷ σώματι. φλυκταίαις corr. N.
αἱ (m. ead. vel mend. chartae). ἐξηνθηκ N. ἐκαίετο A.J. vulg. Popp. ἐκάετο
N.T.V.F.H. ἐπιβουλὰς T. μηδ' ἄλλο τι cum fere nulla libr. auctoritate Bekk.
ἄλλό τι N.T. γυμνὸν T.F.H.A.J. vulg. Popp. γυμνὸν N. γυμνοὶ N. marg. m. r.
γυμνοὶ V. Bekk. ἥδιστά corr. N. (add. acc. supr. a, τε suprascr. m. r.). Ante
ὕδωρ, εἰς N.T.V.F. (teste Ba. tac. Br.) H.
§ 5. ἀνθρώπων om. N.V. ανων excidere potuit post ενων. ἀνῶ'ν T. εἰς φρ.
N.V.T.H. ἀπαύστῳ τῇ διψῃ vulg. τῇ δ. ἀπ. N.V.F.H. A.J. τῇ δίψει (sic)
ἀπαύστως T. συνεχόμενοι T. καὶ τὸ ἔλασσον T.
§ 6. ς' T. καὶ ἀγρυπνία T. διαπαντὸς N.T. A.J. vulg. διὰ παντὸς F.H.
§ 7. πλεῖστοι T.A.J. vulg. Bekk. Popp. πλείους N.V.F.H. ἐνναταῖοι N.F.
(teste Br.) vulg. ἐναταῖοι T.F. (teste Ba.) H. A.J. αὑτῇ corr. N. (η m. ead.).

the spot." So in Latin e. g. Liv. xxiv.
45, 3 qui aliunde stet semper, aliunde
sentiat. If ἔξωθεν belonged grammati-
cally to ἀπτομένῳ, the collocation would
have been τὸ μὲν σῶμα.——τὰ δὲ ἐντὸς not,
I think, subject to ἐκάετο but used ad-
verbially "as to the inward parts, the
body..." He varies what might have been
expressed τὸ δὲ ἐντὸς or (ἔνδοθεν) σῶμα.
Thus γυμνὸν which has most authority
properly follows. "The body could not
bear anything but to be naked." γυμνοὶ
is undoubtedly, if found in more Mss.,
defensible by such passages as Plat. Apol.
23 A πολλαὶ μὲν ἀπέχθειαί μοι γεγόνασι
...ὥστε πολλὰς διαβολὰς ἀπ' αὐτῶν γεγονέ-
ναι ὄνομα δὲ τοῦτο λέγεσθαι σοφὸς εἶναι,
nominative as if πολλοῖς (πρὸς πολλοὺς)
ἀπηχθέσθαι had preceded. On the omis-

sion of ὂν (or if γυμνοὶ of ὄντες) I hope
to have occasion of speaking elsewhere.
At present I cite Homer Odyss. xix. 27
οὐ γὰρ ἀεργὸν ἀνέξομαι, ὅς κεν ἐμῆς γε
| χοίνικος ἅπτηται, Plat. Phaedr. 238 E
οὔτε δὴ κρείττω (i. e. ὄντα) οὔτε ἰσούμενον
ἑκὼν ἐραστὴς παιδικὰ ἀνέξεται.
§ 5. τοῦτο καὶ ἔδρασαν "actually did
so"=ἔρριψαν σφᾶς αὐτούς. Cp. Plat.
Theaet. 166 c οὐ μόνον αὐτὸς ταῦτα, ἀλλὰ
καὶ τοὺς ἀκούοντας τοῦτο δρᾶν (=ὑηνεῖν)
εἰς τὰ συγγράμματά μου ἀναπείθεις, VI. 83,
1 τῷ Μήδῳ τοῦτο δρῶντες=παρεχόμενοι.
§ 6. ἡ ἀπορία τοῦ μὴ ἡσ. Either
"perplexity preventive of rest," or more
simply "inability to rest," μὴ being
added as after other negative or pro-
hibitive words.
§ 7. διεφθείροντο κ.τ.λ. "The majority

ἐπικατιόντος τοῦ νοσήματος ἐς τὴν κοιλίαν καὶ ἑλκώσεώς τε
αὐτῇ ἰσχυρᾶς ἐγγιγνομένης καὶ διαρροίας ἅμα ἀκράτου ἐπι-
πιπτούσης οἱ πολλοὶ ὕστερον δι᾽ αὐτὴν ἀσθενείᾳ ἀπεφθεί-
8 ροντο. διεξῄει γὰρ διὰ παντὸς τοῦ σώματος ἄνωθεν ἀρξά-
μενον τὸ ἐν τῇ κεφαλῇ πρῶτον ἱδρυθὲν κακὸν, καὶ εἴ τις ἐκ
τῶν μεγίστων περιγένοιτο, τῶν γε ἀκρωτηρίων ἀντίληψις
αὐτοῦ ἐπεσήμαινε· κατέσκηπτε γὰρ ἐς αἰδοῖα καὶ ἐς ἄκρας
χεῖρας καὶ πόδας, καὶ πολλοὶ στερισκόμενοι τούτων διέ-
9 φευγον, εἰσὶ δ᾽ οἳ καὶ τῶν ὀφθαλμῶν. τοὺς δὲ καὶ λήθη
ἐλάμβανε παραυτίκα ἀναστάντας τῶν πάντων ὁμοίως, καὶ
ἠγνόησαν σφᾶς τε αὐτοὺς καὶ τοὺς ἐπιτηδείους·

L. γενόμενον γὰρ κρεῖσσον λόγου τὸ εἶδος τῆς νόσου
τά τε ἄλλα χαλεπωτέρως ἢ κατὰ τὴν ἀνθρωπείαν φύσιν
προσέπιπτεν ἑκάστῳ, καὶ ἐν τῷδε ἐδήλωσε μάλιστα ἄλλο τι
ὂν ἢ τῶν ξυντρόφων τι· τὰ γὰρ ὄρνεα καὶ τετράποδα ὅσα
ἀνθρώπων ἅπτεται, πολλῶν ἀτάφων γιγνομένων ἢ οὐ προσ-
2 ῄει ἢ γευσάμενα διεφθείρετο. τεκμήριον δέ· τῶν μὲν

ἐγγινομένης F. (teste Ba. tac. Br.) H. ἐπιπτούσης N. corr. (πι suprascr. m. r.).
ἐπιπτούσης T. δι᾽ αὐτὴν ἀσθενεία (non διὰ τὴν ἀσθένειαν) N.T.F.H. pl. omn. Be.
διὰ τὴν ἀσθένειαν sequi. libri. A.J. vulg. ante Bauer. διεφθείροντο A.J. vulg.
ἀπεφθείροντο N. corr. (ἀπ. m. r. fuit διεφθείροντο). ἀπεφθείροντο T.V.F.H. pl. omn.
Be.
§8. καὶ διεξῄει A.J. [καὶ] διεξῄει vulg. ante Bauer. καὶ om. (non hab.) N.
T.F.H. omn. Be. διαπαντὸς T. A.J. ἀκροτηρίων T. suprascr. m. ead. κατέσκηπτε
corr. N. (alt. ε m. ead. necne p. l.). κατάσκηπται T. suprascr. m. ead. γὰρ καὶ
A.J. vulg. καὶ om. N.T.F.H. pl. omn. Be. de V. tac. Ad. ἐς τὰ vulg. τὰ om.
N.T.V.F.H. pl. omn. Be. A.J.
§9. τοῖς δὲ T. (bis hab. repetitum in prox. pag. initio). σφᾶς τε N.T.
αὐτοὺς A.J.
L. ἀνεῖαν N. ἀνθρωπείαν T. ἄλλό τι N.T. A.J. ξυντρόφων τὶ N.T. A.J.
ἀνῶν N. ἀνθρώπων T. γινομένων T.F. (teste Ba. tac. Br.) H. διεφθείρετο corr. N.
(ε m. r. o diserte legitur fuit διεφθείροντο).

---

who died, on the 9th or 7th day,
still retained..." See on I. 20, 3.——
ἀκράτου. Galen (quoted by Ad.) ἄκρητοι
ὑποχωρήσεις αἱ ἄμικτοι ὑγρότητος ὑδατώ-
δους, "unmixed with any watery mat-
ter." So Munro on Lucret. VI. 1200.
——ἀπεφθείροντο a variation of διεφθεί-
ροντο preceding.
§8. τῶν γε...αὐτοῦ. Precisely as we,
retaining our Saxon genitive, as well as
the Norman periphrasis of it, say "Its

seizure of the extremities." VII. 34, 6
τὴν τοῦ ἀνέμου ἀπωσιν αὐτῶν, 67, 2.
§9. παραυτίκα ἀναστάντας "immedi-
ately after their recovery." The loss of
memory was temporary. It afterwards
returned. So Ad. and others.
L. ἐδήλωσε = δῆλον ἐποίησε.
§2. The construction is too artificial
which joins τεκμήριον with ἐγένετο. Cobet
(Nov. Lect. p. 419, 781) of course
would insert γὰρ after τῶν μέν. I think

τοιούτων ὀρνίθων ἐπίλειψις σαφὴς ἐγένετο, καὶ οὐχ ἑωρῶντο
οὔτε ἄλλως οὔτε περὶ τοιοῦτον οὐδέν· οἱ δὲ κύνες μᾶλλον
αἴσθησιν παρεῖχον τοῦ ἀποβαίνοντος διὰ τὸ ξυνδιαιτᾶσθαι.

LI. τὸ μὲν οὖν νόσημα, πολλὰ καὶ ἄλλα παραλιπόντι
ἀτοπίας, ὡς ἑκάστῳ ἐτύγχανέ τι διαφερόντως ἑτέρῳ πρὸς
2 ἕτερον γιγνόμενον, τοιοῦτον ἦν ἐπὶ πᾶν τὴν ἰδέαν· καὶ ἄλλο
παρελύπει κατ᾽ ἐκεῖνον τὸν χρόνον οὐδὲν τῶν εἰωθότων· ὃ
3 δὲ καὶ γένοιτο, ἐς τοῦτο ἐτελεύτα. ἔθνησκον δὲ οἱ μὲν
4 ἀμελείᾳ, οἱ δὲ καὶ πάνυ θεραπευόμενοι. ἕν τε οὐδὲ ἓν
κατέστη ἴαμα ὡς εἰπεῖν ὅ τι χρῆν προσφέροντας ὠφελεῖν·
5 τὸ γάρ τῳ ξυνενεγκὸν ἄλλον τοῦτο ἔβλαπτε. σῶμά τε αὔ-
ταρκες ὂν οὐδὲν διεφάνη πρὸς αὐτὸ ἰσχύος πέρι ἢ ἀσθενείας,

§ 2. ἐπίληψις T. τοιοῦτον corr. Ν. (acc. alt. o. op. m. r. fuit τοιούτων). κύνες
T. A.J.

LI. ἐτύγχανέ τε hic Ν.T. πρ Ν.T. ἐπίπαν Ν.T.Δ.J. vulg.
§ 3. οἱ μὲ᾽ν...οἱ δὲ᾽ T.
§ 4. ἕν τε οὐδὲ ἓν corr. Ν. (post lit. supr. pr. εν add. spir. et acc. m. r. post lit.
corr. alt. ν et add. acc. m. r. fuit op. ἕν τε οὐδὲ ἑνί—nam ne ἐγκατέστη vel ἐνκατέστη
putes obstat spir. q. hab. m. pr.). ἕν τε οὐδὲ ἕν V. quod cum Popp. recepi. ἕν τε
οὐδέν F. (teste Ba. tac. Br.) Α.J. ἕν τε H. ("ex emendat. recentiore" Ba.). ὅ τι
T. A.J. vulg. χρῆν (sic) T. τῳ hic Ν.
§ 5. σῶμα τὲ Ν. σῶμά τε hic T. ξυνῆρει hic T.

we may be allowed to call in here our own
language. "You may conclude it from
this; *that* there was..." is probably a
more usual expression, but we can also
somewhat more abruptly say "you may
conclude it from this; there was..."
Plato Theaet. 150 c might have written
τὸ δὲ αἴτιον τούτου τόδε· μαιεύεσθαι γάρ με
ὁ θεὸς ἀναγκάζει, and D ὧδε δὲ δῆλον· πολλοὶ
γὰρ ἤδη...ἀπῆλθον, but why foist in the
particle in spite of the Mss.? Buttmann
a sober Critic allows the insertion or
omission of γὰρ in expressions of this
kind, ὁ δὲ δεινότατον· ὁ δὲ μέγιστον· ση-
μεῖον δέ· δῆλον δέ· and the like. See his
note on Mid. § 2 b (=p. 515 § 4). In
one of the passages to which he refers
23 c (=p. 540 § 79) ὁ δ᾽ οὖν δεινότατον,
καὶ οὐ λόγος ἀλλ᾽ ἔργον ἤδη· τὰς δίκας ὡς
αὐτῶν οὖσας ἠφίεσαν τοῖς ἐπιτρόποις, the
insertion of γὰρ would in my judgement
vastly mar the oratorical rigour.——ἄλ-
λως not "elsewhere," an unheard of
use of the word, but simply "otherwise."
LI. παραλιπόντι as ξυνελόντι, ὑπερ-

βάντι (II. 96, 1), ἰόντι (v. 10, 6). See
Madv. Gr. Synt. § 38 c. "Omitting many
other circumstances, of its unwonted,
out of the way, character."

§ 4. ἕν τε οὐδὲ ἕν. So I prefer to write
with Poppo. See on de Fals. Leg. § 223.
ἴαμα: Porson Praef. Hecub. p. 7 suspects
this word "serioris aevi esse et veteribus
Tragicis ignotum." This suspicion has
been over hastily formed, at least as far
as regards the antiquity of the word.
——It is well known that ὡς ἔπος εἰπεῖν,
or ὡς εἰπεῖν, is used ordinarily to qualify
a universal affirmative or negative, *fere
omnes*, *nemo fere*. Examples in Plato
are numerous. For Th. (who always
uses the form ὡς εἰπεῖν) see I. 1, 2, III.
82, 1, IV. 14, 4, VI. 30, 2 and elsewhere.
It is also used as in Latin *ut ita loquar*
(*if I may so say*), to apologise for a
somewhat bold expression. Th. VI. 72,
2 ἰδιώτας ὡς εἰπεῖν χειροτέχνας, VII. 67, 2
χερσαῖοι ὡς εἰπεῖν.

§ 5. διεφάνη: see on I. 18, 5.——ἰσχύος
..."None was so strong as to resist it,

ἀλλὰ πάντα ξυνῄρει καὶ τὰ πάσῃ διαίτῃ θεραπευόμενα.
6 δεινότατον δὲ παντὸς ἦν τοῦ κακοῦ ἥ τε ἀθυμία ὁπότε τις
αἴσθοιτο κάμνων (πρὸς γὰρ τὸ ἀνέλπιστον εὐθὺς τραπόμενοι
τῇ γνώμῃ πολλῷ μᾶλλον προΐεντο σφᾶς αὐτοὺς καὶ οὐκ
ἀντεῖχον), καὶ ὅτι ἕτερος ἀφ᾽ ἑτέρου θεραπείας ἀναπιμπλά-
μενοι ὥσπερ τὰ πρόβατα ἔθνησκον· καὶ τὸν πλεῖστον φθόρον
7 τοῦτο ἐνεποίει. εἴτε γὰρ μὴ 'θέλοιεν δεδιότες ἀλλήλοις
προσιέναι, ἀπώλλυντο ἔρημοι, καὶ οἰκίαι πολλαὶ ἐκενώθησαν
ἀπορίᾳ τοῦ θεραπεύσοντος· εἴτε προσίοιεν, διεφθείροντο, καὶ
μάλιστα οἱ ἀρετῆς τι μεταποιούμενοι· αἰσχύνῃ γὰρ ἠφείδουν
σφῶν αὐτῶν, ἐσιόντες παρὰ τοὺς φίλους, ἐπεὶ καὶ τὰς ὀλο-
φύρσεις τῶν ἀπογιγνομένων τελευτῶντες καὶ οἱ οἰκεῖοι ἐξέκα-
8 μον, ὑπὸ τοῦ πολλοῦ κακοῦ νικώμενοι. ἐπὶ πλέον δὲ ὅμως
οἱ διαπεφευγότες τόν τε θνήσκοντα καὶ τὸν πονούμενον ᾠκτί-
ζοντο διὰ τὸ προειδέναι τε καὶ αὐτοὶ ἤδη ἐν τῷ θαρσαλέῳ
εἶναι· δὶς γὰρ τὸν αὐτόν, ὥστε καὶ κτείνειν, οὐκ ἐπελάμβανε.

§ 6. ὁπότέ τις corr. N. (add. acc. supr. ε. m. r. lit. supr. ις fuit ὁπότε τίς).
ὁπότε τις hic T. ὁπότε τίς A.J. vulg. κάμνὼν (sic) T.
§ 7. θέλοιεν Codd. Edd. 'θέλοιεν scripsi. ἀπώλλυντο corr. N. (ω vid. m. r.
fuit ἀπόλλυντο). ἀπόλλυντο T. ἐρῆμοι Bekk. θεραπεύσοντος corr. N. (σον m. r. fuit
θεραπεύσοντος). ἀρετῆς τί N. ἔπειτα (pro ἐπεί) T. οἱ (ante οἰκεῖοι) om. T. ἐξέκαμνον
A.J. vulg. Bekk. Popp. ἐξέκαμον N.T.V.F.H. al. Reposui. τοῦ om. N.V.
§ 8. ἐπὶ πλέον N.V. ἐπιπλέον T.A.J. vulg. ᾠκτίζοντο hic N. προειδέναί τε N.
προειδέναι τε hic T. κτείνοιεν T. suprascr. m. ead.

none was so weak as not to afford it a
hold on it." Ap.——πάσῃ διαίτῃ "every
sort of regimen," δίαιτα including not
only our limited word "diet" but every
thing which does not fall under χειρουρ-
γικὴ and φαρμακεία.
§ 6. καὶ ὅτι ἕτερος κ.τ.λ. "and be-
cause from ministering one to another
catching the infection like sheep they
perished." It seems immaterial whether
ὥσπερ πρ. is taken with ἀναπιμπλάμενοι
or ἔθνησκον.——ἀναπιμπλάναι (-ασθαι,
ἀνάπλεως) restricted in Attic usage to
infection, defilement. In Ionic writers
the verb is not so exclusive. Homer
Iliad xv. 132 ἀναπλήσας κακὰ πολλά,
Herod. vi. 12 τίνα δαιμόνων παραβάντες
τάδε ἀναπίμπλαμεν; and in iv. 31 Σκύθαι
λέγουσι πτερῶν ἀνάπλεων εἶναι τὸν ἠέρα
the adjective means no more than full

of, as appears from iv. 7 πτερῶν καὶ τὴν
γῆν καὶ τὸν ἠέρα εἶναι πλέον.
§ 7. δεδιότες, "from fear of catching
the disease."——ἔρημοι i.e. τοῦ θεραπεύ-
σοντος Schol.——ἀρετῆς not "bravery,"
but "kindliness," as the following words
show. See on 40, 6.——τῶν ἀπογιγνομέ-
νων, the dying, the departing (τῶν ἀπογε-
νομένων, the dead, the departed, 34, 2),
so ὀλοφύρσεις seems rather to mean "the
cries and bemoanings" which they were
wearied out with (cp. vii. 71, 3 ὀλοφυρμῷ
τε ἅμα μετὰ βοῆς ἐχρῶντο, and still more
75, 4 πρὸς γὰρ ἀντιβολίαν καὶ ὀλοφυρμὸν
τραπόμενοι), than their wailings over
the dying. ὀλοφύρσεις: another of Th.
verbal substantives.——ἐξέκαμον (which
I adopt on the authority of the best
Mss.) as the aorists of completion noticed
on 49, 3. So ἐκενώθησαν above.

254   ΘΟΥΚΥΔΙΔΟΥ

9 καὶ ἐμακαρίζοντό τε ὑπὸ τῶν ἄλλων, καὶ αὐτοὶ τῷ παρα-
χρῆμα περιχαρεῖ καὶ ἐς τὸν ἔπειτα χρόνον ἐλπίδος τι εἶχον
κούφης μηδ' ἂν ὑπ' ἄλλου νοσήματός ποτε ἔτι διαφθαρῆναι.

LII. ἐπίεσε δ' αὐτοὺς μᾶλλον πρὸς τῷ ὑπάρχοντι
πόνῳ καὶ ἡ ξυγκομιδὴ ἐκ τῶν ἀγρῶν ἐς τὸ ἄστυ, καὶ οὐχ
2 ἧσσον τοὺς ἐπελθόντας. οἰκιῶν γὰρ οὐχ ὑπαρχουσῶν, ἀλλ'
ἐν καλύβαις πνιγηραῖς ὥρᾳ ἔτους διαιτωμένων ὁ φθόρος
ἐγίγνετο οὐδενὶ κόσμῳ, ἀλλὰ καὶ νεκροὶ ἐπ' ἀλλήλοις ἀπο-
θνήσκοντες ἔκειντο, καὶ ἐν ταῖς ὁδοῖς ἐκαλινδοῦντο καὶ περὶ
3 τὰς κρήνας ἀπάσας ἡμιθνῆτες τῇ τοῦ ὕδατος ἐπιθυμίᾳ. τά
τε ἱερὰ ἐν οἷς ἐσκήνηντο νεκρῶν πλέα ἦν, αὐτοῦ ἐναποθνη-
σκόντων· ὑπερβιαζομένου γὰρ τοῦ κακοῦ οἱ ἄνθρωποι οὐκ
ἔχοντες ὅ τι γένωνται, ἐς ὀλιγωρίαν ἐτράποντο καὶ ἱερῶν
4 καὶ ὁσίων ὁμοίως. νόμοι τε πάντες ξυνεταράχθησαν οἷς
ἐχρῶντο πρότερον περὶ τὰς ταφάς, ἔθαπτον δὲ ὡς ἕκαστος

§ 9. παραχρῆμα Ν.Τ. παρά χρῆμα V. ἐλπίδος τὶ Ν.Τ. vulg. ἐλπίδος τι A.J.
μηδ' Ν. A.J. μηδ' hic T. νοσήματος τοτὲ T. vulg. νοσήματός ποτε Ν. A.J.
LII. πρ Ν. οὐχ ἧσσον hic T. quanquam § 2 οὐχ' ὑπαρχουσῶν.
§ 2. ἔγκειντο T. ἔκειντο ad καὶ post lit. corr. N. (omn. litt. m. r. το, καὶ
in marg. ante versiculum). ἡμιθνῆτ corr. Ν. (ἧτ m.r.). τῇ τοῦ Ν.Τ. τῇ τοῦ A.J.
vulg. τῇ om. pl. omn. Bc. F. (sed manu rec. superscript. Ba. tac. Br.) Bekk.
Popp. Caussam omittendi non video nisi τοῦ quoque inducendum est. Vid. ad
1. 18, 1 Ann. Crit.
§ 3. ἐσκήνωντο Ν.Τ.V.Η. ("et cum emendat. ἐσκήνηντο" Ba.) corr. F. ("τῷ
η supersor. ω" Ba. tac. Br.). Vid. quae scripsi ad. 1. 133. ἃν'οι Ν.Τ. γένωνται
corr. Ν. ων et αι m.r. (fuit γένοιντο). Vid. ad Dem. F. Leg. § 131 Ann. Crit.
γένωνται T. A.J. ὀλιγωρίαν corr. Ν. (o m. op. ead.). ὁσίων Ν. γρ. ὁσιῶν Ν. marg.
(m.r.) F. (teste Br. tac. Ba.).
§ 4. νόμοι τὲ Ν.Τ. συνεταράχθησαν Ν.Τ. omn. praeter sequi. libr. A.J. vulg.

§ 9. κούφης = κονφιζούσης according to
the Scholiast. Surely "some light, idle,
vain hope" satisfies the passage.——δια-
φθαρῆναι cannot be any thing else but
"be destroyed, perish." Poppo there-
fore rightly explains the meaning: they
fondly thought that no other malady
would prove fatal, after surviving this,
but that they should die of old age.
ἐφθάρησαν I. 24, 3 is a different word from
its compound διαφθαρῆναι.
LII. τοὺς ἐπελθόντας, the new-comers.
For with the exception of the favoured
few who found dwellings or took up
their abode with friends, the greater

number occupied τὰ ἔρημα τῆς πόλεως
17, 1. Cp. Arist. Equit. 792 καὶ πῶς
σὺ φιλεῖς, ὃς τοῦτον ὁρῶν οἰκοῦντ' ἐν ταῖς
φιδάκναισι | καὶ γυπαρίοις καὶ πυργιδίοις
ἔτος ὄγδοον (extending the time to the
siege of Potidaea autumn 432) οὐκ
ἐλεαίρεις.
§ 2. On the difference between κα-
λινδεῖσθαι and κυλίνδεσθαι (not κυλινδεῖ-
σθαι) see Cobet Nov. Lect. p. 637—639,
who rightly says that the former word
" rei immundae ac turpis notionem con-
tinet."
§ 3. ἵερα: ᾤκησαν καὶ τὰ ἱερὰ καὶ τὰ
ἡρῷα 17, 1.

5 ἐδύνατο. καὶ πολλοὶ ἐς ἀναισχύντους θήκας ἐτράποντο
σπάνει τῶν ἐπιτηδείων διὰ τὸ συχνοὺς ἤδη προτεθνάναι
σφίσιν· ἐπὶ πυρὰς γὰρ ἀλλοτρίας φθάσαντες τοὺς νήσαντας
οἱ μὲν ἐπιθέντες τὸν ἑαυτῶν νεκρὸν ὑφῆπτον, οἱ δὲ καιομένου
ἄλλου ἄνωθεν ἐπιβαλόντες ὃν φέροιεν ἀπῄεσαν.

LIII. πρῶτόν τε ἦρξε καὶ ἐς τἆλλα τῇ πόλει ἐπὶ πλέον
2 ἀνομίας τὸ νόσημα. ῥᾷον γὰρ ἐτόλμα τις ἃ πρότερον ἀπε-
κρύπτετο μὴ καθ᾽ ἡδονὴν ποιεῖν, ἀγχίστροφον τὴν μετα-
βολὴν ὁρῶντες τῶν τ᾽ εὐδαιμόνων καὶ αἰφνιδίως θνησκόντων
καὶ τῶν οὐδὲν πρότερον κεκτημένων εὐθὺς δὲ τὰ ἐκείνων
3 ἐχόντων. ὥστε ταχείας τὰς ἐπαυρέσεις καὶ πρὸς τὸ τερπνὸν
ἠξίουν ποιεῖσθαι, ἐφήμερα τά τε σώματα καὶ τὰ χρήματα
4 ὁμοίως ἡγούμενοι. καὶ τὸ μὲν προσταλαιπωρεῖν τῷ δόξαντι
καλῷ οὐδεὶς πρόθυμος ἦν, ἄδηλον νομίζων εἰ πρὶν ἐπ᾽ αὐτὸ

Bekk. Cum Popp. ξυνεταράχθησαν dedi. ἠδύνατο Δ.J. vulg. ἐδύνατο N.T.V.F.H.
omn. Be. (ut ex silentio judico).
§ 5. εἰς T. Pro θήκας Madvig. τέχνας scribendum suspicatur. πυρᾶς N.T.Δ.J.
νοσήσαντας Δ.J. ἑαυτὸν F. (teste Br. tac. Ba.). οἱ μὲν ... οἱ δὲ᾽ T. ὑφῆπτον
corr. N. (ὁ m. r. post lit. cum damno chartae).
LIII. πρῶτον τὲ N.T. τ᾽ ἄλλα N. τὰ ἄλλα T. ἐπιπλέον T.Δ.J. vulg. ἐπὶ
πλέον N.V.F.H. Post ἐπιπλέον ponit τῇ πόλει T.
§ 2. ἐτόλμα τὶς N. Δ.J. vulg. ἐτόλμα τις hic T. ἀπέκρυπτε τὸ corr. N. (ὁ m. r.
fuit τῷ). ἀπέκρυπτε τὸ T. ἀπέκρυπτε τῷ F.H. De V. tac. Ad. τῶν εὐδαιμόνων
corr. N. (τ᾽ suprascr. m. r.). αἰφνηδίως (sic) N. τἀκείνων vulg. Bekk. Poppo.
τ᾽ἀκείνων Δ.J. Sed τὰ ἐκείνων N.T.V.F.H. quod reposui.
§ 3. ἐπαυρήσεις T. πρ N. τερπεὸν (sic) T.
§ 4. ς᾽ T. "τῶι vel τοῦ pr. F." Br. (tac. Ba.). ἐλθεῖν T. Δ.J. vulg. Bekk.
Popp. Sed ἔλθη N. ἔλθῃ V.F. ("sine ista subse." Ba.) H. "Cui non obstat
omissum ἄν .... sed quod in vv. εἰ διαφθαρήσεται vis negandi non inest" Poppo.
Cui respondeo me quidem non male habere πρὶν ἄν (πρὶν) cum conjunctivo etiam in
aiente sententia positum (vid. ad de F. Leg. § 233 Ann. Crit.), sed negandi vim

§ 5. As θήκας cannot be forced into
"modes of burial," ἀναισχύντους by a
bold but not unprecedented figure of
speech is catachrestically applied to the
burial-places instead of the buriers.——
ἐπὶ πυρὰς (various reading see Ann. Crit.)
may be right, as τὸν ἑαυτῶν νεκρὸν clearly
means τὸν ἑαυτοῦ ἕκαστος νεκρόν. See on
I. 14, 4.
LIII. ἦρξε...ἀνομίας. See on I. 144,
4.
§ 3. ἐπαυρέσεις is as neutral a word
as ἀπολαύσεις, so there is no tautology
in the addition of καὶ πρὸς τὸ τερπνόν.

§ 4. τῷ δοξ. καλῷ is governed of the pre-
position contained in the compound verb.
"To bestow pains upon, to devote pains
to, what was held to be honourable."
On I. 53, 1 I have so explained VI. 72, 3
τῇ ἄλλῃ μελέτῃ προσαναγκάζοντες. προσ-
έχειν τὸν νοῦν (τὴν γνώμην) or simply
προσέχειν τινί belongs to the same
idiom, and προσσχεῖν τῇ γῇ (Herod. IV.
156 οὐκ ἔα τῇ γῇ προσίσχειν) may serve
as a literal use of the preposition as
contrasted with the metaphorical use in
the other instances. Poppo's "propter
(propr. apud) id, quod honestum vide-

ἔλθῃ διαφθαρήσεται· ὅ τι δὲ ἤδη τε ἡδὺ καὶ πανταχόθεν
τὸ ἐς αὐτὸ κερδαλέον, τοῦτο καὶ καλὸν καὶ χρήσιμον κατέστη.
5 θεῶν δὲ φόβος ἢ ἀνθρώπων νόμος οὐδεὶς ἀπεῖργε, τὸ μὲν
κρίνοντες ἐν ὁμοίῳ καὶ σέβειν καὶ μὴ ἐκ τοῦ πάντας ὁρᾶν
ἐν ἴσῳ ἀπολλυμένους, τῶν δὲ ἁμαρτημάτων οὐδεὶς ἐλπίζων
μέχρι τοῦ δίκην γενέσθαι βιοὺς ἂν τὴν τιμωρίαν ἀντιδοῦναι,
πολὺ δὲ μείζω τὴν ἤδη κατεψηφισμένην σφῶν ἐπικρεμασθῆ-
ναι, ἣν πρὶν ἐμπεσεῖν εἰκὸς εἶναι τοῦ βίου τι ἀπολαῦσαι.

LIV. τοιούτῳ μὲν πάθει οἱ Ἀθηναῖοι περιπεσόντες
ἐπιέζοντο, ἀνθρώπων τε ἔνδον θνησκόντων καὶ γῆς ἔξω
2 δῃουμένης. ἐν δὲ τῷ κακῷ οἷα εἰκὸς ἀνεμνήσθησαν καὶ
τοῦδε τοῦ ἔπους, φάσκοντες οἱ πρεσβύτεροι πάλαι ᾄδεσθαι,

ἥξει Δωριακὸς πόλεμος, καὶ λοιμὸς ἅμ' αὐτῷ.

3 ἐγένετο μὲν οὖν ἔρις τοῖς ἀνθρώποις μὴ λοιμὸν ὠνομάσθαι

---

inesse in ἄδηλον εἰ διαφθ. perinde atque in ἀμήχανον (ἄπορον) ἐκμαθεῖν quemvis
posse intellegere. Addo nemini dubium quin potius ἔλθη in ἐλθεῖν quam ἐλθεῖν
in ἔλθη mutaturi fuerint librarii. Itaque optimorum Codicum auctoritati obsecutus
sum.——ὅ τι δὲ A.J. vulg. ᾔδει τὲ A.J. ᾔδει, τε vulg. ἤδη τὲ corr. N. (alt. η m. r.
fuit ᾔδει). ἤδη τὲ T. ἤδη τε V.F.H. τὸ ἐς αὐτὸν vulg. τὸ ἐς αὐτὸ N. (non τε ἐς
αὐτὸ) T.F.H. omn. Be. De V. tac. Ad.
§ 5. τὸ μὲν T. τοῦ (post ἐκ) om. T. ἐν ἴσῳ ὁρᾶν N.V. δίκην om. N. add. N.
marg. m.r. Post τοῦ βίου, τί N.T. A.J. vulg.
LIV. ἀνῶ'ν τὲ N.T.
§ 2. δωριακ N. λοιμ N.
§ 3. ὠνομᾶσθαι A. ὠνομᾶσθαι J. δ' ἐπὶ T. ἀνό'ι N.T. πρ N.

---

retur, labores tolerare" I confess I do
not understand. ἐπιταλαιπωρεῖν I. 123, 1
does not help our passage at all. I
accept there the Scholiast's explanation
προσθεῖναι (more exactly προστιθέναι)
τοῖς πόνοις.——τὸ...κερδαλέον is nothing
else but a variation for ὅ τι κερδαλέον
(ἐστί). So no offence need be taken
at the *article*.

§ 5. κρίνοντες. A still bolder ana-
coluthon is found in IV. 108, 4 καὶ γὰρ
ἄδεια ἐφαίνετο αὐτοῖς ἐψευσμένοις μὲν...
τὸ δὲ πλέον κρίνοντες...εἰωθότες οἱ ἄνθρω-
ποι.——κατεψηφισμένην, as Poppo says,
belongs to the nearer word τιμωρίαν,
though δίκην κατεψηφισμένην in itself
contains nothing objectionable.

LIV. § 2. καὶ τοῦδε "this verse

also, this as well as others." Pind. Pyth.
IV. 277 τῶν δ' Ὁμήρου καὶ τόδε συνθέμενος
ῥῆμα πόρσυν'. "Of Homer's sayings
forget not any but this too ponder over
and heed." Or καὶ may have reference
to καὶ τοῦ λακ. χρ. § 5 on the principle
mentioned on I. 58, 1. The distance
between the particles is rather in favour
of the former explanation.

§ 3. ἔρις μὴ ὠνομάσθαι: Soph. Oed.
Col. 367 πρὶν μὲν γὰρ αὐτοῖς ἦν ἔρις
Κρέοντί τε | θρόνους ἐᾶσθαι μηδὲ χραί-
νεσθαι πόλιν, where I do marvel that
Edd. have accepted the conjecture ἔρως,
forgetful apparently of Hesiod's Oper.
11...24, and so overseeing the marked
contrast between ἔρις ἀγαθὴ and ἔρις
κακὴ 372. (Schneidewin alone rightly

ἐν τῷ ἔπει ὑπὸ τῶν παλαιῶν ἀλλὰ λιμὸν, ἐνίκησε δὲ ἐπὶ
τοῦ παρόντος εἰκότως λοιμὸν εἰρῆσθαι· οἱ γὰρ ἄνθρωποι
4 πρὸς ἃ ἔπασχον τὴν μνήμην ἐποιοῦντο. ἢν δέ γε οἶμαι
ποτὲ ἄλλος πόλεμος καταλάβῃ Δωρικὸς τοῦδε ὕστερος καὶ
5 ξυμβῇ γενέσθαι λιμόν, κατὰ τὸ εἰκὸς οὕτως ᾄσονται. μνήμη
δὲ ἐγένετο καὶ τοῦ Λακεδαιμονίων χρηστηρίου τοῖς εἰδόσιν,
ὅτε ἐπερωτῶσιν αὐτοῖς τὸν θεὸν εἰ χρὴ πολεμεῖν ἀνεῖλε κατὰ
κράτος πολεμοῦσι νίκην ἔσεσθαι, καὶ αὐτὸς ἔφη ξυλλήψεσ-
6 θαι. περὶ μὲν οὖν τοῦ χρηστηρίου τὰ γιγνόμενα εἴκαζον
7 ὅμοια εἶναι. ἐσβεβληκότων δὲ τῶν Πελοποννησίων ἡ νόσος
ἤρξατο εὐθύς· καὶ ἐς μὲν Πελοπόννησον οὐκ ἐσῆλθεν, ὅ τι
ἄξιον καὶ εἰπεῖν, ἐπενείματο δὲ Ἀθήνας μὲν μάλιστα, ἔπειτα
8 δὲ καὶ τῶν ἄλλων χωρίων τὰ πολυανθρωπότατα· ταῦτα μὲν
τὰ κατὰ τὴν νόσον γενόμενα.

LV. οἱ δὲ Πελοποννήσιοι ἐπειδὴ ἔτεμον τὸ πεδίον,
παρῆλθον ἐς τὴν Πάραλον γῆν καλουμένην μέχρι Λαυρίου
2 οὗ τὰ ἀργύρεια μέταλλα ἔστιν Ἀθηναίοις. καὶ πρῶτον μὲν
ἔτεμον ταύτην ᾗ πρὸς Πελοπόννησον ὁρᾷ, ἔπειτα δὲ τὴν πρὸς

§ 4. οἰμαί ποτε N. A.J. Bekk. οἶμαι ποτὲ T. vulg. Popp. καταλάβοι T. suprascr.
m. ead. τοῦδε ad εἰκὸς om. N. add N. marg. m. r. τοῦδ᾽ T.
§ 5. τοῖς εἰδόσιν ad χρηστηρίου om. T. κατακράτος N. A.J.
§ 6. Ante τὰ γιγνόμενα add. καὶ T. εἴκαζον N.T.F. pl. omn. Be. A.J. vulg.
ἤκαζον 1 Cod. sequiorum, Bekk. Popp. In vi. 92, 4 εἴκαζον N. In his rebus malo
Codd. auctoritati obsequi. ὁμοῖα Bekk.
§ 7. ὅτι N. A.J. ὅ, τι T. vulg. καὶ ἄξιον A.J. vulg. ἄξιον καὶ N.T.V.F.H. pl.
omn. Be. τὰ (ante κατὰ) om. N.
LV. παράλογον καλουμένην T. πάραλον corr. N. (add. acc. λον post lit. 4 vel 5
litt. cap. m. r. fuit op. παράλιον vel παραλίαν ut 56, 1 et 3). Post λαυρίου, add.
ὄρους V. N. marg. m. r. A.J. vulg. ante Bauer. ὄρους om. T.F.H. omn. Be.
λαυρείου T. λαυρίου pr. N. λαυρείου corr. N. ἀργύρια pr. N. ἀργύρεια corr. N. (In
utroque vocabulo ι in ꝑ mutavit m. r.). ἀργύρια 2 Be. μέταλλά ἐστιν A. Bekk. Popp.
μέταλλά ἐστιν (sic) J. μέταλλα ἐστιν N. vulg. μέταλλα ἐστιν T. Ego reposui, nam
ἐστιν hic vice copulae non fungitur.
§ 2. ᾗ N.T.F. (teste Br. tac. Ba.). ᾖ unus et alter Be. Bekk. Popp. Con-
jecerat Dobr. Vide ne in Herod. iv. 3 ᾗπερ ἐστὶ μεγίστη reponendum sit ᾗπερ.

takes the passage).——The play upon
λοιμὸς and λιμὸς seems to defy transla-
tion.——ἐνίκησε...'' it naturally prevail-
ed at the present time that λοιμὸς was
cited."
§ 5. 1. 118, 4.
§ 7. ἐπενείματο: κατέφαγε Schol. Her-
od. v. 101 αὐτίκα ἀπ᾽ οἰκίης ἐς οἰκίην

ἰὸν τὸ πῦρ ἐπενέμετο τὸ ἄστυ ἅπαν
(depasci, depascendo absumere Schw.
Lex.).
LV. § 2. "The part in which it
looks to")(the eastern side of this
ἀκτὴ of Attica, which terminated in
γουνὸς Σουνιακὸς (Herod. iv. 99), looking
to Euboea and Andrus.

3 Εὔβοιάν τε καὶ Ἄνδρον τετραμμένην. Περικλῆς δὲ στρα-
τηγὸς ὢν καὶ τότε περὶ μὲν τοῦ μὴ ἐπεξιέναι τοὺς Ἀθηναίους
τὴν αὐτὴν γνώμην εἶχεν ὥσπερ καὶ ἐν τῇ προτέρᾳ ἐσβολῇ.

LVI. ἔτι δ' αὐτῶν ἐν τῷ πεδίῳ ὄντων, πρὶν ἐς τὴν
παραλίαν γῆν ἐλθεῖν, ἑκατὸν νεῶν ἐπίπλουν τῇ Πελοποννήσῳ
2 παρεσκευάζετο, καὶ ἐπειδὴ ἕτοιμα ἦν ἀνήγετο. ἦγε δὲ ἐπὶ
τῶν νεῶν ὁπλίτας Ἀθηναίων τετρακισχιλίους, καὶ ἱππέας
τριακοσίους ἐν ναυσὶν ἱππαγωγοῖς πρῶτον τότε ἐκ τῶν πα-
λαιῶν νεῶν ποιηθείσαις· ξυνεστρατεύοντο δὲ καὶ Χῖοι καὶ
3 Λέσβιοι πεντήκοντα ναυσίν. ὅτε δὲ ἀνήγετο ἡ στρατιὰ
αὕτη Ἀθηναίων, Πελοποννησίους κατέλιπον τῆς Ἀττικῆς
4 ὄντας ἐν τῇ παραλίᾳ. ἀφικόμενοι δὲ ἐς Ἐπίδαυρον τῆς
Πελοποννήσου ἔτεμον τῆς γῆς τὴν πολλὴν, καὶ πρὸς τὴν

Dobr. τῇπερ, sed forma minus Ionica in. cap. 120 utitur auctor, ταύτην τὴν
ὁδὸν ᾗπερ εἴρηται.
§ 3. Post ὢν, add. τῶν ἀθηναίων N.V. καὶ hab. N. fort. V. (Vid. Ad. Vol.
II. p. 444 Ed. I.). μὴ (ante ἐπεξιέναι) om. T. pr. N. suprascr. corr. N. m.r. εἰσβολῇ
N.V. (Vid. II. 444 Ed. I.).
LVI. ἕτοιμα Bekk.

§ 2. ἦγε δὲ N.V.H. Popp. ἦγε δ' A.J. vulg. Bekk. ἦγε καὶ T. ἐναυσὶν T.
suprascr. m. ead. ὑπαγωγοῖς T. νεῶν om. T. [νεῶν] vulg.
§ 4. ἐς ἐπίδαμνον T. γρ. ἐς ἐπίδαυρον marg. T. literis minutioribus, sed m.

LVI. ἕτοιμα. See on I. 7.
§ 2. πρῶτον τότε is probably with
Ducas to be limited to the Pelop. war.
For, as has been remarked, horse-trans-
ports cannot have been unknown in
earlier times, and in fact are mentioned
in history. So I understand τότε πρῶ-
τον III. 19, 1. For it is almost incon-
ceivable that there never had been a
property-tax levied before the year 428,
though Boeckh *Publ. Econ.* Book IV. Sect.
1.Vol.II.p.228, Transl. Ed. 1. so imagines,
nor do I think with Tittmann (quoted
by the translators) that Th. means
the amount before collected had never
been so great as 200 talents. (Would
not on that supposition τότε πρῶτον
have followed ἐσφοράν?) ἐσφοραὶ must
have pre-existed and their pre-existence
is clearly shown in the speech of
Pericles which caused the interruption
of friendly relations with Athens
I. 141, 4, and no less clearly in that of

Archidamus I. 80, 4 οὔτε ἑτοίμως ἐκ τῶν
ἰδίων φέρομεν. Nor do I infer from
Dem. Mid. p. 566 § 161 ἐγένοντο εἰς
Εὔβοιαν ἐπιδόσεις παρ' ὑμῖν πρῶται, that
ἐπιδόσεις (voluntary contributions of
triremes for the state-service made by
wealthy public-spirited citizens) had no
existence before this expedition into
Euboea. "We have had three exam-
ples in our days of ἐπιδόσεις, first for
Euboea, secondly for Olynthus, thirdly
for our present times" seems to give
fairly the sense of the passage. In
fact I see in IV. 11, 4 τοὺς ξυμμάχους μὴ
ἀποκνῆσαι ἀντὶ μεγάλων εὐεργεσιῶν τὰς
ναῦς τοῖς Λακεδαιμονίοις ἐν τῷ παρόντι
ἐπιδοῦναι a distinct allusion to the
ἐπίδοσις," voluntarily render to the Lac.
the sacrifice of their ships."
§ 4. The various reading of N. and V.
I should render "making an inroad
(raid, razzia) into the land bearing
upon (in the direction of) the city."

πόλιν προσβαλόντες ἐς ἐλπίδα μὲν ἦλθον τοῦ ἑλεῖν, οὐ μέντοι
5 προεχώρησέ γε. ἀναγαγόμενοι δὲ ἐκ τῆς Ἐπιδαύρου ἔτεμον
τήν τε Τροιζηνίδα γῆν καὶ τὴν Ἁλιάδα καὶ τὴν Ἑρμιονίδα·
ἔστι δὲ πάντα ταῦτα ἐπιθαλάσσια τῆς Πελοποννήσου.
6 ἄραντες δὲ ἀπ᾽ αὐτῶν ἀφίκοντο ἐς Πρασιὰς τῆς Λακωνικῆς
πόλισμα ἐπιθαλάσσιον, καὶ τῆς τε γῆς ἔτεμον καὶ αὐτὸ τὸ
7 πόλισμα εἷλον καὶ ἐπόρθησαν. ταῦτα δὲ ποιήσαντες ἐπ᾽
8 οἴκου ἀνεχώρησαν. τοὺς δὲ Πελοποννησίους οὐκέτι κατέ-
λαβον ἐν τῇ Ἀττικῇ ὄντας ἀλλ᾽ ἀνακεχωρηκότας.

LVII. ὅσον δὲ χρόνον οἵ τε Πελοποννήσιοι ἦσαν ἐν
τῇ γῇ τῇ Ἀθηναίων καὶ οἱ Ἀθηναῖοι ἐστράτευον ἐπὶ τῶν
νεῶν, ἡ νόσος ἔν τε τῇ στρατιᾷ τοὺς Ἀθηναίους ἔφθειρε καὶ
ἐν τῇ πόλει, ὥστε καὶ ἐλέχθη τοὺς Πελοποννησίους δείσαντας
τὸ νόσημα, ὡς ἐπυνθάνοντο τῶν αὐτομόλων ὅτι ἐν τῇ πόλει
εἴη καὶ θάπτοντας ἅμα ᾐσθάνοντο, θᾶσσον ἐκ τῆς γῆς ἐξελ-
2 θεῖν. τῇ δὲ ἐσβολῇ ταύτῃ πλεῖστόν τε χρόνον ἐνέμειναν καὶ

---

ead. πρ N. Mox notabilem varietatem praebent N.V. ἐσβαλόντες pro προσβαλόντες.
Vide ne, coll. IV. 25, 8 πρὸς τὴν πόλιν ἐσέβαλλον, et VIII. 31, 2 ἐσβολὴν ποιησά-
μενος τῇ πόλει, veram auctoris manum repraesentet haec lectio.
§ 6. Post ἔτεμον add. T. μέρος τί.
LVII. ὅσον δέ τε N.T.V. (vid. II. 444 Ed. I.) F. (teste Br. tac. Ba.) H. οἵ τε
πελοποννήσιοι A.J. vulg. Bekk. τε om. N.T.V.F. (teste Br. tac. Ba.) H. alii, Popp.
Potuit irrepere aut excidere ante πε. Haud scio an scribendum sit ὅσον τε
χρόνον οἱ πελ. De τε saepe posito ubi δὲ expectabas consule sis Popp. ad I. 17, I.
τῶν ἀθηναίων N.T. A.J. vulg. De F. tac. Br. Ba. τῇ ἀθηναίων H. ἐλέγχθη T.
§ 2. πλεῖστόν τέ N.T. ἐνέμειναν N.F. (fort. V.H.) A.J. vulg. Popp. ἐνέμεινεν
pr. N. ἐνέμειναν corr. N. m. ead. Poppo. ἔμειναν cum sequi. libr. Bekk.

§ 6. The Athenian Πρασιαί mentioned
in VIII. 95, I must at present have
been known only to its inhabitants and
immediate neighbours. Otherwise the
joke of Aristophanes Pax 242—245
where "Leek" is to form part of
War's salmagundy would have been
pointless. Military campaigns bring to
light and occasionally give immortal
fame to spots hitherto unknown. The
field of Waterloo certainly had been
ridden over by Marlborough, who saw
its fitness as a battle-site and would
have anticipated the reputation it has
earned by upwards of 100 years but
for Dutch jealousy or incapacity, yet
who before 1866 had ever heard of
Sadowa? The Attic deme at least had

in its local traditions become a place
of considerable significance in the
time of the traveller Pausanias (I.
31, 2). Besides the temple of Apollo,
it showed to visitors the tomb of one
of its kings Erysicthon, who died there
after his return from Delos to which
holy island he had conducted the The-
oria. It told the legend unknown to
Herodotus (IV. 33) that it was the last
station at which the Hyperborean Per-
pherees touched before they reached
Delos with the sacred offerings wrapt
up in wheaten straw.
LVII. ἔφθειρε imperfect; "was wast-
ing." See on I. 2. 4. δείσαντες "from
fear of catching."
§ 2. The shortest ἐσβολή was fifteen

τὴν γῆν πᾶσαν ἔτεμον· ἡμέρας γὰρ τεσσαράκοντα μάλιστα
ἐν τῇ γῇ τῇ Ἀττικῇ ἐγένοντο.

LVIII.   τοῦ δ᾽ αὐτοῦ θέρους Ἅγνων ὁ Νικίου καὶ Κλεό-
πομπος ὁ Κλεινίου ξυστράτηγοι ὄντες Περικλέους, λαβόντες
τὴν στρατιὰν ᾗπερ ἐκεῖνος ἐχρήσατο, ἐστράτευσαν εὐθὺς ἐπὶ
Χαλκιδέας τοὺς ἐπὶ Θρᾴκης καὶ Ποτίδαιαν ἔτι πολιορκου-
μένην, ἀφικόμενοι δὲ μηχανάς τε τῇ Ποτιδαίᾳ προσέφερον
2 καὶ παντὶ τρόπῳ ἐπειρῶντο ἑλεῖν.   προύχώρει δὲ αὐτοῖς οὔτε
ἡ αἵρεσις τῆς πόλεως οὔτε τἆλλα τῆς παρασκευῆς ἀξίως·
ἐπιγενομένη γὰρ ἡ νόσος ἐνταῦθα δὴ πάνυ ἐπίεσε τοὺς
Ἀθηναίους, φθείρουσα τὴν στρατιὰν ὥστε καὶ τοὺς προτέ-
ρους στρατιώτας νοσῆσαι τῶν Ἀθηναίων ἀπὸ τῆς ξὺν Ἅγ-
3 νωνι στρατιᾶς ἐν τῷ πρὸ τοῦ χρόνῳ ὑγιαίνοντας.   Φορμίων
δὲ καὶ οἱ ἑξακόσιοι καὶ χίλιοι οὐκέτι ἦσαν περὶ Χαλκιδέας.
4 ὁ μὲν οὖν Ἅγνων ταῖς ναυσὶν ἀνεχώρησεν ἐς τὰς Ἀθήνας,
ἀπὸ τετρακισχιλίων ὁπλιτῶν χιλίους καὶ πεντήκοντα τῇ
νόσῳ ἀπολέσας ἐν τεσσαράκοντα μάλιστα ἡμέραις· οἱ δὲ
πρότεροι στρατιῶται κατὰ χώραν μένοντες ἐπολιόρκουν τὴν
Ποτίδαιαν.

LIX.   μετὰ δὲ τὴν δευτέραν ἐσβολὴν τῶν Πελοποννη-
σίων οἱ Ἀθηναῖοι, ὡς ἥ τε γῆ αὐτῶν ἐτέτμητο τὸ δεύτερον

LVIII. ἄγων corr. Ν. (ν suprascr. m. r.). ἄγνων Τ. Αγνων A.J. vulg. χαλκι-
δέας hic (et infra) Ν.

§ 2. προυχώρει Ν. Bekk. προΰχώρει Τ. τ'ἄλλα Ν.Τ. ἀξίως Ν. ἀξίου V. πάνυ om.
F. (teste Br. tac. Ba.) om. Ν. suprascr. m. r.). σὺν ἄγωνι corr. Ν. (ν suprascr. m.r.).
σὺν ἄγνωνι Τ. σὺν V. F. (teste Br. tac. Ba.) H. ξὺν Αγνωνι A.J. vulg. προτοῦ
A.J. vulg. πρὸ τοῦ Ν.Τ.V.H. de F. tac. Br. Ba.

§ 4. ἄγων Ν. (suprascr. m. r.). ἄγνων Τ. Αγνων A.J. vulg. χιλίους om. Τ.
καταχώραν Τ.Δ.J.

LIX. ἥτε corr. Ν. (τε m. r. vel. mend. chart.). τοδεύτερον Ν.Δ.J. vulg. τὸ δεύ-
τερον Τ.V.H. ἐν, ante αἰτία, om. Τ.   πρ Ν.

---

days in 425 IV. 6, 2.   The average
time was probably a month. ἐσβολῇ I
believe depends upon the preposition
in the compound ἐνέμειναν, though ἐκείνῃ
τῇ ἐσβολῇ without a preposition we have
had 20, 1.

LVIII. προσέφερον. More usual προσ-
ῆγον. But so Herod. VI. 18 παντοίας
μηχανὰς προσφέροντες, Eur. Iph. Taur.

112 πάσας προσφέροντε μηχανάς.

§ 3.   Phormio's mission is mentioned
I. 64, 3.   Note the different order of the
numerals in this and § 4. I. 10, 4
χιλίων καὶ διακοσίων, but εἴκοσι καὶ ἑκατόν.
See on I. 29, 1.

LIX.   The omission in T. of ἐν is
noticeable, but αἰτίᾳ ἔχειν τινὰ can no
more be used for ἐν αἰτίᾳ (δι' αἰτίας

καὶ ἡ νόσος ἐπέκειτο ἅμα καὶ ὁ πόλεμος, ἠλλοίωντο τὰς
γνώμας, καὶ τὸν μὲν Περικλέα ἐν αἰτίᾳ εἶχον ὡς πείσαντα
σφᾶς πολεμεῖν καὶ δι᾽ ἐκεῖνον ταῖς ξυμφοραῖς περιπεπτωκότες,
2 πρὸς δὲ τοὺς Λακεδαιμονίους ὥρμηντο ξυγχωρεῖν. καὶ πρέσ-
3 βεις τινὰς πέμψαντες ὡς αὐτοὺς ἄπρακτοι ἐγένοντο. παντα-
χόθεν τε τῇ γνώμῃ ἄποροι καθεστῶτες ἐνέκειντο τῷ Περικλεῖ.
4 ὁ δὲ ὁρῶν αὐτοὺς πρὸς τὰ παρόντα χαλεπαίνοντας καὶ πάντα
ποιοῦντας ἅπερ αὐτὸς ἤλπιζε, ξύλλογον ποιήσας (ἔτι δ᾽ ἐσ-
τρατήγει) ἐβούλετο θαρσῦναί τε καὶ ἀπαγαγὼν τὸ ὀργιζό-
μενον τῆς γνώμης πρὸς τὸ ἠπιώτερον καὶ ἀδεέστερον κατα-
5 στῆσαι. παρελθὼν δὲ ἔλεξε τοιάδε.

LX. "Καὶ προσδεχομένῳ μοι τὰ τῆς ὀργῆς ὑμῶν ἐς
"ἐμὲ γεγένηται (αἰσθάνομαι γὰρ τὰς αἰτίας), καὶ ἐκκλησίαν
"τούτου ἕνεκα ξυνήγαγον ὅπως ὑπομνήσω καὶ μέμψωμαι εἴ

§ 2. πρεσβείας T.
§ 3. πανταχόθεν τὲ N.T.
§ 4. ὁ δὲ T. πρ T. θαρσῦναί τε corr. N. (acc. supr. υ m. r. fuit θαρσῦναί τε).
θαρσῦναι τὲ T.
§ 5. καὶ παρελθὼν vulg. παρελθὼν A.J. παρελθὼν δὲ N.T.V.H. de F. tac.
Br. Ba.
LX. δημηγορία N. marg. m. ead. δημηγορία περικλέους πρὸς ἀθηναίους T. marg.
litt. min. εἴ με A.J. vulg. εἰς ἐμὲ N.V. ἐς ἐμὲ T.H. de F. tac. Br. Ba. ἕνεκα

60, 4) than ὀργῇ ἔχειν 8, 7, which has
been retained simply because no certain
correction has been suggested.
§ 4. τὸ ὀργ. τῆς γνώμης. Cp. τῆς
γνώμης τὸ θυμούμενον VII. 68, 1.
LX. καὶ ... καὶ correspond. "As I
suspected...so I convened an assembly.
ὅπως after words of *deliberation*, wherein
the primary meaning of " how " is not
lost, is *nearly* (see on I. 82, 5, to which
I add Soph. Electr. 1402 φρουρήσουσ᾽
ὅπως | Αἴγισθος ἡμᾶς μὴ λάθῃ μολὼν ἔσω,
where on metrical grounds λήσει
would not stand, and Aristoph. Equit.
917 διαμηχανήσομαι θ᾽ ὅπως | ἂν ἱστίον
σαπρὸν λάβῃς, 926 σπεύσω σ᾽ ὅπως ἂν
ἐγγραφῇς, for in matters of this kind,
the poetic idiom cannot differ from the
prosaic) universally followed by the
future, nor can Mss. be trusted which
give us *subjunctive* forms which are

impossible as Lys. de caed. Eratosth.
§ 21 p. 93 St. = 24 R. ὅπως τοίνυν ταῦτα
μηδεὶς ἀνθρώπων πεύσηται, or convey
a *different meaning*, as Th. VIII. 4
διασκοποῦντες ὅπως μὴ σφῶν ἀποστή-
σωνται. Though I say this usage of
ὅπως is all but universal, yet when it
has become like as ὡς, ἵνα, "to
the end that," then the *subjunctive*
necessarily follows at least in prose
writers. One or two poetical passages
may require examination. Eur. Iph.
Taur. 321 Πυλάδη, θανούμεθ᾽ ἀλλ᾽ ὅπως
θανούμεθα | κάλλισθ᾽ ἕπου μοι, φάσγανον
σπάσας χερί. The ordinary pointing is
κάλλισθ᾽, but I adopt κάλλισθ᾽· with Her-
mann, "but let us die: follow me." The
abruptness here commends itself. Eur.
Electr. 835 οὐχ (ὅπως πευστηρίαν | θοινα-
σόμεσθα) Φθιάδ᾽ ἀντὶ Δωρικῆς | οἴσει τις
ἡμῖν κοπίδ᾽; I seem to myself to discern

"τι μὴ ὀρθῶς ἢ ἐμοὶ χαλεπαίνετε ἢ ταῖς ξυμφοραῖς εἴκετε.

2 "ἐγὼ γὰρ ἡγοῦμαι πόλιν πλείω ξύμπασαν ὀρθουμένην ὠφε-
"λεῖν τοὺς ἰδιώτας, ἢ καθ᾽ ἕκαστον τῶν πολιτῶν εὐπραγοῦσαν

3 "ἀθρόαν δὲ σφαλλομένην. καλῶς μὲν γὰρ φερόμενος ἀνὴρ
"τὸ καθ᾽ ἑαυτὸν διαφθειρομένης τῆς πατρίδος οὐδὲν ἧσσον
"ξυναπόλλυται, κακοτυχῶν δὲ ἐν εὐτυχούσῃ πολλῷ μᾶλλον

4 "διασώζεται. ὁπότε οὖν πόλις μὲν τὰς ἰδίας ξυμφορὰς οἶα
"τε φέρειν, εἷς δὲ ἕκαστος τὰς ἐκείνης ἀδύνατος, πῶς οὐ χρὴ
"πάντας ἀμύνειν αὐτῇ, καὶ μὴ ὃ νῦν ὑμεῖς δρᾶτε, ταῖς κατ᾽
"οἶκον κακοπραγίαις ἐκπεπληγμένοι τοῦ κοινοῦ τῆς σωτηρίας

τούτου ξυνήγαγον ^{a} V. β $α$ γ ^{γ} rubro colore notantur. (Coll. Cod. V. Vol. II. p. 444 Ed. Arn. I.) μέμψομαι Bekk. fere nulla Codd. auctoritate fretus. De F. tac. Br. Ba. Sed ex silentio Bekkeri affirmantis ceteros quinque Codd. quos excussit con-junctivum praebere, judico eum aut legisse aut videri sibi legisse in F. fu-turum.

§ 2. πλέω A.J. vulg.   πλείω N.T.V.H. de F. tac. Br. Ba.
§ 3. καθέαυτον (sic) J.   πρίδος N.T.   ἐνευτυχοῦ'σῃ (sic) T.
§ 4. οἶα τὲ N.   οἶα τε T.   οἶά τε A.   οἶά τε J.   ἀφίεσθαι T.   καὶ ἐμὲ A.J. vulg. καὶ ἐμέ τε N.T.V.H. de F. tac. Br. Ba.

a similar appropriate abruptness. "Will not—let us perform an enquiry-offer-ing—some one bring, &c." I do not think Homeric or Pindaric vague usages of indicative futures and subjunctives can be applied with safety to Attic poets, and I hold certainly not to Attic prose writers. ὄφρα καὶ Ἕκτωρ | εἴσεται Homer Iliad VIII. 110, and Odyss. XVII. 7 ὄφρα με μήτηρ | ὄψεται cannot be shortened forms of subjunctives for neither subjunctive has existence. So I acquiesce in Pindar's futures Olymp. VI. 23 ὄφρα κελεύθῳ τ᾽ ἐν καθαρᾷ | βάσο-μεν ὄκχον ἵκωμαί τε..., Pyth. XI. 9 ὄφρα ...κελαδήσει᾽, having once thought he had taken the license of Homer, exam-ples of which abound. I cite one, Od. XV. 442 μή τις ποτὶ δῶμα γέροντι | ἐλθὼν ἐξεί-πῃ, ὁ δ᾽ οἰσσάμενος καταδήσῃ | δεσμῷ ἐν ἀργαλέῳ, ὑμῖν δ᾽ ἐπιφράσσετ᾽ ὄλεθρον (i. e. ἐπιφράσσηται). [Hermann on Viger p. 957 has examined some passages from later poets, "in quibus conjunctivus cor-repta vocali speciem habere indicativi videatur." The passages deserve per-haps a more careful examination, but they do not come under the scope of my enquiry.] —— Dem. de F. Leg. § 1 ὡς

ἵνα κωλύηθ᾽ οἱ νόμοι συνήγαγον ὑμᾶς on which see note.

§ 2. πλείω ὠφελεῖν "does (not great-er, but) more service to." See on de F. Leg. § 200, p. 149, 150 Ed. 4.

3. καλῶς φερόμενος as v. 16, 1 πλεῖστα τῶν τότε εὖ φερόμενος ἐν στρατη-γίαις, Soph. Ajax 1073 οὐ γάρ ποτ᾽ οὔτ᾽ ἂν ἐν πόλει νόμοι καλῶς | φέροιντ᾽ ἄν. It may be questioned in this phrase whether φέρεσθαι is passive, or middle as φέρεσθαι ἆθλον, κλέος, αἰτίαν φεροίμην § 7. I was once rather inclined to the latter view. "Carrying off all well." But as the phrase belongs to things, as well as persons, my opinion is modified. Wes-seling on Diod. Sic. XIII. 74 Tom. II. p. 600 cites passages mainly from later writers. To one of his from Xenoph. Agesil. I. 35 νομίσας Τισσαφέρνην αἴτιον εἶναι τοῦ κακῶς φέρεσθαι τὰ ἑαυτοῦ I add Oecon. v. 17 εὖ μὲν γὰρ φερομένης τῆς γεωργίας ἔρρωνται καὶ αἱ ἄλλαι τέχναι ἅπασαι.

§ 4. "εἷς ἕκαστος severioribus Atti-cistis improbatum fuisse docet glossa Antiattic. p. 96, 10: εἷς ἕκαστος: Ἀλέ-ξις Ἑλένης μνηστῆρσιν. Sed injuria, ut docent Thucyd. II. 60, Sophocles An-

"ἀφίεσθε, καὶ ἐμέ τε τὸν παραινέσαντα πολεμεῖν καὶ ὑμᾶς
5 "αὐτοὺς οἳ ξυνέγνωτε δι' αἰτίας ἔχετε. καίτοι ἐμοὶ τοιούτῳ
"ἀνδρὶ ὀργίζεσθε ὃς οὐδενὸς οἴομαι ἥσσων εἶναι γνῶναί τε
"τὰ δέοντα καὶ ἑρμηνεῦσαι ταῦτα, φιλόπολίς τε καὶ χρη-
6 "μάτων κρείσσων. ὅ τε γὰρ γνοὺς καὶ μὴ σαφῶς διδάξας ἐν
"ἴσῳ καὶ εἰ μὴ ἐνεθυμήθη· ὅ τ' ἔχων ἀμφότερα, τῇ δὲ πόλει
"δύσνους, οὐκ ἂν ὁμοίως τι οἰκείως φράζοι· προσόντος δὲ
"καὶ τοῦδε, χρήμασι δὲ νικωμένου, τὰ ξύμπαντα τούτου ἑνὸς
7 "ἂν πωλοῖτο. ὥστ' εἴ μοι καὶ μέσως ἡγούμενοι μᾶλλον

§ 5. ἥσσων οἴομαι Λ.J. vulg. οἴομαι ἥσσων N.T.V.H.F. (teste Br. tac. Ba.).
γνῶναί τε N. γνῶναι τὲ T. φιλόπολίς τε N. φιλόπολις τὲ T.
§ 6. ὅ, τε...ὅ, τ' T.Λ.J. vulg. ὅτε...ὅτ' N. εἰ καὶ T.Λ.J. vulg. καὶ εἰ N.V.F.H.
τῆδε T. ὁμοίως τι N.T. vulg. ὁμοίως τι Λ.J. οἰκίως (sic) T.

tig. 26ο et Plat. Republ. III. p. 394 E."
Meinek. Frag: Com. Vol. II. p. 88.——
ἀφίεσθε a well-known Greek apposition
of one sentence to another, especially
after δρᾶν (ποιεῖν), πάσχειν. See Eur.
Heracl. 178 and Pflugk's note. In this
as in many instances our idiom and
the Greek are in agreement. Plato's
οὑτωσὶ οὖν ποιήσω· ἐπανανεώσομαι (II.
Rep. 358 B) may be reproduced "this
I will do, I will renew." The Latin
usage is to connect the subordinate
sentence by ut, e.g. Cicer. pro Planc.
2ο, 5ο quod multi nobiles fecerunt ut...
prosternerent se (ἐποίησαν...προσέπεσον,
have done...prostrated themselves). If
this rule is universal, in Ter. Phorm.
v. 2, 11=776, ita faciam, ut frater
censuit, ut uxorem ejus huc adducam, the
second ut, which Wagner suspects, must
be retained unless one wishes to force
upon Terence a Grecism.——ξυνέγνωτε
"thought, voted, with me." So VII.
73, 2 ξυνεγίγνωσκον "were holding the
same opinion," VIII. 24, 5 τὴν ἀμαρτίαν
ξυνέγνωσαν "jointly entertained the
erroneous view."

§ 5. Aristot. Rhet. II. 1, 3 enume-
rates three causes of credibility pro-
duced by a speech independent of the
proofs; ability, moral virtue, and good
will or kindly feeling to those to whom
it is addressed, φρόνησις, ἀρετή, εὔνοια.
(He has before given ἠθικαὶ πίστεις as
two. οὐ μόνον αἱ πίστεις γίγνονται δι'
ἀποδεικτικοῦ λόγου, ἀλλὰ καὶ δι' ἠθικοῦ·

τῷ γὰρ ποιόν τινα φαίνεσθαι τὸν λέγοντα
πιστεύομεν· τοῦτο δ' ἐστὶν ἂν ἀγαθὸς
φαίνηται ἢ εὔνους ἢ ἄμφω ι. 8, 6.)
Pearson on the Creed Ed. VII. p. 4
gives two. "The authority of the tes-
tifier is founded upon his ability and
integrity, his ability in the knowledge
of that which he delivereth and assert-
eth, his integrity in delivering and as-
serting according to his knowledge,"
integrity embracing Aristotle's ἀρετὴ
and εὔνοια, as what is called φρόνησις
by the philosopher is expanded by Th.
into original inventive power, and lu-
cidity in expounding what such power
has furnished us with, the latter being
if not acquired yet at least improved
by the teaching of Rhetoric. ἔτι δὲ πρὸς
ἐνίους, οὐδ' εἰ τὴν ἀκριβεστάτην ἔχοιμεν
ἐπιστήμην ῥάδιον ἀπ' ἐκείνης πεῖσαι λέ-
γοντας as Arist. says I. 1, 12.

§ 6. Cp. VIII. 68, κράτιστος ἐνθυμη-
θῆναι γενόμενος καὶ ἃ γνοίη εἰπεῖν.
In illustration of Th. one might parody
the sentiment of Lucilius carped at by
his brother satirist, Scire tuum nil est
ni scis facere ut sciat alter.——προσόντος
here "if this too is added" as Dem.
Mid. p. 571 § 176 καὶ οὐδ' ὁτιοῦν ἄλλο
προσῆν. In § 7 it has its more usual
sense "that such qualifications belonged
to me."——πωλοῖτο: "would be offered
for sale, be in the market" as we say.
Cobet Nov. Lect. p. 159, 648 has some
admirable comments upon this word.
A dealer in any article is —πώλης cor-

"ἑτέρων προσεῖναι αὐτὰ πολεμεῖν ἐπείσθητε, οὐκ ἂν εἰκότως
" νῦν τοῦ γε ἀδικεῖν αἰτίαν φεροίμην.

LXI. " καὶ γὰρ οἷς μὲν αἵρεσις γεγένηται τἄλλα εὐ-
" τυχοῦσι, πολλὴ ἄνοια πολεμῆσαι· εἰ δ᾽ ἀναγκαῖον ἦν ἢ
" εἴξαντας εὐθὺς τοῖς πέλας ὑπακοῦσαι ἢ κινδυνεύσαντας
" περιγενέσθαι, ὁ φυγὼν τὸν κίνδυνον τοῦ ὑποστάντος μεμπ-
2 " τότερος. καὶ ἐγὼ μὲν ὁ αὐτός εἰμι καὶ οὐκ ἐξίσταμαι·
" ὑμεῖς δὲ μεταβάλλετε, ἐπειδὴ ξυνέβη ὑμῖν πεισθῆναι μὲν
" ἀκεραίοις μεταμέλειν δὲ κακουμένοις, καὶ τὸν ἐμὸν λόγον
" ἐν τῷ ὑμετέρῳ ἀσθενεῖ τῆς γνώμης μὴ ὀρθὸν φαίνεσθαι,
" διότι τὸ μὲν λυποῦν ἔχει ἤδη τὴν αἴσθησιν ἑκάστῳ, τῆς δὲ
" ὠφελείας ἄπεστιν ἔτι ἡ δήλωσις ἅπασι, καὶ μεταβολῆς
" μεγάλης καὶ ταύτης ἐξ ὀλίγου ἐμπεσούσης, ταπεινὴ ὑμῶν

§ 7. γε τοῦ Τ.Α.J. vulg. τοῦ γε Ν.V.F.H. omn. Be. (ut ex silentio judico).
LXI. αἵρεσις Τ. τἄλλα corr. Ν. (lit. supr. τα. fuit τ᾽ ἄλλα). τ᾽ ἄλλα Τ. τᾶλλα
Α.J. Bekk. Popp. κινδυνευσαντας et ὑποσταντος J.
§ 2. μεταβέβλησθε F. (teste Br. tac. Ba.). ἐπειδὴ corr. Ν. (post lit. 2 vel 3 litt.
cap. ἢ m. r.). ἀκεραίοις corr. Τ. (ε m. ead.). ἀκεραίοις hab. Τ. marg. m. ead. sed
litt. minutioribus. μεταμέλλειν Τ. ὠφελίας Bekk. Popp. nullo ut vid. astipulante
libro. ὠφελείας Ν.Τ.Α.J. vulg.

responding to our —*monger*, and like it
seldom used alone, and then only in
facetious passages. Aristoph. Equit. 131,
133, 140, B. Jonson "and a right monger
i' faith." So Eccl. 817 πωλῶν γὰρ βότρυς |
μεστὴν ἀπῆρα τὴν γνάθον χαλκῶν ἔχων
"for *being a grape-seller*, I came away
with my throat—the ordinary purse of
the dicast and lower sort of Athenians—
crammed full of coppers." The tense
as well as the mood proves this. If
Aristoph. had intended to convey the
meaning "after selling some grapes"
he would have said ἀποδόμενος γὰρ
βότρυς, shaping it into metre.
LXI. ἀναγκαῖον ἦν. Poppo rightly
explains the *imperfect* "If it was ne-
cessary at the time when the Lacedae-
monians sent us their ultimatum, either
by at once yielding to submit to dicta-
tion, or, &c." though the latter clause
of the sentence, as frequently, is ex-
pressed in a *general* form, without par-
ticular application to ourselves more
than others.——μεμπτότερος "meaner,"
"more contemptible," from the primary

sense of μέμφεσθαι "to depreciate, to
have a mean opinion of." Cp. adverb
ἀμέμπτως "fully," "in a manner in which
no flaw can be detected."
§ 2. ἀκεραίοις by condensation applied
to *persons* equivalent to τῆς γῆς ἀκεραίου
οὔσης 18, 7, or ἔχουσι δύναμιν ἀκέραιον as
III. 3, 1. By the same brevity Tacitus
says *vastare hostem* for *hostilem agrum*,
and still more boldly *exscindit* non au-
sum congredi *hostem* Annal. II. 25.——
ἔχει τὴν αἴσθησιν as above 41, 3.——τα-
πεινὴ ἐγκαρτερεῖν: see on I. 50, 6. So
Milton Parad. Lost IX. 811 "Heaven is
high, High and remote to see from thence
distinct Each thing on earth." Bentley
is here as hypercritical as ever. He
gives "Heaven is high, And too remote."
——ἐγκαρτερεῖν is not here "patiently,
firmly, with fortitude, to wait for" as in
ἐγκαρτερεῖν θάνατον Eur. Androm. 262,
Herc. Fur. 1351, but "to firmly persist,
persevere, in." So the antecedent if not
absorbed by the relative would have been
τούτοις, and the ordinary rule of attract-
ing the relative is here neglected.

3 "ἡ διάνοια ἐγκαρτερεῖν ἃ ἔγνωτε. δουλοῖ γὰρ φρόνημα τὸ
"αἰφνίδιον καὶ ἀπροσδόκητον καὶ τὸ πλείστῳ παραλόγῳ
"ξυμβαῖνον· ὃ ὑμῖν πρὸς τοῖς ἄλλοις οὐχ ἥκιστα καὶ κατὰ
4 "τὴν νόσον γεγένηται· ὅμως δὲ πόλιν μεγάλην οἰκοῦντας
"καὶ ἐν ἤθεσιν ἀντιπάλοις αὐτῇ τεθραμμένους χρεὼν καὶ
"ξυμφοραῖς ταῖς μεγίσταις ἐθέλειν ὑφίστασθαι καὶ τὴν
"ἀξίωσιν μὴ ἀφανίζειν (ἐν ἴσῳ γὰρ οἱ ἄνθρωποι δικαιοῦσι
"τῆς τε ὑπαρχούσης δόξης αἰτιᾶσθαι ὅστις μαλακίᾳ ἐλλείπει
"καὶ τῆς μὴ προσηκούσης μισεῖν τὸν θρασύτητι ὀρεγόμε-
"νον), ἀπαλγήσαντας δὲ τὰ ἴδια τοῦ κοινοῦ τῆς σωτηρίας
"ἀντιλαμβάνεσθαι.

LXII. "τὸν δὲ πόνον τὸν κατὰ τὸν πόλεμον, μὴ γένη-
"ταί τε πολὺς καὶ οὐδὲν μᾶλλον περιγενώμεθα, ἀρκείτω μὲν
"ὑμῖν καὶ ἐκεῖνα ἐν οἷς ἄλλοτε πολλάκις γε δὴ ἀπέδειξα οὐκ
"ὀρθῶς αὐτὸν ὑποπτευόμενον, δηλώσω δὲ καὶ τόδε, ὅ μοι
"δοκεῖτε οὔτ᾽ αὐτοὶ πώποτε ἐνθυμηθῆναι ὑπάρχον ὑμῖν μεγέ-
"θους πέρι ἐς τὴν ἀρχήν, οὔτ᾽ ἐγὼ ἐν τοῖς πρὶν λόγοις· οὐδ᾽
"ἂν νῦν ἐχρησάμην κομπωδεστέραν ἔχοντι τὴν προσποίησιν,

§ 3. δοῦλοι T. αἰφνήδιον N. τὸ corr. N. (ὁ m. r. vid. fuisse τῶ). τῶι F. (teste Br.
tac. Ba.). παραλόγω corr. N. (lit. supr. alt. a add. acc. corr. ω m. r. fuit παρὰ λόγον).
ἡμῖν F. (teste Br. tac. Ba.) pl. omn. Be. ὑμῖν N.T.Δ.J. vulg. πρ̇ N. οὐχήκιστα
T.Δ.J.
§ 4. ξυμφορῶν T. ἄν̅οι̅ N.T. ἀλ̇γ̇ήσαντας corr. N. suprascr. m. r.
LXII. γένηταί τε N. γένηταί τι T. οὐδὲν corr. N. (ἐν m. r.). κομποδεστέραν
N.V.

§ 3. φρόνημα, as occasionally our
"pride" and "superbia," used in a good
sense. Cp. 43, 6.——παραλόγῳ: see on I.
65, 1 Ann. Crit.——πρὸς τοῖς ἄλλοις of course
is neuter.

§ 4. ξυμφοραῖς: the dative here can-
not be mis-interpreted, and the authority
for ξυμφορὰς is very small. In VII. 66, 2
ὑποστάντες τῷ ναυτικῷ in itself may be
ambiguous "withstanding them with
your navy" (Latin ablative), or "with-
standing their navy" (as βοηθεῖν τῇ πόλει,
also βοηθεῖν χρήμασιν). But how Poppo
can say "minus certum est exemplum,"
and on the passage give approvingly
Portus' rendering "sustinuistis classe,"
when ᾧπερ πάντα κατέσχον immediately

follows, passes my ingenuity to con-
ceive.——ἀξίωσιν: see on 37, 2.——ἐν
ἴσῳ κ.τ.λ. The position of the antithetic
words is very elaborately wrought out.
——ἀπαλγήσαντας as ἀπολοφύρασθαι 46, 2.

LXII. καὶ ἐκεῖνα......καὶ τόδε. The
double καί, one of which we in transla-
tion must drop, has been noticed on
I. 58, 1.——ὑπάρχον Poppo rightly con-
nects with ἐνθυμηθῆναι "the existence of
which neither as it seems to me have
yourselves noticed..., nor have I in my
former speeches." For aorists joined
with adverbs of time see on de Fals. Leg.
§ 228.——κομπωδεστέραν..."as the pre-
tensions which it contains are somewhat
boastful."

2 " εἰ μὴ καταπεπληγμένους ὑμᾶς παρὰ τὸ εἰκὸς ἑώρων· οἴεσθε
" μὲν γὰρ τῶν ξυμμάχων μόνον ἄρχειν, ἐγὼ δὲ ἀποφαίνω
" δύο μερῶν τῶν ἐς χρῆσιν φανερῶν, γῆς καὶ θαλάσσης,
" τοῦ ἑτέρου ὑμᾶς παντὸς κυριωτάτους ὄντας, ἐφ' ὅσον τε νῦν
" νέμεσθε καὶ ἢν ἐπὶ πλέον βουληθῆτε· καὶ οὐκ ἔστιν ὅστις
" τῇ ὑπαρχούσῃ παρασκευῇ τοῦ ναυτικοῦ πλέοντας ὑμᾶς
" οὔτε βασιλεὺς κωλύσει οὔτε ἄλλο οὐδὲν ἔθνος τῶν ἐν τῷ
3 " παρόντι. ὥστε οὐ κατὰ τὴν τῶν οἰκιῶν καὶ τῆς γῆς χρείαν,
" ὧν μεγάλων νομίζετε ἐστερῆσθαι, αὕτη ἡ δύναμις φαίνεται·
" οὐδ' εἰκὸς χαλεπῶς φέρειν αὐτῶν μᾶλλον ἢ οὐ κηπίον καὶ

§ 2. γῆς N. ἐφ' ὅσον τὲ N.T. νέμεσθαι F. (teste Br. tac. Ba.). ἐπὶ πλέον
corr. N. (ἐ m. r. fuit πλεῖον). ἐπιπλεῖον T. ἐπὶ πλεῖον H. ἐπιπλέον A.J. οὔτ'
ἄλλο T.
§ 3. τῶν (ante οἰκιῶν) om. T. Insignem varietatem praebet T. οὐδὲ χαλεπῶς
φέρειν αὐτὸ δεῖ μᾶλλον. οὐ κήπιον corr. N. (lit. supr. η. fuit οὐκ ἤπιον). οὐκῆπιον

§ 2. δύο μερῶν: "orbem terrarum in
continentem et aquam (τὸ τῆς θαλάσσης
μέρος VIII. 46, 3) discerni, quae utraque
hominibus usui sit." Poppo. "Of two
parts of the globe land and water."
§ 3. οὐ κατὰ... not, what our expres-
sion "not to be compared with" con-
veys, inferior to, but superior to, οὐ κατ'
ἄνθρωπον φρονῶν=μεῖζον ἢ κατά. De-
mosth. Mid. p. 569 § 169 πολλοὶ πολλὰ
κἀγαθὰ ὑμᾶς εἰσὶν εἰργασμένοι οὐ κατὰ τὰς
τοῦ Μειδίου λειτουργίας, Arist. Vesp. 528
ὅπως φανήσει......μὴ κατὰ τὸν νεανίαν τόνδε
λέγειν, Herod. I. 121 πατέρα τε καὶ μητέρα
εὑρήσεις οὐ κατὰ Μιτριδάτην τε τὸν βου-
κόλον καὶ τὴν γυναῖκα αὐτοῦ, Chionid.
ἥρωσι ap. Poll. x. 43=Fragm. 1. Meinek.
Vol. II. p. 5 πολλοὺς ἐγῷδα κοῦ κατά σε
νεανίας, Lys. XXXI. § 29=p. 189 St. 887 R.
τοὺς μετοίκους ὅτι οὐ κατὰ τὸ προσῆκον ἑαυ-
τοῖς (above what might have been expected
of them) ἐβοήθησαν τῷ δήμῳ, Aristot. Nic.
Eth. IV. 7=3, 3 δοκεῖ δὲ καὶ μεγαλόψυχος
εἶναι ὁ μεγάλων αὐτὸν ἀξιῶν, ἄξιος ὤν· ὁ
γὰρ μὴ κατ' ἀξίαν (above his proper value)
αὐτὸ ποιῶν ἠλίθιος. So μὴ κατὰ in inter-
rogations expecting a negative answer.
Plat. Gorg. 512 B μὴ σοὶ δοκεῖ κατὰ τὸν
δικανικὸν εἶναι; v. Rep. 466 B μή πη κατὰ
τὸν τῶν σκυτοτόμων φαίνεται βίου ἢ τινων
ἄλλων δημιουργῶν ἢ τὸν τῶν γεωργῶν;
similarly, while we by an arbitrary rule
attach to "not equal to," "not equally

as," the sense of "less than," yet οὐκ
(μὴ) ἴσος, οὐχ ὁμοίως καὶ, frequently in
Greek signify "superior to," "better
than." I. 132, I, VI. 16, 4; 64, I, where
καὶ ought not to have been suspected.
Still there are a few instances where the
notion of "less than" is found. VII.
77, 3 οὐ κατ' ἀξίαν φοβοῦσι (less than their
value), Herod. II. 10 εἰσὶ δὲ καὶ ἄλλοι
ποταμοὶ οὐ κατὰ τὸν Νεῖλον ἐόντες μεγάθεα,
Dem. pro Phorm. p. 958 § 45 πράττων
οὐ κατ' ἀξίαν (faring out in accordance
with his deserts, in worse circumstances
than he deserves).——αὐτῶν i. e. τὸ ἐστερ-
ῆσθαι αὐτῶν. See on I. 77, 3. "And it
is not reasonable that you should bear
with bitterness the loss of them rather
than look upon them in comparison with
this power as a flower-pot and ornament
of wealth and so treat them with in-
difference." "Flower-pot" is suggested
by Bishop Thirlwall. Others take κηπίον
to mean a particular mode of tonsure of
the hair. So the Scholiast and Eustath.
ad Homer. Iliad. XII. See Interpreters of
Aristoph. Acharn. 849.——μᾶλλον ἢ οὐ:
Examples of this idiom have been cited
and commented upon by Bast on Gregor.
Corinth. p. 102, Hermann on Viger n.
265, Lobeck. ad Soph. Ajac. 1237. Nearly
all the examples have a preceding nega-
tive or interrogative equivalent to a
negative. But Thuc. III. 36, 3 distinctly

"ἐγκαλλώπισμα πλούτου πρὸς ταύτην νομίσαντας ὀλιγω-
"ρῆσαι, καὶ γνῶναι ἐλευθερίαν μέν, ἣν ἀντιλαμβανόμενοι
"αὐτῆς διασώσωμεν, ῥᾳδίως ταῦτα ἀναληψομένην, ἄλλων δ᾽
"ὑπακούσασι καὶ τὰ προσεκτημένα φιλεῖν ἐλασσοῦσθαι,

V.F.A.J. οὐ κῆπιον T. ἐγκαλώπισμα N. suprascr. m. ead. ἐγκαλώπισμα T.
πρ N. Post ἐλευθερίαν, μὲν om. T. δυπακούσασι (sic) T. προσεκτημένα corr. N.
(οσε m. r. ε exc. in marg. fuit op. προκεκτημένα). προκεκτημένα T.A.J.F. de V.
tac. Ad. προσεκτημένα H. ("manus recens inter versus adscripserat κ super σ"
Ba.) προσεκτημένα cum Bekk. recepi. Si perinde ἔκτημαι ac κέκτημαι usurpant
Herod., Aeschyl. (Prom. v. 795 κοινὸν ὄμμ᾽ ἐκτημέναι), Plat. Theaet. 198 D ἡ μὲν

gives an affirmative proposition. "They
thought that the decision which had
been made was ferocious and of mo-
mentous consequence, the destruction
of the whole of a state rather than the
guilty persons," πόλιν ὅλην διαφθεῖραι μᾶλ-
λον ἢ οὐ τοὺς αἰτίους. Lobeck, who at-
tempts an ingenious explanation of the
difference between οὐ μᾶλλον ἢ and οὐ
μᾶλλον ἢ οὐ, passes over in silence the
μᾶλλον ἢ οὐ without a preceding negative.
Hermann contents himself with saying
"ubi prior negatio videtur abesse, latet
prior negatio aut in interrogatione...aut
alio modo ut ap. Thucyd. III. 36," not
condescending to explain alio modo.
[Possibly he thought the lurking nega-
tive sense was contained in μετάνοια.
Of course repentance involves "they did
not think it right," and by a similar
tortuous proceeding Latinists who teach
that prae always signifies a preventive
cause, which undoubtedly it frequently
does (see Madvig Lat. Gram. § 255 Obs.
1. prae lacrimis loqui non possum.
Fabri on Liv. XXII. 3, 13), might extract
from Plaut. Rud. I. 2, 85=174 ut prae
timore in genua in undas concidit "fear
has prevented her from not falling on
her knees." In fine any affirmative
sentence may by some management be
twisted into a negative sentence.] The
comparison of a similar idiom ἄλλως ἢ
οὐ (it also affirmative) Dem. Mid. p. 537
§ 70 εἰ τοίνυν τις ὑμῶν ἄλλως πως ἔχει τὴν
ὀργὴν ἐπὶ Μειδίαν ἢ ὡς οὐ δέον αὐτὸν τεθ-
νάναι (οὐ omitted by Parisian Ms. S, but
I doubt not by the copyist's conjecture)
led me many years ago to what I hope
is a reasonable solution, which I after-
wards found supported in the main by

Buttm. Exc. XI. p. 144 Ed. 1833. In ἢ
(than) necessarily is inherent a negative
idea, as much as in the prepositions
πρὸ (rather than), παρὰ (contrary to) no-
ticed on I. 77, 3, χωρὶς Aristoph. Thes-
moph. 11, 12 χωρὶς γὰρ αὐτοῖν ἑκατέρου
ἐστὶν ἡ φύσις. ΜΝΗΣ. τοῦ μὴτ᾽ ἀκούειν
μήθ᾽ ὁρᾶν (quoted by Buttm.), as in verbs
of forbidding, denying. If I mistake not,
the existence of nor for than in so many
of our provincial dialects, which possess-
ing not much in common concur in this
use, is confirmative of my view. Virtue
is better than riches=Virtue is better
and not riches. In the Romance lan-
guages the same strengthening of an
implied negative by an inserted negative
is found—in Spanish, Mejor es la virtud
que no las riquezas—in French, after an
affirmative ne follows. Je crains fort de
vous aimer un peu plus que je ne devrais
(Molière, l'Avare I. 1), Le mariage est une
plus grand qu'on ne peut croire (1. 7),
after a negative ne is omitted, though not
invariably. (See Littré, Dict. Part I. Tom.
2 p. 701 art. ne.) In German, Schiller
in Don Karlos furnishes two examples in
the same Act and Scene, I. I. Doch hab'
ich immer sagen hören, dass Geberden-
späher und Geschichteträger Des Ue-
bels mehr auf dieser Welt gethan, Als
Gift und Dolch in Mörder's Hand nicht
konnten, and Und jede von mir aufge-
fangne Sylbe Dem Hinterbringer fürst-
licher bezahlt, Als er noch keine gute
That bezahlte.——ὑπακούσασι, dative of
relation, frequent in Th. e.g. IV. 10, 3
μενόντων ἡμῶν ξύμμαχον γίγνεται, ὑποχω-
ρήσασι δὲ καίπερ χαλεπὸν εὔπορον ἔσται.
This is an instance of blending the
general with the particular, "but when

"τῶν τε πατέρων μὴ χείρους κατ' ἀμφότερα φανῆναι, οἳ
"μετὰ πόνων καὶ οὐ παρ' ἄλλων δεξάμενοι κατέσχον τε
"καὶ προσέτι διασώσαντες παρέδοσαν ἡμῖν αὐτὰ (αἴσχιον
"δὲ ἔχοντας ἀφαιρεθῆναι ἢ κτωμένους ἀτυχῆσαι), ἰέναι δὲ
"τοῖς ἐχθροῖς ὁμόσε μὴ φρονήματι μόνον ἀλλὰ καὶ κατα-
4 "φρονήματι. αὔχημα μὲν γὰρ καὶ ἀπὸ ἀμαθίας εὐτυχοῦς
"καὶ δειλῷ τινι ἐγγίγνεται, καταφρόνησις δὲ ὃς ἂν καὶ γνώμῃ
5 "πιστεύῃ τῶν ἐναντίων προέχειν, ὃ ἡμῖν ὑπάρχει. καὶ τὴν
"τόλμαν ἀπὸ τῆς ὁμοίας τύχης ἡ ξύνεσις ἐκ τοῦ ὑπέρφρονος
"ἐχυρωτέραν παρέχεται, ἐλπίδι τε ἧσσον πιστεύει, ἧς ἐν τῷ
"ἀπόρῳ ἡ ἰσχύς, γνώμῃ δὲ ἀπὸ τῶν ὑπαρχόντων, ἧς βεβαιο-
"τέρα ἡ πρόνοια.

LXIII. "τῆς τε πόλεως ὑμᾶς εἰκὸς τῷ τιμωμένῳ ἀπὸ
"τοῦ ἄρχειν ᾧπερ ἅπαντες ἀγάλλεσθε βοηθεῖν, καὶ μὴ
"φεύγειν τοὺς πόνους ἢ μηδὲ τὰς τιμὰς διώκειν· μηδὲ νομί-
"σαι περὶ ἑνὸς μόνου δουλείας ἀντ' ἐλευθερίας ἀγωνίζεσθαι,
"ἀλλὰ καὶ ἀρχῆς στερήσεως καὶ κινδύνου ὧν ἐν τῇ ἀρχῇ
2 "ἀπήχθεσθε. ἧς οὐδ' ἐκστῆναι ἔτι ὑμῖν ἔστιν, εἴ τις καὶ

πρὶν ἐκτῆσθαι τοῦ κεκτῆσθαι ἕνεκα, 199 Α ὁ μέν τις ἔκτηται μὴ κεκτῆσθαι ἀδύνατον
φαμεν εἶναι, ut optimi Codd. habent, non dubito quin Platoni ipsi varietatem
captanti debeantur, quidni Thucydides? πρῶν Ν.Τ. κατέσχον τέ Ν.Τ. ὑμῖν
Ν.Τ.V.Η.Δ.J.
  § 4. πιστεύει Ν.V.
  § 5. ὀχυρωτέ, αν corr. Ν. (ὁ m.r.). ὀχυρωτέραν V. ἐλπίδι τέ Ν.Τ.
LXIII. ὑμᾶς om. Τ. ᾧ ὕπερ ἅπαντες Τ. (teste Br. tac. Ba.)
al. Be. ᾧπερ ἅπαντες corr. Ν. (add. acc. et spir. supr. ω. m.r. lit. inter ω et π. lit.
op. supr. ερ, fuit op. ᾧ ὕπερ). μὴ δὲ...μὴ δὲ Ν.Τ. μὴ δὲ (alt.) Η. μηδέ...μηδέ Δ.J.
ἀπήχθησθε Τ. quod non displicet si alii codd. haberent.
  § 2. ἐστιν Ν. (fort. lit. supr. ι). Τ.Δ.J. vulg. τόδε corr. Ν. (τό m. r.). ἀπραγ-

men become subject to others what they
have additionally won as well (as what
they inherited) are wont to be lessened."
κτησάμενοι πρὸς οἷς ἐδέξαντο 36, 3.——
κατέσχον "got and secured possession
of." See on de Fals. Leg. § 165.——
αἴσχιον δὲ... See on 44, 3 "to give our
enemies the meeting not only with sense
of equality but also sense of superiority"
conveys, very dilutedly I admit, the
meaning of the words which follow.
  § 4. γνώμῃ from the antithesis com-
bines here "spirit, bravery," with "men-
tal powers."
  § 5. ἀπὸ...τύχης. See on I. 141, 1.

In Phileb. 12 Β ἀπ' αὐτῆς δὴ τῆς θεοῦ I
am inclined to believe that Plato him-
self and not his copyists omitted ἀρχο-
μένοις.——ἐκ τοῦ ὑπέρφρονος "ability con-
nected with" (apta ex.).——γνώμῃ ἀπό...
Ad. compares IV. 18, 2 where the same
words recur.
  LXIII. ἢ μηδέ...... cp. III. 42, 7 μὴ
προστιθέναι τιμήν, ἀλλὰ μηδ' ἐλασσοῦν τῆς
ὑπαρχούσης...οὐχ ὅπως ζημιοῦν ἀλλὰ μηδ'
ἀτιμάζειν, Dem. de Fals. Leg. § 262 καὶ
οὐδεμιᾶς κακίας ταῦτα, ἀλλ' οὐδὲ στρατη-
γίας γ' ἄξια, where οὐδὲ offended Voemel.
  ——ὧν ἀπήχθεσθε=τῆς ἀπεχθείας. See
on de Fals. Leg. § 263. Below 75, 4.

"τόδε ἐν τῷ παρόντι δεδιὼς ἀπραγμοσύνῃ ἀνδραγαθίζεται·
"ὡς τυραννίδα γὰρ ἤδη ἔχετε αὐτήν, ἣν λαβεῖν μὲν ἄδικον
3 "δοκεῖ εἶναι, ἀφεῖναι δ' ἐπικίνδυνον. τάχιστ' ἄν τε πόλιν οἱ
"τοιοῦτοι ἑτέρους τε πείσαντες ἀπολέσειαν, καὶ εἴ που ἐπὶ
"σφῶν αὐτῶν αὐτόνομοι οἰκήσειαν· τὸ γὰρ ἄπραγμον οὐ
"σῴζεται μὴ μετὰ τοῦ δραστηρίου τεταγμένον, οὐδὲ ἐν
"ἀρχούσῃ πόλει ξυμφέρει ἀλλ' ἐν ὑπηκόῳ ἀσφαλῶς δου-
"λεύειν.

LXIV. "ὑμεῖς δὲ μήτε ὑπὸ τῶν τοιῶνδε πολιτῶν παρά-
"γεσθε, μήτε ἐμὲ δι' ὀργῆς ἔχετε, ᾧ καὶ αὐτοὶ ξυνδιέγνωτε
"πολεμεῖν, εἰ καὶ ἐπελθόντες οἱ ἐναντίοι ἔδρασαν ἅπερ εἰκὸς
"ἦν μὴ ἐθελησάντων ὑμῶν ὑπακούειν, ἐπιγεγένηταί τε πέρα
"ὧν προσεδεχόμεθα ἡ νόσος ἥδε, πρᾶγμα μόνον δὴ τῶν
2 "πάντων ἐλπίδος κρεῖσσον γεγενημένον. καὶ δι' αὐτὴν οἶδ'
"ὅτι μέρος τι μᾶλλον ἔτι μισοῦμαι, οὐ δικαίως, εἰ μὴ καὶ

μοσύνην T. τυρραννίδα A.J. ἀφεῖναι δ' N.V.F. (teste Ba. tac. Br.) H. Bekk. Popp.
ἀφεῖναι δὲ T.A.J. vulg.
§ 3. ἑτέρους τε N.T. πείσαντες corr. N. (ες m. r.). ἄπραγμον corr. N. (add. acc.
m. r. lit. supr. alt. a). Post μετὰ, om. τοῦ T. ἐναρχούσῃ (sic) T.
LXIV. ἀπελθόντες T. ἐπεὶ γεγένηταί A.J. vulg. ante Bauer. ἐπιγεγένηταί
N.T.H. de F. tac. Br. Ba. ἐλπίδος corr. N. (ος m. r.). γεγενημένον supr. ον scripsit ην
sed cal. transv. induxit T.
§ 2. μέρος τὶ N.T. vulg. μέρος τι A.J. ὅτ' ἂν H.A.J. παράλογόν τι corr. N.

§ 2. The same sentiment slightly varied in words recurs in Cleon's speech III. 40, 7.

§ 3. "And most rapidly would such men (οἱ τόδε ἀνδραγαθιζόμενοι) plunge a state into ruin, if either they should persuade others (to adopt their views) or if anywhere they should dwell in independence by themselves (isolated, unmixed with others); for a peaceful policy is not maintained except it be linked with energy, nor in the case of a sovereign state is it expedient, but in a vassal state to live in safe subjection." The "peace-at-any-price" politicians would have persuaded their countrymen to hearken to the dictation of Sparta. Safety might have thus been secured, but it would have been at the cost of not only losing their position of sovereignty but sinking into that of vassalage (t. 141, 1). This ignominious safety is expedient for a subject nation, but inexpedient for one which has been holding supremacy over others, for the deprivation of empire is closely connected with danger resulting from the hatred produced during the maintenance of empire: ἀσφ. δουλεύειν is (as others have remarked) found in Dem. de Coron. p. 295 § 203, preceded by ἀσφάλειαν ἄδοξον § 201, τὸ κελευόμενον ποιεῖν § 202. Poppo and others conceive that τὸ ἄπραγμον is the subject to οὐ ξυμφέρει, and that ἀσφαλῶς δουλεύειν belongs only to the second clause, "ad securam (non vexatam) servitutem agendam."

LXIV. "Continue not to be led astray by such advisers, continue not your anger towards me." See on I. 86, 5.—ἅπερ εἰκὸς ἦν: supply δρᾶν or δρᾶσαι.

§ 2. I have not here accentuated τι, for I do not understand Pericles to

3 " ὅταν παρὰ λόγον τι εὖ πράξητε ἐμοὶ ἀναθήσετε. φέρειν
" τε χρὴ τά τε δαιμόνια ἀναγκαίως τά τε ἀπὸ τῶν πολεμίων
" ἀνδρείως· ταῦτα γὰρ ἐν ἔθει τῇδε τῇ πόλει πρότερόν τε ἦν
4 " νῦν τε μὴ ἐν ὑμῖν κωλυθῇ. γνῶτε δὲ ὄνομα μέγιστον αὐτὴν
" ἔχουσαν ἐν πᾶσιν ἀνθρώποις διὰ τὸ ταῖς ξυμφοραῖς μὴ
" εἴκειν, πλεῖστα δὲ σώματα καὶ πόνους ἀναλωκέναι πολέμῳ,
" καὶ δύναμιν μεγίστην δὴ μέχρι τοῦδε κεκτημένην, ἧς ἐς
" ἀίδιον τοῖς ἐπιγιγνομένοις, ἢν καὶ νῦν ὑπενδῶμέν ποτε
" (πάντα γὰρ πέφυκε καὶ ἐλασσοῦσθαι), μνήμη καταλελεί-
" ψεται, Ἑλλήνων τε ὅτι Ἕλληνες πλείστων δὴ ἤρξαμεν, καὶ
" πολέμοις μεγίστοις ἀντέσχομεν πρός τε ξύμπαντας καὶ καθ'
" ἑκάστους, πόλιν τε τοῖς πᾶσιν εὐπορωτάτην καὶ μεγίστην
5 " ᾠκήσαμεν. καίτοι ταῦτα ὁ μὲν ἀπράγμων μέμψαιτ' ἄν, ὁ
" δὲ δρᾶν τι βουλόμενος καὶ αὐτὸς ζηλώσει· εἰ δέ τις μὴ

(add. acc. supr. ον m. r. lit. supr. ι. fuit παράλογον τί). παράλογόν τι T.V.F. (teste Br. tac. Ba.) H.A.J. Vid. ad 1. 65, 1. εὐπράξητε (sic) N.

§ 3. φέρειν τὲ N.T. τῇδε om. T. τε post πρότερον om. N.V. νῦν τὲ N.T. καταλυθῇ mavult Bekker.

§ 4. ἀνοίς N. εἴκειν N. οἰκεῖν V. καὶ πόνους om. N. add. N. marg. m. r. ἀναλωκέναι corr. N. (alt. a m. r.). πολέμῳ N. (lit. supr. o). οἷς (pro ἧς ἐς) T. μὴ post νῦν add. N.V. ὑπενδῶμεν ποτὲ N. ὑπενδῶμέν ποτε T. κατελελείψεται N.V. ἑλλήνων τὲ N.T. πολεμίοις T. πόλιν τὲ N.T. ᾠκήσαμεν hic N.

§ 5. μέμψαιτ' ἄν corr. N. (a m. r. vid. fuisse μέμψοιτ' ἄν). μέμψοιτ' ἄν T.H. "μέμψετ' pr. F., μέμψοιτ' corr." Br. (tac. Ba.). δρᾶν τὶ N.T. καὶ αὐτὸς om. N. add. N. marg. m. r.

mean "considerably more" (aliquanto magis), but simply "in some degree."

§ 3. ἐν ὑμῖν, vestra opera—Matth. 578 quotes VII. 8, 2 μηδὲν ἐν τῷ ἀγγέλῳ ἀφανισθεῖσαν, and Herod. VIII. 100 οὐδὲν γὰρ ἐν Πέρσῃσι τεοῖσι δεδήληται τῶν πραγμάτων. Cp. 65, 13. For ἐν so used with things, see on 1. 93, 6.

§ 4. Observe γνῶτε...ἔχουσαν followed by ἀναλωκέναι, precisely as 62, 3 γνῶναι ἐλευθερίαν μὲν...ἀναληψομένην, ἄλλων δ' ὑπακούσασι καὶ τὰ προσεκτημένα φιλεῖν ἐλασσοῦσθαι. Observe also in both passages that the verb used is γιγνώσκειν, not εἰδέναι or ἐπίστασθαι. See further on 1. 43, 2. [In Demosth. Aristocr. p. 671 § 155 ἐπειδή γε ἀδικεῖν ἔγνω I concur with C. R. Kennedy in translating "at least after he had determined to do wrong," admitting withal

that the other translation may stand.] ——καὶ ἐλασσοῦσθαι "to be impaired too," i. e. as well as to increase. Plat. Theaet. 178 A οἶμαι ἔγωγε καὶ διαμαρτάνειν "to miss the mark too," i. e. as well as to hit it. Arist. Rhet. III. 8, 5 νῦν μὲν οὖν χρῶνται τῷ ἑνὶ παιᾶνι καὶ ἀρχόμενοι (where Bekker, in my judgement causelessly, inserts καὶ τελευτῶντες), δεῖ δὲ διαφέρειν τὴν τελευτὴν τῆς ἀρχῆς.——καθ' ἑκάστους = singulos (1. 3, 2) belongs as well as ξύμπαντας to πρός. The want in Latin of a word reproductive of ἀλλήλους, expressed by inter se, or invicem, led in the course of time to the strange-looking sine invicem, ad invicem.

§ 5. καὶ αὐτὸς is to be joined with δρᾶν "wishes himself also to be a man of action."

6 " κέκτηται, φθονήσει· τὸ δὲ μισεῖσθαι καὶ λυπηροὺς εἶναι
" ἐν τῷ παρόντι πᾶσι μὲν ὑπῆρξε δὴ ὅσοι ἕτεροι ἑτέρων
" ἠξίωσαν ἄρχειν· ὅστις δ᾽ ἐπὶ μεγίστοις τὸ ἐπίφθονον
7 " λαμβάνει, ὀρθῶς βουλεύεται. μῖσος γὰρ οὐκ ἐπὶ πολὺ
" ἀντέχει, ἡ δὲ παραυτίκα τε λαμπρότης καὶ ἐς τὸ ἔπειτα
8 " δόξα ἀείμνηστος καταλείπεται· ὑμεῖς δὲ ἔς τε τὸ μέλλον
" καλὸν προγνόντες ἔς τε τὸ αὐτίκα μὴ αἰσχρόν, τῷ ἤδη
" προθύμῳ ἀμφότερα κτήσασθε καὶ Λακεδαιμονίοις μήτε
" ἐπικηρυκεύεσθε μήτε ἔνδηλοι ἔστε τοῖς παροῦσι πόνοις
" βαρυνόμενοι, ὡς οἵτινες πρὸς τὰς ξυμφορὰς γνώμῃ μὲν
" ἥκιστα λυποῦνται ἔργῳ δὲ μάλιστα ἀντέχουσιν, οὗτοι καὶ
" πόλεων καὶ ἰδιωτῶν κράτιστοί εἰσι."

LXV. Τοιαῦτα ὁ Περικλῆς λέγων ἐπειρᾶτο τοὺς Ἀθη-
ναίους τῆς τε ἐπ᾽ αὐτὸν ὀργῆς παραλύειν καὶ ἀπὸ τῶν
2 παρόντων δεινῶν ἀπάγειν τὴν γνώμην. οἱ δὲ δημοσίᾳ μὲν
τοῖς λόγοις ἀνεπείθοντο, καὶ οὔτε πρὸς τοὺς Λακεδαιμονίους
ἔτι ἔπεμπον ἔς τε τὸν πόλεμον μᾶλλον ὥρμηντο, ἰδίᾳ δὲ τοῖς
παθήμασιν ἐλυποῦντο, ὁ μὲν δῆμος ὅτι ἀπ᾽ ἐλασσόνων ὁρμώ-
μενος ἐστέρητο καὶ τούτων, οἱ δὲ δυνατοὶ καλὰ κτήματα κατὰ

§ 6. παρόν, τιπᾶσι (sic) J. ὑπῆρξαι A.J. ὅσ̇. corr. N. (σ̇ vid. fuisse οἱ).
δ᾽ ἐπὶ N. δὲ ἐπὶ V.
§ 7. Post μῖσος om. μὲν N.T.V.F. alii. [μὲν] Popp. Ego omisi. ἐπιπολὺ T.A.J.
vulg. ἐπὶ πολὺ N.V. παραυτίκα τε N.T.
§ 8. τοαυτίκα A. τοσαυτίκα (sic) J. μήτ᾽ ἐπικ. T. ἔνδηλοι ἔστε N. ἔνδηλοί
ἔστε (sic) T. καὶ οἵτινες T. σ̇ et σ̇ mutatis. Vid. ad 1. 2, 6. εἵτινες N.V. πρ N.
εἰσὶν ut solet Bekk.
LXV. ἐπ᾽ αὐτὸν N. ἐπ᾽ αὐτῶν V. ἐς αὐτὸν libri sequi. Ed. Bauer.
§ 2. οἱ δὲ T. ὁ μὲν πένης A.J. vulg. ante Bauer. δῆμος N.T.F.H. omn. Be.
(ut ex silentio judico). δὲ ante δυνατοὶ om. T. τούτων corr. N. (ων m. r.). οἰκοδομίαις
τὲ N.T. σ̇ T.

§ 6. λυπηροὺς εἶναι: cp. the words of
Alcibiades οἶδα τοὺς τοιούτους ἐν τῷ κατ᾽
αὐτοὺς βίῳ λυπηροὺς ὄντας VI. 16, 5.
§ 7. From καταλείπεται by Zeugma
supply to λαμπρότης "endures, abides."
§ 8. ἐπικηρυκεύεσθε: this present means,
as frequently after a negative or pro-
hibitive, " be inclined to," as Herodot.
well-known expression ἐμισθοῦτο παρ᾽
οὐκ ἐκδιδόντος τὴν αὐλήν. So 65, 2

οὔτε ἔτι ἔπεμπον. "No further attempt
was made at negotiation." Thirlwall.
LXV. § 2. ἀνεπείθοντο implies their
reluctance to yield to his arguments,
for ἀναπείθειν is "to bring over by per-
suasion," as ἀναδιδάσκειν (ἀναγιγνώσκειν
Herod. and early Attic) " to bring over
by convincing." (ἀναπείθεσθε ... πείθειν
VI. 87, 1.)—οἰκοδομίαις for οἰκίαις, pre-
cisely as we use "buildings."

τὴν χώραν οἰκοδομίαις τε καὶ πολυτελέσι κατασκευαῖς ἀπο-
λωλεκότες, τὸ δὲ μέγιστον πόλεμον ἀντ᾽ εἰρήνης ἔχοντες.
3 οὐ μέντοι πρότερόν γε οἱ ξύμπαντες ἐπαύσαντο ἐν ὀργῇ
4 ἔχοντες αὐτὸν πρὶν ἐζημίωσαν χρήμασιν. ὕστερον δ᾽ αὖθις
οὐ πολλῷ, ὅπερ φιλεῖ ὅμιλος ποιεῖν, στρατηγὸν εἵλοντο καὶ
πάντα τὰ πράγματα ἐπέτρεψαν, ὧν μὲν περὶ τὰ οἰκεῖα ἕκα-
στος ἤλγει, ἀμβλύτεροι ἤδη ὄντες, ὧν δὲ ξύμπασα ἡ πόλις
5 προσεδεῖτο, πλείστου ἄξιον νομίζοντες εἶναι. ὅσον τε γὰρ
χρόνον προύστη τῆς πόλεως ἐν τῇ εἰρήνῃ, μετρίως ἐξηγεῖτο
καὶ ἀσφαλῶς διεφύλαξεν αὐτήν, καὶ ἐγένετο ἐπ᾽ ἐκείνου
μεγίστη· ἐπεί τε ὁ πόλεμος κατέστη, ὁ δὲ φαίνεται καὶ ἐν
6 τούτῳ προγνοὺς τὴν δύναμιν. ἐπεβίω δὲ δύο ἔτη καὶ μῆνας
ἕξ· καὶ ἐπειδὴ ἀπέθανεν, ἐπὶ πλέον ἔτι ἐγνώσθη ἡ πρόνοια

§ 3. μεντο N. (supraser. op. m. ead.).
§ 4. ὅμιλλος T. ἡ ξύμπασα A.J. vulg. ξύμπασα ἡ N.T.V.F.H. alii. ἄξιον corr. N.
(ι vid. man. ead.).
§ 5. ὅσον τε hic N. ὅσον τὲ T. προύστη N. Bekk. προύστη T. ἐπειδή τε
sequi. libri A.J. vulg. ἐπεί τε N.T.V.F.H. Post κατέστη hypost. ponit N. m. r.
ὁδὲ, corr. N. (lit. supr. ὁ add. acc. supr. ε m. r. fuit ὁδε). ὅδε, T. κατέστη, ὁδὲ,
(sic) A.J.
§ 6. μῆνας ἕξ N.V. Bekk. ἕξ μῆνας T.F. pl. omn. Be. A.J. vulg. Poppo. Eadem
discrepantia in I. 109, 3. ἐπιπλέον T.A.J. vulg. ἐπὶ πλέον N.V.H. de F. tac. Br.
Ba. αὐτοῦ ἡ ἐς A.J. vulg. Bekk. ἡ om. N.T.V.F.H. pl. Be. Poppo.

§ 4. ὧν ἤλγει=τῶν ἀλγημάτων. I
am not aware whether another example
of ἀμβλὺς with a *genitive* can be cited.
In 87, 3 I do not think τῆς γνώμης is to
be joined with ἀμβλύνεσθαι.
§ 5. I agree with those who under-
stand τῇ εἰρ. "*the* peace of Euboea,"
and ὁ πόλεμος "*the* war," though I
would not venture either here or III.
9, 3 to assert that "in time of peace"
is wrong. Modern languages in general,
as well as the Greek, when they use a
substantive abstractedly "Peace is a
blessing, war is a curse," prefix the
article. In this respect our language
seems to me to have an advantage in
never prefixing the article except to
some definite "peace," or "war." We
are thus spared a perplexity which
sometimes arises in languages where
the article might signify either "war"
in the abstract, or "*the* particular war."
By way of illustration I refer to Aristot.
Nic. Eth. IV. 1, 7 τῆς γὰρ ἀρετῆς μᾶλλον

τὸ εὖ ποιεῖν ἢ τὸ εὖ πάσχειν. This can-
not be predicated of virtue in general.
It is only "*the* virtue under discussion
(*liberality*)" that is concerned with con-
ferring and receiving obligation. Again
2 = 1, 24 τῆς ἀρετῆς γὰρ περὶ ἄμφω (i. e.
περὶ χρημάτων δόσιν καὶ λῆψιν) οὔσης
μεσότητος, ποιήσει (ὁ ἐλευθέριος) ἀμφότερα
ὡς δεῖ. Is this predicable of ἀνδρεία,
σωφροσύνη, in fine of any virtue except
liberality and its greater sister μεγαλο-
πρέπεια? δοκεῖ γὰρ καὶ αὕτη (*this too as
well as liberality.* Bekker wrongly (see
on I. 14, 4 *Ann. Crit.*) gives καὶ αὐτῆ) περὶ
χρήματά τις ἀρετὴ εἶναι. But in 2, 25 τῆς
ἀρετῆς γὰρ καὶ ἥδεσθαι καὶ λυπεῖσθαι ἐφ᾽
οἷς δεῖ καὶ ὡς δεῖ there is no limitation
to *the* virtue under discussion. The
sentiment extends to and embraces all
moral virtue whatever. ὑπόκειται ἄρα ἡ
ἀρετὴ εἶναι ἡ τοιαύτη (*virtue, I mean
such virtue, moral virtue,* i. e. ἡ ἠθική)
(ἡ διανοητικὴ) περὶ ἡδονὰς καὶ λύπας τῶν
βελτίστων πρακτική II. 2 = 3. 6.

7 αὐτοῦ ἐς τὸν πόλεμον. ὁ μὲν γὰρ ἡσυχάζοντάς τε καὶ τὸ
ναυτικὸν θεραπεύοντας καὶ ἀρχὴν μὴ ἐπικτωμένους ἐν τῷ
πολέμῳ μηδὲ τῇ πόλει κινδυνεύοντας ἔφη περιέσεσθαι· οἱ
δὲ ταῦτά τε πάντα ἐς τοὐναντίον ἔπραξαν, καὶ ἄλλα ἔξω
τοῦ πολέμου δοκοῦντα εἶναι κατὰ τὰς ἰδίας φιλοτιμίας καὶ
ἴδια κέρδη κακῶς ἔς τε σφᾶς αὐτοὺς καὶ τοὺς ξυμμάχους
ἐπολίτευσαν, ἃ κατορθούμενα μὲν τοῖς ἰδιώταις τιμὴ καὶ
ὠφέλεια μᾶλλον ἦν, σφαλέντα δὲ τῇ πόλει ἐς τὸν πόλεμον
8 βλάβη καθίστατο. αἴτιον δ' ἦν ὅτι ἐκεῖνος μὲν δυνατὸς
ὢν τῷ τε ἀξιώματι καὶ τῇ γνώμῃ, χρημάτων τε διαφανῶς
ἀδωρότατος γενόμενος, κατεῖχε τὸ πλῆθος ἐλευθέρως, καὶ
οὐκ ἤγετο μᾶλλον ὑπ' αὐτοῦ ἢ αὐτὸς ἦγε, διὰ τὸ μὴ
κτώμενος ἐξ οὗ προσηκόντων τὴν δύναμιν πρὸς ἡδονήν τι
λέγειν, ἀλλ' ἔχων ἐπ' ἀξιώσει καὶ πρὸς ὀργήν τι ἀντει-

§ 7. ὁ μὲν...οἱ δὲ Τ. μὴ δὲ Ν.Τ. μῆδε Α.J. Post ταῦτα om. τε Τ. εἰς Τ.
ἴδια corr. Ν. (add. acc. m. r. lit. supr. alt. ι. fuit ἴδια). ταῖς ἰδιώταις Τ. ἐ Τ.
ὠφελία Bekk. Poppo. Vid. ad ι. 28, 4. ὠφέλεια Ν.Τ.Α.J. vulg. omn. ut vid.
libri. βλάβὴ pr. Ν. βλάβῃ corr. Ν. (lit. supr. η).

§ 8. χρημάτων τε Ν. Τ. πρ ἡδονὴν τί Ν. ἔγων Τ. πρ Ν. ὀργὴν τί Ν. ὀργὴν
τί Τ.

§ 7. ἀρχὴν μὴ ἐπι. "not acquiring further empire." Cp. I. 144, 1.——τῇ πόλει. The use of the *dative* with κινδυνεύειν, not infrequent in Herodotus and Th., seems to be the same as its use with ἁμαρτάνειν, σφάλλεσθαι, ψεύδεσθαι, *the point wherein* one encounters risks, fails, &c. "Cf. de Lat. *periclitari aliqua re* interpr. Liv. xxxviii. 25." Poppo.——ἔξω τοῦ πολ. δοκ. εἶναι. "Such measures as the sending a squadron to Crete to make an attempt upon Cydonia, when it ought to have sailed without loss of time to reinforce Phormion, II. 85, 5, 6; the wasting their force in petty expeditions in Sicily before the great invasion; the iniquitous attack on Melos; [this however made by a maritime power determined upon maintaining its sovereignty over all the islanders can hardly come under ἔξω τοῦ πολέμου any more than our discreditable bombardment of Copenhagen 1807], possibly also the expedition against Boeotia, which led to the defeat at

Delium; and various proceedings perhaps of the νῆες ἀργυρολόγοι, such as those recorded III. 19." Ad.——ἦν...καθίστατο "were likely to be...to become."
§ 8. ἀξιώματι...ἀξιώσει. See on 37, 2.
——καὶ οὐκ ἤγετο κ.τ.λ. Cp. Cic. Lael. 25, 96 Ut facile ducem (Scipionem) populi Romani non comitem esse diceres.
——πρὸς ὀργὴν ἀντειπεῖν. Admitting that in this combination πρὸς ὀργὴν elsewhere, e.g. Aristoph. Ran. 998 ὅπως... μὴ πρὸς ὀργὴν ἀντιλέξεις signifies "angrily," yet, as πρὸς ἡδονὴν must signify "with a view to pleasing, so as to please them," I agree with Arnold that in this strong antithesis Th. meant by πρὸς ὀργὴν "with a view to, so as to provoke their anger." Adverbs and adverbial expressions are by no means necessarily limited to the agent of a verb. In Plato Theaet. 161 c τὰ μὲν ἄλλα μοι πάνυ ἡδέως εἴρηκεν the natural at first sight interpretation is "he has had very great pleasure in speaking," but the sense shows that ἡδέως refers to

9 πεῖν. ὁπότε γοῦν αἴσθοιτό τι αὐτοὺς παρὰ καιρὸν ὕβρει
θαρσοῦντας, λέγων κατέπλησσεν ἐπὶ τὸ φοβεῖσθαι, καὶ
δεδιότας αὖ ἀλόγως ἀντικαθίστη πάλιν ἐπὶ τὸ θαρσεῖν.
10 ἐγίγνετό τε λόγῳ μὲν δημοκρατία, ἔργῳ δὲ ὑπὸ τοῦ
11 πρώτου ἀνδρὸς ἀρχή. οἱ δὲ ὕστερον ἴσοι αὐτοὶ μᾶλλον
πρὸς ἀλλήλους ὄντες, καὶ ὀρεγόμενοι τοῦ πρῶτος ἕκαστος
γίγνεσθαι, ἐτράποντο καθ᾽ ἡδονὰς τῷ δήμῳ καὶ τὰ πράγ-
12 ματα ἐνδιδόναι. ἐξ ὧν ἄλλα τε πολλὰ ὡς ἐν μεγάλῃ
πόλει καὶ ἀρχὴν ἐχούσῃ ἡμαρτήθη, καὶ ὁ ἐς Σικελίαν
πλοῦς· ὃς οὐ τοσοῦτον γνώμης ἁμάρτημα ἦν πρὸς οὓς

§ 9. αἰσθητό τις T. ἤδη ante ὕβρει add. T. mox transv. cal. induxit m. ead. κατέπλησεν T. ἀντικαθιστίκει (sic) T. θαρρεῖν N.T.V.F.H. pl. Be. θαρσεῖν A.J. vulg.

§ 11. ἴσοι T.A.J. vulg. τοῦ ante πρῶτος om. N. supraser. m. r.

§ 12. ἄλλα τὲ N. ἄλλα τε hic T. ἀλλά τε A.J. ὃς τοσοῦτον T. suprascr. vid. m. ead. [os] Bekk. πρ N. ἐπήεσαν N. ἐποίεσαν V. Pro κατὰ, καὶ T. τὰς

μοι, as in Soph. Antig. 70 ἐμοῦ γ᾽ ἂν ἡδέως δρῴης μέτα. Perspicuity would have been satisfied, if Plato had written ἡδομένῳ, Sophocles ἀσμένης. παρὰ γνώμην generally is used to do something contrary to the will, judgment, feelings, &c. of the agent, but surely not so in Eur. Med. 577, ὅμως δ᾽ ἐμοιγε, κεἰ παρὰ γνώμην ἐρῶ | δοκεῖς προδοὺς σὴν ἄλοχον οὐ δίκαια δρᾶν, nor in Th. IV. 123, 2 καταβιασαμένων παρὰ γνώμην τοὺς πολλούς, 127, 2 τῇ τε πρώτῃ ὁρμῇ παρὰ γνώμην ἀντέστησαν. So καθ᾽ ἡδονὰς § 11 is to be taken with τῷ δήμῳ not with the agent of ἐνδιδόναι.

§ 10. ὑπὸ because ἀρχή is a verbal. I. 141, 9. "In reality it gradually became governed by its foremost man." VIII. 64, 4 furnishes a striking instance of this idiom. φυγὴ αὐτῶν ἔξω ἦν ὑπὸ τῶν Ἀθηναίων παρὰ τοῖς Πελοποννησίοις "a body of exiles banished by the Athenians." In VIII. 21, 1 ὑπὸ is to be omitted not because (as Arnold says) "ἡ ἐπανάστασις ὑπὸ τοῦ δήμου cannot be a correct expression," but because it is not found in the best Mss.

§ 11. καὶ τὰ πράγματα ἐνδιδόναι. "Not only to speak but to surrender also the administration of affairs into the hands of their people according to the pleasure of the people." Ad. is more correct in his explanation of καὶ (see on 64, 4) than his rendering of τὰ πράγματα ἐνδιδόναι which recurs v. 62, 2, VII. 48, 2.

§ 12. Besides many other mistakes committed especially was the expedition into Sicily a mistake. ἄλλα τε πολλὰ preceding seems fatal to Bekker's conjecture that ὅς should be omitted. A man κατορθοῖ, ἁμαρτάνει: a thing κατορθοῦται, ἁμαρτάνεται. Poppo quotes III. 67, 6 ἁμαρτανομένων ἔργων, Plat. Protag. 357 E ἡ ἐξαμαρτανομένη πρᾶξις, to which may be added Rep. v. 449 A, VIII. 544 A ἡμαρτημένας (πολιτείας), Leg. II. 670 σ μέλος ἡμαρτημένως ἔχει (=ἡμάρτηται), Arist. Nic. Eth. II. 5=6, 12 ἡ μὲν ὑπερβολὴ ἁμαρτάνεται, VIII. 12=10, 4 ἡ Περσικὴ δ᾽ ἡμαρτημένη (βασιλεία). [In IV. 9=3, 35 the μικρόψυχοι are called ἡμαρτημένοι. Our "are mistaken" is temptingly misleading but wrong; its representative of course is ἡμαρτηκότες. Probably Arist. means "put together badly, spoilt in the making." Cp. Fielding, Tom Jones, Book x. Ch. VI. "He was one of those compositions which nature makes up in too great a

ἐπήεσαν, ὅσον οἱ ἐκπέμψαντες οὐ τὰ πρόσφορα τοῖς οἰχο-
μένοις ἐπιγιγνώσκοντες ἀλλὰ κατὰ τὰς ἰδίας διαβολὰς περὶ
τῆς τοῦ δήμου προστασίας τά τε ἐν τῷ στρατοπέδῳ ἀμβλύ-
τερα ἐποίουν, καὶ τὰ περὶ τὴν πόλιν πρῶτον ἐν . ἀλλήλοις
13 ἐταράχθησαν. σφαλέντες δ᾽ ἐν Σικελίᾳ ἄλλῃ τε παρα-
σκευῇ καὶ τοῦ ναυτικοῦ τῷ πλείονι μορίῳ, καὶ κατὰ τὴν
πόλιν ἤδη ἐν στάσει ὄντες, ὅμως τρία μὲν ἔτη ἀντεῖχον

hab. (non om.) N. τὰς om. F. διαφορὰς T.A.J. vulg. διαβολὰς N.V.F. ("Sed
man. rec. correxit: διαφορὰς" Ba.) pl. omn. Bc. De H. tac. Ba. ἐταράκτησαν
(sic) J.
§ 13. ἄλλῃ τε hic N. ἄλλῃ τὲ T. ς᾽ T. πλέονι A.J. vulg. πλείονι N.T.V.H.
de F. tac. Br. Ba. πλείωνι V. (teste Ad. coll. Vol. II. p. 445, Ed. 1, tac. Ed. 3).
In τρία μὲν ἔτη latet corrupti aliquid. Plane absonum est μὲν, neque τρία cui-
quam interpretari conanti bene processit. Quod Madvigio venit in mentem ὅμως
ἐς τρία μέρη ("numerum ternarium pertinet ad ternos pro unis hostes, priores,
Sicilienses, socios desciscentes.") mihi saltem non probatur. Vide ne in τρία μεν
participium aliquod delitescat, verbi gratia τρυχόμενοι ut 1, 126, 8, vel τετριχωμένοι

hurry, and forgets to put any brains
into their head." I confess I have
some difficulty about Plat. Men. 88 E
ὀρθῶς δέ γε ἡ ἔμφρων ἡγεῖται, ἡμαρτημέ-
νως δ᾽ ἡ ἄφρων (ψυχή). Is Plato's con-
ception "the guidance of the foolish
soul is wrong"? I should find no fault
with either of the following expressions,
ἡ ἄφρων ψυχὴ ἡγουμένη ἡμάρτηται, τὸ
τὴν ἄφρονα ψυχὴν ἡγεῖσθαι ἡμάρτηται.]
——οὐ τὰ πρόσφορα κ.τ.λ. "Not after-
wards deciding what was suitable to the
expedition that had gone, but......"
Mr Grote, Vol. VII. p. 306—308, has
satisfactorily shown that Arnold's in-
terpretation "a not voting the needful
supplies to their absent armament" is
inconsistent with historic facts, though
there is a slight inaccuracy in his own
rendering, as the position of οὐ...ἀλλὰ
shows. "Thucydides appears to have
in view the violent party contests which
broke out in reference to the Hermae
and the other irreligious acts at Athens,
after the departure of the armament,
especially to the mischief of recalling
Alkibiades, which grew out of those con-
tests."——ἐποίουν...ἐταράχθησαν should
strictly be ποιοῦντες...ταραχθέντες, "The
mistake was their not voting,... but
causing ... and becoming disturbed,"
Th. in the later clause recurring to the
verb finite from the subordinate con-

struction in the earlier, on the principle
mentioned on I. 57, 3; 58, 1. For ἁμάρ-
τημα ἦν...οἱ ἐκπέμψαντες οὐ...ἐπιγιγνώ-
σκοντες cp. αἴτιον ἦν οἱ Λακεδαιμόνιοι
προειπόντες IV. 26, 5, πρῶτον: the second
interpretation of Ad., "were first in-
volved in internal troubles, and after-
wards the mischief extended itself to
their foreign interests," seems to con-
vey what Th. meant.
§ 13. τρία μὲν ἔτη must be corrupt.
μὲν is utterly inexplicable, and Arnold's
attempt to understand by "three years"
the period from Cyrus entering upon
the government of lower Asia 407 to the
surrender of Athens 404 is intenable.
The period of time is clearly from the
Sicilian failure to the surrender. The
winter of 413—412 was employed in
making preparations for either side, and
in receiving at Sparta or at Decelea
deputations of allies of the Athenians
desirous of revolt. In the spring of
412 active operations were begun, the
first recorded action being a naval one
on the coast of Corinth, followed by the
Athenian blockade of a Peloponnesian
fleet which had taken refuge in the har-
bour Piraeum, in May immediately after
the Isthmian games, VIII. 10. If then
Th. has here mentioned the time, "eight
years" is the time required from spring
412 to spring 404, when Lysander took

τοῖς τε πρότερον ὑπάρχουσι πολεμίοις καὶ τοῖς ἀπὸ Σι-
κελίας μετ' αὐτῶν, καὶ τῶν ξυμμάχων ἔτι τοῖς πλείοσιν
ἀφεστηκόσι, Κύρῳ τε ὕστερον βασιλέως παιδὶ προσγε-
νομένῳ, ὃς παρεῖχε χρήματα Πελοποννησίοις ἐς τὸ ναυτικόν·
καὶ οὐ πρότερον ἐνέδοσαν ἢ αὐτοὶ ἐν σφίσι κατὰ τὰς ἰδίας
14 διαφορὰς περιπεσόντες ἐσφάλησαν. τοσοῦτον τῷ Περικλεῖ
ἐπερίσσευσε τότε ἀφ' ὧν αὐτὸς προέγνω καὶ πάνυ ἂν ῥαδίως
περιγενέσθαι τῶν Πελοποννησίων αὐτῶν τῷ πολέμῳ·

LXVI. Οἱ δὲ Λακεδαιμόνιοι καὶ οἱ ξύμμαχοι τοῦ αὐτοῦ
θέρους ἐστράτευσαν ναυσὶν ἑκατὸν ἐς Ζάκυνθον τὴν νῆσον,
ἣ κεῖται ἀντιπέρας Ἤλιδος· εἰσὶ δὲ Ἀχαιῶν τῶν ἐκ Πελο-
2 ποννήσου ἄποικοι, καὶ Ἀθηναίοις ξυνεμάχουν. ἐπέπλεον δὲ
Λακεδαιμονίων χίλιοι ὁπλῖται, καὶ Κνῆμος Σπαρτιάτης

ut IV. 60, 2, VII. 28, 3, vel denique τριβόμενοι (quod propius a literarum ductu
fortasse abest) ut VII. 42, 6. Nam quod olim tentaveram τειρόμενοι haud scio an
poetae soli usurpent. In Aristoph. Pac. 990, τρία videtur primum irrepsisse a
praeced. τρυ, deinde, veram vocem expulisse, postremo καὶ inferciendi causam
fuisse. Alcaeo archonte doctam esse fabulam hodie constat, anno A.C. 421, initio
veris, octo mensibus (Eratosthene teste ap. Schol. ad 48) post Brasidae et Cleonis
mortem. Aliud praeterea mendum subesse puto loco Aristophanico. Nam quod
Elmsleius docet τρύχεσθαι cum genetivo jungi, mihi quidem nondum persuasit.
Interim χήτει δέκ' ἔτη conjecturam meam propono, non quo veram esse opiner,
sed quia nodum utrumque solvit. Ceterum quod ad locum nostrum attinet, si de
participio delitescente recte judicavi, ἔτη ἡ facilis est correctio. Vid. not.—
πλέοσιν A.J. vulg. πλείοσιν N.T.V.H. de F. tac. Ba. Br. κύρω τὲ N.T.
§ 14. τὴν corr. N. m. r. (ἢν fuit τῶν). πόλιν add. N. marg. m. r. τὴν πόλιν πελο-
ποννησίων ἐν τῷ πολέμῳ V. αὐτῶν hab. N. ἐν om. N. τὴν πόλιν τῶν πελ. αὐτῶν
A.J. vulg. τὴν πόλιν om. T.F.H. pl. Be.
LXVI. Post θέρους add. τελευτῶντος T. ζάκινθον corr. N. v m. ead. necne p. l.
ἀθηναίοις corr. N. (post lit. supr. οι add. acc. suprascr. σ m. r. fuit ἀθηναῖοι).
ἀθηναῖοι F. (teste Br. tac. Ba.). ἀθηναίοις T.A.J. vulg.
§ 2. δὲ post ἐπέπλεον om. N. suprascr. m. r. δὲ hab. T. δὲ om. F.H. χίλιοι
corr. N. (post lit. χι. vid. m. ead.). ὁπλῖται T. κνῆμος corr. N. (ἢ m. r.).

possession of the Long Walls and the
Piraeus. Assuming then that in the
corrupt τριαμεν a participle is lurking,
the alteration of ἔτη ἡ (i. e. ὀκτὼ) seems
not improbable.—περιπεσόντες: I think
Poppo rightly from διαφορὰς supplies αὐ-
ταῖς.
§ 14. "Such a superabundance of
resources had Pericles then, from which
he had foresight that himself—what-
ever others might do—could most easily
come off without defeat from the Pelo-
ponnesians alone," single-handed, with-
out the junction of the Sicilian Greeks
and the allies revolted, and the after

accession of Cyrus. It is somewhat
surprising that Th. does not mention
Tissaphernes and Pharnabazus, as well
as Cyrus? For the infinitive see on I.
43, 2; 69, 6, II. 64, 4.
LXVI. § 1. ξυνεμάχουν. Cp. II. 9, 5.
§ 2. ἐπέπλεον: not adversus illos
vehebantur (as the Latin interpreters
render it), but simply "were on board."
So I understand IV. 11, 2 ναύαρχος δὲ
αὐτῶν ἐπέπλει Θρασυμηλίδας. Cp. ὁ ἐπι-
πλέων in the Orators e.g. Dem. Zenoth.
p. 885, § 12 τῷ σίτῳ, ὃν ὁ παρ' ἡμῶν
ἐπιπλέων (our agent on board the ship)
ἐπρίατο.

3 ναύαρχος. ἀποβάντες δὲ ἐς τὴν γῆν ἐδῄωσαν τὰ πολλά.
4 καὶ ἐπειδὴ οὐ ξυνεχώρουν, ἀπέπλευσαν ἐπ᾽ οἴκου.

LXVII. Καὶ τοῦ αὐτοῦ θέρους τελευτῶντος Ἀριστεὺς
Κορίνθιος καὶ Λακεδαιμονίων πρέσβεις, Ἀνήριστος καὶ
Νικόλαος καὶ Στρατόδημος, καὶ Τεγεάτης Τιμαγόρας, καὶ
Ἀργεῖος ἰδίᾳ Πόλλις, πορευόμενοι ἐς τὴν Ἀσίαν ὡς βασιλέα,
εἴ πως πείσειαν αὐτὸν χρήματά τε παρέχειν καὶ ξυμπολεμεῖν,
ἀφικνοῦνται ὡς Σιτάλκην πρῶτον τὸν Τήρεω ἐς Θρᾴκην,
βουλόμενοι πεῖσαί τε αὐτόν, εἰ δύναιντο, μεταστάντα τῆς
Ἀθηναίων ξυμμαχίας στρατεῦσαι ἐπὶ τὴν Ποτίδαιαν, οὗ
ἦν στράτευμα τῶν Ἀθηναίων πολιορκοῦν, καὶ ἧπερ ὥρμηντο,
δι᾽ ἐκείνου πορευθῆναι πέραν τοῦ Ἑλλησπόντου ὡς Φαρ-
νάκην τὸν Φαρναβάζου, ὃς αὐτοὺς ἔμελλεν ὡς βασιλέα
2 ἀναπέμψειν. παρατυχόντες δὲ Ἀθηναίων πρέσβεις Λέαρχος
Καλλιμάχου καὶ Ἀμεινιάδης Φιλήμονος παρὰ τῷ Σιτάλκῃ
πείθουσι τὸν Σάδοκον τὸν γεγενημένον Ἀθηναῖον, Σιτάλκου

§ 3. γῆν (sic) N. ταπολλά N.A.J.
LXVII. στρατοδημος corr. N. στ m. r. γρ. Πρατόδημος N. marg. m. r. Πρατό-
δημος V.F. (teste Br.) pl. Ba. A.J. vulg. ante Bauer. De H. tacetur. Sed cum Ba.
ait "Στρατόδημος Reg. Vulgo Πρατόδημος" suspicor eam formam in H. scriptam
esse. πρατόδαμος T. quod Laconicam certe dialectum sapit. ἰδίᾳ Πολις A.J. vulg.
                                                                          λ
ante Bauer. ἰδίαπόλις corr. N. (lit. inter α et π add. acc. utrumque suprascr. m. r.
fuit ἰδιάπολις vel ἰδιαίπολις) ἰδίᾳ πόλλις V.H. (in marg. γρ. πολλάκις) ἰδία πολλάκις
T. de F. tac. Br. Ba. πολλάκις Schol. sed addit γράφεται ἰδίᾳ Πόλις ὄνομα κύριον·
                                                                                        τε
ἄνευ τοῦ κοινοῦ· οἱ γὰρ Ἀργεῖοι φίλοι ἦσαν Ἀθηναίοις. εἰς τὴν Τ. χρήματά corr.
N. (suprascr. τε. add. alt. acc. m. r.) χρήματα τὲ T. τήρεω corr. N. (post lit. ἡρ
m. r.) πεῖσαι τὲ N.T. Post πολιορκοῦν, add. καὶ παῦσαι βοηθεῖν τε αὐτοῖς A.J. vulg.
om. N.T.V.F. ("a manu tamen rec. in marg. adscripta" Ba.). De H. tacetur.
πορευθῆναι hab. in textu N. πορευθῆναι om. V. add. V. marg.
§ 2. ὁ καλλιμάχου A.J. vulg. ὁ om. N.T.V.F.H. pl. omn. Be. ἀμεινιάδης corr.
N. (post lit. 2 litt. cap. σ m. r. fuit ἀμεινιάδης ὁ.) ὁ φιλήμονος T.A.J. vulg. ὁ om.

§ 4. οὐ ξυνεχώρουν, "were not dis-
posed to yield." See on de Fals. Leg.
§ 365. This *imperfect* following a nega-
tive repeatedly recurs in our Author.
LXVII. Herod. VII. 137 mentions
only the first three. I have retained
Στρατόδημος, though as the name of a
Spartan envoy it should more correctly
be -δαμος. Πρατόδημος is too hybrid a
form. I suspect that T. has given us
the true reading Πρατόδαμος.——ἰδίᾳ:
ἄνευ τοῦ κοινοῦ. οἱ γὰρ Ἀργεῖοι φίλοι ἦσαν
Ἀθηναίοις.——ἐπὶ τὴν Π. Not *with hostile*

purpose, for the Athenians were blockad-
ing Potidaea, and the envoys wished
Sitalces to compel the raising of the
siege. Cp. IV. 43, 1 ἦλθεν ἐπὶ τὴν
Σολύγειαν κώμην, φυλάξων ἀτείχιστον
οὖσαν. VII. 56, 4, 57, 1 furnishes a
notable instance of the pliability of use
of the preposition. "Advance *upon*
such a position, place" in our language
would equally serve for an *offensive* and
a *defensive* advance.——ἀναπέμψειν "to
escort them up the country, inland," to
Susa.

19

νίόν, τοὺς ἄνδρας ἐγχειρίσαι σφίσιν, ὅπως μὴ διαβάντες ὡς
3 βασιλέα τὴν ἐκείνου πόλιν τὸ μέρος βλάψωσιν. ὁ δὲ
πεισθεὶς πορευομένους αὐτοὺς διὰ τῆς Θρᾴκης ἐπὶ τὸ
πλοῖον ᾧ ἔμελλον τὸν Ἑλλήσποντον περαιώσειν, πρὶν
ἐσβαίνειν ξυλλαμβάνει, ἄλλους ξυμπέμψας μετὰ τοῦ Λεάρχου
καὶ· Ἀμεινιάδου, καὶ ἐκέλευσεν ἐκείνοις παραδοῦναι· οἱ δὲ
4 λαβόντες ἐκόμισαν ἐς τὰς Ἀθήνας. ἀφικομένων δὲ αὐτῶν
δείσαντες οἱ Ἀθηναῖοι τὸν Ἀριστέα μὴ αὖθις σφᾶς ἔτι πλείω
κακουργῇ διαφυγών, ὅτι καὶ πρὸ τούτων τὰ τῆς Ποτιδαίας
καὶ τῶν ἐπὶ Θρᾴκης πάντ᾽ ἐφαίνετο πράξας, ἀκρίτους καὶ
βουλομένους ἔστιν ἃ εἰπεῖν αὐθημερὸν ἀπέκτειναν πάντας
καὶ ἐς φάραγγας ἐσέβαλον, δικαιοῦντες τοῖς αὐτοῖς ἀμύνε-

corr. N.V.F. ("sed a man. rec. additus" Ba.) H. pl. omn. Be. ἐγχειρίσαι corr. N.
(l m. r. fuit ἐγχειρῆσαι). ἐς βασιλέα N.V.
§ 3. ὁ δὲ᾽ et iufra οἱ δὲ᾽ T. ᾧ corr. N. m. r. (lit. 2 litt. cap. fuit ὡς q. unus
sequi. cod. hab. et Thom. Mag. p. 704) ὁ ἔμελλον A.J. περαιώσειν omn. ut vid. nisi
quod περαιώσειν corr. N (pr. e m. ead. op.). Vid. not.
§ 4. ἔτι corr. N. m. r. (fuit op. ἐπὶ) πλέω A.J. vulg. πλείω N.T.V.H. de F. tac.
Ba. Br. ὅτι (sic) J. Post ποτιδείας, ἐπὶ Θράκης ἐπὶ τὸ πλοῖον ᾧ ἔμελλον τὸν ἑλλήσπον-
                                                                                      γας
τον περαιώσειν πρὶν ἐσβαίνειν add. T. ex superioribus repetita. φάραγκας H. φάραγκ

§ 2. τὸ μέρος. See on I. 74, 4.
§ 3. Herod. VII. 137 gives the spot of
the capture ἥλωσαν κατὰ Βισάνθην τὴν ἐν
Ἑλλησπόντῳ. This place, also called
Ῥαιδεστός, Ptolemy (III. 11, 6) and others,
followed by modern geographers, place
on the Propontis. The modern name
is Rodosto.——περαιώσειν. Interpreters
understand this as a neuter verb, as
Thom. Mag. also does, protesting against
such usage. But περαιῶ active is not
rare in Th. e.g. IV. 121, 2 στρατιὰν πλείω
ἐπεραίωσε, nor περαιοῦσθαι passive (not
middle), e.g. I. 10, 6 μέλλοντας πέλαγος
περαιώσεσθαι (the accusative following
because the active takes a double acc.,
περαιοῦν στρατιὰν τὸ πέλαγος) literally
"about to be conveyed across an open
sea." I cannot persuade myself that
either this verb or any verb ending in -όω
can admit of a neuter sense. ἐξισοῦν = to
make equal, produce what is equal, do
what is equal. Not even δηλοῖ in Plat.
Gorg. 483 D and the passages quoted in
Stallbaum's note is neuter, the true ren-

dering being "it gives indication." If the
text therefore be correct, I should render
the words, "in which persons were to
convey them across the Hellespont." It
appears from the context that Aristeus
and his colleagues had left the court of
Sitalces before the arrival of the Athe-
nian envoys and were already on their
way (πορευομένους αὐτοὺς) to the Helles-
pont. Sitalces, if not prepared to act
openly against the Athenians by send-
ing an army to relieve Potidaea, yet was
willing to allow them a free passage,
and not improbably sent an escort with
them. In this escort lies the subject of
ἐπόρευον. The omission of τινὲς has
been noticed on I. 2, 2, and αὐτοὺς is
easily repeated from the preceding, as
in fact it again is to παραδοῦναι and ἐκό-
μισαν. ὁ ἔμελλεν Poppo's conjecture is
very ingenious, and ὁ is given by both
the Aldine and the Juntine editions, an
insertion however not supported, as far
as I see, by any known MS.

σθαι οἷσπερ καὶ οἱ Λακεδαιμόνιοι ὑπῆρξαν, τοὺς ἐμπόρους
οὓς ἔλαβον Ἀθηναίων καὶ τῶν ξυμμάχων ἐν ὁλκάσι περὶ
Πελοπόννησον πλέοντας ἀποκτείναντες καὶ ἐς φάραγγας ἐσ-
5 βαλόντες. πάντας γὰρ δὴ κατ' ἀρχὰς τοῦ πολέμου οἱ Λα-
κεδαιμόνιοι, ὅσους λάβοιεν ἐν τῇ θαλάσσῃ, ὡς πολεμίους
διέφθειρον, καὶ τοὺς μετὰ Ἀθηναίων ξυμπολεμοῦντας καὶ
τοὺς μηδὲ μεθ' ἑτέρων.

LXVIII. Κατὰ δὲ τοὺς αὐτοὺς χρόνους τοῦ θέρους
τελευτῶντος καὶ Ἀμπρακιῶται αὐτοί τε καὶ τῶν βαρβά-
ρων πολλοὺς ἀναστήσαντες ἐστράτευσαν ἐπὶ Ἄργος τὸ
2 Ἀμφιλοχικὸν καὶ τὴν ἄλλην Ἀμφιλοχίαν. ἔχθρα δὲ πρὸς
τοὺς Ἀργείους ἀπὸ τοῦδε αὐτοῖς ἤρξατο πρῶτον γε-
3 νέσθαι. Ἄργος τὸ Ἀμφιλοχικὸν καὶ Ἀμφιλοχίαν τὴν

Paris 1636 (suprascr. fort. m. ead.) φάλαγκας Par. 1736 γας corr. ρ suprascr. m. altera. οἷσπερ s' T. ὁλκάσι corr. N. (spir. m. r.). ὁλκάσι T.
§ 5. καταρχὰς N.T.V. (coll. Vol. II. p. 445) μὴ δὲ N.T.V.H.Δ.J.
LXVIII. καὶ (ante ἀμπρακιῶται) corr. N. m. r. ἀμπρακιῶται hic T. Sed § 5 ἀμβρακιωτῶν, 7 ἀμβρακιώτας, 9 ἀμβρακιῶται. ἐμπρακιῶται (sic) J. Sed infra ἀμπ. αὐτοὶ τὲ corr. N. (οἱ m. ead. op.) αὐτοί τε hic T. ἐπὶ τὸ ἄργος T.Δ.J. vulg. ante Bauer. ἐπὶ ἄργος N.V.H. q. recepi. ἐπ' ἄργος F. Bekk. Poppo. ἀμφιλοχίαν corr. N. (λ. m. ead.).
§ 2. πρ N. αὐτοῖς om. pr. N. suprascr. m. r.
§ 3. s' ἀμφιλοχίαν T. ἀμβρακικῷ T. πρῖδι N.T.

§ 4. οἷσπερ...ὑπῆρξαν. See on de Fals. Leg. § 321.
LXVIII. αὐτοί τε καί...πολλοὺς ἀναστήσαντες, a well-known idiom for αὐτοί τε καὶ πολλοί. Cp. Plat. III. Rep. 398 A εἰ ἡμῖν ἀφίκοιτο εἰς τὴν πόλιν αὐτός τε καὶ τὰ ποιήματα βουλόμενος ἀποδείξασθαι, and still more vividly IV. 427 D τὸ δὲ μετὰ τοῦτο σκόπει ἐν αὐτῇ φῶς ποθὲν πορισάμενος ἱκανὸν αὐτός τε καὶ τὸν ἀδελφὸν παρακάλει καὶ Πολέμαρχον καὶ τοὺς ἄλλους. Still more noticeable are Eurip. Electr. 496 ἥκω φέρων...πελάνους τε, τευχέων τ' ἐξελὼν τυρεύματα, Dem. Lept. p. 496 § 131 ἐροῦσιν ὡς Μεγαρεῖς καὶ Μεσσήνιοί τινες εἶναι φάσκοντες ἔπειτ' ἀτελεῖς εἰσὶν ἀθρόοι παμπληθεῖς ἄνθρωποι, καί τινες ἄλλοι δοῦλοι καὶ μαστιγίαι, Λυκίδας καὶ Διονύσιος, καὶ τοιούτους τινὰς ἐξειλεγμένοι, which has given trouble to more than one Editor. The use of the participle is quite a stranger to our idiom. Our only mode of retaining it is by substituting for it the relative with the verb. So here translate "and many...whom they had summoned to their standard," and in Eur. "and cheese which I have selected as a choice present from the vats."
§ 2. πρὸς τοὺς Ἀργείους...αὐτοῖς, "between them and the Argives." This is varied § 8 by the substitution of two datives. The orators, if I mistake not, invariably express this relation by the dative joined with πρὸς and the accusative, e.g. Dem. Pantaen. p. 966 § 1 γεγενημένων ἀμφοτέρων μοι τούτων πρὸς Πανταίνετον παρεγραψάμην...τὴν δίκην, where I am surprised that some Editors have placed a comma after τούτων, not observing, though the same § gave them an instance, that παραγράφεσθαι besides δίκην takes also an accusative of the person who brings an action.

ἄλλην ἔκτισε μετὰ τὰ Τρωϊκὰ οἴκαδε ἀναχωρήσας καὶ
οὐκ ἀρεσκόμενος τῇ ἐν Ἄργει καταστάσει Ἀμφίλοχος ὁ
Ἀμφιάρεω ἐν τῷ Ἀμπρακικῷ κόλπῳ, ὁμώνυμον τῇ ἑαυτοῦ
4 πατρίδι Ἄργος ὀνομάσας. καὶ ἦν ἡ πόλις αὕτη μεγίστη
τῆς Ἀμφιλοχίας καὶ τοὺς δυνατωτάτους εἶχεν οἰκήτορας.
5 ὑπὸ ξυμφορῶν δὲ πολλαῖς γενεαῖς ὕστερον πιεζόμενοι
Ἀμπρακιώτας ὁμόρους ὄντας τῇ Ἀμφιλοχικῇ ξυνοίκους
ἐπηγάγοντο, καὶ ἑλληνίσθησαν τὴν νῦν γλῶσσαν τότε
πρῶτον ἀπὸ τῶν Ἀμπρακιωτῶν ξυνοικησάντων· οἱ δὲ ἄλλοι
6 Ἀμφίλοχοι βάρβαροί εἰσιν. ἐκβάλλουσιν οὖν τοὺς Ἀργείους
7 οἱ Ἀμπρακιῶται χρόνῳ καὶ αὐτοὶ ἴσχουσι τὴν πόλιν. οἱ δ᾽
Ἀμφίλοχοι γενομένου τούτου διδόασιν ἑαυτοὺς Ἀκαρνᾶσι,
καὶ προσπαρακαλέσαντες ἀμφότεροι Ἀθηναίους, οἳ αὐτοῖς
Φορμίωνά τε στρατηγὸν ἔπεμψαν καὶ ναῦς τριάκοντα, ἀφι-
κομένου δὲ τοῦ Φορμίωνος αἱροῦσι κατὰ κράτος Ἄργος καὶ

§ 5. δὲ...ἀμπρακιώτας; om. T. τοὺς ὁμόρους ὄντες (sic) T. ἑλληνίσθησαν omn.
ut vid. libri. Verba hujusmodi a *consonante* incipientia syllabicum augmentum
recepisse constat, neque injuria; nullam enim mutationem patitur litera e. g.
μηδίζω, ἐ-μήδισα. Contra in temporali augmento *vocalis* mutatur obscurata litera
quam praesens dedit. Propter hanc causam vulgat. reliqui, haud ignarus veri-
simile esse Platonem Comicum ἠττίκιζεν scripsisse in Hyperb. I. = Vol. II. p. 669
Meinek. Locum exscribo mea facili uti spero conjectura emendatum, quem Meinek.
non videtur intellexisse, ὁ δ᾽ οὐ γὰρ ἠττίκιζεν, ὦ Μοῖραι (Μοῦσαι mavult Meinek.)
φίλαι, | ἀλλ᾽ ὁπότε μὲν χρείη διπτώμην λέγειν | ἔφασκε δητώμην, ὁπότε δ᾽ εἰπεῖν
δέοι ὀλίγον, ὅλιον ἔλεγεν. δητώμην pro διπτώμην, ut σωπάσομαι pro σιωπήσομαι,
βιώσεσθε pro βιώσεσθε, ᾐπήσασθαι ab adjectivo ἤπιος, πέπωκα pro eo quod dici
oportuit πέπιωκα. Nimirum Hyperbolum solitum esse συνάπτειν τὸν λόγον (vid.
Elmsl. ad Aristoph. Acharn. 686) docet quod proxime dicitur eundem Tarentinorum
ὅλιον Attico ὀλίγον maluisse. Ceterum de augmento in verbis inusitatis non
usurpato prudenter quaedam monuit Hermann. ad Eurip. Bacch. 32. γλῶτταν
N.V. βάρβαροι εἰσὶν N. βάρβαροί εἰσιν hic T.
§ 6. ἐκβάλλουσιν οὖν corr. N. (add. ν suprascr. οὖν m. r. fuit ἐκβάλλουσι).
§ 7. οἱ δὲ N. ἄλλοι suprascr. m. r. οἱ δὲ ἄλλοι V. ἀκαρνᾶσι corr. N. m. r.
(acc.). ἀκαρνᾶσιν T.H. προσεκαλέσαντο vulg. προσπαρακαλέσαντες corr. N. (σκ
post lit. 3 litt. cap. παρα suprascr. ες m. r. fuit προσεκαλέσαντο). προσπαρακαλέσαντες
T.V.F.H. omn. Be. A.J. φορμίωνα pr. N. φορμίωνά corr. N. suprascr. τε (m. r.).

§ 3. οὐκ ἀρεσκόμενος κ.τ.λ. εὗρε γὰρ
τὴν μητέρα Ἐριφύλην ἀναιρεθεῖσαν ὑπὸ
Ἀλκμαίωνος τοῦ ἀδελφοῦ αὐτοῦ Schol.
§ 4. δυνατωτάτους here not in the
political sense, but simply "most power-
ful men as its settlers." See on I. 127, 3.
§ 5. ἑλληνίσθησαν..."Ἕλληνες κατὰ τὴν
νῦν διάλεκτον ἐγένοντο is the correct ex-
planation of the Scholiast. See pas-
sages collected from later writers by
Lobeck in a note on Phrynichus p. 379,

380. Ἑλλήνισαν would have been equal-
ly correct, for -ίζειν means "to speak a
certain tongue." The Ambraciots were
a Corinthian colony II. 80, 3.
§ 7. After the adoption of προσπαρα-
καλέσαντες for the previously edited finite
verb, I marvel at Bekker's punctuation
who closes the sentence at καὶ ναῦς τριάκον-
τα. The collocation of καὶ will not allow its
junction with ἀμφότεροι. Ad. and Poppo
have explained the passage rightly, the

τοὺς Ἀμπρακιώτας ἠνδραπόδισαν, κοινῇ τε ᾤκησαν αὐτὸ
8 Ἀμφίλοχοι καὶ Ἀκαρνᾶνες. μετὰ δὲ τοῦτο ἡ ξυμμαχία
9 ἐγένετο πρῶτον Ἀθηναίοις καὶ Ἀκαρνᾶσιν. οἱ δὲ Ἀμπρα-
κιῶται τὴν μὲν ἔχθραν ἐς τοὺς Ἀργείους ἀπὸ τοῦ ἀνδρα-
ποδισμοῦ σφῶν αὐτῶν πρῶτον ἐποιήσαντο, ὕστερον δὲ ἐν τῷ
πολέμῳ τήνδε τὴν στρατείαν ποιοῦνται αὐτῶν τε καὶ Χαόνων
καὶ ἄλλων τινῶν τῶν πλησιοχώρων βαρβάρων· ἐλθόντες τε
πρὸς τὸ Ἄργος τῆς μὲν χώρας ἐκράτουν, τὴν δὲ πόλιν
ὡς οὐκ ἐδύναντο ἑλεῖν προσβαλόντες, ἀπεχώρησαν ἐπ᾽
10 οἴκου καὶ διελύθησαν κατὰ ἔθνη. τοσαῦτα μὲν ἐν τῷ θέρει
ἐγένετο.

LXIX. Τοῦ δ᾽ ἐπιγιγνομένου χειμῶνος Ἀθηναῖοι ναῦς
ἔστειλαν εἴκοσι μὲν περὶ Πελοπόννησον καὶ Φορμίωνα
στρατηγόν, ὃς ὁρμώμενος ἐκ Ναυπάκτου φυλακὴν εἶχε μήτ᾽
ἐκπλεῖν ἐκ Κορίνθου καὶ τοῦ Κρισαίου κόλπου μηδένα μήτ᾽
ἐσπλεῖν, ἑτέρας δὲ ἓξ ἐπὶ Καρίας καὶ Λυκίας καὶ Μελήσαν-
δρον στρατηγόν, ὅπως ταῦτά τε ἀργυρολογῶσι καὶ τὸ
λῃστικὸν τῶν Πελοποννησίων μὴ ἐῶσιν αὐτόθεν ὁρμώμενον
βλάπτειν τὸν πλοῦν τῶν ὁλκάδων τῶν ἀπὸ Φασήλιδος
2 καὶ Φοινίκης καὶ τῆς ἐκεῖθεν ἠπείρου. ἀναβὰς δὲ στρατιᾷ

κατακράτος Ν.Τ. (de V. tac. Ad.). *A.J.* ᾤκησαν hic Ν. ἀκαρνᾶνες corr. Ν. (â m.r.).
ἀκαρνάνες Τ.
§ 8. ἀκαρνᾶσιν corr. Ν. (acc. m.r.). ἀκαρνάσιν Τ.
§ 9. στρατείαν Ν. στρατίαν (sic) V. (coll. Ed. 3). στρατιάν (coll. Ed. 1,
Vol. II. p. 445). στρατιάν Εd. Huds. αὐτῶν τε Ν. αὐτῶν an αὑτῶν Τ. p.l. τε Τ.
ἐλθόντες τὲ Ν.Τ. ἠδύναντο Τ.
LXIX. ἔστειλλαν (sic) Τ. ς᾽ τοῦ Τ. μήτε ἐσπλεῖν Ν.Τ.V. μελίσανδρον Ν.V.F.
(teste Br. tac. Ba.) Η. μελήσανδρον Τ. ταῦτά τε Ν. ταῦτα τὲ Τ. λῃστικὸν Τ.
ὁλκάδων Ν.Τ.

---

clause οἱ αὐτοῖς...ἔπεμψαν being the same
in sense as if it had been πεμψάντων τε
τούτων. The construction in VIII. 86, 9
may be unravelled in the same way.

§ 9. σφῶν αὐτῶν "suam ipsorum"
would be here impertinently emphatic,
though Krüger has joined the words.
Surely they are to be disjoined as IV.
48, 1 though there is less obscurity in
that place, as εἰ βούλονται intervenes.
The construction is the same as that
noticed on II. 49, 8. The passages

quoted show that there is no uniformity
in the collocation of the *subjective* or
the *objective* genitive.

LXIX. ὁρμώμενος ἐκ and below αὐτό-
θεν ὁρμώμενον "making it their head
quarters, their place to start from."
See on I. 64, 3. This use of course is
limited to the *present tense.*——ταῦτά τε
ἀργ. "to collect the tributes in these
parts."

§ 2. The brevity of the narrative
hardly allows one to determine whether

Ἀθηναίων τε τῶν ἀπὸ τῶν νεῶν καὶ τῶν ξυμμάχων ἐς τὴν
Λυκίαν ὁ Μελήσανδρος ἀποθνήσκει καὶ τῆς στρατιᾶς μέρος
τὶ διέφθειρε νικηθεὶς μάχῃ.

LXX. Τοῦ δ' αὐτοῦ χειμῶνος οἱ Ποτιδαιᾶται ἐπειδὴ
οὐκέτι ἐδύναντο πολιορκούμενοι ἀντέχειν, ἀλλ' αἵ τε ἐς τὴν
Ἀττικὴν ἐσβολαὶ Πελοποννησίων οὐδὲν μᾶλλον ἀπανίστασαν
τοὺς Ἀθηναίους, ὅ τε σῖτος ἐπελελοίπει, καὶ ἄλλα τε πολλὰ
ἐπεγεγένητο αὐτόθι ἤδη βρώσεως πέρι ἀναγκαίας καί τινες
καὶ ἀλλήλων ἐγέγευντο, οὕτω δὴ λόγους προσφέρουσι περὶ
ξυμβάσεως τοῖς στρατηγοῖς τῶν Ἀθηναίων τοῖς ἐπὶ σφίσι
τεταγμένοις, Ξενοφῶντί τε τῷ Εὐριπίδου καὶ Ἑστιοδώρῳ
2 τῷ Ἀριστοκλείδου καὶ Φανομάχῳ τῷ Καλλιμάχου. οἱ δὲ
προσεδέξαντο, ὁρῶντες μὲν τῆς στρατιᾶς τὴν ταλαιπωρίαν
ἐν χωρίῳ χειμερινῷ, ἀναλωκυίας τε ἤδη τῆς πόλεως δισχίλια
3 τάλαντα ἐς πολιορκίαν. ἐπὶ τοῖσδε οὖν ξυνέβησαν, ἐξελθεῖν
αὐτοὺς καὶ παῖδας καὶ γυναῖκας καὶ τοὺς ἐπικούρους ξὺν ἑνὶ
ἱματίῳ, γυναῖκας δὲ ξὺν δυοῖν, καὶ ἀργύριόν τι ῥητὸν ἔχοντας
4 ἐφόδιον. καὶ οἱ μὲν ὑπόσπονδοι ἐξῆλθον ἐπὶ τὴν Χαλκιδικὴν
καὶ ἕκαστος ᾗ ἐδύνατο· Ἀθηναῖοι δὲ τούς τε στρατηγοὺς
ἐπῃτιάσαντο ὅτι ἄνευ αὐτῶν ξυνέβησαν (ἐνόμιζον γὰρ ἂν

§ 2. ἀθηναίων τὲ Ν. στρατιᾶ τὲ ἀθ. Τ. μελίσανδρος Ν.V. μελήσανδρος Τ.
μέρος τὶ Ν.Τ.A.J. vulg. ante Bekk.
LXX. ποτιδαιᾶται Ν. ποτιδαιᾶται Τ. ἠδύναντο Ν.Τ.V. [Η. pr. m. si Bauer.
intelligo]. ἀλλαι τὲ Τ. ἀλλ' αἵ τε ἐσβολαὶ ἐς τὴν ἀττικὴν Ν.V.F.H. ἀλλά τε Ν.
ἄλλα τὲ Τ. καὶ (ante ἀλλήλων) om. pr. Ν. add. Ν. marg. m.r. ἐγεύοντο A.J. vulg.
ἐγέγευντο Ν.Τ.V.F.H. pl. omn. Be. ξενοφῶντι τὲ Ν.Τ. εὐριπίδου corr. Ν. (pr. l m.
ead. necne p. l.). ἑστιοδώρῳ Ν.Τ.
§ 2. οἱ δὲ· Τ. χειμερίνῳ corr. Ν. (alt. ι m. ead.). ἀναλωκυίας τὲ Ν.Τ. εἰς πολι-
ορκίαν Ν.Τ.V.F. ἐς τὴν πολιορκίαν A.J. vulg. ante Bekk.
§ 3. ς γιναῖκας Τ. ἀργύριον τὶ Ν. ἀργυρίον τι Τ.·
§ 4. ἐς τε τὴν A.J. vulg. ἐπὶ τὴν Ν.Τ.V.F.H. pl. Be. χαλκιδικὴν corr. Ν.
(pr. ι m. r. op.). ὅτι corr. Ν. (τι m. ead.). αὐτῶν Ν.Τ. vulg. A.J. Poppo. αὐτῶν
cum Bekkero recepi.

"a portion" or "a considerable por-
tion" was slain in the battle. Mean-
while I give in the text μέρος τὶ δ.
LXX. οὐδὲν μᾶλλον ἀπ.…" were not a
whit the more causing the Ath. to raise
the siege, and the grain had failed."——
πέρι: see on I. 52, 2. ἀναγκαίας: v. 8, 3
ὅπλισιν ἀναγκαίαν, VI. 37, 2 ἀναγκαῖς
παρεσκευῆς, VII. 60, 4 ἐξ ἀναγκαίου καὶ

τοιαύτης διανοίας Liv. xxII. 2, 9 necessa-
rium cubile. It is hardly possible to
express the epithet by one English word.
Our makeshift is too homely.
§ 3. ξὺν ἑνί…ξὺν δυοῖν: i. e. ἕκαστον…
ἑκάστην. See on I. 14, 1. The Latin
tongue has here an advantage in pos-
sessing distributive numerals, singulis
(privis) vestibus, binis.

κρατῆσαι τῆς πόλεως ᾗ ἐβούλοντο), καὶ ὕστερον ἐποίκους
5 ἑαυτῶν ἔπεμψαν ἐς τὴν Ποτίδαιαν καὶ κατῴκισαν. ταῦτα
μὲν ἐν τῷ χειμῶνι ἐγένετο· καὶ τὸ δεύτερον ἔτος ἐτελεύτα τῷ
πολέμῳ τῷδε ὃν Θουκυδίδης ξυνέγραψε.

LXXI. Τοῦ δ᾽ ἐπιγιγνομένου θέρους οἱ Πελοποννήσιοι
καὶ οἱ ξύμμαχοι ἐς μὲν τὴν Ἀττικὴν οὐκ ἐσέβαλον, ἐστρά-
τευσαν δὲ ἐπὶ Πλάταιαν· ἡγεῖτο δὲ Ἀρχίδαμος ὁ Ζευξιδάμου
2 Λακεδαιμονίων βασιλεύς. καὶ καθίσας τὸν στρατὸν ἔμελλε
δῃώσειν τὴν γῆν· οἱ δὲ Πλαταιῆς εὐθὺς πρέσβεις πέμψαντες
3 πρὸς αὐτὸν ἔλεγον τοιάδε. "Ἀρχίδαμε καὶ Λακεδαιμόνιοι,
" οὐ δίκαια ποιεῖτε οὐδ᾽ ἄξια οὔτε ὑμῶν οὔτε πατέρων ὧν
4 " ἐστὲ ἐς γῆν τὴν Πλαταιῶν στρατεύοντες. Παυσανίας γὰρ
" ὁ Κλεομβρότου Λακεδαιμόνιος ἐλευθερώσας τὴν Ἑλλάδα
" ἀπὸ τῶν Μήδων μετὰ Ἑλλήνων τῶν ἐθελησάντων ξυνά-
" ρασθαι τὸν κίνδυνον τῆς μάχης ἣ παρ᾽ ἡμῖν ἐγένετο, θύσας
" ἐν τῇ Πλαταιῶν ἀγορᾷ Διὶ ἐλευθερίῳ ἱερὰ καὶ ξυγκαλέσας
" πάντας τοὺς ξυμμάχους ἀπεδίδου Πλαταιεῦσι γῆν καὶ
" πόλιν τὴν σφετέραν ἔχοντας αὐτονόμους οἰκεῖν, στρατεῦσαί
" τε μηδένα ποτὲ ἀδίκως ἐπ᾽ αὐτοὺς μηδ᾽ ἐπὶ δουλείᾳ, εἰ
" δὲ μή, ἀμύνειν τοὺς παρόντας ξυμμάχους κατὰ δύναμιν.
5 " τάδε μὲν ἡμῖν πατέρες οἱ ὑμέτεροι ἔδοσαν ἀρετῆς ἕνεκα

§ 5. τὸ δεύτερον omn. ut vid. libri. ξυνέγραψεν ut solet Bekk.
LXXI. θέρους (non ἔτους) N. δὲ ἐπὶ N.T.V.F. Poppo. δ᾽ ἐπὶ A.J. vulg. Bekk.
πλάταν T. suprascr. m. ead. ἀρχίδαμος corr. N. (spir. m. ead.).
§ 2. καὶ...γῆν om. T. γῆν (sic) N. et § 3. πλαταιῆς A.J. vulg. ante Bauer.
πλαταιεῖς N.T. Bauer. πλαταιῆς Bekk. Poppo. πρὸ N. αὐτοὺς T.
§ 3. δημηγορία πλαταιέων πρ ἀρχίδαμον T. marg. litt. min. οὔτε οὐδ᾽ ἄξια V.
οὐδ᾽ ἄξια N. πρῶν N.T. ὧν ἐστε A.J. vulg. ὧν ἐστε N.T. Bekk. ὧν ἐστε Poppo γῆν
τὴν corr. N. (m. r. op. γ et τ pr. m. hab.). τὴν γῆν τῶν T. πλαταιέων hic
et § 4 N.T. omn. ut vid. libri A.J. vulg. πλαταιῶν Bekk. Poppo.
§ 4. θῦσαι T. συγκαλέσας T. στρατεῦσαι τὲ N. στρατεῦσαί τε T. ἀδίκως ποτὲ
μηδένα N.V. μηδ᾽ N.T.H.

§ 5. τὸ δεύτερον: I have noticed this
on 1. 23, 2.
LXXI. § 4. ἀπεδίδου. See on 1. 115,
1, and for the *imperfect* on 1. 26, 1.
"Formally reinstated the Plataeans in
the independent possession of their city
and territory" Thirlwall. When the
Duke of Wellington, in the year 1818,
by his urgent solicitations prevailed

upon the Allies to relieve him from the
chief command of the army of occupa-
tion, and to carry into execution all the
arrangements for the evacuation of the
French territory, he might be said ἀπο-
διδόναι Γαλάταις γῆν τὴν σφετέραν ἔχοντας
αὐτονόμους οἰκεῖν. (Alison, History of
Europe Vol. 1. ch. vi. § 72 p. 576 Edit.
MDCCCLIII.)

"καὶ προθυμίας τῆς ἐν ἐκείνοις τοῖς κινδύνοις γενομένης,
"ὑμεῖς δὲ τἀναντία δρᾶτε· μετὰ γὰρ Θηβαίων τῶν ἡμῖν
6 "ἐχθίστων ἐπὶ δουλείᾳ τῇ ἡμετέρᾳ ἥκετε. μάρτυρας δὲ
"θεοὺς τούς τε ὁρκίους τότε γενομένους ποιούμενοι καὶ
"τοὺς ὑμετέρους πατρῴους καὶ ἡμετέρους ἐγχωρίους, λέγομεν
"ὑμῖν τὴν γῆν τὴν Πλαταιίδα μὴ ἀδικεῖν μηδὲ παραβαίνειν
"τοὺς ὅρκους, ἐὰν δὲ οἰκεῖν αὐτονόμους καθάπερ Παυσανίας
"ἐδικαίωσεν."

LXXII.   Τοσαῦτα εἰπόντων Πλαταιῶν Ἀρχίδαμος
ὑπολαβὼν εἶπε "Δίκαια λέγετε, ὦ ἄνδρες Πλαταιῆς, ἢν
2 "ποιῆτε ὅμοια τοῖς λόγοις. καθάπερ γὰρ Παυσανίας ὑμῖν
"παρέδωκεν, αὐτοί τε αὐτονομεῖσθε καὶ τοὺς ἄλλους ξυνε-
"λευθεροῦτε, ὅσοι μετασχόντες τῶν τότε κινδύνων ὑμῖν
"τε ξυνώμοσαν καὶ εἰσὶ νῦν ὑπ' Ἀθηναίοις, παρασκευή τε
"τοσήδε καὶ πόλεμος γεγένηται αὐτῶν ἕνεκα καὶ τῶν
3 "ἄλλων ἐλευθερώσεως. ἧς μάλιστα μὲν μετασχόντες καὶ
"αὐτοὶ ἐμμείνατε τοῖς ὅρκοις· εἰ δὲ μή, ἅπερ καὶ τὸ πρότερον
"ἤδη προὐκαλεσάμεθα, ἡσυχίαν ἄγετε νεμόμενοι τὰ ὑμέτερα

§ 5. πρε͞ς N.T. ἡμέτεροι T. suprascr. m. ead. ὑμῖν πατέρες οἱ ἡμέτεροι F. (teste Br. tac. Ba.). τοῖς ἐν V.F. (teste Br. tac. Ba.) τῆς ἐν N. ἐχθίστων corr. T. (ι m. ead.). ὑμετέρα T.

§ 6. ὁρκίους N. fort. T. τούς τό͞ T. suprascr. m. ead. πρῶ͞ ους N.T. καὶ ἡμῖν T. λέγομεν μὲν T. μὴ δὲ N.T. μηδὲ A.J. ὅρους ἐὰν T. ἐδικαίωσεν Bekk.

LXXII. πλαταιῶν pr. N. πλαταιέων corr. N. (lit. supr. ω add. ε et acc. m. r.). τῶν πλαταιέων T. εἶπεν A.J. vulg. εἶπε N.T.H. δημηγορία ἀρχιδάμου T. marg. litt. min. πλαταιεῖς N. πλαιτεεῖς T. πλαταιῆς A.J. ποιεῖτε T. ὅμοια N.T.A.J. vulgo Poppo. ὅμοῖα Bekk.

§ 2. γὰρ om. H. παυσανίας bis T. alt. transv. cal. induct. αὐτοὶ τὲ N. αὐτοί τε T. αὐτονομεῖσθαι F. (teste Br. tac. Ba.). ὑμῖν τὲ corr. N. (υ m. r.). ὑμῖν τε T. παρασκευή τὲ N. καὶ πόλεμος om. T. καὶ τῶν (sic) T.

§ 3. τοπρότερον A.J. vulg. τὸ πρότερον N.T.V. αὐτῶν om. pr. N. suprascr. m. r. ἐστὲ N.T. μὴ δὲ N.T.A.J. Post δέχεσθε, δὲ om. N.V.F.H. μηδ' N.T. μηδ' A.J.

LXXII. § 2. ὅσοι...αὐτῶν ἕνεκα: our idiom requires "all who......and for whose safety." For the Greek usage, see on 1. 74, 1 ann. crit., though examples are not wanting of the repetition of the relative such as Dem. Pantaen. p. 980 § 46 ὃν τῶν τοιούτων οἱ νόμοι κελεύουσιν ἐπιμελεῖσθαι, καὶ παρ' ᾧ τῷ μὲν ἠδικηότι κίνδυνος, 1. Cont. Stephan. p. 1118 § 57 ἣν ᾤμην εἶναι καὶ δι' ἧς.

§ 3. This πρόκλησις has not been mentioned before.——I have put a comma after μηδ' ἑτέρους, according to an idiom in use with ourselves as well as the Greeks. "Preserve neutrality, and this will satisfy us." According to the usual pointing καὶ may be rendered "Even this," but I should look for καὶ γὰρ τάδε. Obiter I may remark that the Latins of the best times more abruptly omit the copula-

" αὐτῶν, καὶ ἔστε μηδὲ μεθ᾽ ἑτέρων, δέχεσθε δὲ ἀμφοτέρους
4 " φίλους, ἐπὶ πολέμῳ δὲ μηδ᾽ ἑτέρους, καὶ τάδε ἡμῖν
5 " ἀρκέσει." ὁ μὲν Ἀρχίδαμος τοσαῦτα εἶπεν· οἱ δὲ Πλα-
ταιῶν πρέσβεις ἀκούσαντες ταῦτα ἐσῆλθον ἐς τὴν πόλιν, καὶ
τῷ πλήθει τὰ ῥηθέντα κοινώσαντες ἀπεκρίναντο αὐτῷ ὅτι
ἀδύνατα σφίσιν εἴη ποιεῖν ἃ προκαλεῖται ἄνευ Ἀθηναίων·
παῖδες γὰρ σφῶν καὶ γυναῖκες παρ᾽ ἐκείνοις εἴησαν· δεδιέναι
δὲ καὶ περὶ τῇ πάσῃ πόλει μὴ ἐκείνων ἀποχωρησάντων
Ἀθηναῖοι ἐλθόντες σφίσιν οὐκ ἐπιτρέπωσιν, ἢ Θηβαῖοι ὡς
ἔνορκοι ὄντες κατὰ τὸ ἀμφοτέρους δέχεσθαι, αὖθις σφῶν
6 τὴν πόλιν πειράσωσι καταλαβεῖν. ὁ δὲ θαρσύνων αὐτοὺς
πρὸς ταῦτα ἔφη· "ὑμεῖς δὲ πόλιν μὲν καὶ οἰκίας ἡμῖν παρά-

§ 3. ἐπὶ πολέμῳ (sine δὲ) F.H.V.N. Additur particula quasi praecessisset ἐπὶ
μὲν φιλίᾳ ἀμφοτέρους. ἐπὶ πολέμῳ δὲ T. ἐπὶ πολέμῳ δὲ A.J.
§ 4. ἀρκέσει F.V.N. cum optimis, et sic T., h. e. nihil ultra haec petimus.
ἀρέσκει A.J. vulgo, sic volumus, quod nimis imperiose dictum videtur. Cf. Soph.
Trach. 1216, ἀλλ᾽ ἀρκέσει καὶ ταῦτα. καὶ ὁ μὲν T.
§ 5. εἴη σφίσι ποιεῖν T. καὶ τῇ περὶ τῇ T. πειράσωσι N. (ω in rasura) A.J.
Arnold ut vulgo. πειράσουσι Poppo, Classen, cum F.H.V.T. Futurum post δεδιέναι
μὴ exemplis satis defenditur. Vide Aesch. Pers. 115, φρὴν ἀμύσσεται φόβῳ—μὴ
πόλις πύθηται—καὶ τὸ Κίσσινον πόλισμ᾽ ἀντίδουπον ἔσσεται, ubi recte Schol. Med. μὴ
ἀντηχήσῃ θρῆνον. Ar. Eccl. 494, μὴ καί τις ἡμᾶς ὄψεται χἡμῶν ἴσως κατείπῃ. Ceterum
vide notata ad 60 § 1 (p. 262).
§ 6. θρασύνων T. ἡμῖν παράδοτε F.H.V.N. (ἢ in rasura). Vulgo et A. παράδοτε
ἡμῖν, et sic A.J., quod non deterius videtur. ὑμεῖς μὲν πόλιν καὶ οἰκίας παράδοτε τοῖς
λακεδαιμονίοις T. δυνατόν ἐστιν ἐς H.F. ὅπη N.V.T. ὅποι A.J.

tive. In Ter. Phorm. III. 3, 28 = 56
Praestost: audacissime oneris quid vis
impone, et ferat, I conjectured many
years ago that Ter. wrote ecferat, and
Fleckeisen and Wagner give this read-
ing. See Madvig Opusc. Acad. Vol. II.
p. 162.
§ 5. δεδιέναι περὶ πόλει: "to fear for."
περὶ πόλεως "about." The latter could
have been used, but with less precision
than the former. Plat. Protag. 320 A
δεδιὼς περὶ αὐτοῦ μὴ διαφθαρῇ, but 322 C
δείσας περὶ τῷ γένει ἡμῶν μὴ ἀπόλοιτο πᾶν.
Both constructions are united in VI. 34,
4 οὐ περὶ (for) τῇ Σικελίᾳ πρότερον ἔσται
ὁ ἀγὼν ἢ τοῦ (τῷ would here be wrong)
ἐκείνους περαιωθῆναι τὸν Ἰόνιον. Cp.
Herod. VIII. 99 οὐχ οὕτω δὲ περὶ τῶν
νηῶν ἀχθόμενοι ταῦτα οἱ Πέρσαι ἐποίευν,
ὡς περὶ αὐτῷ Ξέρξῃ δειμαίνοντες. For
οὐκ ἐπιτρέπωσιν see on I. 71, 1. ἐσῆλ-
θον. The envoys had gone out of the
city to the King's camp, sup. 71, 2.

—καὶ περὶ τῇ πάσῃ πόλει, "not only
for their friends, who were hostages
at Athens, but for the whole city; for
when the Spartans had retired, on the
terms being accepted, the Athenians
might come and not allow them to ad-
mit both parties (i.e. include the ene-
my's party) as friends."——ἐπιτρέπωσιν
= ἐῶσιν, sc. ἀμφοτέρους δέχεσθαι φίλους.
—ἢ Θηβαῖοι κ.τ.λ., i.e. ἢ μὴ Θ. "Per-
haps too the Thebans, claiming to be
included in the treaty by virtue of the
clause to receive both (as friends, § 3),
might try to get possession of their city
a second time" (sup. 3), viz. on the plea
that they were unjustly kept out of it.
Arnold's version is lax, though it gives
the sense, "as being comprehended
within the terms of their oath when
they swore to admit both parties."——
ἔνορκοι, as he observes, here = ἔνσπονδοι.
§ 6. ὑμεῖς δέ κ.τ.λ. A specious offer
is then made: "Well, do you hand over

20

"δοτε τοῖς Λακεδαιμονίοις καὶ γῆς ὅρους ἀποδείξατε καὶ
"δένδρα ἀριθμῷ τὰ ὑμέτερα καὶ ἄλλο εἴ τι δυνατὸν ἐς
"ἀριθμὸν ἐλθεῖν· αὐτοὶ δὲ μεταχωρήσατε ὅποι βούλεσθε,
7 "ἕως ἂν ὁ πόλεμος ᾖ· ἐπειδὰν δὲ παρέλθῃ, ἀποδώσομεν
8 "ὑμῖν ἃ ἂν παραλάβωμεν. μέχρι δὲ τοῦδε ἕξομεν παρα-
"καταθήκην, ἐργαζόμενοι καὶ φορὰν φέροντες ᾗ ἂν ὑμῖν
"μέλλῃ ἱκανὴ ἔσεσθαι."

LXXIII. Οἱ δ' ἀκούσαντες ἐσῆλθον αὖθις ἐς τὴν
πόλιν, καὶ βουλευσάμενοι μετὰ τοῦ πλήθους ἔλεξαν ὅτι
βούλονται ἃ προκαλεῖται Ἀθηναίοις κοινῶσαι πρῶτον, καί,
ἢν πείθωσιν αὐτούς, ποιεῖν ταῦτα· μέχρι δὲ τούτου σπεί-
2 σασθαι σφίσιν ἐκέλευον καὶ τὴν γῆν μὴ δῃοῦν. ὁ δὲ ἡμέρας
τε ἐσπείσατο ἐν αἷς εἰκὸς ἦν κομισθῆναι, καὶ τὴν γῆν οὐκ
3 ἔτεμνεν. ἐλθόντες δὲ οἱ Πλαταιῆς πρέσβεις ὡς τοὺς Ἀθη-
ναίους, καὶ βουλευσάμενοι μετ' αὐτῶν, πάλιν ἦλθον ἀπαγ-
γέλλοντες τοῖς ἐν τῇ πόλει τοιάδε· "οὔτ' ἐν τῷ πρὸ τοῦ
"χρόνῳ, ὦ ἄνδρες Πλαταιῆς, ἀφ' οὗ ξύμμαχοι ἐγενόμεθα,
"Ἀθηναῖοί φασιν ἐν οὐδενὶ ὑμᾶς προέσθαι ἀδικουμένους,

§ 7. ἀποδώσομεν μέχρι δὲ vulgo. Verba ὑμῖν (ἡμῖν T.) ἃ ἂν παραλάβωμεν addunt
F.H.N.V.T. alii, cum A.J.
§ 8. μέχρι τοῦδε T.
LXXIII. § 1. Hesych. κοινῶσαι· προσανενεγκεῖν, h. e. remittere, qui fortasse
huc respexit. πείθωσιν omnes, ut videtur, si haec iis probaturi sint. Malis fortasse
πείσωσιν. μὴ δῃοῦν N.T.
§ 2. ἡμέρας τὲ T.
§ 3. οἱ πλαταιεῖς N. ut solet, et T., et sic mox infra. οἱ πλαταιῆς A.J. οὔτε
ἐν N.T. προτοῦ A.J. ἀθηναῖοι φασὶν T.A.J. ὑμᾶς F.N.V.T. Goell. Poppo, Classen.
ἡμᾶς Arnold, Bekk. cum A.J., quod paullo melius cum ἐγενόμεθα congruere videtur.
Negant se nos, ex quo foedus cum iis fecimus, unquam prodidisse. Sed ὑμῖν inf. § 4.

to us your city and its private houses
for a time, pending the war with Athens,
and we will hold them, during your ab-
sence elsewhere, as a security for your
conduct (the abstaining from hostility to
us), and will restore them honestly and
faithfully when the war is past."
§ 8. φοράν, "tribute," "tax," "rent,"
usually φόρον. Hesychius rightly dis-
tinguishes φορά, "motion" (a philoso-
phical term), from φόρος, "tribute." In
I. 76 we are told that the φορὰ χρημάτων,
"contribution of money," was called
φόρος, "tribute." Compare ταφὴ with
τάφος.
LXXIII. § 1. ἐσῆλθον αὖθις: see 72,

§ 5.——μετὰ τοῦ πλήθους implies that
the answer was not brought from the
few, τῶν ἐν τέλει, but again as the de-
cision of the whole body. The purport
of the reply was, to obtain the sanction
of Athens, which they dared not offend.
——ποιεῖν, supply ἐθέλουσιν from βούλον-
ται.——μὴ δῃοῦν, "pending the decision
of the Athenians, not to go on ravaging
the country.——ἐν αἷς κ.τ.λ., "that he
would suspend operations for a certain
number of days, within which there was
a reasonable prospect of their return
from Athens."
§ 3. προέσθαι, "that they threw you
over," neglected you when you were being

" οὔτε νῦν περιόψεσθαι, βοηθήσειν δὲ κατὰ δύναμιν. ἐπι-
" σκήπτουσί τε ὑμῖν πρὸς τῶν ὅρκων οὓς οἱ πατέρες ὤμοσαν
" μηδὲν νεωτερίζειν περὶ τὴν ξυμμαχίαν."

LXXIV. Τοιαῦτα τῶν πρέσβεων ἀπαγγειλάντων, οἱ
Πλαταιῆς ἐβουλεύσαντο Ἀθηναίους μὴ προδιδόναι, ἀλλ'
ἀνέχεσθαι καὶ γῆν τεμνομένην, εἰ δεῖ, ὁρῶντας καὶ ἄλλο
πάσχοντας ὅ τι ἂν ξυμβαίνῃ· ἐξελθεῖν τε μηδένα ἔτι, ἀλλ'
ἀπὸ τοῦ τείχους ἀποκρίνασθαι ὅτι ἀδύνατα σφίσι ποιεῖν
ἐστιν ἃ Λακεδαιμόνιοι προκαλοῦνται. ὡς δὲ ἀπεκρίναντο,
ἐντεῦθεν δὴ πρῶτον μὲν ἐς ἐπιμαρτυρίαν καὶ θεῶν καὶ ἡρώων
τῶν ἐγχωρίων Ἀρχίδαμος [ὁ βασιλεὺς] κατέστη, λέγων ὧδε·
" θεοὶ ὅσοι γῆν τὴν Πλαταιΐδα ἔχετε καὶ ἥρωες, ξυνίστορες
" ἔστε ὅτι οὔτε τὴν ἀρχὴν ἀδίκως, ἐκλιπόντων δὲ τῶνδε

LXXIV. § 1. ἀλλὰ ἀνέχεσθαι T. ἀντέχεσθαι F.H.N.V. Aut ἀντέχειν aut ἀνέ-
χεσθαι scribendum videtur. Cf. I. 31, 1, καὶ τῆς θαλάσσης μᾶλλον ἀντείχοντο. Quod
adnotavit Poppo, intelligi posse αὐτῶν, sc. τῶν Ἀθηναίων, id ad γῆν περθομένους
potius quam ad γῆν τεμνομένην ὁρῶντας ducebat. Tum εἰ δέοι non male Dionysius,
p. 904. Ceterum ὁρῶντες et πάσχοντες, utpote ex praeced. v. ἐβουλεύσαντο suspensa,
scribendum esse contendit C. G. Cobetus, Var. Lect. p. 440, fortasse recte, etsi paullo
insolentius sonat βουλεύομαι ἀνέχεσθαι ὁρῶν. Fortasse in animo habuit Th. ἀλλὰ
κρεῖσσον εἶναι σφίσιν ἀνέχεσθαι κ.τ.λ. ὅ, τι ἂν συμβαίνει T. ἀπὸ τείχους T. Clausulam
ὅτι ἀδύνατα—προκαλοῦνται male repetitam ex 72, 5 censet Cobetus ibid.
   § 2. ἡρωίων F. [ὁ] βασιλεὺς Poppo. ὁ βασιλεὺς A.J. Arnold, Bekk. Articulum
omittunt F.H.N.V.T. cum optimis, et sic Classen. Σιτάλκης Ὀδρυσῶν βασιλεὺς iv.
101, 5, contulit Poppo. Sed inf. 80, 8, Θαρύπου τοῦ βασιλέως. γῆν πλαταιΐδα J.
(non A.). ἐστὲ N.T. ξυνίστορές ἐστε Bekk. Poppo. ἐκλιπόντων δὲ τῶνδε T.F.H.V.N.

wronged by others," "sacrificed you to
their own interests." One is struck both
with the rashness, if not the insincerity
of such a promise, and with the credulity
which relied on it. But the one desire
of Athens was not to let the Thebans
get a footing in Plataea. Sir G. Cox
(Hist. Gr. II. p. 137) observes, "It was
an unfortunate answer. The entreaty
to the Plataeans that they should hold
out against all attacks ensured their
ruin, while it pledged the Athenians to
a course of action which was either im-
possible or too costly."——ἐπισκήπτουσι,
" they solemnly adjure you by the oaths
which your forefathers gave us (to main-
tain our independence), to make no
change for the worse in the subsisting
alliance between us," viz. ourselves and
Athens.——πρός, as in the formula πρὸς
θεῶν, approximates to the sense of πρό,

"in the sight of," as we say " Before
God I swear," &c.
   LXXIV. § 1. μὴ προδιδόναι, viz. δε-
χόμενοι τοὺς Λακεδαιμονίους. Rather than
that (they said) they would endure to see
their lands laid waste and to suffer any
evil that might befal them from the
Spartans. The accusatives ὁρῶντας and
πάσχοντας are affected, as Goeller ob-
serves, by εἰ δεῖ, sc. σφᾶς ἀνέχεσθαι. It
is evident that there was less of chivalry
than of obstinacy and of national hatred
in the final reply; they would die rather
than give in, and so abandon their
friends the Athenians.——ἔτι, "after
the answer now given." There is a re-
ference to the proposal to emigrate, 72,
§ 6.
   § 2. ἐντεῦθεν, "after that and as the
result of it." This formula of shifting
the responsibility by protesting that

"πρότερον τὸ ξυνώμοτον, ἐπὶ γῆν τήνδε ἤλθομεν, ἐν ᾗ
"οἱ πατέρες ἡμῶν εὐξάμενοι ὑμῖν Μήδων ἐκράτησαν καὶ
"παρέσχετε αὐτὴν εὐμενῆ ἐναγωνίσασθαι τοῖς Ἕλλησιν,
"οὔτε νῦν, ἤν τι ποιῶμεν, ἀδικήσομεν· προκαλεσάμενοι γὰρ
3 "πολλὰ καὶ εἰκότα οὐ τυγχάνομεν. ξυγγνώμονες δὲ ἔστε
"τῆς μὲν ἀδικίας κολάζεσθαι τοῖς ὑπάρχουσι προτέροις, τῆς
"δὲ τιμωρίας τυγχάνειν τοῖς ἐπιφέρουσι νομίμως."

LXXV. Τοσαῦτα ἐπιθειάσας καθίστη ἐς πόλεμον τὸν
στρατόν, καὶ πρῶτον μὲν περιεσταύρωσεν αὐτοὺς τοῖς δέν-

Vulgo cum *A.J.* ἐκλιπόντων τῶνδε. τῶν δευτέρων vel τῶνδ' ἑτέρων τὸ ξυνωμότατον
T.—Sententia est, οὐκ ἀδίκως, ἀλλὰ ἐκλιπόντων τῶνδε, ut I. 5, 1, οὐκ ἔχοντός πω αἰ-
σχύνην τούτου τοῦ ἔργου, φέροντος δέ τι καὶ δόξης μᾶλλον. ἐπὶ τὴν γῆν τήνδε Ν. ὑμῖν
post εὐξάμενοι alia manu superscr. in Ν. παράσχετε T. ἐναγωνίζεσθαι V.Ν. ἐναγω-
νίσασθαι T.*A.J.* Aoristo utitur sup. 20, 4, ὁ χῶρος ἐπιτήδειος ἐφαίνετο ἐνστρατοπεδεῦ-
σαι, et 44, 1, καὶ οἷς ἐνευδαιμονῆσαί τε ὁ βίος ὁμοίως καὶ ἐντελευτῆσαι ξυνεμετρήθη. Ar.
Av. 38, πόλιν κοινὴν—ἐναποτῖσαι χρήματα. Eur. Bacch. 508, ἐνδυστυχῆσαι τοὔνομ'
ἐπιτήδειος εἶ. Sed praesens ponitur Hipp. 1095, ὦ πέδον Τροιζήνιον, ὡς ἐγκαθηβᾶν
πόλλ' ἔχεις εὐδαίμονα. εἰκότα, ἐτυγχάνομεν T.
§ 3. ξυγγνώμονες δέ ἐστε *A.J.* Poppo.
LXXV. § 1. καθίστησιν ἐς πόλεμον T.*A.J.* ἐς τὸν πόλεμον V.Ν. Syllaba αν in

others are the authors of the wrong, and
the appeal to the ἥρωες, otherwise called
δαίμονες, as powers to be propitiated, is
very characteristic of Greek superstition.
The Spartans rest their right on the
hegemony they enjoyed under Pausa-
nias.——ἔστε. It is hard to say, espe-
cially as ἐστὲ is the reading of Ν., whe-
ther the imperative or the second person
plural (*este* or *estis*) is meant; probably
the former; see § 3.——τὴν ἀρχήν, "at
first," "as originators of the wrong,"
opposed to οὔτε νῦν.——ἐκλιπόντων, "prov-
ing defaulters in."——καὶ κ.τ.λ., "and
you, in answer to that prayer, made it
(gave it to them) favourable to fight in."
Our more accurate grammar would re-
quire 'and which you accordingly,' &c.
An elegant use of the compound with ἐν,
as ἐνδυστυχεῖν, ἐντρυφᾶν, ἐγκαθηβᾶν, &c.
——πολλὰ καὶ εἰκότα, the terms in 72, 6.
——οὐ τυγχάνομεν. Supply αὐτῶν (mas-
culine), "though we have made them
many reasonable offers, we fail to gain
their assent." So μὴ τυχοῦσαι θεῶν Ὀ-
λυμπίων, Aesch. Suppl. 161, and simi-
larly Eur. Med. 330, &c.
§ 3. ξυγγνώμονες ἔστε. This phrase
balances ξυνίστορες ἔστε, § 2. See the

note on ὅμοια ὀνόματα, 87, 4. "Permit
those to be punished for the wrong who
are the aggressors, and those to obtain
the vengeance they seek for who exact it
(try to enforce it) in a legal way." The
datives depend on ξυγγνώμονες as if ξυγ-
χωρήσατε had been used.
LXXV. § 1. ἐπιθειάσας, Hesych. κα-
τευξάμενος, and so the Schol., from whom
the gloss is borrowed. Id. ἐπιθεάζει·
θεοὺς ἐπικαλεῖται. In VIII. 1, θειάσαντες
seems to mean "having inspired with
enthusiasm." Ibid. 53, 2, μαρτυρομένων
καὶ ἐπιθειαζόντων μὴ κατάγειν. Aesch.
Cho. 840, Ζεῦ Ζεῦ, τί λέγω; πόθεν ἄρξω-
μαι τάδ' ἐπευχομένη κἀπιθεάζουσ';——
πρῶτον μέν...ἔπειτα, the usual antithesis.
Cf. 89, 2. The operations, which are
described in this and the two next chap-
ters with great clearness and minute-
ness, are easily understood in their gene-
ral features. (1) A barricade of trees was
erected all round the town to prevent
any one from escaping, a process which
implied a vengeance and a hatred truly
Spartan. (2) A mound of earth was
raised at one point against the outer cir-
cuit of the walls, for the purpose of·
throwing darts and other missiles into

δρεσιν ἃ ἔκοψαν, τοῦ μηδένα ἔτι ἐξιέναι, ἔπειτα χῶμα ἔχουν
πρὸς τὴν πόλιν, ἐλπίζοντες ταχίστην αἵρεσιν ἔσεσθαι αὐτῶν
2 στρατεύματος τοσούτου ἐργαζομένου. ξύλα μὲν οὖν τέμνον-
τες ἐκ τοῦ Κιθαιρῶνος παρῳκοδόμουν ἑκατέρωθεν, φορμηδὸν
ἀντὶ τοίχων τιθέντες, ὅπως μὴ διαχέοιτο ἐπὶ πολὺ τὸ χῶμα·
ἐφόρουν δὲ ὕλην ἐς αὐτὸ καὶ λίθους καὶ γῆν καὶ εἴ τι ἄλλο
3 ἀνύτειν μέλλοι ἐπιβαλλόμενον. ἡμέρας δὲ ἔχουν ἑβδομή-
κοντα καὶ νύκτας ξυνεχῶς, διῃρημένοι κατ' ἀναπαύλας, ὥστε
τοὺς μὲν φέρειν τοὺς δὲ ὕπνον τε καὶ σῖτον αἱρεῖσθαι· Λακε-
δαιμονίων τε οἱ ξεναγοὶ ἑκάστης πόλεως ξυνεφεστῶτες ἠνάγ-

περιεσταύρωσεν alia manu superscr. in N. καὶ περιεσταύρωσεν T. ἔσεσθαι αὐτὸν J.
ἐργασαμένου T.
§ 2. φορμειδὸν J. ἐπιπολὺ T.A.J. φορεῖν et φέρειν non distinguit Th. Cf. inf.
§ 3, ὥστε τοὺς μὲν φέρειν, § 7, ἐσεφόρουν τὴν γῆν, et 76. 1, φοροῖτο, 77. 3, φοροῦντες
δὲ ὕλης φακέλλους. Contra διαφέρειν et διαφορεῖν ap. Eur. Herc. F. 571. Bacch. 739.
Suppl. 382, 715, aliquantum discrepant; hoc enim *dissipare*, illud potius *circumferre*
significat. De gerendis vestibus usitatius est φορεῖν, ut 1. 6, 3. Sed πᾶ δ' αὖ φορεῖ
νιν (i.e. φέρει) Soph. Trach. 965. ἀνύτειν F.T.A. Cf. 76, § 2. ἀνύτειν μέλλει J.
ταχίστην τὴν αἵρεσιν conj. C. G. Cobet, Var. Lect. p. 440.
§ 3. ξεναγωγοὶ fortasse N. pr. m., et sic O.

the city. (3) They counteracted the
efforts made by the besieged to with-
draw the earth so as to cause the mound
to subside, by putting down bags of clay.
On the part of the besieged, the plans
adopted were, (1) to heighten their wall in
this part by a superstructure of timber and
bricks; (2) to cover this externally with
hides as a fence against fire and darts;
(3) to make a second crescent-shaped wall
inwards from the two points of the ori-
ginal wall, between which the mound
extended (κατὰ τὸ χῶμα, 76, 3), in case
the first should be taken in that part by
assault. Lastly, the enemy's battering
engines were broken by heavy beams
dropped across them from the highest
parts of the wall.——τοῦ μηδένα, i.e. ἵνα
μηδείς, or ὥστε μηδένα κ.τ.λ. The tragics
sometimes thus use τὸ μή, e.g. Aesch.
Ag. 15 and 552. See 93, 3, 87, 1, and
88, 4. Both genitive (some say, with an
ellipse of ἕνεκα) and accusative are of
common occurrence. See inf. § 5.
§ 2. ξύλα μὲν οὖν, "accordingly, they
cut stakes and brushwood from Cithae-
ron and laid down a wattled fence on
each side of the mound, in place of
walls, that the earth might not spread

too far." The practice is still very com-
mon in embankments, and needs no
illustration.——φορμηδόν, "like wicker-
work," or "after the fashion of mats (or
hurdles)," intertwined cross-wise in and
out. See IV. 48 φορμηδὸν ἐπὶ ἀμάξας
ἐπιβαλόντες (τοὺς νεκροὺς) ἀπήγαγον ἔξω
τῆς πόλεως. It may be questioned if Ar-
nold rightly explains ξύλα, "timbers."
Poppo also says "significantur trabes,"
while ὕλη he explains ' brushwood.'——
ἐς αὐτό, viz. to the construction of the
χῶμα.——ἀνύτειν, "to complete," "to
carry on the work to its full height by
being thrown upon it." Compare the
Homeric description of making camp-
walls from any material at hand, Il. XII.
259, and the building of the city-walls,
Thuc. I. 93.
§ 3. διῃρημένοι. Poppo thinks the
participle may have a medial sense,
"distributing the work among them-
selves." A simpler rendering seems to
be, "divided into relays." Certainly κατ'
ἀναπαύλας does not mean "for the pur-
pose of rest," or "of their resting."
Here ἀναπαῦλαι means "resting-parties."
In Ar. Ran. 113 and 185, "resting-places."
——αἱρεῖσθαι, as we say, "to *take* food,

4 καζον ἐς τὸ ἔργον. οἱ δὲ Πλαταιῆς, ὁρῶντες τὸ χῶμα αἱρόμε-
νον, ξύλινον τεῖχος ξυνθέντες καὶ ἐπιστήσαντες τῷ ἑαυτῶν
τείχει ᾗ προσεχοῦτο ἐσῳκοδόμουν ἐς αὐτὸ πλίνθους ἐκ τῶν
5 ἐγγὺς οἰκιῶν καθαιροῦντες. ξύνδεσμος δ᾽ ἦν αὐτοῖς τὰ ξύλα,
τοῦ μὴ ὑψηλὸν γιγνόμενον ἀσθενὲς εἶναι τὸ οἰκοδόμημα. καὶ
προκαλύμματα εἶχε δέρρεις καὶ διφθέρας, ὥστε τοὺς ἐργα-
ζομένους καὶ τὰ ξύλα μήτε πυρφόροις οἰστοῖς βάλλεσθαι ἐν
6 ἀσφαλείᾳ τε εἶναι. ἤρετο δὲ τὸ ὕψος τοῦ τείχους μέγα καὶ τὸ
7 χῶμα οὐ σχολαίτερον ἀντανήει αὐτῷ. καὶ οἱ Πλαταιῆς τοι-
όνδε τι ἐπινοοῦσιν· διελόντες τοῦ τείχους ᾗ προσέπιπτε τὸ
χῶμα ἐσεφόρουν τὴν γῆν.

LXXVI. Οἱ δὲ Πελοποννήσιοι, αἰσθόμενοι, ἐν ταρσοῖς

§ 4. συνθέντες H.V.N.T. ξυνθέντες A.J.
§ 5. ἐν ἀσφαλεῖ Cobetus l.l., qui confert I. 37, 4, ἐπειδὴ ἐν τῷ ἀσφαλεῖ—ἡ ἀπο-
κομιδὴ ἐγίγνετο. Et ἐν ἀσφαλεῖ habet L. Ceterum Madvigius Adv. Crit. p. 312
legendum putat μήτε πυρφόροις μήτ᾽ οἰστοῖς βάλλεσθαι ἐν ἀσφαλείᾳ τε εἶναι, ubi πύρφορα
de telis ad ligna incendenda immissis intelligit. ὀϊστοῖς Arnold. libb. οἰστοῖς Poppo,
utpote Ἀττικώτερον. εἰσὶ δὲ [sc. τῷ Θ.] πυρφόροι ὀιστοὶ Jul. Pollux i. 137.
§ 6. σχολαιότερον T. Hesych. οὐ σχολαίτερον· ταχέως. Id. σχολαιότερον· ἡρεμώτερον,
βραδύτερον. In N. prima manus σχολαιώτερον scripsisse videtur.
§ 7. τοιόν δή τι V.N. τοιόνδέ τι A.J.

repose," &c. In IV. 26, 3, οἱ μὲν σῖτον ἐν
τῇ γῇ ἤρουντο κατὰ μέρος, αἱ δὲ μετέωροι
ὥρμουν. So Xen. Cyr. VIII. 1, 38. Aesch.
frag. Palamed. 168, σῖτον δ᾽ εἰδέναι διώ-
ρισα, ἄριστα, δεῖπνα, δόρπα θ᾽ αἱρεῖσθαι
τρίτα.——οἱ ξεναγοί. "those Lacedaemo-
nian officers who commanded the con-
tingents of the several allies. See Xeno-
phon, Hellen. III. 5, 7, v. 2, 7." Arnold.
Hesych. ξεναγός· ὁ τῶν ξένων ἡγούμενος.
§ 4. ξυνθέντες. They put together the
framework on the ground first (as a car-
penter does in constructing a roof), and
then set it up on the wall in the part
where the work of raising the mound
was going on at the time. The con-
struction was like that of the old timber
houses we often see, the interstices of the
framework being filled in with mud,
mortar, or bricks, in the fashion called
"post-and-pan." This seems the mean-
ing of ἐσῳκοδόμουν ἐς αὐτό, and so Poppo
explains it. But Sir G. W. Cox (II.
p. 138) says they raised a hoarding, and
behind the hoarding built on the old
wall a new wall of bricks. The distinct

mention of bricks as the material of
houses is interesting. Perhaps the lower
part only was so built, the upper frames
being usually timber. See III. 68, 3.
§ 5. αὐτοῖς, "for them," the builders,
πλίνθος being feminine. We have ξύν-
δεσμοι inf. 102. 5.——δέρρεις καὶ διφθέ-
ρας, "skins and hides," i. e. raw or tan-
ned. Aesch. Ag. 673 ἐκ τῶν ἀβροτίμων
προκαλυμμάτων ἔπλευσε. Eur. Iph. T.
312 πέπλων τε προὐκάλυπτεν εὐπήνους
ὑφάς.——ὥστε κ.τ.λ. The order is some-
what confused ; ὥστε μήτε τὰ ξύλα βάλ-
λεσθαι, καὶ τοὺς ἐργ. ἐν ἀσφαλείᾳ εἶναι.
§ 6. ἤρετο: "and though by these
means the height of the wall was raised
considerably, yet the mound kept rising
just as fast as a counterwork."
§ 7. τοῦ τείχους, a partitive genitive;
either μέρος being understood, or depend-
ing on ᾗ, like ὅπου γῆς, &c. The mean-
ing is that the besieged made a hole at
the lower part of their own wall and so
kept carrying inside the earth from the
embankment. By προσέπιπτε close con-
tact with the wall is meant.

καλάμου πηλὸν ἐνείλλοντες ἐσέβαλλον ἐς τὸ διῃρημένον,
2 ὅπως μὴ διαχεόμενον ὥσπερ ἡ γῆ φοροῖτο. οἱ δὲ ταύτῃ
ἀποκλῃόμενοι τοῦτο μὲν ἐπέσχον, ὑπόνομον δ᾽ ἐκ τῆς πόλεως
ὀρύξαντες καὶ ξυντεκμηράμενοι ὑπὸ τὸ χῶμα ὑφεῖλκον αὖθις
παρὰ σφᾶς τὸν χοῦν· καὶ ἐλάνθανον ἐπὶ πολὺ τοὺς ἔξω, ὥστ᾽
ἐπιβάλλοντας ἧσσον ἀνύτειν ὑπαγομένου αὐτοῖς κάτωθεν τοῦ
3 χώματος καὶ ἰζάνοντος ἀεὶ ἐπὶ τὸ κενούμενον. δεδιότες δὲ
μὴ οὐδ᾽ οὕτω δύνωνται ὀλίγοι πρὸς πολλοὺς ἀντέχειν προσ-
επεξεῦρον τόδε. τὸ μὲν μέγα οἰκοδόμημα ἐπαύσαντο ἐργαζό-
μενοι τὸ κατὰ τὸ χῶμα, ἔνθεν δὲ καὶ ἔνθεν αὐτοῦ ἀρξάμενοι
ἀπὸ τοῦ βραχέος τείχους ἐκ τοῦ ἐντὸς μηνοειδὲς ἐς τὴν πόλιν

LXXVI. § 1. ἐνείλλοντες libri, ut videtur, nisi quod ἐνείλοντες T. Sed ἴλλειν,
non εἴλλειν, veteres usurpasse contendit Cobetus, Var. Lect. pp. 87, 361. Contra
ἴλλειν ab εἴλειν, εἴλλειν, distinguit G. Curtius, Et. Gr. 360, 539. In Soph. Ant. 509 et
ὑπίλλουσι et ὑπείλλουσι praebent codd. Ar. Nub. 761, μή νυν περὶ σαυτὸν εἴλλε τὴν
γνώμην ἀεί. In Eur. Hel. 445, ἆ, μὴ προσείλει (πρόσιλλε) χεῖρα μηδ᾽ ὦθει βίᾳ hoc
videtur dicere Menelaus τῇ πυλωρῷ, Noli manum meam claudendo ostio laedere.
ἐσέβαλλον V.N. εἰσέβαλλον Suidas. ἐσέβαλον F.T.A.J. Praestat imperfectum de
actione continua. Contra ἐπέσχον § 2 rem semel factam significat.
§ 2. ἀποκλειόμενοι N.T.A.J. συντεκμηράμενοι N.V.T.A.J. ἀνύττειν H.N.V.T.
ἀνύτειν hic A.J
§ 3. μηδ᾽ οὕτω T. κατὰ χῶμα V. αὐτοῦ est τοῦ μεγάλου οἰκοδομήματος. αὐτοῖς V.
ἀρξάμενοι αὐτοῦ T. μηνοειδὲς ἐς τὴν πόλιν H.V.T.A.J. Vulgo ἐς τὴν πόλιν μηνοειδές.

LXXVI. § 1. ἐνείλλοντες: stipantes,
"packing (ramming or treading) clay in
reed-mats." These were put into, or
placed against, the hole made through
the wall, so as to prevent the removal
of the loose earth. Modern engineers
use bags of clay for stopping leakages in
tunnelling. The addition of ὥσπερ ἡ γῆ,
"as the earth had been," seems to shew
that by διαχεόμενον the contents of the
reed-bags, τὸ ἐν τοῖς καλάμοις, must be
meant. (See not. crit.) By a similar
laxity we have ἡ νόσος...λεγόμενον, sup.
47, 4.
§ 2. ἀποκλῃόμενοι: "the besieged,
thwarted in this respect, stopped (put
a check to) this operation, and dug a
mine from the inside of the city; and
thus by guessing when they had got
beneath the mound, they again began
to draw away the soil to their side."
There is no need to read τούτου, which
indeed would rather have required ἐπέσ-
χοντο. Cf. Soph. El. 517 οὐ γὰρ πάρεστ᾽
Αἴγισθος, ὅς σ᾽ ἐπεῖχ᾽ ἀεὶ μήτοι θυραίαν γ᾽

οὖσαν αἰσχύνειν φίλους. Inf. 91, 5 ἐπέστη-
σαν τοῦ πλοῦ.——ὑπὸ τὸ χῶμα, "to carry
it under the mound," Poppo and Arnold,
the latter of whom compares Herod. II.
150, 5 ὑπὸ γῆν σταθμεόμενοι...ὀρύσσον.
For the compound cf. inf. III. 20 ξυνεμε-
τρήσαντο δὲ ταῖς ἐπιβολαῖς τῶν πλίνθων.
——ὥστε κ.τ.λ. ("and thus the removal
of the soil continued), so that they made
less progress in heaping on," &c.——
ἰζάνοντος: "as it kept settling down al-
ways to the part from which soil was
being withdrawn." Cf. Pind. Ol. XI. 36
βαθὺν εἰς ὀχετὸν ἄτας ἴζουσαν ἐὰν πόλιν.
§ 3. τὸ κατὰ τὸ χῶμα, "the part
namely which was opposite to the mound
then being erected." This use of κατὰ
is illustrated on Aesch. Theb. 523 τύμ-
βον κατ᾽ αὐτὸν διογενοῦς Ἀμφίονος. It is
common in the sense of "off" a city, or
harbour, or river.——ἔνθεν καὶ ἔνθεν,
"beginning on either side of it (viz. of
the superstructure) from the low part of
the wall on the inside (in the direction
inwards) they built on a crescent-shaped

προσῳκοδόμουν, ὅπως εἰ τὸ μέγα τεῖχος ἁλίσκοιτο, τοῦτ'
ἀντέχοι καὶ δέοι τοὺς ἐναντίους αὖθις πρὸς αὐτὸ χοῦν καὶ
προχωροῦντας εἴσω διπλάσιόν τε πόνον ἔχειν καὶ ἐν ἀμφι-
4 βόλῳ μᾶλλον γίγνεσθαι. ἅμα δὲ τῇ χώσει καὶ μηχανὰς
προσῆγον τῇ πόλει οἱ Πελοποννήσιοι, μίαν μὲν ᾗ τοῦ μεγά-
λου οἰκοδομήματος κατὰ τὸ χῶμα προσαχθεῖσα ἐπὶ μέγα τε
κατέσεισε καὶ τοὺς Πλαταιέας ἐφόβησεν, ἄλλας δὲ ἄλλῃ τοῦ
τείχους, ἃς βρόχους τε περιβάλλοντες ἀνέκλων οἱ Πλαταιῆς,
καὶ δοκοὺς μεγάλας ἀρτήσαντες ἁλύσεσι μακραῖς σιδηραῖς
ἀπὸ τῆς τομῆς ἑκατέρωθεν ἀπὸ κεραιῶν δύο ἐπικεκλιμένων
καὶ ὑπερτεινουσῶν ὑπὲρ τοῦ τείχους ἀνελκύσαντες ἐγκαρσίας,
ὁπότε προσπεσεῖσθαί πῃ μέλλοι ἡ μηχανή, ἀφίεσαν τὴν

μηνοειδοῦς Γ. τοῦτ' ἂν ἔχοι F. πάλιν πρὸς αὐτὸ χοῦν Ν.V. μᾶλλον post ἀμφιβόλῳ
alia manus margiui appinxit in Ν.

§ 4. ἐπὶ μέγα κατέσεισε V.Ν. ἀλλ' ἐπὶ μέγα τὲ κατέσεισε καὶ τοὺς πλαταιεῖς
κατέσεισε εἰς φόβον Τ. περιβαλόντες Cobetus Var. Lect. p. 440, idque paullo melius
cum aoristo ἀρτήσαντες congruit. πλαταιεῖς F.Ν.Τ. πλαταιῆς A.J. ut fere semper.
ἀρτύσαντες Τ. ἐγκαρσίας F.H.Ν.V.Τ. Vulgo ἐγκαρσίως, cum A.J.

(rampart) into the city."—αὖθις πρὸς αὐτὸ χοῦν, "to raise a second embankment against it," the new semicircular or segmental wall.—προχωροῦντας, "by having to go (with their mound) further inwards."—ἐν ἀμφιβόλῳ, "in a position open to attack on two sides," viz. from each point from which the crescent commenced. Cf. Aesch. Theb. 287 τοὶ δ' ἐπ' ἀμφιβόλοισιν ἰάπτουσι πολίταις χερμάδ' ὀκριόεσσαν. See IV. 32.

§ 4. ἅμα τῇ χώσει, "dum struunt," or "inter struendum." — κατέσεισε, "shook (or "shook down," labefactavit or decussit) part of the great wall to a considerable extent." The genitive may be called partitive, whether we take it to depend on ἐπὶ μέγα or not. Compare ἐπὶ μέγα ἰσχύος, inf. 97, 5, and ἐπὶ μέγα ἐχώρησαν δυνάμεως, I. 118, 2. So too ἐπὶ πολὺ τῆς χώρας, IV. 3, 2; ἐπὶ μέγα καὶ τοῦ ἄλλου ξύλου, ibid. 100, 2.—μεγάλου, viz. the timber superstructure. —κατὰ τὸ χῶμα, "brought up by (along) the mound," so as to act at a sufficient height. Inf. 99, 1 ὅπως κατὰ κορυφὴν ἐσβαλοῦσιν ἐς τὴν κάτω Μακεδονίαν, "to make the invasion by the high land."—ἄλλας δὲ ἄλλῃ, sc. προσέφερον μηχανάς.—ἀνέκλων, "they broke the

force of the impact." The ἀνὰ implies that this was done by pulling the rams upwards, so as to strike not point-blank but at an angle. We have κατέκλων, "broke down," i.e. by trampling on corn, in Il. xx. 227.—ἁλύσεσι. Cf. Orest. 984 πέτραν ἁλύσεσι χρυσέαισι τεταμέναν.

ibid. ἀπὸ τῆς τομῆς, "from the stump," i.e. the part or end cut off. The word is so used in Il. 1. 235, Aesch. Cho. 221. —ἐπικεκλιμένων, "sloping towards each other," not placed parallel, but converging.—ἐγκαρσίας, "aslant," so that one end was depressed and the other elevated; or perhaps, so as not to fall across the ram at a right angle, but somewhat sideways. It is not clear what was gained mechanically by either mode of impact.—χαλαραῖς: "with the chains loosened, and not holding them in their hands."—ἀπεκαύλιξε, "broke short off the projecting portion of the striking part." Here ἐμβολὴ must mean ἔμβολον, the part of the ram which gives the blow, the other part being worked under shelter of a pent-house. Compare Eur. Suppl. 716 ὁμοῦ τραχήλους κἀπικείμενον κάρα κυνέας θερίζων κἀποκαυλίζων ξύλῳ, a description applied to the club of The-

δοκὸν χαλαραῖς ταῖς ἁλύσεσι καὶ οὐ διὰ χειρὸς ἔχοντες, ἡ δὲ ῥύμη ἐμπίπτουσα ἀπεκαύλιζε τὸ προέχον τῆς ἐμβολῆς.

LXXVII. Μετὰ δὲ τοῦτο οἱ Πελοποννήσιοι, ὡς αἵ τε μηχαναὶ οὐδὲν ὠφέλουν καὶ τῷ χώματι τὸ ἀντιτείχισμα ἐγίγνετο, νομίσαντες ἄπορον εἶναι ἀπὸ τῶν παρόντων δεινῶν ἑλεῖν 2 τὴν πόλιν, πρὸς τὴν περιτείχισιν παρεσκευάζοντο. πρότερον δὲ πυρὶ ἔδοξεν αὐτοῖς πειρᾶσαι, εἰ δύναιντο πνεύματος γενομένου ἐπιφλέξαι τὴν πόλιν, οὖσαν οὐ μεγάλην· πᾶσαν γὰρ δὴ ἰδέαν ἐπενόουν, εἴ πως σφίσιν ἄνευ δαπάνης καὶ πολιορκίας 3 προσαχθείη. φοροῦντες δὲ ὕλης φακέλους παρέβαλλον ἀπὸ τοῦ χώματος ἐς τὸ μεταξὺ πρῶτον τοῦ τείχους καὶ τῆς προσχώσεως, ταχὺ δὲ πλήρους γενομένου διὰ πολυχειρίαν ἐπιπαρένησαν καὶ τῆς ἄλλης πόλεως ὅσον ἐδύναντο ἀπὸ τοῦ μετεώρου πλεῖστον ἐπισχεῖν, ἐμβαλόντες δὲ πῦρ ξὺν θείῳ

LXXVII. § 1. Ante ἐγίγνετο suspiceris excidisse μεῖζον vel aliquid ejusmodi. Nunc ἐγίγνετο est fiebat. Confer Soph. Ant. 260, κἂν ἐγίγνετο πληγὴ τελευτῶσ'. περιτείχησιν T.
§ 2. ἔδοξε πειρᾶσαι αὐτοῖς T. οὖσαν μεγάλην F. in N. οὐ eadem ut videtur manus superscripsit. εἴ πω σφίσιν T.
§ 3. φακέλους N. Hesych. φακέλους· φόρτους. φάκελοι· ὁμοίως. Vulgo φακέλλους. Confer Soph. Aj. 210, παῖ τοῦ Φρυγίου Τελλεύταντος, Eur. Herc. F. 872, στείχ' ἐς Οὔλυμπον (ὅλυμπον) πεδαίρουσ', Ἴρι, γενναίον πόδα, item κυνοκέφαλλος, Σαρδανάπαλλος, et Homerica πέλεκκον, ἡμιπέλεκκα, πελέκκησεν. παρέβαλλον F.H.T. Vulgo cum N.A.J. παρέβαλον. Hesych. πολυχερία (sic)· πλῆθος ἐργαζομένων καὶ ἀννόντων. πολυχειρία παρὰ Θουκυδίδῃ, Jul. Pollux ii. 149. ὕψαν T.

seus in battle.——ῥύμῃ, "with a sudden rush," impetu or cum ruina.
LXXVII. § 1. ἐγίγνετο, "went on," "continued to advance."——ἀπὸ τῶν παρόντων δεινῶν, "with the existing difficulties (disasters)."——πρὸς τὴν κ.τ.λ., "they began to make preparations for the enclosing of the whole city with a wall," viz. as distinct from the earthwork which had failed. Cf. 78, 1. This wall (which there are good reasons for thinking the historian confounded with the ancient city wall) is described III. 21.
§ 2. πρότερον, "before doing that," as an experiment likely in itself to succeed. They hoped perhaps to set fire to the timber frames of the superstructure, 75, 4.——οὐ μεγάλην. There can hardly be a doubt that this is the true reading, though one or two MSS. omit οὐ. "Nam

quia urbs non magna erat, se eam combusturos esse Peloponnesii poterant sperare." Poppo.
ibid. προσαχθείη, "brought (gained) over to them." The idea was, that the besieged might surrender, frightened by a great conflagration.
§ 3. παρέβαλλον: "they piled them side by side by throwing them from the mound, in the first instance into the space between the mound and the new (crescent-shaped) wall; and when that had soon become full, from the number of hands employed, they heaped them up also (ἐπὶ) over as large a space of the city besides as they could command (cover) from the height." Compare Od. i. 147 σῖτον δὲ δμωαὶ παρενήνεον ἐν κανέοισιν.——τῆς ἄλλης πόλεως, i.e. not only the wall, but the city too. The

4 καὶ πίσσῃ ἧψαν τὴν ὕλην. καὶ ἐγένετο φλὸξ τοσαύτη ὅσην
οὐδείς πω ἔς γ᾽ ἐκεῖνον τὸν χρόνον χειροποίητον εἶδεν· ἤδη
γὰρ ἐν ὄρεσιν ὕλη τριφθεῖσα ὑπ᾽ ἀνέμων πρὸς αὑτὴν ἀπὸ
5 ταὐτομάτου πῦρ καὶ φλόγα ἀπ᾽ αὐτοῦ ἀνῆκεν. τοῦτο δὲ μέγα
τε ἦν καὶ τοὺς Πλαταιέας τἆλλα διαφυγόντας ἐλαχίστου
ἐδέησε διαφθεῖραι· ἐντὸς γὰρ πολλοῦ χωρίου τῆς πόλεως οὐκ
ἦν πελάσαι, πνεῦμά τε εἰ ἐπεγένετο αὐτῇ ἐπίφορον, ὅπερ καὶ
6 ἤλπιζον οἱ ἐναντίοι, οὐκ ἂν διέφυγον. νῦν δὲ καὶ τόδε λέγε-
ται ξυμβῆναι, ὕδωρ ἐξ οὐρανοῦ πολὺ καὶ βροντὰς γενομένας
σβέσαι τὴν φλόγα καὶ οὕτω παυθῆναι τὸν κίνδυνον.

LXXVIII. Οἱ δὲ Πελοποννήσιοι, ἐπειδὴ καὶ τούτου
διήμαρτον, μέρος μέν τι καταλιπόντες τοῦ στρατοπέδου, τὸ

§ 4. ὅσην H.T. Vulgo A.J. ὅσον. ὑπὸ ἀνέμων πρὸς αὐτὴν Τ. et πρὸς αὐτὴν A.J. ἀπὸ ταυτομάτου T.A.J. Bekk. Pro πρὸς αὐτὴν V. πολλάκις, et ἀπ᾽ αὐτοῦ ante ἀνῆκεν om. Eadem scriptura in N. summo margine (ἤδη—ἀνῆκεν) alio atramento addita.
§ 5. διαφυγόντας τἆλλα V. τἆλλα margini additum pr. man. in N. διαφθαρῆναι T. πνεῦμα τὲ N.T. εἰ om. V. pr. m.
§ 6. παυθῆναι F.H.V.N. Vulgo cum A.J. παυσθῆναι. παυσθῆναι Τ. Sic πε-
παυμένος, non πεπαυσμένος, Homerus et veteres Attici, κεκλήμενος potius quam κεκλησμένος vel κεκλεισμένος. Inf. 92, 1, κελεύματος boni libri pro κελεύσματος.
LXXVIII. § 1. καὶ om. N.V. τὸ δὲ πλέον (al. cum T.A.J. λοιπὸν) ἀφέντες post στρατοπέδου uncis includunt Bekk. Arnold, omisit Poppo cum F.N.V. [μέρος——ἀφέντες] Classen. Scilicet post μὲν deesse aliquid putabant grammatici, cum sententia esset, τεῖχος μὲν κύκλῳ περιέβαλλον, ἦν δὲ καὶ τάφρος κ.τ.λ. Vide autem III. 22, 2, ubi πηλοῦ τοῦ ἐν ταῖς τάφροις mentionem facit. καταπόλεις Τ.

genitive depends on ὅσον πλεῖστον (μέρος).
§ 4. ἤδη γάρ κ.τ.λ.: "for occasionally in a mountain forest the rubbing of boughs upon each other caused by wind makes fire and flame to rise therefrom by a natural cause."——ἀπ᾽ αὐτοῦ, sc. τοῦ συντρίβεσθαι. The truth of the statement may be doubted, for lightning would be a much more probable cause. Lucret. I. 897 "at saepe in magnis fit montibus, inquis, ut altis Arboribus vicina cacumina summa terantur Inter se, validis facere id cogentibus austris, Donec flammai fulserunt flore coorto."
§ 5. ἐλαχίστου ἐδέησε. "Went nearest to (wanted least of) their complete destruction."——ἐντός κ.τ.λ. "For there was a large part of the city within which it was not possible to get near the fire." So Arnold. The words might mean, "within a considerable distance from the city." πολλὴ γῆ, for μεγάλη,

is not uncommon.——ἐπίφορον, "bearing on it" (the city), i.e. blowing the flames in that direction, so as to set fire to the houses (which in Greek towns were probably built of wood). Cf. III. 74 εἰ ἄνεμος ἐγένετο τῇ φλογὶ ἐπίφορος ἐς αὐτήν.
§ 6. καὶ τόδε λέγεται. Without denying the possibility of its being true history, we may remark that there is much of the marvellous, after the style of the old λογοποιοὶ, in the whole account of the siege-operations and the escape from Plataea in the Third Book. Sir G. W. Cox has well pointed out some of the engineering difficulties and inconsistencies, which indeed seem insurmountable, Hist. of Greece, Vol. I. Appendix K (p. 603 seqq.).——σβέσαι. This verb seldom occurs unless compounded with ἀπὸ or κατά. But Sophocles has εἰ μὴ θεῶν τις τήνδε πεῖραν ἔσβεσεν, Aj. 1057.

δὲ πλέον ἀφέντες, περιετείχιζον τὴν πόλιν κύκλῳ, διελόμενοι
κατὰ πόλεις τὸ χωρίον· τάφρος δὲ ἐντός τε ἦν καὶ ἔξωθεν, ἐξ
2 ἧς ἐπλινθεύσαντο.   καὶ ἐπειδὴ πᾶν ἐξείργαστο, περὶ ἀρκτού-
ρου ἐπιτολάς, καταλιπόντες φύλακας τοῦ ἡμίσεος τείχους—τὸ
δὲ ἥμισυ Βοιωτοὶ ἐφύλασσον—ἀνεχώρησαν τῷ στρατῷ καὶ
3 διελύθησαν κατὰ πόλεις.   Πλαταιῆς δὲ παῖδας μὲν καὶ γυναῖ-
κας καὶ τοὺς πρεσβυτάτους τε καὶ πλῆθος τὸ ἄχρηστον τῶν
ἀνθρώπων πρότερον ἐκκεκομισμένοι ἦσαν ἐς τὰς Ἀθήνας,
αὐτοὶ δ' ἐπολιορκοῦντο ἐγκαταλελειμμένοι τετρακόσιοι, Ἀθη-
ναίων δὲ ὀγδοήκοντα, γυναῖκες δὲ δέκα καὶ ἑκατὸν σιτοποιοί.
4 τοσοῦτοι ἦσαν οἱ ξύμπαντες ὅτε ἐς τὴν πολιορκίαν καθί-
σταντο, καὶ ἄλλος οὐδεὶς ἦν ἐν τῷ τείχει οὔτε δοῦλος οὔτ'
ἐλεύθερος.   τοιαύτη μὲν ἡ Πλαταιῶν πολιορκία κατεσκευ-
άσθη.

§ 2. τοῦ ἡμίσεως V.

§ 3. παῖδεσ T. τὸ ἀχρεῖον Arnold, Bekk. (olim) A.J. vulgo. τὸ ἄχρηστον Poppo,
Classen, cum F.H.N.V.T., collato vi. 16, 3, καὶ οὐκ ἄχρηστος ἥδ' ἡ ἄνοια. Poetis
usitatius est ἀχρεῖος. Sup. 6 fin., τῶν τε ἀνθρώπων τοὺς ἀχρειοτάτους ξὺν γυναιξὶ
καὶ παισὶν ἐξεκόμισαν, et 40, 2, τὸν μηδὲν τῶνδε μετέχοντα—ἀχρεῖον νομίζομεν.
ἐκκεκοσμῖσμένοι T., qui mox ἐγκαταλελειμένοι τριακόσιοι. Ἀθηναῖοι δὲ V.N.

§ 4. οὔτ' ἐλεύθερος T. Vulgo οὔτε ἐλ.

LXXVIII. § 1. περιετείχιζον. "Went
on with the περιτείχεσις for which they
had already made preparations" (77, 2),
perhaps by digging trenches and making
bricks.——διελόμενοι, spatio inter singu-
las civitates diviso (Poppo), allotting cer-
tain portions of the work to certain of
their allies; cf. 75, 3.—It would be a
question of interest and importance
whether the site, which is said to be a
rocky plateau, contains either clay or
brick earth, and whether any vestiges
of this double moat can now be traced.
(Leake's Northern Greece perhaps sup-
plies the information.)
§ 2. ἀρκτούρου. The autumnal equi-
nox is thus described. Similarly ἀμφὶ
πλειάδων δύσιν, Aesch. Ag. 799. Hes.
Opp. 564, ἐξήκοντα μετὰ τροπὰς ἠελίοιο
—ἤματα.
§ 3. καὶ πλῆθος τὸ ἄχρηστον. This is
exegetical rather than additional, unless

it is specially intended to include the
slaves. All but the fighting class, οἱ ἐν
ἡλικίᾳ, were called ἀχρεῖοι or ἀναγκαῖοι in
a beleaguered town. Aesch. Theb. 10
καὶ τὸν ἐλλείποντ' ἔτι ἥβης ἀκμαίας, καὶ
τὸν ἐξηβον χρόνῳ.——ἐκκεκομισμένοι, in
the medial sense, "they had previously
had them removed to Athens." This
must have been done on the notice being
given according to Greek custom; see
74, 1. The exact statement of the num-
bers left may excite some suspicion, as
also the question about provisions; but,
on the other hand, it may, of course, be
argued that the small number of deter-
mined men may have been able to main-
tain themselves on the stores already in
the city. The total of 490 seems ex-
plicit; yet we often find very exact dates
given for events of which the chronology
was very unlikely to be known, e.g. in
VI. 4 and 5.

LXXIX. Τοῦ δ' αὐτοῦ θέρους, καὶ ἅμα τῇ τῶν Πλα-
ταιῶν ἐπιστρατείᾳ, Ἀθηναῖοι δισχιλίοις ὁπλίταις ἑαυτῶν
καὶ ἱππεῦσι διακοσίοις ἐστράτευσαν ἐπὶ Χαλκιδέας τοὺς ἐπὶ
Θρᾴκης καὶ Βοττιαίους, ἀκμάζοντος τοῦ σίτου· ἐστρατήγει
2 δὲ Ξενοφῶν ὁ Εὐριπίδου τρίτος αὐτός. ἐλθόντες δὲ ὑπὸ
3 Σπάρτωλον τὴν Βοττικὴν τὸν σῖτον διέφθειραν. ἐδόκει δὲ
καὶ προσχωρήσειν ἡ πόλις ὑπό τινων ἔνδοθεν πρασσόντων.
4 προσπεμψάντων δὲ ἐς Ὄλυνθον τῶν οὐ ταῦτα βουλομένων,
ὁπλῖταί τε ἦλθον καὶ στρατιὰ ἐς φυλακήν· ἧς ἐπεξελθούσης
ἐκ τῆς Σπαρτώλου ἐς μάχην καθίστανται οἱ Ἀθηναῖοι πρὸς
5 αὐτῇ τῇ πόλει. καὶ οἱ μὲν ὁπλῖται τῶν Χαλκιδέων καὶ ἐπί-
κουροί τινες μετ' αὐτῶν νικῶνται ὑπὸ τῶν Ἀθηναίων καὶ
ἀναχωροῦσιν ἐς τὴν Σπάρτωλον, οἱ δὲ ἱππῆς τῶν Χαλκιδέων
καὶ ψιλοὶ νικῶσι τοὺς τῶν Ἀθηναίων ἱππέας καὶ ψιλούς·
6 εἶχον δέ τινας οὐ πολλοὺς πελταστὰς ἐκ τῆς Κρουσίδος γῆς
καλουμένης. ἄρτι δὲ τῆς μάχης γεγενημένης ἐπιβοηθοῦσιν

LXXIX. § 2. Hesych. Σπάρτωλος· πόλις. διέφθειρον F.V.N., "non deterius"
(Poppo). διέφθειραν T.A.J.
§ 4. προσπεμψάντων F.H.N.V.T. Alii cum A.J. προπεμψάντων non male, sc. cum
jam antea nuntium misissent. ἦλθον, venerant, de re jam praeterita ponitur. τῶν
μὴ ταῦτα β. A.J. vulgo cum T., sc. qui minus vellent. τῶν οὐ F.H.N.V., Arnold,
Poppo, Classen, Bekker, i.e. qui minus volebant, nempe οἱ δωρίζοντες. οἱ Ἀθηναῖοι
F.H.N.V. Vulgo et T. deest οἱ. πρὸς F.V.N.T. Vulgo ὑπ'.
§ 5. ἱππεῖς N.T. τῶν Χαλκιδέων καὶ ψιλῶν F.H.
§ 6. πελταστοὺς T. κρούσιδος A.J. κρουσίδος T.N.

LXXIX. § 1. ἀκμάζοντος. "As the
corn was now full-grown," or in full ear,
and therefore it was the best time for
destroying the crops. See on 19, 1.
§ 2. ὑπό, "close to the walls of
Spartolus."
§ 3. ἐδόκει δὲ καὶ κ.τ.λ. "There was
moreover a prospect of the city volun-
tarily coming over to them (if they pre-
sented themselves before the walls),
through the negotiation of a party with-
in." In all Greek towns the demo-
cratic and the aristocratic factions were
opposed, and consequently in all of them
there was an Athenian and a Spartan
influence. In this case the latter party
had previously sent to ask aid from
Olynthus, and a garrison had arrived
(ἦλθον) to keep the town from joining
Athens.
§ 4. ἧς κ.τ.λ., "and as this guard

now sallied out against them," &c. The
result was a drawn battle; the Athenians
drive the local heavy-armed forces into
Spartolus, from which they had just
issued, but are themselves beaten by
their cavalry supported by their ψιλοί,
who together proved more than a match
for their own. The defeat was due pro-
bably to the peltastae, of whom Grote
says, "they appear to have taken their
rise among these Chalkidic Greeks, be-
ing equipped in a manner half Greek
and half Thracian: we shall find them
hereafter much improved and turned to
account by some of the ablest Grecian
generals" (v. p. 455). Sir G. Cox re-
marks that the peltastae were interme-
diate between the ὁπλῖται and the ψιλοί.
§ 6. ἐπιβοηθοῦσιν, viz. to support and
reinforce the Chalkidic hoplites who had
been beaten. These are the οἱ προσβοη-

7 ἄλλοι πελτασταὶ ἐκ τῆς Ὀλύνθου. καὶ οἱ ἐκ τῆς Σπαρτώλου ψιλοὶ ὡς εἶδον, θαρσήσαντες τοῖς τε προσγιγνομένοις καὶ ὅτι πρότερον οὐχ ἡσσῶντο, ἐπιτίθενται αὖθις μετὰ τῶν Χαλκι-δέων ἱππέων καὶ τῶν προσβοηθησάντων τοῖς Ἀθηναίοις· καὶ ἀναχωροῦσι πρὸς τὰς δύο τάξεις ἃς κατέλιπον παρὰ τοῖς 8 σκευοφόροις. καὶ ὁπότε μὲν ἐπίοιεν οἱ Ἀθηναῖοι, ἐνεδίδοσαν, 9 ἀποχωροῦσι δ' ἐνέκειντο καὶ ἐσηκόντιζον. οἵ τε ἱππῆς τῶν Χαλκιδέων, προσιππεύοντες ᾗ δοκοῖ, προσέβαλλον, καὶ οὐχ ἥκιστα φοβήσαντες ἔτρεψαν τοὺς Ἀθηναίους καὶ ἐπεδίωξαν 10 ἐπὶ πολύ. καὶ οἱ μὲν Ἀθηναῖοι ἐς τὴν Ποτίδαιαν καταφεύ-γουσιν, καὶ ὕστερον τοὺς νεκροὺς ὑποσπόνδους κομισάμενοι ἐς τὰς Ἀθήνας ἀναχωροῦσι τῷ περιόντι τοῦ στρατοῦ. ἀπέ-θανον δὲ αὐτῶν τριάκοντα καὶ τετρακόσιοι καὶ οἱ στρατηγοὶ 11 πάντες. οἱ δὲ Χαλκιδῆς καὶ οἱ Βοττιαῖοι τροπαῖόν τε ἔστη-σαν καὶ τοὺς νεκροὺς τοὺς αὐτῶν ἀνελόμενοι διελύθησαν κατὰ πόλεις.

LXXX. Τοῦ δ' αὐτοῦ θέρους, οὐ πολλῷ ὕστερον τού-των, Ἀμπρακιῶται καὶ Χάονες βουλόμενοι Ἀκαρνανίαν πᾶ-σαν καταστρέψασθαι καὶ Ἀθηναίων ἀποστῆσαι πείθουσι Λακεδαιμονίους ναυτικόν τε παρασκευάσασθαι ἐκ τῆς ξυμ-μαχίδος καὶ ὁπλίτας χιλίους πέμψαι ἐς Ἀκαρνανίαν, λέγοντες

§ 7. τοῖς προγιγνομένοις V. τοῖς προσγιγνομένοις N. τοῖς τε προγιγνομένοις T. ex correct. τοῖς τε προσγιγνομένοις A.J. ἡσσῶντο F.N.V.T. ἡσσηντο multi codd. cum A.J. αὖ suprascripto θις alio atramento N.
§ 9. προσέβαλλον F.H.T. προσέβαλον N.V. ᾗ δοκεῖ ἐσέβαλλον J. ᾗ δοκοῖ ἐσέ-βαλλον A. ἐπιπολὺ A.J.T.
§ 10. οἱ στρατηγοὶ ἅπαντες A.J.
§ 11. χαλκιδεῖς T. et N., qui ubique -εῖς, non -ῆς in plurali exhibet. τρόπαιόν τε N. τροπαῖον τὲ T. τροπαῖόν τε A.J. τοὺς αὐτῶν N.T.
LXXX. § 1. τε om. F.N.T. ῥᾳδίως sine ἂν multi libri. Vide inf. § 12. Par-ticula si recte additur, voluisse videtur Th. ῥᾳδίως ἂν σχοῖεν καὶ—κρατήσουσι. κρατή-

θήσαντες of § 7. Seeing this, the victori-ous Chalkidic ψιλοὶ take heart and renew the attack on the Athenian hoplites, "who thought it prudent to fall back upon the two companies left in reserve to guard the baggage" (Grote).

§ 8. ἐνεδίδοσαν, sc. οἱ ψιλοί. In these flying attacks on the Athenian hoplites they were aided by the Chalkidian horse, who made charges ᾗ δοκοῖ, on no definite plan of operations, but as opportunity

occurred.

§ 10. τῷ περιόντι. "With what re-mained of the force." Grote says, "the expedition returned in dishonour to Athens." Thucydides could not ven-ture to speak quite so plainly, though he seems to give an accurate and im-partial statement of the loss.

LXXX. § 1. Ἀμπρακιῶται. See sup. ch. 9. and 68.——ἐκ τῆς ξυμμαχίδος, "from the countries of the Doric allies

ὅτι, ἢν ναυσὶ καὶ πεζῷ ἅμα μετὰ σφῶν ἔλθωσιν, ἀδυνάτων
ὄντων ξυμβοηθεῖν τῶν ἀπὸ θαλάσσης Ἀκαρνάνων, ῥᾳδίως ἂν
Ἀκαρνανίαν σχόντες καὶ τῆς Ζακύνθου καὶ Κεφαλληνίας
κρατήσουσι, καὶ ὁ περίπλους οὐκέτι ἔσοιτο Ἀθηναίοις ὁμοίως
περὶ Πελοπόννησον· ἐλπίδα δ' εἶναι καὶ Ναύπακτον λαβεῖν.
2 οἱ δὲ Λακεδαιμόνιοι πεισθέντες Κνῆμον μέν, ναύαρχον ἔτι
ὄντα, καὶ τοὺς ὁπλίτας ἐπὶ ναυσὶν ὀλίγαις εὐθὺς πέμπουσιν,
τῷ δὲ ναυτικῷ περιήγγειλαν παρασκευασαμένῳ ὡς τάχιστα
3 πλεῖν ἐς Λευκάδα. ἦσαν δὲ Κορίνθιοι ξυμπροθυμούμενοι
4 μάλιστα τοῖς Ἀμπρακιώταις, ἀποίκοις οὖσιν. καὶ τὸ μὲν
ναυτικὸν ἔκ τε Κορίνθου καὶ Σικυῶνος καὶ τῶν ταύτῃ χωρίων
ἐν παρασκευῇ ἦν, τὸ δ' ἐκ Λευκάδος καὶ Ἀνακτορίου καὶ
Ἀμπρακίας πρότερον ἀφικόμενον ἐν Λευκάδι περιέμενεν.
5 Κνῆμος δὲ καὶ οἱ μετ' αὐτοῦ χίλιοι ὁπλῖται, ἐπειδὴ ἐπε-
ραιώθησαν λαθόντες Φορμίωνα, ὃς ἦρχε τῶν εἴκοσι νεῶν τῶν
Ἀττικῶν αἳ περὶ Ναύπακτον ἐφρούρουν, εὐθὺς παρεσκευά-
6 ζοντο τὴν κατὰ γῆν στρατείαν. καὶ αὐτῷ παρῆσαν Ἑλλήνων
μὲν Ἀμπρακιῶται καὶ Λευκάδιοι καὶ Ἀνακτόριοι καὶ οὓς
αὐτὸς ἔχων ἦλθε χίλιοι Πελοποννησίων, βάρβαροι δὲ Χάονες
χίλιοι ἀβασίλευτοι, ὧν ἡγοῦντο ἐπ' ἐτησίῳ προστασίᾳ ἐκ

σωσι H.V.N., et corr. F., soloece. κρατήσουσι et ἔχοντες T. κρατήσουσι Δ.J. κεφα-
ληνίας T. ὁμοίως F., Bekker. ὅμοιος N.T.Δ.J. ὁμοῖος olim Bekker.
§ 2. ἄρχοντα ναύαρχον T. νηυσὶν F.H. παρεσκευασμένῳ F.V.
§ 5. ὁπλῖται T. ὃς εἶρχε T. παρεσκευάσαντο T.

generally." So I. 110, § 4, ἐκ δὲ τῶν
Ἀθηναίων καὶ τῆς ἄλλης ξυμμαχίδος.——
ἀδυνάτων ὄντων, viz. because they were
held in check by the Lacedaemonian
fleet; see 83, 1.——σχόντες, i.e. κατα-
σχόντες, "that when once they had se-
cured Acarnania they would have no
difficulty in making themselves masters
also of Zacynthus and Cephallenia."
See 91, 2.——καὶ Ναύπακτον. The as-
piration was much the same as that of
the Russians (as some tell us) for the
possession of Constantinople. As the
principal Athenian station on the western
coast it was viewed with extreme jealousy
and dislike by the neighbouring races
attached to the Spartan cause (sup. 9).
One can hardly doubt that this was an
extensive conspiracy and a desperate

effort to shake off the Athenian yoke,
in conjunction with the Macedonians of
the opposite coast. That the real movers
in the business were the Corinthians, is
intimated below.

§ 2. ἔτι ὄντα. This appears to allude
to his office having been extended beyond
the usual term of one year.——ἐπὶ ναυ-
σίν, either 'on board of' (iv. 10) or 'in
command of.'——περιήγγειλαν. They
sent a circular to the commanders of
fleets in all the allied ports.

§ 4. ἐν παρασκευῇ ἦν. In eo erat ut
pararetur, = ἤμελλε προσπλεύσεσθαι. Cf.
§ 11, and 81, 1.

§ 5. ἐπεραιώθησαν, viz. along the
Ionian sea and past the straits into the
gulf of Corinth.——τῶν εἴκοσι νεῶν, cf. 69, 1.

§ 6. ἀβασίλευτοι. They did not re-

7 τοῦ ἀρχικοῦ γένους Φώτιος καὶ Νικάνωρ. ἐστρατεύοντο δὲ
8 μετὰ Χαόνων καὶ Θεσπρωτοὶ ἀβασίλευτοι. Μολοσσοὺς δὲ
ἦγε καὶ Ἀτιντᾶνας Σαβύλινθος, ἐπίτροπος ὢν Θάρυπος τοῦ
βασιλέως, ἔτι παιδὸς ὄντος, καὶ Παραναίους Ὄροιδος, βασι-
9 λεὺς ὤν. Ὀρέσται δὲ χίλιοι, ὧν ἐβασίλευεν Ἀντίοχος, μετὰ
Παραναίων ξυνεστρατεύοντο Ὀροίδῳ, Ἀντιόχου ἐπιτρέψαν-
10 τος. ἔπεμψε δὲ καὶ Περδίκκας κρύφα τῶν Ἀθηναίων χιλίους
11 Μακεδόνων, οἳ ὕστερον ἦλθον. Τούτῳ τῷ στρατῷ ἐπορεύετο
Κνῆμος, οὐ περιμείνας τὸ ἀπὸ Κορίνθου ναυτικόν· καὶ διὰ
τῆς Ἀργείας ἰόντες Λιμναίαν, κώμην ἀτείχιστον, ἐπόρθησαν.
12 ἀφικνοῦνταί τε ἐπὶ Στράτον, πόλιν μεγίστην τῆς Ἀκαρνανίας,
νομίζοντες, εἰ ταύτην πρώτην λάβοιεν, ῥᾳδίως *[ἂν] σφίσι
τἆλλα προσχωρήσειν.

§ 6. Φώτιος *A.J.* Bekk. Poppo. Φώτνος Arnold, Classen, cum F. φώτιος N.
φώτιος T.

§ 8. ἀτιντᾶνας N.V.T. ἀταντῖνας F. ἀτιντάνας H. ἀντιτάνας Σαβύλινθος A.
ἀντιτάνας Σαβύλιντος J. Nomen in rasura scriptum est in N. βαβύλινθος V. In
barbaris nominibus perraro sibi constant libri MSS. Ita mox discrepant inter θαρύ-
που, θαρρύπου, θάρυπος (sic *A.J.T.N.*). ὄροιδος T., sed idem mox ὀροίδω. Οροιδος (sic)
A.J.

§ 9. συνεστρατεύοντο N.T.

§ 12. ταύτην πρώτην F.H.V.N. vulg. et T.*A.J.* πρώτην ταύτην. τ'ἄλλα T.
τἆλλα *A.J.* Bekker. προχωρήσειν N.V. προσχωρήσειν T.*A.* προσχορήσειν J. Semper
fere inter προπέμψαι et προσπέμψαι, προχωρήσαι et προσχωρήσαι, προσέχειν et προέχειν,
et similia, variant libri etiam optimae notae. προσχωρῆσαι hic legendum monuit
Cobet. Var. Lect. p. 440. Nimirum ἄν post ῥᾳδίως, τάχα, μάλιστα cet. tam facile addi
potuit, ut *consopitam* fere dixeris particulam in ῥᾳδίως ἂν κρατήσουσι 80, 1. Debebat
Th. aut εἰ ταύτην λάβοιεν, ῥᾳδίως ἂν προσχωρῆσαι ponere, ut inf. 81, 5, εἰ κρατή-

cognize hereditary kingly government,
but two presidents were chosen, like the
Athenian archons, but strictly according
to caste, from a ducal family, on the
understanding that they were to hold
office for one year. (See I. 13.) That
the Thesprots too had no kings, but
the Molossi had, is expressed in the
next sentence. Mr Grote remarks (v.
p. 457), "this large and diverse body
of Epirotic invaders, a new phenomenon
in Grecian history, and got together
doubtless by the hopes of plunder, proves
the extensive relations of the tribes of
the interior with the city of Ambrakia,
a city destined to become in later days
the capital of the Epirotic king Pyrrhus."
It may be questioned if the motive for
joining the expedition did not lie deeper

than " the hopes of plunder." See sup.
66 and 68. The Thracians indeed fol-
lowed Sitalces ἐφ' ἁρπαγήν, inf. 98, 5,
but the love of independence was perhaps
the true reason of the rising in the west.

§ 11. τῆς Ἀργείας. If the reading is
right, the Amphilochian Argos is meant;
but τῆς Ἀγραίας suggested by Palmer
may be right. It was from this race
that the terms *Graii* and *Graeci* were
applied by the Romans to the Hellenic
people collectively. Hence Ἄγριος and
Λατῖνος are mentioned in a verse (doubt-
less interpolated) in Hes. Theog. 1013, as
the eponym heroes of the Greeks and
Latins.

§ 12. ἀφικνοῦνται ἐπί. Both arrival
at and hostile attack *on* the town are
thus briefly expressed.

LXXXI. Ἀκαρνᾶνες δὲ αἰσθόμενοι κατά τε γῆν πολ-
λὴν στρατιὰν ἐσβεβληκυῖαν ἔκ τε θαλάσσης ναυσὶν ἅμα
τοὺς πολεμίους παρεσομένους, οὔτε ξυνεβοήθουν ἐφύλασσόν
τε τὰ αὑτῶν ἕκαστοι, παρά τε Φορμίωνα ἔπεμπον κελεύοντες
ἀμύνειν· ὁ δὲ ἀδύνατος ἔφη εἶναι ναυτικοῦ ἐκ Κορίνθου μέλ-
2 λοντος ἐκπλεῖν Ναύπακτον ἐρήμην ἀπολιπεῖν. οἱ δὲ Πελο-
ποννήσιοι καὶ οἱ ξύμμαχοι, τρία τέλη ποιήσαντες σφῶν
αὑτῶν, ἐχώρουν πρὸς τὴν τῶν Στρατίων πόλιν, ὅπως ἐγγὺς
στρατοπεδευσάμενοι, εἰ μὴ λόγοις πείθοιεν, ἔργῳ πειρῶντο
3 τοῦ τείχους. καὶ μέσον μὲν ἔχοντες προσῇεσαν Χάονες καὶ
οἱ ἄλλοι βάρβαροι, ἐκ δεξιᾶς δ' αὐτῶν Λευκάδιοι καὶ Ἀνακ-
τόριοι καὶ οἱ μετὰ τούτων, ἐν ἀριστερᾷ δὲ Κνῆμος καὶ οἱ
Πελοποννήσιοι καὶ Ἀμπρακιῶται· διεῖχον δὲ πολὺ ἀπ' ἀλλή-
4 λων καὶ ἔστιν ὅτε οὐδὲ ἑωρῶντο. καὶ οἱ μὲν Ἕλληνες τεταγ-
μένοι τε προσῇεσαν καὶ διὰ φυλακῆς ἔχοντες, ἕως ἐστρα-
τοπεδεύσαντο ἐν ἐπιτηδείῳ· οἱ δὲ Χάονες, σφίσι τε αὐτοῖς
πιστεύοντες καὶ ἀξιούμενοι [ὑπὸ] τῶν ἐκείνη ἠπειρωτῶν μαχι-
μώτατοι εἶναι, οὔτ' ἐπέσχον τὸ στρατόπεδον καταλαβεῖν,
χωρήσαντές τε ῥύμῃ μετὰ τῶν ἄλλων βαρβάρων ἐνόμισαν

σειαν, οὐκ ἂν ἔτι—προσελθεῖν, aut ἣν λάβωσι, ῥᾳδίως προσχωρήσειν, si hanc cepissent,
fore ut cetera facile se adjungerent. Loca Thucydidis ubi ἂν cum futuro legitur
collegit Cobetus Var. Lect. p. 93, sed sana esse vehementer negat. Sup. 3, 2, pro
ἐνόμισαν ῥᾳδίως κρατῆσαι, vide an ῥᾳδίως ἂν potius quam ἐνόμισαν ἂν (S.) reponendum
sit.
LXXXI. § 1. στρατιὰν T. στρατείαν V.N. τὰ αὑτῶν H.V.Δ.J. τὰ αὑτῶν T.
alii (τὰ αὑτῶν N.). κελεύοντ' ἀμύνειν T.
§ 2. πρὸς τὴν Στρατίων V.N. τὴν τῶν T. πείθειεν T. πειρῶντο Δ.J.
§ 3. μέσον F.H.N.V.Δ.J. τὸ μέσον nonnulli. μέσον ἔχοντες T.
§ 4. προσῇεσαν τεταγμένοι τε H.F.V. προσῇεσαν τεταγμένοι τὲ N. τεταγμένοι
τὲ προσῇεσαν T. ὑπὸ τῶν ἐν ἐκείνη T. ῥύμῃ, impetu, aperte verum est. ῥώμῃ, vi,

LXXXI. § 1. τοὺς πολεμίους, viz. the
Corinthians. Cf. 80, 4.——ἐρήμην, viz.
because he had been sent there specially
to guard it from Corinthian attacks,
69, 1. It is to be observed that the
Acarnanians, in whose territory Naupac-
tus was, remained staunch to Athens.
Their allegiance was of recent date, sup.
68, 8.
§ 2. τὴν τῶν Σ. πόλιν. "An interior
town, the chief place in Acarnania, the
capture of which would be likely to
carry with it the surrender of the rest"
(Grote, v. p. 457).

§ 3. οἱ μετὰ τούτων. Arnold under-
stands by this term the perioeci or de-
pendent population of the Leucadians
and Anactorians.
§ 4. ἔχοντες, sc. τοὺς ἑαυτῶν.——οὔτε
ἐπέσχον κ.τ.λ. "Not only did not stop
to occupy their (intended) camp, but
thought that, if they made a dash on
the town with the other barbarous tribes,
they could take it by the first assault,
and thus the glory of the deed would be
theirs." The credit, ἀξίωσις, which they
enjoyed with others is described as the
chief motive of so rash an attempt.——

αὐτοβοεὶ ἂν τὴν πόλιν ἑλεῖν καὶ αὐτῶν τὸ ἔργον γενέσθαι.
5 γνόντες δ' αὐτοὺς οἱ Στράτιοι ἔτι προσιόντας καὶ ἡγησάμενοι,
μεμονωμένων εἰ κρατήσειαν, οὐκ ἂν ἔτι σφίσι τοὺς Ἕλληνας
ὁμοίως προσελθεῖν, προλοχίζουσι τὰ περὶ τὴν πόλιν ἐνέδραις,
καὶ ἐπειδὴ ἐγγὺς ἦσαν, ἔκ τε τῆς πόλεως ὁμόσε χωρήσαντες
6 καὶ ἐκ τῶν ἐνεδρῶν προσπίπτουσιν. καὶ ἐς φόβον κατα-
στάντων διαφθείρονταί τε πολλοὶ τῶν Χαόνων, καὶ οἱ ἄλλοι
βάρβαροι, ὡς εἶδον αὐτοὺς ἐνδόντας, οὐκέτι ὑπέμειναν, ἀλλ'
7 ἐς φυγὴν κατέστησαν. τῶν δὲ Ἑλληνικῶν στρατοπέδων
οὐδέτερον ᾔσθετο τῆς μάχης διὰ τὸ πολὺ προελθεῖν αὐτοὺς
8 καὶ στρατόπεδον οἰηθῆναι καταληψομένους ἐπείγεσθαι. ἐπεὶ
δ' ἐνέκειντο φεύγοντες οἱ βάρβαροι, ἀνελάμβανόν τε αὐτοὺς
καὶ ξυναγαγόντες τὰ στρατόπεδα ἡσύχαζον αὐτοῦ τὴν ἡμέ-
ραν, ἐς χεῖρας μὲν οὐκ ἰόντων σφίσι τῶν Στρατίων διὰ τὸ
μήπω τοὺς ἄλλους Ἀκαρνᾶνας ξυμβεβοηθηκέναι, ἄποθεν δὲ
σφενδονώντων καὶ ἐς ἀπορίαν καθιστάντων· οὐ γὰρ ἦν ἄνευ
9 ὅπλων κινηθῆναι. δοκοῦσι δ' οἱ Ἀκαρνᾶνες κράτιστοι εἶναι
τοῦτο ποιεῖν.

---

plerisque libb. cum F.H.N.V.T.A.J. Solent haec vocabula confundi, ut ὁρμή et
ὀργή, φόνος et φόβος, alia ejusmodi. αὐτῶν T.A.J. αὐτῶν Bekk.
   § 5. γνόντες δ' οἱ Στράτιοι V.
   § 7. οἰαθῆναι T. [οἱ ἀθηναῖοι enotavit R.S.]
   § 8. ἄποθεν, non ἄπωθεν, verum videri collatis multis Thucyd. locis ostendit
Arnoldus. Et ἄποθεν hic N.T.A.J. Hesych. ἄποθεν· ἐκτός, ἔξωθεν. Id. ἄποθεν,
μακρόθεν, ubi ἄπωθεν legendum esse ostendit ordo literarum. In Eur. Iph. A. 983.
κἂν ἄπωθεν ᾖ postulat metrum.

αὐτοβοεί, Hesych. τὸ παραχρῆμά τι συν-
τελεσθῆναι ἐν πολεμικοῖς ἔργοις. ἅμα βοῇ.
Θουκυδίδης. So in III. 113 fin., αὐτοβοεί
ἂν εἷλον.
   § 5. ἔτι προσιόντας. This is a good ex-
ample of a unique use in the aorist parti-
ciple ἰών, viz. that it is also found both
in a present and a future sense.——με-
μονωμένων, viz. divided into three par-
ties, § 2. The defeat of one division
of βάρβαροι, they thought, would deter
the rest of the Ἕλληνες from coming up
with the same confidence. The party
now defeated are the οἱ Χάονες who held
τὸ μέσον, § 3, opposed to Ἕλληνες in § 4.
   § 6. οἱ ἄλλοι βάρβαροι. The division
had consisted of Chaonians καὶ οἱ ἄλλοι,
&c., § 3.

   § 7. οὐδέτερον, sc. neither the right
nor the left division, § 3. αὐτούς, the
Chaonians.—καταληψομένους, viz. to oc-
cupy a camp, which in fact they had not
wished to do, § 4.
   § 8. ἐνέκειντο. "When the Chaonians,
being routed, broke in upon the advancing
columns in their flight" (Arnold):
who remarks that ἐσπίπτειν is more com-
monly used in this sense.——ἀνελάμβα-
νον, ad se recipiebant.——διὰ τὸ μήπω
κ.τ.λ. See § 1.——οὐ γὰρ ἦν. "For it
was impossible for them (the heavy-
armed invading forces) to stir without
their shields and spears," which had
been laid aside in the camp, § 4, and
could not be resumed for action without
some trouble and delay.——τοῦτο ποιεῖν.

LXXXII. Ἐπειδὴ δὲ νὺξ ἐγένετο, ἀναχωρήσας ὁ Κνῆμος τῇ στρατιᾷ κατὰ τάχος ἐπὶ τὸν Ἄναπον ποταμόν, ὃς ἀπέχει σταδίους ὀγδοήκοντα Στράτου, τούς τε νεκροὺς κομίζεται τῇ ὑστεραίᾳ ὑποσπόνδους καὶ Οἰνιαδῶν ξυμπαραγενομένων κατὰ φιλίαν ἀναχωρεῖ παρ' αὐτοὺς πρὶν τὴν ξυμβοήθειαν ἐλθεῖν. κἀκεῖθεν ἐπ' οἴκου ἀπῆλθον ἕκαστοι. οἱ δὲ Στράτιοι τροπαῖον ἔστησαν τῆς μάχης τῆς πρὸς τοὺς βαρβάρους.

LXXXIII. Τὸ δ' ἐκ τῆς Κορίνθου καὶ τῶν ἄλλων ξυμμάχων τῶν ἐκ τοῦ Κρισαίου κόλπου ναυτικόν, ὃ ἔδει παραγενέσθαι τῷ Κνήμῳ, ὅπως μὴ ξυμβοηθῶσιν οἱ ἀπὸ θαλάσσης ἄνω Ἀκαρνᾶνες, οὐ παραγίγνεται, ἀλλ' ἠναγκάσθησαν περὶ τὰς αὐτὰς ἡμέρας τῆς ἐν Στράτῳ μάχης ναυμαχῆσαι πρὸς Φορμίωνα καὶ τὰς εἴκοσι ναῦς τῶν Ἀθηναίων αἳ ἐφρούρουν ἐν Ναυπάκτῳ. ὁ γὰρ Φορμίων παραπλέοντας αὐτοὺς ἔξω τοῦ κόλπου ἐτήρει, βουλόμενος ἐν τῇ εὐρυχωρίᾳ

LXXXII. § 1. ἐπεὶ δὲ T. κατατάχος T..I.J. σταδίοις N. κομίζει N. pr. m., ut videtur. τῇ ὑστερέᾳ J.
§ 3. τροπαῖον T. τρόπαιον N.
LXXXIII. § 1. ξυμμάχων ναυτικὸν τῶν ἐκ V.N., superscripto τῶν in N. οὐ παραγίνεται N. Madvigius, Adv. Crit. p. 312, "Certissima lege et frequentissimo usu scribendum: περὶ τὰς αὐτὰς ἡμέρας τῇ ἐν Στράτῳ μάχῃ."
§ 2. αὐτοὺς margine additum alio atramento in N.

viz. ἄλλους ἐς ἀπορίαν καθιστάναι σφενδονῶντες, or simply τὸ σφενδονᾶν (so Poppo).
LXXXII. § 1. κατὰ φιλίαν, "by virtue of their friendly relation," for Oeniadae was (says Mr Grote) "the only town in the country" (i. e. in Acarnania) "which was attached to the Lacedaemonian interest." Cf. inf. 102, 3, ἐς γὰρ Οἰνιάδας ἀεί ποτε πολεμίους ὄντας (Ἀθηναίοις) οὐκ ἐδόκει δυνατὸν εἶναι χειμῶνος ὄντος στρατεύειν. For κατὰ cf. 72, 5, κατὰ τὸ ἀμφοτέροις δέχεσθαι.—τὴν ξυμβοήθειαν, "the united forces of the Acarnanians to succour the Stratians." Cf. 81. 8.
LXXXIII. § 1. Κρισαίου κόλπου, viz. those from Sicyon and other parts, which, it would seem, were to have assembled at the entrance of the bay. See on 80, 4.——οἱ ἀπό, a short expression, like οἱ ἐξ ἀγορᾶς ἔφευγον, &c., for οἱ ἐπὶ θαλάσσῃ μὴ ἄνω ἀπὸ θαλάσσης ξυμ-

βοηθῶσιν. Cf. 80, 1, ἀδυνάτων ὄντων ξυμβοηθεῖν τῶν ἀπὸ θαλάσσης Ἀκαρνάνων. Sup. 1. 8, 2, οἱ γὰρ ἐκ τῶν νήσων κακοῦργοι ἀνέστησαν ὑπ' αὐτοῦ, and IV. 8, 1, ἀναχωρησάντων δὲ ἐκ τῆς Ἀττικῆς Πελοποννησίων. So also v. 34, 1, &c. Soph. El. 137, οὔτοι τόν γ' ἐξ Ἀΐδα παγκοίνου λίμνας πατέρ' ἀναστήσεις.——τὰς εἴκοσι. See 69, 1.
§ 2. παραπλέοντας ἔξω. "Phormio was keeping his eye upon them as they were sailing along the coast (i. e. on the south) to get outside of the strait." Whether ἐν τῇ εὐρυχωρίᾳ means ἐν μετεώρῳ, in the open sea outside, or in the wide part of the gulf within, i.e. due south of Naupactus, may be doubted, since it is only his intention that is here expressed. Poppo inclines to the former view, from 89, 8, and this is probably the true meaning. Cf. 86, 5. Between Chalcis on the north and Patrae on the south, the mouth of the gulf, on the

3 ἐπιθέσθαι. οἱ δὲ Κορίνθιοι καὶ οἱ ξύμμαχοι ἔπλεον μὲν οὐχ
ὡς ἐπὶ ναυμαχίαν, ἀλλὰ στρατιωτικώτερον παρεσκευασμένοι
ἐς τὴν Ἀκαρνανίαν καὶ οὐκ ἂν οἰόμενοι πρὸς ἑπτὰ καὶ τεσ-
σαράκοντα ναῦς τὰς σφετέρας τολμῆσαι τοὺς Ἀθηναίους
εἴκοσι ταῖς ἑαυτῶν ναυμαχίαν ποιήσασθαι· ἐπειδὴ μέντοι
ἀντιπαραπλέοντάς τε ἑώρων αὐτοὺς παρὰ γῆν σφῶν κομιζο-
μένων, καὶ ἐκ Πατρῶν τῆς Ἀχαΐας πρὸς τὴν ἀντιπέρας ἤπει-
ρον διαβαλλόντων ἐπ᾽ Ἀκαρνανίας κατεῖδον τοὺς Ἀθηναίους
ἀπὸ τῆς Χαλκίδος καὶ τοῦ Εὐήνου ποταμοῦ προσπλέοντας
σφίσι, καὶ οὐκ ἔλαθον νυκτὸς ὑφορμισάμενοι, οὕτω δὴ
4 ἀναγκάζονται ναυμαχεῖν κατὰ μέσον τὸν πορθμόν. στρατη-

§ 3. οὐχ ὡς F.H.V.N. Vulg. *A.J.* ὡς.οὐκ, h.c. *tanquam nollent,* &c. ἔπλεον μὲν
ὡς ἐπὶ T. ναυμαχίᾳ *A.J.* παρασκευασμένοι *J.*

outside of the narrow entrance, widens
out considerably. "The more open
waters to the west," Cox, p. 145. Inf.
90, 5, εὐρυχωρία means the broad part
of the gulf on the inner or eastern side
of the strait.

§ 3. οὐχ ὡς ἐπί κ.τ.λ. These words
are explained by the words of Cnemus
in 87, 2, καὶ οὐχὶ ἐς ναυμαχίαν μᾶλλον ἢ
ἐπὶ στρατείαν ἐπλέομεν. The meaning is,
that the troops on board, ἐπιβάται, out-
numbered the mere seamen, and since
soldiers (Arnold observes) would be re-
quired in making descents on the enemies'
country.——οὐκ ἂν—τολμῆσαι, i.e. οἰό-
μενοι ὅτι οὐκ ἂν τολμῷεν οἱ Ἀθ. The
idiom depends on two principles; (1) οὐκ
οἴομαι where the dependent infinitive is
really negatived, as in οὐ φημί &c.,
(2) the strong attraction of ἂν to οὐκ, by
which there is a kind of hyperthesis of
the particle. See 89, 6, οὐκ ἂν ἡγοῦν-
ται—ἀνθίστασθαι ἡμᾶς.——παρὰ γῆν σφῶν
κ. τ. λ. "While they themselves (the
Corinthians) were coasting along close
to land." There is some pleonasm in
the sentence ἐπειδὴ ἑώρων αὐτοὺς καὶ
κατεῖδον τοὺς Ἀθηναίους, but the second
clause was added in consequence of
καὶ—διαβαλλόντων (σφῶν), the expression
of a further act, "and as they were
crossing from Patrae (at the entrance of
the gulf on the south) to the main-land
opposite in the direction of Acarnania."
The nominatives would have served for

the sense as well as the genitives abso-
lute. Mr Grote (v. p. 460), "Having ad-
vanced as far as Patrae they then altered
their course, and bore to the north-west
in order to cross over towards the Aeto-
lian coast, in their way to Akarnania."
——καὶ οὐκ ἔλαθον. "And when, by
mooring close under shelter of the land
at night, they had not escaped Phormio's
notice." On the situation Arnold re-
marks, "The Athenians, aware that
they (the enemy) had stopped at Patrae,
stopped themselves at Calchis instead of
proceeding further to the westward; and
thus were so nearly opposite to them,
that the Peloponnesians had not time
to get more than half way across before
they found themselves encountered by
their watchful enemy." Mr Grote, in a
long note on the passage (v. p. 462),
thinks ὑφορμισάμενοι means "taking up
in pretence a night station," and that
they did in fact make off in the night in
hopes of getting to Acarnania unper-
ceived. Sir G. W. Cox (p. 143, note)
contends that the sense meant must be
that Phormio "confronted the Corin-
thian ships which were then creeping
across the gulf." The object of the
Corinthians, he observes, was to get
Phormio to depart to his own ground
with the belief that he would find them
in the morning where he had last seen
them in the evening. And this seems a
good and probable explanation.

γοὶ δὲ ἦσαν μὲν καὶ κατὰ πόλεις ἑκάστων οἳ παρεσκευάζοντο,
Κορινθίων δὲ Μαχάων καὶ Ἰσοκράτης καὶ Ἀγαθαρχίδας.
5 καὶ οἱ μὲν Πελοποννήσιοι ἐτάξαντο κύκλον τῶν νεῶν ὡς
μέγιστον οἷοί τ᾽ ἦσαν μὴ διδόντες διέκπλουν, τὰς πρῴρας μὲν
ἔξω, εἴσω δὲ τὰς πρύμνας, καὶ τά τε λεπτὰ πλοῖα ἃ ξυνέπλει
ἐντὸς ποιοῦνται καὶ πέντε ναῦς τὰς ἄριστα πλεούσας, ὅπως
ἐκπλέοιεν διὰ βραχέος παραγιγνόμενοι, εἴ πῃ προσπίπτοιεν
οἱ ἐναντίοι.

LXXXIV. Οἱ δ᾽ Ἀθηναῖοι κατὰ μίαν ναῦν τεταγμένοι
περιέπλεον αὐτοὺς κύκλῳ καὶ ξυνῆγον ἐς ὀλίγον, ἐν χρῷ
ἀεὶ παραπλέοντες καὶ δόκησιν παρέχοντες αὐτίκα ἐμβαλεῖν·
προείρητο δ᾽ αὐτοῖς ὑπὸ Φορμίωνος μὴ ἐπιχειρεῖν πρὶν ἂν
2 αὐτὸς σημήνῃ. ἤλπιζε γὰρ αὐτῶν οὐ μενεῖν τὴν τάξιν ὥσπερ
ἐν γῇ πεζήν, ἀλλὰ ξυμπεσεῖσθαι πρὸς ἀλλήλας τὰς ναῦς καὶ
τὰ πλοῖα ταραχὴν παρέξειν· εἴ τ᾽ ἐκπνεῦσαι ἐκ τοῦ κόλπου
τὸ πνεῦμα, ὅπερ ἀναμένων τε περιέπλει καὶ εἰώθει γίγνεσθαι
ἐπὶ τὴν ἕω, οὐδένα χρόνον ἡσυχάσειν αὐτούς· καὶ τὴν ἐπι-

§ 4. κατὰ πόλιν ἑκάστην N.V. μαχάων F.N. μάχων T. alii.
§ 5. κύκλον τῶν νεῶν ποιήσαντες nonnulli cum A.J. Participium om. F.H.N.V.T.
οἴοιτε N. οἱοί τε T. πρῴρας, ut videtur, libb. et edd. Scribendum esse πρῴρας
ostendit Cobetus, Misc. Crit. p. 337, qui πρῶιρα solum VII. 36 in libro vetere serva-
tum esse affirmat. Falso a πρό et ὁράν derivat Aeschylus Suppl. 630. προσπλέοιεν
Poppo cum F.H.N.V.T. προσπίπτοιεν Classen. Bekker. Arnold. cum A.J. et non-
nullis. Sane in repetitis πλεούσας—ἐκπλέοιεν—προσπλέοιεν aliquantum offenditur.
Sed cf. 93, 2, πλεούσας—πλεῖν—παραπλέοι—πλέοντα τὸν ἐπίπλουν.
LXXXIV. § 1. In N. αὐτίκα usque ad τὴν τάξιν in textu omissa in summo
margine alia manu addita sunt. οἱ δὲ N.T.
§ 2. ἀλλὰ in rasura N. παρέχειν F.H.T.A.J. εἴτ᾽ F.A.J. Quod aliquot libb.
praebent, ἐκπνεύσειν, id non obscure scripturam ἐκπνεύσειεν indicare videtur; quam
formam optativi praeferebant Attici. ἐκπνεῦσαι τοῦ κόλπου T. et (cum ἐκ) A.J.
ἀναμένων (sine τε) V.N. ἐπὶ τὴν ἕω insolenter dicitur, et recte fortasse ὑπὸ reponit
Ellendt. γίγνεσθαι περὶ τὴν ἕω N.V. γίνεσθαι ἐπὶ τὴν ἕω T. Frequens locutio ap. Th.

§ 5. μὴ διδόντες, sc. εἰ μὴ ἐδίδοσαν,
"as large as they could without allowing
(from the distance of the ships) the
circle to be broken through." For the
manoeuvre so called, see I. 49, 3.——διὰ
βραχέος, "at a short distance," i.e. so
as to repel at the shortest notice any
hostile ἐμβολή on the κύκλος.
LXXXIV. § 1. κατὰ μίαν. Lit. "ship
by ship," in a line, not two or more
abreast, but each close following the
other. In this order they sailed quite

close (ἐν χρῷ) to the circle, compelling
the Peloponnesian fleet to contract it,
by threatening to sink any ship in their
way. The object of contracting the
circle was to bring the hostile ships in
collision with each other. Hesych. ἐν
χρῷ κουρά· ἡ ψιλή, καὶ πρὸς αὐτῷ τῷ
χρωτί. Soph. Aj. 786, ξυρεῖ γὰρ ἐν χρῷ
τοῦτο, μὴ χαίρειν τινά.
§ 2. τὰ πλοῖα, viz. τὰ λεπτά, 83, 5.——
ὅπερ. This is at once the object to
ἀναμένων and the subject to εἰώθει.

χείρησιν ἐφ᾽ ἑαυτῷ τε ἐνόμιζεν εἶναι, ὁπόταν βούληται, τῶν
3 νεῶν ἄμεινον πλεουσῶν, καὶ τότε καλλίστην γίγνεσθαι. ὡς
δὲ τό τε πνεῦμα κατῄει καὶ αἱ νῆες ἐν ὀλίγῳ ἤδη οὖσαι ὑπ᾽
ἀμφοτέρων, τοῦ τε ἀνέμου τῶν τε πλοίων, ἅμα προσκειμένων
ἐταράσσοντο, καὶ ναῦς τε νηὶ προσέπιπτε καὶ τοῖς κοντοῖς
διωθοῦντο, βοῇ τε χρώμενοι καὶ πρὸς ἀλλήλους ἀντιφυλακῇ
τε καὶ λοιδορίᾳ οὐδὲν κατήκουον οὔτε τῶν παραγγελλομένων
οὔτε τῶν κελευστῶν, καὶ τὰς κώπας ἀδύνατοι ὄντες ἐν κλυ-
δωνίῳ ἀναφέρειν ἄνθρωποι ἄπειροι τοῖς κυβερνήταις ἀπει-
θεστέρας τὰς ναῦς παρεῖχον, τότε δὴ κατὰ τὸν καιρὸν τοῦτον
σημαίνει, καὶ οἱ Ἀθηναῖοι προσπεσόντες πρῶτον μὲν κατα-
δύουσι τῶν στρατηγίδων νεῶν μίαν, ἔπειτα δὲ καὶ πάσας ᾗ
χωρήσειαν διέφθειρον, καὶ κατέστησαν ἐς ἀλκὴν μὲν μηδένα

ὑπὸ τοὺς αὐτοὺς χρόνους. ἡσυχάζειν T. ὑφ᾽ ἑαυτῷ τὲ T. ἐννόμιζεν N. γίνεσθαι N.
γίγνεσθαι Τ.Α.J.
§ 3. Pro ὡς δὲ vide an ὡς γὰρ legendum sit. τότε γίγνεσθαι verte *tunc fieri*,
nisi malis κάλλιστ᾽ ἂν γίγνεσθαι. De protasi in sequentibus, quae paullo impeditior
est, vide not. exeget. τοῦ τ᾽ ἀνέμου N. προσέπιπτε T. δωρθοῦντο T. διεωθοῦντο
Cobetus, Var. Lect. p. 440. πρὸς ἀλλήλοις T. Hesych. κλυδώνιον· πέλαγος· χειμών.
καὶ θόρυβος πραγμάτων. Photius Lex. κλυδώνιον. κῦμα καὶ κλύδωνα ἄμφω. Θουκυδίδης
β'. καὶ τὰς κώπας ἀδύνατοι ὄντες ἐν κλύδωνι ἀναφέρειν. Poetica vocabula saepius
adhibet Thucydides. Cf. Eur. Hec. 47, φανήσομαι·δούλης ποδῶν πάροιθεν ἐν κλυδω-
νίῳ. Clausula κατὰ τὸν καιρὸν τοῦτον fortasse interpolatoris est. (In eandem senten-
tiam contulit Cobetus, Var. Lect. p. 440, sup. 1. 58, 1, τότε δὴ [κατὰ τὸν καιρὸν
τοῦτον] ἀφίστανται μετὰ Χαλκιδέων.) καὶ ἀθηναῖοι T. πάσας F.H.N.V.T. Plures libb.
τὰς ἄλλας.

Either κάλλιστ᾽ ἂν γίγνεσθαι should be
read with Kruger, or ὡς γὰρ τὸ πνεῦμα
κ.τ.λ. in the next clause: "he thought
that very time was most favourable for
the attack; for as the wind was now
coming down on them, and the ships,
contracted into a smaller space, were
getting into confusion both from it and
from the light vessels in the centre,—
the crews could not hear the orders
given, and could not, from want of skill,
lift their oars in the swell that was
setting in." For κατιέναι, used of the
sudden descent of wind from a mountain-
ous coast, see 25, 5, ἀνέμου κατιόντος μεγά-
λου. So βορέαο πεσόντος, Hes. Ἔργ. 547.

§ 3. ναῦς τε νηί. Aesch. Pers. 410,
εὐθὺς δὲ ναῦς ἐν νηὶ χαλκήρη στόλον
ἔπαισεν.——διωθοῦντο. "Had to thrust
off (separate) each other by the ship's
poles." If the apodosis of this sentence
is at οὐδὲν κατήκουον, the protasis of the

next is καὶ (ὡς)—παρεῖχον, and the apo-
dosis τότε δὴ—σημαίνει. Or, if (which
seems better) we regard βοῇ τε χρώμενοι
οὐδὲν κατήκουον as an additional clause
of the protasis depending on the pre-
ceding ὡς, the apodosis to the whole
will then be τότε δὴ σημαίνει. The
hearing the call of the κελευστὴς was,
G. W. Cox observes, quite essential to
the efficiency of triremes in a sea-
fight. —— ἀντιφυλακῇ, *mutua cautione*,
Poppo.——ἀναφέρειν. *Remos ad se re-
ducere et tollere suspensos*, id.——κατα-
δύουσι. Here, perhaps, "sink," in the
literal sense, though the word must
mean "disabled" in 1. 50, 1.—στρατη-
γίδων, what we should call "flag-ships."
The adjective occurs in Soph. Aj. 49,
καὶ δὴ 'πὶ δισσαῖς ἦν στρατηγίσιν πύ-
λαις.——κατέστησαν κ.τ.λ. "They re-
duced them to this,—that not one of
them (the commanders) made an effort,

τρέπεσθαι αὐτῶν ὑπὸ τῆς ταραχῆς, φεύγειν δ' ἐς Πάτρας καὶ
4 Δύμην τῆς Ἀχαΐας. οἱ δὲ Ἀθηναῖοι καταδιώξαντες καὶ ναῦς
δώδεκα λαβόντες τούς τε ἄνδρας ἐξ αὐτῶν τοὺς πλείστους
ἀνελόμενοι ἐς Μολύκρειον ἀπέπλεον καὶ τροπαῖον στήσαντες
ἐπὶ τῷ Ῥίῳ καὶ ναῦν ἀναθέντες τῷ Ποσειδῶνι ἀνεχώρησαν ἐς
5 Ναύπακτον. παρέπλευσαν δὲ καὶ οἱ Πελοποννήσιοι εὐθὺς
ταῖς περιλοίποις τῶν νεῶν ἐκ τῆς Δύμης καὶ Πατρῶν ἐς
Κυλλήνην τὸ Ἠλείων ἐπίνειον· καὶ ἀπὸ Λευκάδος Κνῆμος
καὶ αἱ ἐκεῖθεν νῆες, ἃς ἔδει ταύταις ξυμμῖξαι, ἀφικνοῦνται
μετὰ τὴν ἐν Στράτῳ μάχην ἐς τὴν Κυλλήνην.

LXXXV. Πέμπουσι δὲ καὶ οἱ Λακεδαιμόνιοι τῷ
Κνήμῳ ξυμβούλους ἐπὶ τὰς ναῦς Τιμοκράτην καὶ Βρασίδαν
καὶ Λυκόφρονα, κελεύοντες ἄλλην ναυμαχίαν βελτίω κατα-
σκευάζεσθαι καὶ μὴ ὑπ' ὀλίγων νεῶν εἴργεσθαι τῆς θαλάσ-
2 σης. ἐδόκει γὰρ αὐτοῖς, ἄλλως τε καὶ πρῶτον ναυμαχίας

§ 4. τοὺς πλείους T. μολύκρειον hic libri, sed in III. 102, 2, μολύκριον H.F.V.
Inf. II. 86, 2, τὸ ῥίον τὸ μολυκρικὸν in omnibus legi monuit Poppo, qui hic quoque
Μολύκριον recipiendum putat. τρόπαιον N. τροπαῖον T.
§ 5. καὶ ἐκεῖθεν νῆες T. ξυμμῖξαι Poppo, Bekk. ξυμμῖξαι Δ.J. Bekk. (olim)
Arnold. Classen. συμμῖξαι V.N.T. Radicem esse non μῖγ sed μισκ (μιγσκ) ostendit
Italorum misceo. Vide Curtium, Gr. Et. 336.
LXXXV. § 1. βασιλίδην N.V. βρασίδαν T. παρασκευάζεσθαι libri deteriores.
§ 2. ναυμαχίαν V. πειρασομένοις T. De substantivo παράλογος vid. not. crit. ad

from the confusion that prevailed, to show fight, but all made the best of their way to Patrae or Dyme in Achaia," i.e. to the two nearest towns on the south-west side of the strait. By μὲν and δὲ it is meant, that though they did not venture to make further resistance, still they managed to escape, or begin to escape.

§ 4. ἀνελόμενοι, "having picked up," or "taken off," i.e. as prisoners of war. This appears to include the crews saved from sinking vessels.——ναῦν ἀναθέντες. Probably the beak or the ἄφλαστον was solemnly placed in some temple on a neighbouring height, Rhium, perhaps. Compare 92. 6, καὶ ἥνπερ ἔλαβον ναῦν ἀνέθεσαν ἐπὶ τὸ Ῥίον. It is to the present passage (not that just referred to, as Arnold says) that Aristophanes alludes, Equit. 550—61 (writing some five years after the event), Πόσειδον,—ὦ Γεραίστιε παῖ Κρόνου, Φορμίωνί τε φίλτατε.

§ 5. ἀπὸ Λευκάδος. See 82, where it is said that Cnemus had retired to Oeniadae, and 80, 4, where the contingent ships are said to have waited at Leucas till the Corinthian ships should arrive there.—ξυμμῖξαι, "se adjungere, ut III. 110, et VII. 26." Poppo.

LXXXV. § 1. ἐπὶ τὰς ναῦς. Mr Grote appears to render this (p. 466) "commissioners to assist him with their advice and exertions in calling together naval contingents from the different allied cities." Rather, we think, "they send Cnemus persons to advise with him what was to be done with his ships" ("to form his standing council," Sir G. W. Cox). Cf. § 4.——ὑπ' ὀλίγων νεῶν. The argumentum ad pudorem. They seem to have thought Cnemus had been wanting in "pluck," and not to have been conscious of their real inferiority at sea.

πειρασαμένοις, πολὺς ὁ παράλογος εἶναι, καὶ οὐ τοσούτῳ
ᾤοντο σφῶν τὸ ναυτικὸν λείπεσθαι, γεγενῆσθαι δέ τινα μα-
λακίαν, οὐκ ἀντιτιθέντες τὴν Ἀθηναίων ἐκ πολλοῦ ἐμπειρίαν
3 τῆς σφετέρας δι' ὀλίγου μελέτης. ὀργῇ οὖν ἀπέστελλον.
4 οἱ δὲ ἀφικόμενοι μετὰ Κνήμου ναῦς τε περιήγγελλον κατὰ
πόλεις καὶ τὰς προϋπαρχούσας ἐξηρτύοντο ὡς ἐπὶ ναυ-
5 μαχίαν. πέμπει δὲ καὶ ὁ Φορμίων ἐς τὰς Ἀθήνας τήν τε
παρασκευὴν αὐτῶν ἀγγελοῦντας καὶ περὶ τῆς ναυμαχίας ἣν
ἐνίκησαν φράσοντας, καὶ κελεύων αὐτῷ ναῦς ὅτι πλείστας
διὰ τάχους ἀποστεῖλαι, ὡς καθ' ἡμέραν ἑκάστην ἐλπίδος
6 οὔσης ἀεὶ ναυμαχήσειν. οἱ δὲ ἀποπέμπουσιν εἴκοσι ναῦς
αὐτῷ, τῷ δὲ κομίζοντι αὐτὰς προσεπέστειλαν ἐς Κρήτην
7 πρῶτον ἀφικέσθαι. Νικίας γάρ, Κρὴς Γορτύνιος, πρόξενος
ὢν, πείθει αὐτοὺς ἐπὶ Κυδωνίαν πλεῦσαι, φάσκων προσποιή-
σειν αὐτήν, οὖσαν πολεμίαν· ἐπῆγε δὲ Πολιχνίταις χαριζόμε-
8 νος, ὁμόροις τῶν Κυδωνιατῶν. καὶ ὁ μὲν λαβὼν τὰς ναῦς
ᾤχετο ἐς Κρήτην καὶ μετὰ τῶν Πολιχνιτῶν ἐδῄου τὴν γῆν

---

1. 65. τοσοῦτον Τ. ἀντιθέντες V. Cobetus Var. Lect. p. 440, "Nescio quibus argutiis
hanc structuram *ferri posse* nonnulli ostendant: exploratum mihi est τῇ σφετέρᾳ—
μελέτῃ unice verum esse." Inest tamen notio non tam *opponendi* quam *inter se
pendendi,* quo sensu ἀντὶ per se genitivo jungi notissimum est.

§ 4. ἐξήρτυον Τ.

§ 5. ἀγγελλοῦντας Τ, et mox φράσσοντας. κελεύων αὐτῷ Bekk. αὐτῶν F. αἰεὶ Τ.
ναυμαχήσειν Ν. (ήσειν in rasura tanquam m. pr. ναυμαχῆσαι scripsisset).

§ 7. Interpolatum esse Κρὴς censet Cobetus l. l., nam "etiam si non praecederet
ἐς Κρήτην, satis erat Γορτύνιος." Nec Κρὴς Γορτύνιος, sed Κρὴς ἐκ Γόρτυνος dixisse
veteres idem contendit.

---

§ 2. τοσούτῳ. The construction de-
pends on λείπεσθαι=ἧσσον εἶναι. For
ὁ παράλογος see not. crit. on I. 65. A
similar case is the adverbial use of
ὑπέρμορα in Π. II. 155.——ἀντιτιθέντες.
"Not setting off the long practice of the
Athenians against their own handling
of a fleet at so short a notice." See III.
56, 5.

§ 5. αὐτῶν, viz. of the Lacedaemo-
nians.—φράσοντας, "to explain," i.e. to
give the details in full.

§ 7. φάσκων. Nicias, himself a Cre-
tan, and Athenian Consul at Gortyna,
assured them that he could win over
Cydonia to the Athenian cause, a town
with sympathies towards the Spartan
side. "Cydonia especially would hate

and be hated by the Athenians, as a
considerable portion of its citizens were
Aeginetan colonists, who had settled
there, Olymp. 65. 2. See Herod. III. 59,
1—3." Arnold. The neighbouring town
of Polichne appears to have had a feud
with Gortyna (Gortys), and to have
used their favour with Athens in hu-
miliating their rival.—ἐπῆγε, "he urged
it," nearly a synonym of ἔπειθε. Sir
G. Cox (p. 144) remarks on the folly of
this diversion to Crete, and adds "it is
strange that throughout this narrative
we hear nothing of the Corcyrean fleet."
Corcyra was close at hand, and seemed
bound to send the Athenians immediate
and effective help.

τῶν Κυδωνιατῶν καὶ ὑπὸ ἀνέμων καὶ ὑπὸ ἀπλοίας ἐνδιέτριψεν οὐκ ὀλίγον χρόνον.

LXXXVI. Οἱ δ' ἐν τῇ Κυλλήνῃ Πελοποννήσιοι, ἐν τούτῳ ἐν ᾧ οἱ Ἀθηναῖοι περὶ Κρήτην κατείχοντο, παρεσκευασμένοι ὡς ἐπὶ ναυμαχίαν παρέπλευσαν ἐς Πάνορμον τὸν Ἀχαϊκόν, οὗπερ αὐτοῖς ὁ κατὰ γῆν στρατὸς τῶν Πελοποννη-
2 σίων προσβεβοηθήκει. παρέπλευσε δὲ καὶ ὁ Φορμίων ἐπὶ τὸ Ῥίον τὸ Μολυκρικόν, καὶ ὡρμίσατο ἔξω αὐτοῦ ναυσὶν
3 εἴκοσιν, αἷσπερ καὶ ἐναυμάχησεν. ἦν δὲ τοῦτο μὲν τὸ Ῥίον φίλιον τοῖς Ἀθηναίοις, τὸ δ' ἕτερον Ῥίον ἐστὶν ἀντιπέρας τὸ ἐν τῇ Πελοποννήσῳ· διέχετον δὲ ἀπ' ἀλλήλων σταδίους μάλιστα ἑπτὰ τῆς θαλάσσης, τοῦ δὲ Κρισαίου κόλπου στόμα
4 τοῦτό ἐστιν. ἐπὶ οὖν τῷ Ῥίῳ τῷ Ἀχαϊκῷ οἱ Πελοποννήσιοι,

§ 8. [ὑπὸ] ἀπλοίας Poppo. Deest ὑπὸ in libris bonae notae. [ὑπὸ ἀνέμων καὶ] Classen.
LXXXVI. § 1. καλλήνῃ T. ἐν τούτῳ omittendum putat Cobetus, l. l. περὶ τὴν κρήτην T. παρασκευασάμενοι N.V. προσεβεβοηθήκει N.T.A.J. προσβεβοηθήκει Arnold. cum Bekkeri libb. omnibus praeter E. (Pal.). Augmentum a plusquam perfecto interdum abesse constat, ut ἀποπεφεύγῃ Plat. Apol. ch. xxv, ἀνεστήκῃ Protag. p. 335 D. Sed προσεβεβοηθήκει sup. 25 fin. omnes, ut et hic Popponis libri. Inf. 95, 2, ὁμολογήκει exhibet V.
§ 2. πολυκρικὸν H. ὡρμήσατο T.
§ 3. διέχετον male N. et alii cum T.A.J., quod διειχέτην scribendum erat.

§ 8. ἀνέμων καὶ ἀπλοίας. "Partly by adverse winds and partly by other reasons which prevented his sailing." There is some obscurity here, both from the repetition of ὑπὸ in the best copies, and from the fact that Greek crews, using oars rather than sails, were not stopped by calms. Mr Grote merely says (p. 466), "the fleet was long prevented by adverse winds and weather from getting away." Compare Eur. Iph. T. 15, δεινῆς δ' ἀπλοίας πνευμάτων τ' οὐ τυγχάνων, where the οὐ is omitted by Hermann. Inf. iv. 4, 1, ὡς δὲ οὐκ ἔπειθεν,—ἡσύχαζεν ὑπὸ ἀπλοίας. Poppo observes that in viii. 99 fin., καὶ μείνας ἐν αὐτῇ ὑπὸ ἀπλοίας πέντε ἢ ἐξ ἡμέρας ἀφικνεῖται ἐς τὴν Χίον, the effect of stormy weather is certainly meant. Mr Grote calls this an "ill-advised diversion of the fleet from its straight course to join Phormio," and remarks that it was against the policy of Pericles, who was just now in his last illness, and

died shortly afterwards (p. 467).
LXXXVI. § 1. κατείχοντο, "were being detained," sc. ὑπὸ ἀνέμων. So in iii. 45, 4, ὡς ἑκάστη τις κατέχεται ὑπ' ἀνηκέστου τινὸς κρείσσονος.—Πάνορμον. A town and harbour close to Rhium on the inside of the strait. Probably the fleet sailed thither at first to offer battle in the most favourable position inside of the bay, and to be under the protection of the land-force, but moved off to Rhium on seeing Phormio's movement.
§ 2. ἐπὶ τὸ Ῥίον. This was the northern promontory, also called Antirrhium. That on the south is mentioned by Euripides, possibly in reference to this victory, Ion 1591, κατ' αἶαν Πελοπίαν ὁ δεύτερος Ἀχαιός, ὃς γῆς παραλίας Ῥίου πέλας τύραννος ἔσται.
§ 3. μάλιστα ἑπτά. It is said that this is somewhat under the real distance, which is about a mile and a half (Arnold).

ἀπέχοντι οὐ πολὺ τοῦ Πανόρμου, ἐν ᾧ αὐτοῖς ὁ πεζὸς ἦν,
ὡρμίσαντο καὶ αὐτοὶ ναυσὶν ἑπτὰ καὶ ἑβδομήκοντα, ἐπειδὴ
5 καὶ τοὺς Ἀθηναίους εἶδον. καὶ ἐπὶ μὲν ἓξ ἢ ἑπτὰ ἡμέρας
ἀνθώρμουν ἀλλήλοις, μελετῶντές τε καὶ παρασκευαζόμενοι
τὴν ναυμαχίαν, γνώμην ἔχοντες οἱ μὲν μὴ ἐκπλεῖν ἔξω τῶν
Ῥίων ἐς τὴν εὐρυχωρίαν, φοβούμενοι τὸ πρότερον πάθος, οἱ
δὲ μὴ ἐσπλεῖν ἐς τὰ στενά, νομίζοντες πρὸς ἐκείνων εἶναι τὴν
6 ἐν ὀλίγῳ ναυμαχίαν. ἔπειτα ὁ Κνῆμος καὶ ὁ Βρασίδας καὶ
οἱ ἄλλοι τῶν Πελοποννησίων στρατηγοί, βουλόμενοι ἐν τάχει
τὴν ναυμαχίαν ποιῆσαι πρίν τι καὶ ἀπὸ τῶν Ἀθηναίων
ἐπιβοηθῆσαι, ξυνεκάλεσαν τοὺς στρατιώτας πρῶτον, καὶ
ὁρῶντες αὐτῶν τοὺς πολλοὺς διὰ τὴν προτέραν ἧσσαν φοβου-
μένους καὶ οὐ προθύμους ὄντας, παρεκελεύσαντο καὶ ἔλεξαν
τοιάδε.

LXXXVII. "Ἡ μὲν γενομένη ναυμαχία, ὦ ἄνδρες
" Πελοποννήσιοι, εἴ τις ἄρα δι᾽ αὐτὴν ὑμῶν φοβεῖται τὴν μέλ-
2 " λουσαν, οὐχὶ δικαίαν ἔχει τέκμαρσιν τὸ ἐκφοβῆσαι. τῇ τε
" γὰρ παρασκευῇ ἐνδεὴς ἐγένετο, ὥσπερ ἴστε, καὶ οὐχὶ ἐς
" ναυμαχίαν μᾶλλον ἢ ἐπὶ στρατείαν ἐπλέομεν· ξυνέβη δὲ καὶ
" τὰ ἀπὸ τῆς τύχης οὐκ ὀλίγα ἐναντιωθῆναι, καί πού τι καὶ ἡ
3 " ἀπειρία πρῶτον ναυμαχοῦντας ἔσφηλεν. ὥστε οὐ κατὰ τὴν

---

§ ε. ἡμέραις N. μελετῶντες τὲ N.T.
LXXXVII. § 2. καί που τὶ T. καί που τι Δ.J. ναυμαχοῦντα V.

§ 5. οἱ δέ, viz. the Athenians.—πρὸς
ἐκείνων, "in favour of the enemy." The
Athenian ships required room for being
handled successfully, while the dogged
courage of the Spartans might prevail in
a mere fight from their decks. Cf. 89,
11.

LXXXVII. § 1. τέκμαρσιν τὸ ἐκφο-
βῆσαι. "Affords no just grounds for
your fears" (for the frightening of you).
The phrase is peculiar, and the syntax
not clear. Some take τὸ ἐκφοβῆσαι in
apposition with τέκμαρσιν, but perhaps
the article is added as in τὸ ὁρᾶν οὐκ
ἠθέλησαν, Soph. Oed. Col. 442, μακρὸς
τὸ κρῖναι ταῦτα—χρόνος, El. 1030, and is
equivalent to ὥστε, as in the common
idiom τὸ μή &c. See on 75, 1. The
rhetorical form of the noun is used in

place of the poetic τέκμαρ or τέκμωρ.
Compare ὀλόφυρσις sup. 51, 7. παραί-
νεσις inf. 88, 2. ἀξίωσις, &c.——ἔχει, in
se continet, is often so used where παρέ-
χει is virtually the meaning.

§ 2. ἢ ἐπὶ κ.τ.λ. "Not so much for
a sea-fight as by way of a land-expe-
dition." See 83, 3.——ξυνέβη δέ. "It so
chanced too that luck was in many
respects against us," viz. from the rough
sea at the time, 84, 3.—καὶ πού τι καὶ,
"it may be that in part too," &c. Com-
pare Pind. Ol. 1. 28, καὶ πού τι καὶ βροτῶν
φρένας—ἐξαπατῶντι μῦθοι. A phrase is
used which describes as a mere pos-
sibility that which was an unwelcome
fact.

§ 3. κατά. Here, as frequently in
Attic, the preposition is an exact syn-

" ἡμετέραν κακίαν τὸ ἡσσῆσθαι προσεγένετο, οὐδὲ δίκαιον τῆς
" γνώμης τὸ μὴ κατὰ κράτος νικηθέν, ἔχον δέ τινα ἐν αὐτῷ
" ἀντιλογίαν, τῆς γε ξυμφορᾶς τῷ ἀποβάντι ἀμβλύνεσθαι,
" νομίσαι δὲ ταῖς μὲν τύχαις ἐνδέχεσθαι σφάλλεσθαι τοὺς
" ἀνθρώπους, ταῖς δὲ γνώμαις τοὺς αὐτοὺς ἀεὶ ἀνδρείους
" ὀρθῶς εἶναι, καὶ μὴ ἀπειρίαν τοῦ ἀνδρείου παρόντος προ-
4 βαλλομένους εἰκότως ἂν ἔν τινι κακοὺς γενέσθαι. ὑμῶν δ᾽
" οὐδ᾽ ἡ ἀπειρία τοσοῦτον λείπεται ὅσον τόλμῃ προέχετε·
" τῶνδε δὲ ἡ ἐπιστήμη, ἣν μάλιστα φοβεῖσθε, ἀνδρίαν μὲν
" ἔχουσα καὶ μνήμην ἕξει ἐν τῷ δεινῷ ἐπιτελεῖν ἃ ἔμαθεν,
" ἄνευ δὲ εὐψυχίας οὐδεμία τέχνη πρὸς τοὺς κινδύνους ἰσχύει.

§ 3. προσεγένετο N. (προσ in rasura). τὸ κατὰ κράτος νικηθὲν Classen. κατάκρατος
T.A.J. τῆς τε ξυμφορᾶς Classen cum F.H.V.A.J. aliis. τῆς ξυμφορᾶς nonnulli,
et sic T. Bekk. τῆς γε ξ. N. Arnold. ἀνδρείους fortasse interpolatum; animis vero,
ut decet, semper esse eosdem. τοῦ ἀνδρείου προβαλλομένους F. τοῦ παρόντος ἀνδρείου
προβαλλομένους V.N. At hoc esset inscitiam praesenti virtuti praetendentes, inepte.
Nam inscitiam ponentes ante virtutem vix crediderim significare ignaviam inscitia
excusantes. τοῦ ἀνδρείου παρόντος T.A.J. ἔν τινι κακῇ V.
§ 4. ὑμῶν δ᾽ οὐδ᾽ ἀπειρία T. προσέχετε F. Vide not. crit. ad 80, 12. ἔχουσαν T.
ἄνευ δ᾽ εὐψυχίας A.J.

onym of διά. Cf. 89, 6. It would have
been equally possible to use παρά, "along
of," as we say.—τὸ μὴ κατὰ κράτος κ.τ.λ.
" That part of our resolution which was
not beaten by force, but still has in itself
something to say to those who taunt us
with a defeat." Poppo strangely says
"genitivus jungendus cum v. ἀμβλύ-
νεσθαι." It is much safer, with Arnold,
to construe τὸ μὴ νικηθὲν τῆς γνώμης. He
translates, "nor ought our spirits, which
so far from having been fairly beaten,
have that within them which still bids
defiance to the enemy, to lose their edge
from the result of chance." The γε
means, "a mere accident, forsooth." Cf.
Aesch. Cho. 410, τάπερ πάθομεν ἄλγεα
πρός γε τῶν τεκομένων, "from parents,
truly!" Soph. Aj. 476, προσθεῖσα κἀνα-
θεῖσα τοῦ γε κατθανεῖν. There is something
of rhetorical affectation in the speech, un-
like the plain βραχυλογία of a Spartan.
The meaning is plain however: "we
ought not to be discouraged by ill-luck,
so long as our determination has not
been damped by a decisive and inevita-
ble defeat." As for ἀντιλογίαν, "ex-
cuse," "reply." "defence," seems some-
what better than "defiance." This was

itself a technical rhetorical term; cf. Ar.
Ran. 775.——νομίσαι δέ. "Rather you
ought to think that though it is possible
for men to suffer a reverse in their for-
tunes, yet that in their resolution (manly
sentiments) those who are brave can
never rightly be anything but brave;
and further, that while they retain such
bravery, they are not likely to become
cowards on any occasion, by putting
forward inexperience as a plea." (Arnold,
" nor can they, whilst they retain their
courage, ever plead their inexperience as
a plausible excuse for misbehaviour.")
§ 4. ὑμῶν δέ. Lit. "But even your
want of experience is more than counter-
balanced by your superiority in courage;
whereas the enemy's science, which you
so much dread, will indeed, so long as
it is supported by courage, also retain
presence of mind to carry out the in-
structions in a moment of danger;
while without courage no amount of
skill avails against the dangers incurred
in the fight." In more correct phrase,
"and though the enemy's skill, while
supported by courage, may enable them
to carry out the orders given in a mo-
ment of danger, yet skill in default

5 " φόβος γὰρ μνήμην ἐκπλήσσει, τέχνη δὲ ἄνευ ἀλκῆς οὐδὲν
6 " ὠφελεῖ. πρὸς μὲν οὖν τὸ ἐμπειρότερον αὐτῶν τὸ τολμη-
" ρότερον ἀντιτάξασθε, πρὸς δὲ τὸ διὰ τὴν ἧσσαν δεδιέναι
7 " τὸ ἀπαράσκευοι τότε τυχεῖν. περιγίγνεται δὲ ὑμῖν πλῆθός
" τε νεῶν καὶ πρὸς τῇ γῇ, οἰκείᾳ οὔσῃ, ὁπλιτῶν παρόντων
" ναυμαχεῖν· τὰ δὲ πολλὰ τῶν πλειόνων καὶ ἄμεινον παρ-
8 " εσκευασμένων τὸ κράτος ἐστίν. ὥστε οὐδὲ καθ᾽ ἓν εὑρί-
9 " σκομεν εἰκότως ἂν ἡμᾶς σφαλλομένους. καὶ ὅσα ἡμάρτο-
" μεν πρότερον, νῦν αὐτὰ ταῦτα προσγενόμενα διδασκαλίαν
10 " παρέξει. θαρσοῦντες οὖν καὶ κυβερνῆται καὶ ναῦται τὸ
" καθ᾽ ἑαυτὸν ἕκαστος ἔπεσθε, χώραν μὴ προλείποντες ᾗ ἄν ·
11 " τις προσταχθῇ. τῶν δὲ πρότερον ἡγεμόνων οὐ χεῖρον
" τὴν ἐπιχείρησιν ἡμεῖς παρασκευάσομεν καὶ οὐκ ἐνδώσομεν
" πρόφασιν οὐδενὶ κακῷ γενέσθαι· ἢν δέ τις ἄρα καὶ βου-
" ληθῇ, κολασθήσεται τῇ πρεπούσῃ ζημίᾳ, οἱ δὲ ἀγαθοὶ
" τιμήσονται τοῖς προσήκουσιν ἄθλοις τῆς ἀρετῆς."

§ 6. τὸ ante τολμηρότερον om. H.T.
§ 10. καὶ ναῦται alio atramento in margine additum N. ἔπεσθαι F. προλεί-
ποντες F.H.N.V. λείποντες Δ.J. alii. προλιπόντες T.
§ 11. παρεσκευάσομεν J.

of courage will be of little avail in
such a crisis." Such words as ἀπειρία,
εὐψυχία, ἀνδρία, were regarded by the
teachers of rhetoric as ἴσα or ὅμοια (Plat.
Symp. p. 185 c), as also μνήμη, τέχνη,
τόλμη, ἀλκή, and the use of them is
probably intentional. Similarly in
Sophocles, El. 1036, ἀτιμίας μὲν οὔ,
προμηθίας δὲ σοῦ. Phil. 1009, ἀνάξιον
μὲν σοῦ, κατάξιον δ᾽ ἐμοῦ. Ar. Nub. 394,
βροντῇ καὶ πορδῇ ὁμοίω. See sup. 74, 3.

§ 7. περιγίγνεται. A verb is used
denoting superiority of number, but in
the next clause the meaning rather is,
προσγίγνεται, or πρὸς ὑμῶν ἐστὶ ναυμα-
χεῖν, "you have the advantage of fight-
ing," &c.——τὰ δὲ πολλά. "And gene-
rally, the victory is on the side of those
who are the more numerous and better
prepared."

§ 9. καὶ ὅσα κ.τ.λ. The sense seems to
be, "And even our former mistakes will
be so much on our side, as affording us in-
struction." The proverb παθήματα μαθή-
ματα is, as Arnold remarks, alluded to.

§ 10. τὸ καθ᾽ ἑαυτόν. "Let each do
his best—each perform his own part—
in following his leader."

§ 11. ἐνδώσομεν, sc. οὐ δώσομεν πρό-
φασιν ἐν τῇ παρασκευῇ, or ἐν τοῖς μέλλουσι
γενέσθαι, "there is no excuse for desert-
ing the appointed post, since the attempt
will be made with preparations fully as
good if not better than (οὐ χεῖρον) those
of former commanders."——ἢν δέ τις
ἄρα κ.τ.λ. The tragic idiom is, ἢν δ᾽
οὖν, "but if a man should choose (to act
the coward)," &c. Grote observes (v.
p. 468) that "this is a topic rarely
touched upon by ancient generals in
their harangues on the eve of battle, and
demonstrating conspicuously the reluc-
tance of many of the Peloponnesian sea-
men, who had been brought to this
second engagement chiefly by the as-
cendancy and strenuous commands of
Sparta."——τιμήσονται. "The brave
shall be honoured with the fitting re-
wards for their valour." The idiom τι-
μᾶν τινά τινι is common, e.g. Aesch.

LXXXVIII. Τοιαῦτα μὲν τοῖς Πελοποννησίοις οἱ
2 ἄρχοντες παρεκελεύσαντο. ὁ δὲ Φορμίων δεδιὼς καὶ αὐτὸς
τὴν τῶν στρατιωτῶν ὀρρωδίαν, καὶ αἰσθόμενος ὅτι τὸ πλῆθος
τῶν νεῶν κατὰ σφᾶς αὐτοὺς ξυνιστάμενοι ἐφοβοῦντο, ἐβού-
λετο ξυγκαλέσας θαρσῦναί τε καὶ παραίνεσιν ἐν τῷ παρόντι
3 ποιήσασθαι. πρότερον μὲν γὰρ ἀεὶ αὐτοῖς ἔλεγε καὶ προπα-
ρεσκεύαζε τὰς γνώμας ὡς οὐδὲν αὐτοῖς πλῆθος νεῶν τοσοῦ-
τον, ἢν ἐπιπλέῃ, ὅ τι οὐχ ὑπομενετέον αὐτοῖς ἐστιν· καὶ οἱ
στρατιῶται ἐκ πολλοῦ ἐν σφίσιν αὐτοῖς τὴν ἀξίωσιν ταύτην
εἰλήφεσαν μηδένα ὄχλον, Ἀθηναῖοι ὄντες, Πελοποννησίων
4 νεῶν ὑποχωρεῖν. τότε δὲ πρὸς τὴν παροῦσαν ὄψιν ὁρῶν
αὐτοὺς ἀθυμοῦντας ἐβούλετο ὑπόμνησιν ποιήσασθαι τοῦ
θαρσεῖν, καὶ ξυγκαλέσας τοὺς Ἀθηναίους ἔλεξε τοιάδε.

LXXXIX. "Ὁρῶν ὑμᾶς, ὦ ἄνδρες στρατιῶται, πεφο-
"βημένους τὸ πλῆθος τῶν ἐναντίων ξυνεκάλεσα, οὐκ ἀξιῶν
2 "τὰ μὴ δεινὰ ἐν ὀρρωδίᾳ ἔχειν. οὗτοι.γὰρ πρῶτον μὲν διὰ
"τὸ προνενικῆσθαι καὶ μηδὲ αὐτοὶ οἴεσθαι ὁμοῖοι ἡμῖν εἶναι
"τὸ πλῆθος τῶν νεῶν καὶ οὐκ ἀπὸ τοῦ ἴσου παρεσκευά-

LXXXVIII. § 2. αἰσθώμενος J. θαρσῦναι τὲ T.
§ 3. αὐτοὺς sine ἔλεγε F. προπαρασκεύαζε T. ὡς οὐδὲν αὐτοὺς F. νεῶν τοσού-
των A.J.
§ 4. τοῦ θαρρεῖν V.
LXXXIX. § 1. τὸ πλῆθος τῶν νεῶν T.
§ 2. καὶ μὴ δὲ T.A.J. ὅμοιοι εἶναι ἡμῖν T. καὶ οὐκ ἀπὸ τοῦ ἴσου vertit Poppo

Suppl. 116, ζῶσα γόοις με τιμῶ. For
the form of the passive comparo Agam.
581, καὶ χάρις τιμήσεται Διὸς τάδ᾽ ἐκ-
πράξασα.
 LXXXVIII. § 2. ὅτι τὸ πλῆθος κ.τ.λ.
"That it was the (superior) number of
the ships of which, assembling in parties
by themselves, they were expressing their
fear." The ξυστάσεις, circuli, or knots
of discontented persons are meant. Eur.
Andr. 1088, εἰς δὲ συστάσεις κύκλους τ᾽
ἐχώρει λαός. Sup. II. 21, 2, κατὰ ξυστά-
σεις τε γιγνόμενοι ἐν πολλῇ ἔριδι ἦσαν.
§ 3. ὅ τι οὐκ ἐστί, cui non possit re-
sisti. He might have said ὥστε μή...εἶ-
ναι.——τὴν ἀξίωσιν. "The idea (conceit)
that, being Athenians, they need not re-
tire before any number of ships from the
Peloponnese." A rhetorical way of say-
ing οὐκ ἠξίωσαν φεύγειν κ.τ.λ. A similar

use is the well-known verse in the Ajax,
φρονοῦντα γάρ νιν οὐκ ἂν ἐξέστην ὅκνῳ (82).
Poppo compares IV. 28, 3, ὅσῳ μᾶλλον ὁ
Κλέων ὑπέφευγε τὸν πλοῦν καὶ ἐξανεχώρει
τὰ εἰρημένα.
§ 4. ὄψιν, viz. τῶν παρουσῶν Λακεδαι-
μονίοις νεῶν.——τοῦ θαρσεῖν, not "a re-
membrance (reminder) of their (former)
courage," but ὥστε θαρσεῖν αὐτούς. See
on 75, 1. Inf. 89, 13, ἀναμιμνήσκω δ᾽ αὖ
ὑμᾶς ὅτι νενικήκατε αὐτῶν τοὺς πολλούς.
 LXXXIX. § 1. οὐκ ἀξιῶν. "Because
I do not think it right that you should
be timid about imaginary dangers," "be-
cause I expect you not," &c.
§ 2. πρῶτον μέν. See 75, 1. "It is
just because these men do not them-
selves even believe that they are equal to
us, that they have got together this extra
number of ships and (are not going to

" σαντο· ἔπειτα, ᾧ μάλιστα πιστεύοντες προσέρχονται, ὡς
" προσῆκον σφίσιν ἀνδρείοις εἶναι, οὐ δι' ἄλλο τι θαρσοῦσιν
" ἢ διὰ τὴν ἐν τῷ πεζῷ ἐμπειρίαν τὰ πλείω κατορθοῦντες καὶ
3 " οἴονται σφίσι καὶ ἐν τῷ ναυτικῷ ποιήσειν τὸ αὐτό. τὸ δ'
" ἐκ τοῦ δικαίου ἡμῖν μᾶλλον νῦν περιέσται, εἴπερ καὶ τούτοις
" ἐν ἐκείνῳ, ἐπεὶ εὐψυχίᾳ γε οὐδὲν προφέρουσιν, τῷ δὲ ἑκάτε-
4 " ροί τι ἐμπειρότεροι εἶναι θρασύτεροί ἐσμεν. Λακεδαι-
" μόνιοί τε ἡγούμενοι τῶν ξυμμάχων διὰ τὴν σφετέραν δόξαν
" ἄκοντας προσάγουσι τοὺς πολλοὺς ἐς τὸν κίνδυνον, ἐπεὶ
" οὐκ ἄν ποτε ἐπεχείρησαν ἡσσηθέντες παρὰ πολὺ αὖθις
5,6 " ναυμαχεῖν. μὴ δὴ αὐτῶν τὴν τόλμαν δείσητε. πολὺ δὲ

"multitudinem navium et non ad parem numerum compararunt," h. e. non aequa-
lem sed longe majorem. Verisimile videtur excidisse voculam, e.g. μέγα τὸ πλῆθος
κ.τ.λ. Deest καὶ in tribus libris. Si recte additur, τὴν ναυμαχίαν παρεσκευάσαντο
in animo fortasse habuit Thuc. ὧν μάλιστα T. Ante οἴονται facile excidere
potuit ὅτι, et quod idem sibi praestituram putant, cet. τοαυτό A.J.

§ 3. τι ante ἐμπειρότεροι om F.H.N.V.T. Si genuinum est, positum videtur ut
σοφός τι, δεινός τι dicitur, quanquam longe usitatius est ἔμπειρος τινός. θαρσύτεροι V.
§ 4. παραπολὺ T.A.J. et mox § 6. Sic κατατάχος, κατακράτος, καταπόλεις et
similia passim in MSS. et edd. vett. leguntur.
§ 5. μὴ δὲ T.

engage) on an equal footing."——ὡς
προσῆκον. "As if it was *their* peculiar
province to be brave." Or the emphasis
may be on προσῆκον, "as if it was their
province to be brave," a kind of national
right; or thirdly, "as if *bravery* were
their special province " (and not merely
skill). The passage may be read in any
of these ways; but without some empha-
sis it loses most of its force. The first
sense would, perhaps, rather have been
expressed by ὡς σφίσιν αὐτοῖς προσῆκον
κ.τ.λ.——δι' ἄλλο ἢ κ.τ.λ., "than be-
cause, through their practice in land-
fights, they have been generally success-
ful, and (because therefore) they think
they will achieve the same for themselves
iu this sea-fight (with their navy) also."
He should have said either καὶ ὅτι οἴονται
or καὶ οἰόμενοι. The subject to ποιήσειν
is perhaps τὴν ἐμπειρίαν, "they think it
will do the same for them (i.e. bring
success) in operations by sea."

§ 3. τὸ δ' ἐκ τοῦ δικαίου. "Whereas
in all fairness this (confidence from for-
mer successes) will now be our privilege,
if it is theirs in respect of the other

(land) service." This use of τὸ δέ, con-
tra autem, &c., is Platonic, and by no
means unfrequent.——τῷ δέ κ.τ.λ., "they
have no advantage over us in courage;
and if one side is more confident because
it has more experience in something,
why, so is the other," i.e. in that respect
we are both on an equal footing. The
full sense is, ἑκάτεροι θρασύτεροί ἐσμεν
διὰ τὸ ἑκατέρους τι ἐμπειροτέρους εἶναι.

§ 4. Λακεδαιμόνιοί τε κ.τ.λ.: "besides,
as they have the lead with their allies,
they bring up the majority of them
against their will to face the dangers of
war merely for the sake of their own
credit and glory. Indeed, were it not so,
these allies would never, after such a
decisive defeat, have engaged a second
time in a sea-fight." The connexion,
says Dr Arnold, is this: "so far from
their courage being greater than ours,
most of them now fight only because
they cannot help it."——παρὰ πολύ,
more usually νικᾶν πολύ, without the
preposition. Cf. Aesch. Cho. 1052,
μὴ φοβοῦ νικῶν πολύ.

§ 5. τὴν τόλμαν. This is said with

" ὑμεῖς ἐκείνοις πλέω φόβον παρέχετε καὶ πιστότερον κατά τε
" τὸ προνενικηκέναι καὶ ὅτι οὐκ ἂν ἡγοῦνται μὴ μέλλοντάς
7 " τι ἄξιον τοῦ παρὰ πολὺ πράξειν ἀνθίστασθαι ὑμᾶς. ἀντί-
" παλοι μὲν γὰρ οἱ πλείους, ὥσπερ οὗτοι, τῇ δυνάμει τὸ
" πλέον πίσυνοι ἢ τῇ γνώμῃ ἐπέρχονται· οἱ δ' ἐκ πολλῷ
" ὑποδεεστέρων καὶ ἅμα οὐκ ἀναγκαζόμενοι, μέγα τι τῆς δια-
8 " νοίας τὸ βέβαιον ἔχοντες ἀντιτολμῶσιν. ἃ λογιζόμενοι
" οὗτοι τῷ οὐκ εἰκότι πλέον πεφόβηνται ἡμᾶς ἢ τῇ κατὰ
9 " λόγον παρασκευῇ. πολλὰ δὲ καὶ στρατόπεδα ἤδη ἔπεσεν
" ὑπ' ἐλασσόνων τῇ ἀπειρίᾳ, ἔστι δὲ ἃ καὶ τῇ ἀτολμίᾳ· ὧν
10 " οὐδετέρου ἡμεῖς νῦν μετέχομεν. τὸν δὲ ἀγῶνα οὐκ ἐν τῷ

§ 6. ἡμᾶς F.H.V.T., Arn. Poppo, ὑμᾶς Classen. Bekk. et vulg., "propter superiora ὑμεῖς παρέχετε" (Poppo).

§ 7. ἀντίπαλοι οἱ πλείους. Corrumpi sententiam contendit Madvigius, Adv. Crit. p. 313, si tantum multitudine superiores significantur ac non etiam pares; contrarios enim esse non τοὺς ἐξ ὑποδεεστέρων sed τοὺς ἐκ πολλῷ ὑποδεεστέρων. Itaque ἀντίπαλοι μὲν γὰρ ἢ πλείους legendum censet. τὸ πλέον om. T. ἐκ πολλῶν F.H.N.V.A.J. οἱ δ' ἐκ πολλῷ Bekker.

§ 8. πλέον in rasura N.

§ 9. ὑπὸ ἐλασσόνων N.

the emphasis of contempt: it is not that they are bold in heart, but that they are enslaved in will.

§ 6. κατά τε, i.e. διά. See 87, 3, and for οὐκ ἄν, 83, 3. "Because they think you would hardly make a stand against them, unless you intended to achieve something worthy of so decided a victory." It is best to supply προνενικηκέναι especially as παρὰ πολὺ has just preceded in a similar sense, and ἐνίκησαν οἱ Κερκυραῖοι παρὰ πολύ, in i. 29, 3. "They fear us both because we have already gained a victory, and because they think we shall claim it as a decisive one too, and act accordingly." κατὰ again in the sense of διά. It is hardly correct to say, with Arnold, that "in these words there is very great difficulty."

§ 7. οἱ πλείους, not "most men" (Arnold), but οἱ πλείους ὄντες, "those who are in the majority." Compare αἱ πλείους νῆες in § 12. Translate: "For, when matched against each other, the side which, as these are, is superior to the other in number, advances with confidence in their power rather than in their resolution."——οἱ δέ, sc. ἐπερχόμενοι, "whereas those who do so with very

inferior resources, and at the same time without any constraint, must dare to oppose them because they have some great firmness of intention," viz. to win at all hazards.

§ 8. ἃ λογιζόμενοι κ.τ.λ. "It is on this consideration (that we intend to win), that these men fear us more on the ground of our doing what it was unlikely that we should do (viz. oppose them with smaller forces), than for the preparations we were likely to make" (viz. increasing our fleet for facing so large a force). Arnold again misses the point of τῇ κατὰ λόγον, which is in apposition with τῷ οὐκ εἰκότι = τῷ παραλόγῳ. He renders it, "than if our force had been in just proportion to theirs."

§ 9. πολλὰ δέ κ.τ.λ. "Many an encamped force before now has fallen by the hands of a smaller body of men through their own want of experience, some too through a deficiency of daring; but we, on the present occasion, have neither of these weak points (while the enemy has both)." Poppo rightly remarks that the last clause must be supplied to complete the reasoning, ut justa sit argumentatio.

" κόλπῳ ἑκὼν εἶναι ποιήσομαι οὐδ' ἐσπλεύσομαι ἐς αὐτόν.

11 " ὁρῶ γὰρ ὅτι πρὸς πολλὰς ναῦς ἀνεπιστήμονας ὀλίγαις

" ναυσὶν ἐμπείροις καὶ ἄμεινον πλεούσαις ἡ στενοχωρία οὐ

12 " ξυμφέρει.   οὔτε γὰρ ἂν ἐπιπλεύσειέ τις ὡς χρὴ ἐς ἐμβολὴν

" μὴ ἔχων τὴν πρόσοψιν τῶν πολεμίων ἐκ πολλοῦ, οὔτ' ἂν

" ἀποχωρήσειεν ἐν δέοντι πιεζόμενος· διέκπλοι τε οὐκ εἰσὶν

" οὐδ' ἀναστροφαί, ἅπερ νεῶν ἄμεινον πλεουσῶν ἔργα ἐστίν,

" ἀλλ' ἀνάγκη ἂν εἴη τὴν ναυμαχίαν πεζομαχίαν καθίστασ-

" θαι, καὶ ἐν τούτῳ αἱ πλείους νῆες κρείσσους γίγνονται.

13 " τούτων μὲν οὖν ἐγὼ ἔξω τὴν πρόνοιαν κατὰ τὸ δυνατόν·

" ὑμεῖς δὲ εὔτακτοι [παρὰ] ταῖς ναυσὶ μένοντες τά τε πα-

" ραγγελλόμενα ὀξέως δέχεσθε, ἄλλως τε καὶ δι' ὀλίγου τῆς

" ἐφορμήσεως οὔσης, καὶ ἐν τῷ ἔργῳ κόσμον καὶ σιγὴν

" περὶ πλείστου ἡγεῖσθε, ὃ ἔς τε τὰ πολλὰ τῶν πολεμικῶν

§ 10. οὐδ' ἐσπλεύσομαι N.T. οὐδὲ ἐσπλ. vulgo.

§ 11. ἐμπείροις H.N.V. ἀπείροις F. (?) Vulg. A.J. ἐμπείρως. ὀλίγοις ναυσὶν ἐμπείροις T.

§ 12. ἐς ante ἐμβολὴν alio atramento superscr. in N. τὴν πρόοψιν conj. Bekkerus, ut v. 8, 3, οὐκ ἂν ἡγεῖτο μᾶλλον περιγενέσθαι ἢ ἄνευ προόψεώς τε αὐτῶν καὶ μὴ ἀπὸ τοῦ ὄντος καταφρονήσεως. Vide not. crit. ad 80, 12. ἀλλὰ ἀνάγκη T.

§ 13. παρὰ ταῖς τε F.H. παρὰ ταῖς Arnold. παρὰ ταῖς [τε] Poppo. [παρὰ ταῖς τε ναυσὶ] Classen. Attici semper fere copulam praepositioni subjungunt, e.g. πρός τε πόλιν καὶ τείχη, non πρὸς πόλιν τε καὶ τείχη. Sic inf. ἔς τε τὰ πολλὰ cet. Insolentius dicitur ἐντὸς τοῦ κόλπου τε καὶ πρὸς τῇ γῇ inf. 90, 4. περὶ πλείστου ποιεῖσθε V. ἡγῆσθε T. ὥσπερ N, sed γρ. ὥστε in margine. ὥστε A.J. ceteri. ὃ ἔς τε Bekk. Arn. Classen. Poppo ex conj. Stephani. ὅπερ ἔς τε Dobraeus. Si verum ἔς τε, paullo melius esset καὶ ναυμαχίαν. Sed non male ὥσπερ recipias: quod, ut alia multa in arte bellandi, ad pugnam navalem praecipue pertinet. καὶ ξυμφέρει καὶ ναυμαχίᾳ

§ 10. ἑκὼν εἶναι, "if I can help it." The idiom occurs, like the use of ἀρχήν, omnino, in negative prepositions only.

§ 11. οὐ ξυμφέρει. See 86, 5.

§ 12. μὴ ἔχων, κ.τ.λ. The running a ship down by ramming it effectively (ὡς χρὴ) requires a view of the ship at some distance in order to get the full momentum in striking it.——ἐν δέοντι, "at the proper moment," "at a favourable time," when there is a chance of getting clear off.——ἀναστροφαί. "A general term, but properly expressing the return of the vessel to make its second attack after it has gained the requisite distance." Arnold. The backing water, ἀνάκρουσις, was perhaps rather used for the attempt to get away from the enemy.

§ 13. "Like the verb ἐφορμέω, ἐφόρ-

μησις denotes the taking up a station with a hostile purpose, e.g. the blockading an enemy." Arnold; who translates "especially as we are watching one another's movements within so short a distance."——ὃ ἔς τε τὰ πολλά. A word has either dropped out, or is to be mentally supplied, like βέλτιστόν ἐστι. Poppo would take ξυμφέρει with both clauses. The κόσμος and σιγὴ are mentioned as essential conditions (περὶ πλείστου) of success. Compare Soph. Aj. 293, γύναι, γυναιξὶ κόσμον ἡ σιγὴ φέρει, "women's best ornament is their silence." In the tragic verse there is a play on the senses of "honour" and "decoration," whereas Thucydides means εὐταξία. "The idea of entire silence on board the Athenian ships while a sea-

316 ΘΟΥΚΥΔΙΔΟΥ

" ξυμφέρει καὶ ναυμαχίᾳ οὐχ ἥκιστα, ἀμύνασθε δὲ τούσδε
14 " ἀξίως τῶν προειργασμένων. ὁ δὲ ἀγὼν μέγας ὑμῖν ἢ κατα-
" λῦσαι Πελοποννησίων τὴν ἐλπίδα τοῦ ναυτικοῦ ἢ ἐγγυτέρω
" καταστῆσαι Ἀθηναίοις τὸν φόβον περὶ τῆς θαλάσσης.
15 " ἀναμιμνήσκω δ' αὖ ὑμᾶς ὅτι νενικήκατε αὐτῶν τοὺς πολ-
16 " λούς· ἡσσημένων δὲ ἀνδρῶν οὐκ ἐθέλουσιν αἱ γνῶμαι
" πρὸς τοὺς αὐτοὺς κινδύνους ὁμοῖαι εἶναι."

2 XC. Τοιαῦτα δὲ καὶ ὁ Φορμίων παρεκελεύετο. οἱ δὲ
Πελοποννήσιοι, ἐπειδὴ αὐτοῖς οἱ Ἀθηναῖοι οὐκ ἐπέπλεον ἐς
τὸν κόλπον καὶ τὰ στενά, βουλόμενοι ἄκοντας ἔσω προαγα-
γεῖν αὐτούς, ἀναγόμενοι ἅμα ἕῳ ἔπλεον, ἐπὶ τεσσάρων ταξά-
μενοι τὰς ναῦς, ἐπὶ τὴν ἑαυτῶν γῆν ἔσω [ἐπὶ] τοῦ κόλπου

F.H.V.T. Poppo. ναυμαχίαι A. ναυμαχίᾳ J. οὐχήκιστα A.J.T. ἀμύνασθαι V. ἀμύ-
νασθε F.H.N.T.A. ἀμύνεσθε J. cum nonnullis. δὲ F.H.N.T. τε multi libb.
§ 16. ὁμοῖαι N.T.A.J.
XC. § 1. τοιαῦτα δὲ Bekk. Poppo, Arnold. cum duobus libb. (C, E). Vulgo
τοιαῦτα μὲν, cum N.T.A.J., nescio an rectius, quanquam τοιαῦτα δὴ vel μὲν δὴ haud
male legeretur. παρεκελεύετο F.H.N.V.T. Vulgo παρεκελεύσατο.
§ 2. οὐκ ἔπλεον N.V. οἱκ ἐπέπλεον T. Aut ἐπὶ τὴν ἑαυτῶν γῆν aut ἔσω ἐπὶ
τοῦ κόλπου interpolatoris esse verisimile videtur: vide not. exeg. Qui suam terram
versus explicandi causa adjecit, τὰ ἔξω τοῦ κόλπου in animo habuit, ubi Phormio

fight is going on, is not only striking
as a feature in the picture, but is also
one of the most powerful evidences of
the force of self-control and military
habits among these citizen-seamen."
Grote, v. 469. See on 84, 3.
§ 14. ἐγγυτέρω κ.τ.λ. "To bring
more home to Athens (more exclusively
as her right and prerogative) the fear of
engaging her by sea."
§ 15. αὖ. He does not, perhaps,
mean πάλιν, "a second time," though
he had said κατὰ τὸ προνενικηκέναι in
§ 6. He seems to have in view the idea
the Athenians have of the superior num-
bers of the enemy. That is true, he
says, but on the other hand I remind
you that the majority of them have been
already conquered in the late sea-fight.
Compare μετρίᾳ δ' αὖ ἐσθῆτι—πρῶτοι
Λακεδαιμόνιοι ἐχρήσαντο, I. 6, opposed to
τὸ ἀβροδίαιτον Ἀθηναίων.
XC. § 2. ἄκοντας. See 86, 5 and
89, 10.——ἔσω, "to draw them on till
they got fairly inside."—ἐπὶ τεσσάρων,
"four abreast" (Grote). Phormio was

now anchored just outside of the
northern ness or headland (86, 2), and
he wished to fight ἐν τῇ εὐρυχωρίᾳ, not
within the gulf, though it was nearer to
Naupactus. The enemy's fleet, by mov-
ing off ἐπὶ τοῦ κόλπου, which seems
here, as inf. 92, 7, to mean the Crissean
gulf (properly so called, between the
Doric settlements of Phocis and Locri
Ozolae, due eastward of Naupactus),
hoped to induce Phormio to follow them,
especially as the north coast generally
belonged to Athens. With this view
they sailed ἐπὶ τὴν ἑαυτῶν γῆν, to the
part of the coast which was friendly to
themselves. Thus it seems unnecessary
to read ἐπὶ τὴν αὐτῶν γῆν, "to land
belonging to Athens," with Mr Grote
and Sir G. Cox (Hist. Gr. II. p. 146,
note). For, as the former observes,
"there can be no doubt that the move-
ment of the Peloponnesians was almost
due north." Sup. 9, 2, the Phocians
and Locrians are mentioned as on the
Peloponnesian side; and it seems con-
ceivable that the fleet was moving

δεξιῷ κέρᾳ ἡγουμένῳ, ὥσπερ καὶ ὥρμουν· ἐπὶ δ' αὐτῷ εἴκοσι
ἔταξαν τὰς ἄριστα πλεούσας, ὅπως, εἰ ἄρα νομίσας ἐπὶ τὴν
Ναύπακτον αὐτοὺς πλεῖν ὁ Φορμίων καὶ αὐτὸς ἐπιβοηθῶν
ταύτῃ παραπλέοι, μὴ διαφύγοιεν πλέοντες τὸν ἐπίπλουν σφῶν
οἱ Ἀθηναῖοι ἔξω τοῦ ἑαυτῶν κέρως, ἀλλ' αὗται αἱ νῆες περι-
3 κλήσειαν. ὁ δέ, ὅπερ ἐκεῖνοι προσεδέχοντο, φοβηθεὶς περὶ
τῷ χωρίῳ, ἐρήμῳ ὄντι, ὡς ἑώρα ἀναγομένους αὐτούς, ἄκων
καὶ κατὰ σπουδὴν ἐμβιβάσας ἔπλει παρὰ τὴν γῆν· καὶ
4 ὁ πεζὸς ἅμα τῶν Μεσσηνίων παρεβοήθει. ἰδόντες δὲ οἱ
Πελοποννήσιοι κατὰ μίαν ἐπὶ κέρως παραπλέοντας καὶ ἤδη
ὄντας ἐντὸς τοῦ κόλπου τε καὶ πρὸς τῇ γῇ, ὅπερ ἐβούλοντο
μάλιστα, ἀπὸ σημείου ἑνὸς ἄφνω ἐπιστρέψαντες τὰς ναῦς

classem tenebat, 86, 2. Ceterum in paucis libb. legitur παρὰ pro ἐπί. ἡγουμένῳ
F.H.N.V.T. Arn. Bekk. Poppo, Classen. Vulgo A.J. ἡγούμενοι. ἐπὶ δ' αὐτῶν T.
εἴκοσι F.H.N.V.T. Alii εἴκοσι ναῦς. πλέοντες Dobraeus. Libri πλέοντα. αὐταὶ αἱ
νῆες N.T.A.J. et vulgo.   περικλείσειαν N.T.A.J.
§ 3. τῶν μεσσηνίων N.T., ut et inf. § 6 οἱ μεσσήνιοι.
§ 4. a παραπλέοντας usque ad ἐπιστρέψαντες omissa in N. alia manu imo margine
addita sunt. μετωπηδὸν ἔταξαν τὰς ναῦς citat J. Pollux ii. 46.

towards them; and politically, though not geographically, the Phocian coast might be called "their own land." Sir G. W. Cox is hardly justified in saying (p. 146, note) that the Peloponnesians had no land of their own on the northern side of the gulf. If however the *south* coast, as Arnold supposes, is meant, it must be understood that *at first* the Spartans steered for Sicyon and Pellene; and the sudden change of course northward *may* be expressed by ἄφνω ἐπιστρέψαντες τὰς ναῦς in § 4. Mr Grote (Appendix, Vol. v. p. 481) regards this sense, that the Spartans "stood for their own land," Pellene and Corinth, as "altogether unnatural," because these places were much too far off. Besides, he remarks, it is clear the movement was northward, as they made a feint of attacking Naupactus, in order to draw Phormio inside the gulf for its protection. The words ἐπὶ τοῦ κόλπου Mr Grote explains "on the gulf side," i.e. to the east of the strait, not to the west of it. Similarly Poppo, *introrsus in sinum versus*. After all (see not. crit.) it is not improbable that the words ἔσω ἐπὶ τοῦ

κόλπου are a mere gloss to explain ἐπὶ τὴν ἑαυτῶν γῆν.——ἐπὶ δ' αὐτῷ. "Close upon it," "next to it," or "by way of covering it," viz. the right wing, which "occupied the north or northeast side towards Naupactus" (Grote). They are described as αἱ ἀπὸ τοῦ δεξιοῦ κέρως in 91, 1.——καὶ αὐτός. "Himself too should coast along in that direction to relieve the place"(Arnold).——ὅπως—μὴ διαφύγοιεν. "That the Athenians might not be able to escape their attack when it sailed down upon them, by getting outside of their (the Spartan) wing, but that these (twenty) ships might surround and inclose them." The addition of πλέοντα is not easy to explain, unless "in full course" is implied by it.

§ 3. ἄκων καὶ κατὰ σπουδήν. These are given as two distinct reasons to account for the disaster that followed. He did not wish to sail inside the bay at all, and when he did, to defend Naupactus, he was forced to embark his men in a hurry. By παρὰ τὴν γῆν he means that Phormio went along the shore as the nearest route to Naupactus, which lay a little to the north-east.

μετωπηδὸν ἔπλεον ὡς εἶχε τάχους ἕκαστος ἐπὶ τοὺς Ἀθη-
5 ναίους, καὶ ἤλπιζον πάσας τὰς ναῦς ἀπολήψεσθαι. τῶν δὲ
ἕνδεκα μὲν αἵπερ ἡγοῦντο ὑπεκφεύγουσι τὸ κέρας τῶν
Πελοποννησίων καὶ τὴν ἐπιστροφὴν ἐς τὴν εὐρυχωρίαν· τὰς
δὲ ἄλλας ἐπικαταλαβόντες ἐξέωσάν τε πρὸς τὴν γῆν ὑπο-
φευγούσας καὶ διέφθειραν, ἄνδρας τε τῶν Ἀθηναίων ἀπέκ-
6 τειναν ὅσοι μὴ ἐξένευσαν αὐτῶν. καὶ τῶν νεῶν τινας ἀνα-
δούμενοι εἷλκον κενάς, μίαν δὲ αὐτοῖς ἀνδράσιν εἷλον· τὰς
δέ τινας οἱ Μεσσήνιοι παραβοηθήσαντες καὶ ἐπεσβαίνοντες
ξὺν τοῖς ὅπλοις ἐς τὴν θάλασσαν καὶ ἐπιβάντες ἀπὸ τῶν
καταστρωμάτων μαχόμενοι ἀφείλοντο ἑλκομένας ἤδη.

XCI. Ταύτῃ μὲν οὖν οἱ Πελοποννήσιοι ἐκράτουν τε
καὶ ἔφθειραν τὰς Ἀττικὰς ναῦς· αἱ δὲ εἴκοσι νῆες αὐτῶν
αἱ ἀπὸ τοῦ δεξιοῦ κέρως ἐδίωκον τὰς ἕνδεκα ναῦς τῶν
Ἀθηναίων αἵπερ ὑπεξέφυγον τὴν ἐπιστροφὴν ἐς τὴν εὐρυ-

§ 5. μέν [τινες] Arnold., om. Poppo, Bekk. Classen. cum F.H.N.V.T. Hesych.
ἐξέωσαν· ἐξώρισαν, κατέβαλον. ἢ ἐξέβαλον. ἄνδρας τὲ N.T.
§ 6. εἷλον ἤδη, jam ceperant, Poppo, Classen. cum N.T.A.J. εἷλον Bekk. Arnold.
cum F. εἶχον ἤδη unus liber (G). In Aesch. Ag. 1288 (Dind.) οἱ δ' εἷλον πόλιν pro
οἱ δ' εἶχον πόλιν Musgravii conjectura est. Hoc loco ἤδη fortasse ex glossemate εἶχον
ἤδη ad εἷλον adscripto profluxit.
XCI. § 1. ἔφθειρον F.H.T. et ον in rasura N., qui in margine γρ. διέφθειρον cum V.
ὑποστροφὴν F.H.N.V. Id in Soph. El. 725 videtur significare reditum, sive locum a
quo cursus in contrarium sumitur. Sup. 90, 4, ἐπιστρέψαντες, et § 5 τὴν ἐπιστροφὴν
legitur.

§ 4. μετωπηδόν. "Front-wise," ad-
versis frontibus. The expression seems
borrowed from animals that fight by
butting.—ὡς εἶχε τάχους, like ὅπως
ποδῶν, Aesch. Suppl. 837, and many
similar phrases, e.g. ὡς ὀργῆς ἔχω, πῶς
εὐμενείας ἔχεις; &c. ἀπολήψεσθαι, " to
cut off," "intercept."
§ 5. Construe, ὑπεκφεύγουσι ἐς τὴν
εὐρυχωρίαν (i.e. into the wide part of the
gulf; see on 83, 2). By τὸ κέρας and
τὴν ἐπιστροφὴν the ἐπίπλους τοῦ κέρως
(§ 2) and the τὸ ἄφνω ἐπιστρέψαι (§ 4)
are meant. Mr Grote describes the
Spartan manœuvre thus: "On a sudden
the signal was given, and the whole
Peloponnesian fleet, facing to the left,
changed from column into line, and
instead of continuing to move along the
coast, rowed rapidly with their prows

shoreward to come to close quarters
with the Athenians " (p. 470). He adds,
that the narrowness of the escape, due
to the superior speed of the Athenian
ships, is described by ὑπεκφεύγουσι, "just
find means to run by."——ἐξέωσαν.
The technical word for driving a ship on
shore is ἐξωθεῖν, i.e. ἔξω ἁλός. Hence
the war-god is called ἐξώστης Ἄρης in
Eur. Rhes. 322, as causing wreck and
destruction. The sense is, "the other
ships they caught on the spot and
drove on the shore in their efforts to
escape."—αὐτῶν, viz. ἐκ τῶν νεῶν. Hesych.
ἐκνεύσας· ἐκκολυμβήσας.
§ 6. ἀναδούμενοι, "taking in tow."
See I. 50, I, IV. 14, I.——ἀφείλοντο.
" Rescued from the Lacedaemonians just
as they were being towed off." Cf. 92,
3.

2 χωρίαν. καὶ φθάνουσιν αὐτοὺς πλὴν μιᾶς νεὼς προκατα-
φυγοῦσαι ἐς τὴν Ναύπακτον, καὶ ἴσχουσαι ἀντίπρωροι κατὰ
τὸ Ἀπολλώνιον παρεσκευάζοντο ἀμυνούμενοι, ἢν ἐς τὴν
3 γῆν ἐπὶ σφᾶς πλέωσιν. οἱ δέ, παραγενόμενοι ὕστερον,
ἐπαιώνιζόν τε ἅμα πλέοντες ὡς νενικηκότες, καὶ τὴν μίαν
ναῦν τῶν Ἀθηναίων τὴν ὑπόλοιπον ἐδίωκε Λευκαδία ναῦς μία
4 πολὺ πρὸ τῶν ἄλλων· ἔτυχε δὲ ὁλκὰς ὁρμοῦσα μετέωρος, περὶ
ἣν ἡ Ἀττικὴ ναῦς φθάσασα τῇ Λευκαδίᾳ διωκούσῃ ἐμβάλλει
5 μέσῃ καὶ καταδύει. τοῖς μὲν οὖν Πελοποννησίοις, γενομένου
τούτου ἀπροσδοκήτου τε καὶ παρὰ λόγον, φόβος ἐμπίπτει·
καὶ ἅμα ἀτάκτως διώκοντες διὰ τὸ κρατεῖν, αἱ μέν τινες τῶν
νεῶν καθεῖσαι τὰς κώπας ἐπέστησαν τοῦ πλοῦ, ἀξύμφορον
δρῶντες πρὸς τὴν ἐξ ὀλίγου ἀντεξόρμησιν, βουλόμενοι τὰς
πλείους περιμεῖναι, αἱ δὲ καὶ ἐς βράχεα ἀπειρίᾳ χωρίων
ὤκειλαν.

§ 2. σχοῦσαι H., N. pr. m., T. et corr. F. ἴσχουσαι N. m. sec. A.J. Tum libb.
ἀντίπρωροι. Vide not. crit. ad 83, 5. κατὰ ἀπολώνιον F. Articulum om. etiam H.V.
ἀμυνόμενοι F.V.T. Fortasse excidit ὡς. πλέωσιν F.H.N.V. alii. Vulgo et T.
ἐπιπλέωσιν.
§ 3. ἐπαιώνιζον F. ex corr.
§ 4. φθάσασα [καὶ περιπλεύσασα] Poppo. Deest clausula in plerisque, sed servatur
in F.T.A.J. alia manu addita est in H. Popponis. τῇ λευκαδίᾳ διωκούσῃ F.H.V.N.
Vulgo cum A.J. τῇ διωκούσῃ λευκαδίᾳ, et sic T., qui βάλλει μέσῃ habet. μέσον N.V.
§ 5. τοῦ ἀπροσδοκήτου F.T.A.J. et vulgo. παρὰ λόγον T.F.H.N., qui gr. παραλό-
γου in margine habet. Pauciores παραλόγου exhibent cum A.J. Vide not. crit. 1.
65, 1. ἔστησαν N.V. τοὺς πλείους V. βράχεα F.H.V.N.T.A.J. Arn. Poppo, Bekk.
Classen. Vulgo βραχέα. ἀπειρίᾳ χωρίων optimi libb. χωρίων ἀπειρίᾳ T.A.J. Vulgo
χωρίων ἀπορίᾳ.

XCI. § 2. ἴσχουσαι. Like κατασχεῖν
and προσσχεῖν, this is a naval term for
a ship "coming to."——κατά, "off the
temple of Apollo (at Naupactus)." So
I. 110, 4, πεντήκοντα τριήρεις...ἔσχον κατὰ
τὸ Μενδήσιον κέρας, sup. 25, 3, σχόντες
τῆς Ἠλείας ἐς Φειάν, and 80, 1.
§ 3. ἅμα πλέοντες, inter navigandum,
"while yet under way." The phrase
seems to show that the solemn paean
for victory was usually sung with the
ships stationary.
§ 4. ἔτυχε ὁρμοῦσα μετέωρος. "At the
very same time was moored (or "hap-
pened at the time to be moored") in
deep water." This use of τυγχάνω is
common, though seldom rightly render-
ed. Cf. inf. 93, 2, sup. 25, 1, ἔτυχε δὲ

περὶ τοὺς χώρους τούτους Βρασίδας...φρου-
ρὰν ἔχων.
§ 5. Construo γενομένου...παρὰ λόγον.
——διώκοντες, the masculine plural as
expressing the sense ἐπεὶ ἐδίωκον. Or it
may be regarded as a 'nominativus pen-
dens.'——καθεῖσαι, "dropped their oars
and stopped the ship from its course."
By dipping the oars deep and holding
them against the ship's way, the motion
is of course arrested. There can be little
doubt that the transitive aorist is here
used.——ἀξύμφορον. "This act was in-
jurious as regards the direct attack the
enemy might make upon them at so
short a distance (viz. so that they could
not escape it in time); but they desired
to wait till the larger part of the fleet

XCII. Τοὺς δ' Ἀθηναίους ἰδόντας ταῦτα γιγνόμενα θάρσος τε ἔλαβε καὶ ἀπὸ ἑνὸς κελεύσματος ἐμβοήσαντες ἐπ' 2 αὐτοὺς ὥρμησαν. οἱ δὲ διὰ τὰ ὑπάρχοντα ἁμαρτήματα καὶ τὴν παροῦσαν ἀταξίαν ὀλίγον μὲν χρόνον ὑπέμειναν, ἔπειτα 3 δὲ ἐτράποντο ἐς τὸ Πάνορμον, ὅθενπερ ἀνηγάγοντο. ἐπιδιώκοντες δὲ οἱ Ἀθηναῖοι τάς τε ἐγγὺς οὔσας μάλιστα ναῦς ἔλαβον ἓξ καὶ τὰς ἑαυτῶν ἀφείλοντο, ἃς ἐκεῖνοι πρὸς τῇ γῇ διαφθείραντες τὸ πρῶτον ἀνεδήσαντο, ἄνδρας τε τοὺς 4 μὲν ἀπέκτειναν, τινὰς δὲ καὶ ἐζώγρησαν. ἐπὶ δὲ τῆς Λευκαδίας νεώς, ἣ περὶ τὴν ὁλκάδα κατέδυ, Τιμοκράτης ὁ Λακεδαιμόνιος πλέων, ὡς ἡ ναῦς διεφθείρετο, ἔσφαξεν ἑαυτὸν καὶ ἐξέπεσεν ἐς τὸν Ναυπακτίων λιμένα. ἀναχωρή- 5 σαντες δὲ οἱ Ἀθηναῖοι τροπαῖον ἔστησαν ὅθεν ἀναγαγόμενοι ἐκράτησαν· καὶ τοὺς νεκροὺς καὶ τὰ ναυάγια ὅσα πρὸς τῇ ἑαυτῶν ἦν ἀνείλοντο καὶ τοῖς ἐναντίοις τὰ ἐκείνων ὑπόσπονδα

XCII. § 1. τοὺς δὲ ἀθηναίους Ν.Τ.J. τοῦσ δ' Δ. κελεύματος olim Bekkerus cum duobus libb. Vid. ad 77, 6.
§ 2. εἰς τὸν πάνορμον Τ. ἐς τὸ πάνορμον Α.J.
§ 3. τοπρῶτον Τ.Α.J.
§ 4. ὁλκάδα Τ., ut et ὁλκὰς sup. § 4. ἡ πρὶν τὴν ὁλκάδα Α.J. αὐτὸν F.H.Ν. Ceterum ἐξέπεσεν non recte a quibusdam intelligitur cecidit. Cf. Eur. Hel. 408, καὶ νῦν τάλας ναυαγὸς ἀπολέσας φίλους ἐξέπεσον εἰς γῆν τήνδε. Ibid. 539, ναυαγὸν ἐκπεσόντα σὺν παύροις φίλοις.
§ 5. τρόπαιον Ν. ut et in proximis, τροπαῖον Τ.Α.J.

came up to support them." Mr Grote observes, "The ships, having been just suddenly stopped, could not be speedily got again under way."—ἐς βράχεα. "Others struck upon shoals from having no knowledge of those parts." The verb, which contains the same root as cello, celsus, is usually transitive. So Aeschylus has δεῦρο δ' ἐξοκέλλεται, Suppl. 438, Eur. Iph. T. 1379, δεινὸς γὰρ κλύδων ὤκειλε ναῦν πρὸς γῆν.
XCII. § 2. τὰ ὑπάρχοντα. "Through the mistakes which they had before made." The allusion is especially to ἀξύμφορον δρῶντες 91, 5.——Πάνορμον. See 86, 1.
§ 3. ἀφείλοντο. Cf. 90 fin.——ἐκεῖνοι, "the enemy." The nominative is added, as the Romans would have said quas illi, &c., because the subject is changed.
——τὸ πρῶτον, see 90, 5. Mr Grote (v.

p. 471, note) thinks the Athenians must have defeated also the Peloponnesian left wing and centre, though this is not expressly said; for otherwise the recapture could not have been effected.—— ἀνεδήσαντο, in the pluperfect sense, "had taken in tow."
§ 4. ἔσφαξεν. "He cut his own throat, and the body was washed ashore in the harbour of Naupactus." Both Mr Grote and Sir G. W. Cox are incorrect here, "he slew himself forthwith, and fell overboard into the harbour." This would have been ἔπεσεν. But ἐκπίπτειν is used like ἐξωθεῖν (sup. 90, 5), and ἐκβράσσεσθαι, of objects thrown on shore. The meaning is, that the body was afterwards found in the harbour, and the nature of the suicidal act was then discovered.

6 ἀπέδοσαν. ἔστησαν δὲ καὶ οἱ Πελοποννήσιοι τροπαῖον, ὡς
νενικηκότες [τῆς τροπῆς] ἃς πρὸς τῇ γῇ ναῦς διέφθειραν·
καὶ ἥνπερ ἔλαβον ναῦν ἀνέθεσαν ἐπὶ τὸ Ῥίον τὸ Ἀχαϊκὸν
7 παρὰ τὸ τροπαῖον. μετὰ δὲ ταῦτα φοβούμενοι τὴν ἀπὸ τῶν
Ἀθηναίων βοήθειαν ὑπὸ νύκτα ἐσέπλευσαν ἐς κόλπον τὸν
8 Κρισαῖον καὶ Κόρινθον πάντες πλὴν Λευκαδίων. καὶ οἱ ἐκ
τῆς Κρήτης Ἀθηναῖοι ταῖς εἴκοσι ναυσὶν αἷς ἔδει πρὸ τῆς
ναυμαχίας τῷ Φορμίωνι παραγενέσθαι οὐ πολλῷ ὕστερον τῆς
9 ἀναχωρήσεως τῶν νεῶν ἀφικνοῦνται ἐς τὴν Ναύπακτον. καὶ τὸ
θέρος ἐτελεύτα.

XCIII. Πρὶν δὲ διαλῦσαι τὸ ἐς Κόρινθόν τε καὶ τὸν
Κρισαῖον κόλπον ἀναχωρῆσαν ναυτικόν, ὁ Κνῆμος καὶ ὁ
Βρασίδας καὶ οἱ ἄλλοι ἄρχοντες τῶν Πελοποννησίων ἀρχο-
μένου τοῦ χειμῶνος ἐβούλοντο διδαξάντων Μεγαρέων ἀπο-

§ 6. τῆς τροπῆς a grammatico additum suspiceris, cum nec τροπαῖον τῆς τροπῆς
recte dicatur, et τῆς τροπῆς ὧν πρὸς τῇ γῇ διέφθειραν potius scribendum esset. Cobet-
us, Var. Lect. p. 441, omittendum censet ὡς νενικηκότες, tanquam additum a gram-
matico qui nesciret quid esset τροπαῖον ἱστάναι. Fortasse ὡς νενικηκότες τὰς ναῦς
ἃς πρὸς τῇ γῇ διέφθειραν. Nam ναῦς male post ἃς posito, cum deesset accusativus
post ὡς νενικηκότες, glossema τῆς τρ⊃πῆς facile irrepere potuit. τὸ ante ῥίον in
rasura N.
§ 7. τὴν ἀπὸ τῶν Ἀθηνῶν conj. Bekkerus. ἐς κόλπον N.V. εἰς κόλπον F.H. Vulgo
ἐς τὸν κόλπον. καὶ κορίνθιον A.J. Sinum Crissaeum hic et 83. 1, 86. 3, Corinthiacum
intelligit Th., non minorem illum recessum maris juxta Locros ad oram septentriona-
lem. Nam Rhium promontorium τοῦ Κρισαίου κόλπου στόμα appellat 86, 3. Itaque
hic ἐς κόλπον est intra sinum, Corinthum versus.
§ 8. ναυσὶ αἷς T.
XCIII. § 1. διδαξάντων μεγαρέων F.H.N.V.T. Alii διδ. τῶν μ. ἄκλειστος
F.N.T.A.J. ἄκληστος Bekk. Arn. Verbo poetico, ut saepe, utitur Th. Cf. Eur. Andr.
593, ἄκληστ' ἄδουλα δώμαθ' ἑστίας λιπών. τῷ ναυτικῷ πολὺ V.N. τὸ ναυτικὸν T.,
supra scripto ω manu eadem.

§ 6. It is difficult to believe that τρο-
παῖον τῆς τροπῆς τῶν νεῶν would have
been written ; much more so, that τῆς
τροπῆς ἃς διέφθειραν is right, when the
all but universal Greek idiom requires
ὧν διέφθειραν. Omitting τῆς τροπῆς as
an interpolation, ὡς νενικηκότες ἃς διέφ-
θειραν is perfectly regular, and complete
and simple in meaning. See not. crit.
——ἀνέθεσαν. "They conveyed to the
southern ness and dedicated there." See
on 84, 4.
§ 7. τὴν ἀπὸ, κ.τ.λ., viz. the twenty
ships mentioned below and in 85, 6. It
would seem from this that the Crisaean
bay on the north shore, which must here

be meant, was regarded either as neutral
or as the possession of the Peloponne-
sians. See on 83, 1.
XCIII. § 1. πρὶν διαλῦσαι. Before
disbanding, or breaking up, the naval
force, the Peloponnesian generals, cha-
grined at their defeat, and invited by the
Megarians, the implacable enemies of
Athens, make an attempt to seize the
harbour of Peiraeus, which, from the
over-confidence of the Athenians, had
not even a guard-ship there or a chain
placed across the entrance.——ἀποπει-
ρᾶσαι. "To make an attempt upon."
Poppo cites VII. 43, ἀπ. τοῦ λιμένος.

πειρᾶσαι τοῦ Πειραιῶς τοῦ λιμένος τῶν Ἀθηναίων· ἦν δὲ
ἀφύλακτος καὶ ἄκλῃστος, εἰκότως, διὰ τὸ ἐπικρατεῖν πολὺ
2 τῷ ναυτικῷ. ἐδόκει δὲ λαβόντα τῶν ναυτῶν ἕκαστον τὴν
κώπην καὶ τὸ ὑπηρέσιον καὶ τὸν τροπωτῆρα πεζῇ ἰέναι ἐκ
Κορίνθου ἐπὶ τὴν πρὸς Ἀθήνας θάλασσαν καὶ ἀφικομένους
κατὰ τάχος ἐς Μέγαρα καθελκύσαντας ἐκ Νισαίας, τοῦ
νεωρίου αὐτῶν τεσσαράκοντα ναῦς, αἳ ἔτυχον αὐτόθι οὖσαι,
πλεῦσαι εὐθὺς ἐπὶ τὸν Πειραιᾶ· οὔτε γὰρ ναυτικὸν ἦν
προφυλάσσον ἐν αὐτῷ οὐδὲν οὔτε προσδοκία οὐδεμία μὴ ἄν
ποτε οἱ πολέμιοι ἐξαπιναίως οὕτως ἐπιπλεύσειαν, ἐπεὶ οὔτ'
ἀπὸ τοῦ προφανοῦς τολμῆσαι ἂν καθ' ἡσυχίαν, οὐδέ, εἰ

§ 2. ἕκαστος vel ἕκαστοι pr. m., et mox ἰέναι F. Hesych. ὑπηρέσιον· ἡ σανὶς τῆς
καθέδρας. Vix recte, sed huc, ut videtur, respiciens. προσφυλάσσον pr. m. N., ut
videtur. μὴ ἄν κ.τ.λ. Confusa quodammodo videtur oratio inter προσδοκία μὴ ἄν
τοὺς πολεμίους ἐπιπλεῦσαι et φόβος μὴ οἱ π. ἐπιπλεύσωσιν. In sequentibus οὔτ'—οὔτε
pro οὐδ'—οὐδὲ ex Bekkeri conj. receperunt Arnold. Classen. οὔτ'—οὐδὲ Poppo.
Madvigius (Adv. Crit. 1. p. 313) scribendum censet ἐπεὶ οὔτ' ἀπὸ τοῦ προφανοῦς
τολμῆσαι ἄν, καθ' ἡσυχίαν δ' εἰ διενοοῦντο, μὴ οὐκ ἄν προαισθέσθαι. Legendum fortasse
οὔτε καθ' ἡσυχίαν, οὐδ' εἰ διενοοῦντο κ.τ.λ., nec, si minus festinanter aggredi vellent
(Pel.), putabant (Ath.) se non facile provisuros, ne consilium quidem talis rei si
cepissent, sc. οἱ Πελοποννήσιοι. Structura οὐκ ἐνόμιζον μὴ (οὐκ) ἄν κ.τ.λ. satis
nota est. Ceterum προαισθέσθαι N.A.J. προαίσθεσθαι F.V.T. Classen. Ita v.
26, 5, καθ' ἡσυχίαν τι αὐτῶν μᾶλλον αἰσθεσθαι dederunt Bekk. Poppo, non quod
indicativum αἴσθομαι occurrat, sed quia praesens infinitivi sententiae aptius sit. Sic
diserte Photius Lex., ὀφλεῖν καὶ ῥόφειν· τὰς πρώτας συλλαβὰς τῶν τοιούτων οἱ Ἀττικοὶ
ὀξύνουσιν. Hesychius etiam ὄφλει (cod. ὀφλεῖ)· ὀφείλει. Cobetus, Var. Lect. p. 129,
"pervulgatum iam olim erat vitium, quo ὀφλεῖν et ὀφλῶν apud Atticos pro ὀφλεῖν et
ὀφλὼν legebatur." Non magis sanum esse αἴσθεσθαι facile crediderit lector.

§ 2. ὑπηρέσιον ... τροπωτῆρα. "His seat-cloth and his oar-loop." So Mr Grote. Compare Ar. Equit. 785, εἶτα καθίζου μαλακῶς, ἵνα μὴ τρίβῃς τὴν ἐν Σαλαμῖνι. It is very likely, though not certainly known, that the τροπωτήρ was a loop which enabled the oar to hang on to and turn on the rowlock. From this passage it would seem to have been a moveable leather strap. So Aesch. Pers. 375, ναυβάτης τ' ἀνὴρ τροπούτο κώπην σκαλμὸν ἀμφ' εὐήρετμον. Through the Latin struppus (Poppo) it is the origin of our word strap.——Νισαίας, the port of Megara.——αἱ ἔτυχον, κ.τ.λ., "which were there at the time." See 91, 4.—— μὴ ἂν ἐκπλεύσειαν seems combined of two phrases, προσδοκία ὅτι ἐκπλεύσειαν ἂν (εἰ δύναιντο), and φόβος μὴ ἐκπλεύσωσι (praesens historicum). The reading in the

next clause appears faulty. The MSS. give οὐδ'...οὐδὲ, for which Arnold reads οὔτ'...οὔτε with Bekker. It seems more probable that οὔτε should be inserted before καθ' ἡσυχίαν, "since neither openly would they be likely to venture it nor by waiting leisurely for an opportunity" (on the sly, καθ' ἡσυχίαν), i.e. when no one was in the way to oppose it: "nor, even if they did think of doing so (was there any probability) that they, the Athenians, would fail to be aware of it in time." The reasons are given why the Peiraeus was unguarded, viz. from the too great confidence of the Athenians. Thus the construction becomes perfectly regular, and οὐδὲ is correctly used in the second clause, προσδοκία ἦν being supplied.

3 διενοοῦντο, μὴ οὐκ ἂν προαισθέσθαι. ὡς δὲ ἔδοξεν αὐτοῖς,
καὶ ἐχώρουν εὐθύς· καὶ ἀφικόμενοι νυκτὸς καὶ καθελκύσαντες
ἐκ τῆς Νισαίας τὰς ναῦς ἔπλεον ἐπὶ μὲν τὸν Πειραιᾶ οὐκέτι,
ὥσπερ διενοοῦντο, καταδείσαντες τὸν κίνδυνον—καί τις καὶ
ἄνεμος λέγεται αὐτοὺς κωλῦσαι—ἐπὶ δὲ τῆς Σαλαμῖνος τὸ
ἀκρωτήριον τὸ πρὸς Μέγαρα ὁρῶν· καὶ φρούριον ἐπ᾽ αὐτοῦ
ἦν καὶ νεῶν τριῶν φυλακὴ τοῦ μὴ ἐσπλεῖν Μεγαρεῦσι μηδ᾽
4 ἐκπλεῖν μηδέν· τῷ τε φρουρίῳ προσέβαλον καὶ τὰς τριήρεις
ἀφείλκυσαν κενάς, τήν τε ἄλλην Σαλαμῖνα ἀπροσδοκήτοις
ἐπιπεσόντες ἐπόρθουν.

XCIV. Ἐς δὲ τὰς Ἀθήνας φρυκτοί τε ᾔροντο πολέμιοι
καὶ ἔκπληξις ἐγένετο οὐδεμιᾶς τῶν κατὰ τὸν πόλεμον ἐλάσ-
2 σων· οἱ μὲν γὰρ ἐν τῷ ἄστει ἐς τὸν Πειραιᾶ ᾤοντο τοὺς
πολεμίους ἐσπεπλευκέναι ἤδη, οἱ δ᾽ ἐν τῷ Πειραιεῖ τήν τε
Σαλαμῖνα ᾑρῆσθαι ἐνόμιζον καὶ παρὰ σφᾶς ὅσον οὐκ ἐσπλεῖν
αὐτούς· ὅπερ ἄν, εἰ ἐβουλήθησαν μὴ κατοκνῆσαι, ῥᾳδίως

§ 3. πειρεᾶ, T. λέγεται αὐτοὺς F.H.V.N.T. Vulgo cum A.J. αὐτοὺς λέγεται.
κωλῦσαι T.
XCIV. § 1. φρυκτοὶ ᾔροντο T.
§ 2. τήν τε σαλαμῖνα ᾑρῆσθαι ἐνόμιζον F.V.N.T. Arn. Poppo. Bekk. Classen.
Vulgo τῶν Σαλαμινίων πόλιν ᾑρῆσθαι (ἑαλωκέναι haud pauci). Mox καὶ om. T. ante
οὐκ ἂν ἄνεμος. ὅσον οὐκ ἐσπλεῖν, in eo esse ut portum intrarent. Usitatius certe ὅσον
οὐκ ἤδη. Cf. Eur. Bacch. 1076, ὅσον γὰρ οὔπω δῆλος ἦν θάσσων ἄνω. Vide not. exeg.

§ 3. τοῦ μή. See on 75, 1. The po-
licy of starving out the Megarians by
forbidding imports and exports is sati-
rized in well-known passages of the
Acharnians.——For ἐσπλεῖν in this sense
see IV. 27, 1, καὶ σῖτος τοῖς ἐν τῇ νήσῳ ὅτι
ἐσπλεῖ, ibid. 39, 2, τὰς δὲ ἄλλας τοῖς ἐσ-
πλέουσι λάθρα διετρέφοντο.
§ 4. τῷ φρουρίῳ προσέβαλον. Sir G.
W. Cox observes (p. 148), "the excuse
that they were kept by an unfavourable
wind was probably a mere pretence. It
was in fact safer to attack the three ships
which kept guard at the promontory of
Boudoron for the purpose of barring
access to the harbour of Megara."
XCIV. § 1. φρυκτοί, "bale-fires (bea-
cons) indicating a hostile attack." Cf.
III. 22, 7, φρυκτοί τε ᾔροντο ἐς τὰς Θήβας
πολέμιοι. Schol. λαμπάδες τινὲς ἀπὸ
ξύλων γινόμεναι.—καὶ ὅταν πολεμίους ἐδή-
λουν, ἐκίνουν τοὺς φρυκτούς. As in stop-

ping our railway trains, it seems that
the violent waving of a light indicated
danger. See Il. XVIII. 211, πυρσοί τε
φλεγέθουσιν ἐπήτριμοι.——οὐδεμιᾶς ἐλάσ-
σων, "as great as any ever known." So
οὐδενὸς ὕστεροι γνώμῃ, "as sharp as any
one," I. 91, 5. Compare οὐδενὸς μεῖζον
σθένει, "is as weak as anything can be,"
where however most critics adopted the
correction μεῖον, "less than nothing,"
"not at all," Aesch. Prom. 1034.
§ 2. ὅσον οὐκ ἐσπλεῖν. "That they
were all but now actually sailing in close
up to their own (the Athenian) walls."
We might have expected ἐπὶ σφᾶς, and
ὅσον οὐκ ἤδη, "all but now." Cf. Eur.
Hec. 741, ἥξει δ᾽ Ὀδυσσεὺς ὅσον οὐκ ἤδη
πῶλον ἀφέλξων σῶν ἀπὸ μαστῶν.——
κατοκνῆσαι. "To waste time by hesita-
tion." Here κατὰ has the same sense as
in κατοικίζει μάτην, Aesch. Prom. 36,
and in καταχαρίζεσθαι, καταπροδοῦναι,

3 ἂν ἐγένετο· καὶ οὐκ ἂν ἄνεμος ἐκώλυσεν. βοηθήσαντες δὲ
ἅμ᾿ ἡμέρᾳ πανδημεὶ οἱ Ἀθηναῖοι ἐς τὸν Πειραιᾶ ναῦς τε
καθεῖλκον καὶ ἐσβάντες κατὰ σπουδὴν καὶ πολλῷ θορύβῳ
ταῖς μὲν ναυσὶν ἐπὶ τὴν Σαλαμῖνα ἔπλεον, τῷ πεζῷ δὲ φυλα-
4 κὰς τοῦ Πειραιῶς καθίσταντο. οἱ δὲ Πελοποννήσιοι ὡς
ᾔσθοντο τὴν βοήθειαν, καταδραμόντες τῆς Σαλαμῖνος τὰ
πολλὰ καὶ ἀνθρώπους καὶ λείαν λαβόντες καὶ τὰς τρεῖς ναῦς
ἐκ τοῦ Βουδόρου τοῦ φρουρίου κατὰ τάχος ἐπὶ τῆς Νισαίας
ἔπλεον. ἔστι γὰρ ὅ τι καὶ αἱ νῆες αὐτούς, διὰ χρόνου καθελ-
5 κυσθεῖσαι καὶ οὐδὲν στέγουσαι, ἐφόβουν. ἀφικόμενοι δὲ
ἐς τὰ Μέγαρα πάλιν ἐπὶ τῆς Κορίνθου ἀπεχώρησαν πεζῇ.
6 οἱ δ᾿ Ἀθηναῖοι οὐκέτι καταλαβόντες πρὸς τῇ Σαλαμῖνι
ἀπέπλευσαν καὶ αὐτοί, καὶ μετὰ τοῦτο φυλακὴν ἅμα τοῦ
Πειραιῶς μᾶλλον τὸ λοιπὸν ἐποιοῦντο λιμένων τε κλήσει καὶ
τῇ ἄλλῃ ἐπιμελείᾳ.

§ 3. ἅμα ἡμέρᾳ T. κατασπουδὴν T. Vid. not. crit. 89, 4. τοῦ πειρεῶς T. Cf.
93, 3.
§ 4. βουδούρου V. κατατάχος A.J. κατὰ τάχος hic T. ἔστι γὰρ ὅ τι Bekk. Arn.
Poppo. Classen. ex Abreschii conjectura, sc. nonnihil enim naves eos terrebant post
longum tempus in mare deductae. Et ἔστι γὰρ ὅτὶ diserte T. Ceteri libri ἔστι
γὰρ ὅτε, interdum, quod significaret, diu jam hunc timorem in animis fuisse.
§ 5. πεζοὶ Arnold. cum F.T. Melius, opinor, Bekk. Poppo. Classen. πεζῇ. Sic
I. 26, 2, ἐπορεύθησαν δὲ πεζῇ ἐς Ἀπολλωνίαν. Sed ibid. 110, 4, ἔκ τε γῆς ἐπιπεσόντες
πεζοὶ καὶ ἐκ θαλάσσης, ubi πεζοὶ suprascr. ῇ habet T.
§ 6. ἅμα F.H.N.V. ᾔδη pauci libb., quod correctoris esse videtur. τολοιπὸν
T.A.J. κλήσει F.H.N. (qui ι ad η alia manu additum habet). κλίσει V. Vulgo et
T.A.J. κλείσει. In his et similibus, ἄκλῃστος, κεκλῃσμένος etc., semper et ubique
fere variatur in libris. ἀσφαλείᾳ V. et γρ. N.

&c. "to give away," "to sacrifice by treachery." In this sense καταδημοβο-ρῆσαι is used in Π. XVIII. 301, "to squander on the mob," or "for the mob to consume" (get through or make away with).—The ἂν is repeated from the strong natural attraction of such emphatic words as τάχα, ῥᾳδίως, ἥκιστα, &c., to the particle. Cf. I. 76, 4, ἄλλους γ᾿ ἂν οὖν οἰόμεθα τὰ ἡμέτερα λαβόντας δεῖξαι ἂν μάλιστα. Aesch. Ag. 1015, ἐντὸς δ᾿ ἂν οὖσα μορσίμων ἀγρευμάτων πείθοι᾿ ἄν, εἰ πείθοιο.
§ 4. ἔστι γὰρ ὅ τι, nonnihil enim, "for to a certain extent they were afraid of their ships which, since it was long since they had been launched, were by no means sea-worthy," "anything but watertight." With οὐδὲν, i.e. οὐδαμῶς, cf. inf. 102, 4, τοῦ Ἀχελῴου τῶν ἐκβολῶν οὐδὲν ἀπέχουσαι, though ὕδωρ or ἅλα may here be supplied. So IV. 34, 3, οὔτε γὰρ οἱ πῖλοι ἔστεγον τὰ τοξεύματα, "the felt was not proof against the arrows." Aesch. Suppl 126, λινορραφὴς δόμος ἅλα στέγων δορός. Theb. 203, πύργον στέγειν εὔχεσθε πολέμιον δόρυ.
§ 6. ἅμα. The sense is, "while they put the Peiraeus in a safer condition by closing it and its smaller harbours (λιμένων) they at the same time took better care in general of their defences." The τε is superfluously added before καὶ τῇ ἄλλῃ. Cf. I. 93, 3, νομίζων τὸ χωρίον (τὸν Πειραιᾶ) καλὸν εἶναι, λιμένας ἔχον τρεῖς αὐτοφυεῖς (Κάνθαρος, Ar. Pac. 145,

XCV. Ὑπὸ δὲ τοὺς αὐτοὺς χρόνους, τοῦ χειμῶνος τούτου ἀρχομένου, Σιτάλκης ὁ Τήρεω, Ὀδρύσης, Θρακῶν βασιλεύς, ἐστράτευσεν ἐπὶ Περδίκκαν τὸν Ἀλεξάνδρου, Μακεδονίας βασιλέα, καὶ ἐπὶ Χαλκιδέας τοὺς ἐπὶ Θράκης, δύο ὑποσχέσεις τὴν μὲν βουλόμενος ἀναπρᾶξαι, τὴν δὲ 2 αὐτὸς ἀποδοῦναι. ὅ τε γὰρ Περδίκκας αὐτῷ ὑποσχόμενος, εἰ Ἀθηναίοις τε διαλλάξειεν ἑαυτόν, κατ᾽ ἀρχὰς τῷ πολέμῳ πιεζόμενον, καὶ Φίλιππον τὸν ἀδελφὸν αὐτοῦ, πολέμιον ὄντα, μὴ καταγάγοι ἐπὶ βασιλείᾳ, ἃ ὑπεδέξατο οὐκ ἐπετέλει· τοῖς τε Ἀθηναίοις αὐτὸς ὡμολογήκει, ὅτε τὴν ξυμμαχίαν ἐποιεῖτο,

XCV. § 1. τήρεω N., η in rasura. περδίκαν et mox περδίκας pr. m. N., et sic ubique, κ postea superscripto. περδίκκαν T. τῆς Θράκης V. διὰ δύο ὑποσχέσεις vulgo, sed διὰ om. F.H.N.V.T. Structura est tanquam dixisset δύο ὑποσχέσεις προτείνων vel προϊσχόμενος, τὴν μὲν κ.τ.λ.
§ 2. καταρχὰς T.Δ.J. ὁμολογήκει V. Vide not. crit. ad 86, 1.

and τὸ Ἀφροδίσιον). For τῇ ἄλλῃ cf. inf. 97, §§ 6, 7.
XCV. § 1. Σιτάλκης. The narrative of Thracian affairs is resumed from chap. 29, where the historian, after the fashion of the λογοποιοί and λογογράφοι, had combined history with myth without the least discrimination.—Ἀλεξάνδρου, the great-grandfather of Philip of Macedon. It is remarkable that all the Macedonian family names, Alexander, Amyntas, Philippus, Archelaus, seem Greek, i. e. to be capable of Greek etymologies, even Perdiccas being apparently another form of Πέρδιξ (Hesych. and Phot.). Even Sitalces and Teres, though Thracian, seem to indicate Greek or Aryan roots. The same remark (Cox, p. 141, note) applies to Photius (or Photyus) and Nicanor, the Chaonian leaders, sup. 80, 6.——δύο ὑποσχέσεις. He might have added ἐπαιτιώμενος, "having for his motive two promises, one of which he wished to exact from, the other voluntarily (or, on his own part) to repay to him." But ὑποσχέσεις, subdivided into τὴν μὲν—τὴν δὲ, becomes the object of the two infinitives.—— ἀναπρᾶξαι, Schol. εἰσπρᾶξαι, ἀπαιτῆσαι. What the promise was, further alluded to in αὐτῷ ὑποσχόμενος and ἃ ὑπεδέξατο, the historian does not tell us. Mr Grote (v. p. 476) says "Perdikkas had offended

him (Sitalces) by refusing to perform a promise made of giving him his sister in marriage,—a promise made as consideration for the interference of Sitalces and Nymphodorus in procuring for Perdiccas peace with Athens, at a moment when he was much embarrassed by civil dissensions with his brother Philip." But Mr Grote seems to have made a confusion between Sitalces and Seuthes, who, inf. ci. 6, is said to have been allured by a false promise of marrying the sister of Perdiccas, Stratonice, which however he ultimately did. The reconciliation of Perdiccas with Athens had been effected by Nymphodorus, whose sister Sitalces had married; see sup. 29, 6.
§ 2. καὶ Φίλιππον, κ.τ.λ. "And if he, Sitalces, did not restore (should not have restored, non reduxisset,) Philip his (Perdiccas') brother to make him king," viz. over a part of Macedonia which he had formerly ruled.——καταγάγοι, see 102, 2.——τοῖς τε Ἀθ. This is the promise he desired ἀποδοῦναι, § 1.—αὐτὸς, "he on his part," (as opposed to the subject of the former sentence, Περδίκκας,) "had farther been induced to promise that he would reconquer the Chalkidians of Thrace for the benefit of the Athenians." Grote. This promise, perhaps on this pretext rather than really from this

3 τὸν ἐπὶ Θρᾴκης Χαλκιδικὸν πόλεμον καταλύσειν· ἀμφοτέρων
οὖν ἕνεκα τὴν ἔφοδον ἐποιεῖτο, καὶ τόν τε Φιλίππου υἱὸν
Ἀμύνταν ὡς ἐπὶ βασιλείᾳ τῶν Μακεδόνων ἦγε καὶ τῶν
Ἀθηναίων [πρέσβεις], οἳ ἔτυχον παρόντες τούτων ἕνεκα,
καὶ ἡγεμόνα Ἄγνωνα· ἔδει γὰρ καὶ τοὺς Ἀθηναίους ναυσί
τε καὶ στρατιᾷ ὡς πλείστῃ ἐπὶ τοὺς Χαλκιδέας παραγε-
νέσθαι.

XCVI. Ἀνίστησιν οὖν ἐκ τῶν Ὀδρυσῶν ὁρμώμενος
πρῶτον μὲν τοὺς ἐντὸς τοῦ Αἵμου τε ὄρους καὶ τῆς Ῥοδόπης
Θρᾷκας ὅσων ἦρχε [μέχρι θαλάσσης] ἐς τὸν Εὔξεινόν τε
πόντον καὶ τὸν Ἑλλήσποντον, ἔπειτα τοὺς ὑπερβάντι Αἷμον
Γέτας καὶ ὅσα ἄλλα μέρη ἐντὸς τοῦ Ἴστρου ποταμοῦ πρὸς
θάλασσαν μᾶλλον τὴν τοῦ Εὐξείνου πόντου κατῴκητο.
εἰσὶ δ' οἱ Γέται καὶ οἱ ταύτῃ, ὅμοροί τε τοῖς Σκύθαις καὶ

§ 3. "πρέσβεις om. F.H.N. et corr. F." Arnoldius. At in N. margini additum
est. Habent etiam T.A.J. Voculam addi potuisse ex 101, 1, δῶρα δὲ καὶ πρέσβεις
ἔπεμψαν αὐτῷ, notavit Poppo, qui tamen πρέσβεις et ἡγεμόνα quodam modo inter se
oppositos putat. Sane parum offenditur in ἦγε τῶν Ἀθ. οἳ ἔτυχον παρόντες, καὶ ἡγ.
Ἄγ., sc. duce Hagnone. οἳ ἔτυχον παρατυχόντας (sic) T. ἄγνωνα N.T. Bekk. Vulgo
Ἄγνωνα. Αγνωνα (sic) Δ.J. ὡς πλείστου T.
XCVI. § 1. αἵμου τε N.T. αἵμου F.A.J. vulg. θαλάσσης τῆς ἐς T.A.J. vulgo.
τῆς abest in F.H.N.V. αἱμογιγέτας V. αἱμον T. (ut videtur). αἷμον Δ.J. καὶ
ὁμόσκευοι τοῖς σκύθαις V.N. τοῖς σκύθαις καὶ ὁμόσκευοι T.A.J.

motive, Sitalces now undertakes to per-
form, with but little success in the
result. Sir G. W. Cox has some valu-
able remarks (p. 149 seqq.) on the al-
liance of the Athenians with the barba-
rous tribes of the north, which he re-
gards as a fair set-off to the Spartan
policy of crushing Athens by the money
and ships of Persia.

§ 3. ὡς ἐπὶ βασιλείᾳ. The engage-
ment had been (§ 2), that Sitalces should
not restore Philip, who was king ("seem-
ingly independent of Perdiccas," Grote)
over a portion of the Macedonians along
the upper course of the Axius, and
having been expelled by Perdiccas had
found refuge in the court of Sitalces.
But as Perdiccas had not fulfilled the
conditions, Sitalces now threatens to
make Philip's son, Amyntas, king of
Macedonia.——ἡγεμόνα, viz. in order
that he, Hagno, might take the com-
mand of the land-forces which the
Athenians were to send, and which

ought to have then been present.
XCVI. § 1. ἀνίστησιν. "He sum-
mons," as sup. 68, 1, Ἀμπρακιῶται—
πολλοὺς ἀναστήσαντες ἐστράτευσαν κ.τ.λ.
The verb is so used in Il. 1. 191 and VII.
116, but differently inf. 99, 3, ἀναστή-
σαντες μάχῃ, and in a third sense 1. 126,
11, ἀναστήσαντες αὐτούς—ἐφ' ᾧ μηδὲν
κακὸν ποιήσουσιν, where see the note.
——τοὺς ὑπερβάντι Αἷμον. "The modern
Bulgaria, or the country beyond the
Balkan and the Danube." Arnold.
Goettling observes that Scythia is here
regarded as separated from Thrace by
the Danube. The dative of the participle
is curiously used, apparently by the
ellipse of κειμένους.——πρὸς θάλασσαν μᾶλ-
λον κ.τ.λ., i.e. to the east rather than
on the south or Aegean shore.——ὅμοροί
τε κ.τ.λ. Poppo compares III. 95 fin.,
ὄντες γὰρ ὅμοροι τοῖς Αἰτωλοῖς καὶ ὁμό-
σκευοι μεγάλη ὠφελία ἐδόκουν εἶναι ξυ-
στρατεύοντες (οἱ Λοκροί).

² ὁμόσκευοι, πάντες ἱπποτοξόται. παρεκάλει δὲ καὶ τῶν ὀρεινῶν
Θρᾳκῶν πολλοὺς τῶν αὐτονόμων καὶ μαχαιροφόρων, οἳ Δίοι
καλοῦνται, τὴν Ῥοδόπην οἱ πλεῖστοι οἰκοῦντες· καὶ τοὺς
3 μὲν μισθῷ ἔπειθεν, οἱ δ᾽ ἐθελονταὶ ξυνηκολούθουν. ἀνίστη
δὲ καὶ Ἀγριᾶνας καὶ Λαιαίους καὶ ἄλλα ὅσα ἔθνη Παιονικά,
ὧν ἦρχεν—καὶ ἔσχατοι τῆς ἀρχῆς οὗτοι ἦσαν—μέχρι
Γρααίων Παιόνων καὶ τοῦ Στρυμόνος ποταμοῦ, ὃς ἐκ τοῦ
Σκομίου ὄρους διὰ Γρααίων καὶ Λαιαίων ῥεῖ, οὗ ὡρίζετο
4 ἡ ἀρχὴ τὰ πρὸς Παίονας αὐτονόμους ἤδη. τὰ δὲ πρὸς
Τριβαλλούς, καὶ τούτους αὐτονόμους, Τρῆρες ὥριζον καὶ
Τιλαταῖοι· οἰκοῦσι δ᾽ οὗτοι πρὸς βορέαν τοῦ Σκομίου ὄρους
καὶ παρήκουσι πρὸς ἡλίου δύσιν μέχρι τοῦ Ὀσκίου ποταμοῦ.

§ 2. δίοι H.V.N.T. δῖοι A.J.
§ 3. ἀνίστη δὲ ἀγριᾶνας V.N. λαιαίους F.H.N. λεαίους A.J. alii. καὶ γρῖαίους
καὶ λαιαίους T. μέχρι †γὰρ† Arnold. et mox [οὗ] ὡρίζετο ἡ ἀρχή. "Ingeniose,"
inquit Poppo. Deest γὰρ in multis, ut in F.N. quorum ille μέχρι γρααίων καὶ λααίων
habet, omisso παιόνων, et γρ. μέχρι γὰρ λαιαίων παιόνων, quae in T. scriptura est,
nisi quod hic λαιαίεων exhibet. μέχρι γρααίων, καὶ λεαίων παιόνων A.J. μέχρι γὰρ—
ὡρίζετο ἡ ἀρχὴ Classen. Quod Arnoldio obicit Poppo, non apparere quomodo illud
οὗ in omnes libros irrepserit, id facile explicatur, sc. ob omissum γὰρ in clausula
praecedente. ἐκ τοῦ κοσμίου ὄρους διὰ γραιαιέων καὶ λαιαίων T.
§ 4. τριβαλοὺς pr. m. N. τριλαταῖοι V.N. (non τλιραταῖοι). τριήρεις ὥρίζον καὶ
τἰλαταῖοι T. κοσμίου T. σκόμβρου H. et corr. F. σκόβρου duo libb. Σκομίου
Classen. σκομίου A.J.N, ut et infra, sed utroque loco ι in rasura duarum litterarum.

§ 2. μαχαιροφόρων. See VII. 27, and
Aesch. Pers. 56, τὸ μαχαιροφόρον τ᾽ ἔθνος
ἐκ πάσης Ἀσίας ἔπεται. The country
here alluded to, bordering on Roumelia,
Bulgaria, and Servia, has been rather
recently described by Mr Tozer in his
very instructive volume, "Researches in
the Highlands of Turkey," as well as by
Leake in "Northern Greece." Dr Ar-
nold's note also gives the fullest infor-
mation on the geographical difficulties
of the passage, which he removes ("in-
geniose," says Poppo, who however re-
tains the vulgate) by inserting γὰρ and
omitting οὗ. "The interpretation of the
whole passage (he says) will then be as
follows: "he called out—all the other
Paeanian tribes within his dominion.
And these were the last people to which
it extended; for at the Graeans and
Laeaeans, both Paeonian tribes, and at
the river Strymon, which flows through
their country, the empire of Sitalces

terminated towards Paeonia, the Paeo-
nians from this point being indepen-
dent." He might have compared the
similar passage in Aesch. Suppl. 250,
where king Pelasgus is describing the
limits of his territory; καὶ πᾶσαν αἶαν
ἧς δι᾽ ἁγνὸς ἔρχεται Στρυμών, τὸ πρὸς
δύνοντος ἡλίου κρατῶ· ὁρίζομαι δὲ τήν
τε Περραιβῶν χθόνα Πίνδου τε τἀπέ-
κεινα, Παιόνων πέλας, ὄρη τε Δωδωναῖα.—
Whether these Γραιαῖοι are the same as,
or a tribe of, the Ἀγραῖοι (Graeci, or
Graii, see 102, 3) on the western coast,
and whether the term really meant,
as distinguished from Ἕλληνες, the
"ancient," i.e. Pelasgic, population, are
questions of great ethnological interest.
§ 3. τὰ πρός, "in the parts lying
towards." Compare τὸ πρὸς δύνοντος
ἡλίου, "facing the setting sun," in the
verses quoted above.
§ 4. Ὀσκίου ποταμοῦ. Dr Arnold says
this is the modern Isker, which runs

5 ῥεῖ δ᾽ οὗτος ἐκ τοῦ ὄρους ὅθεν περ καὶ ὁ Νέστος καὶ ὁ Ἕβρος·
ἔστι δὲ ἐρῆμον τὸ ὄρος καὶ μέγα, ἐχόμενον τῆς Ῥοδόπης.
XCVII. Ἐγένετο δὲ ἡ ἀρχὴ ἡ Ὀδρυσῶν μέγεθος ἐπὶ
μὲν θάλασσαν καθήκουσα ἀπὸ Ἀβδήρων πόλεως ἐς τὸν
Εὔξεινον πόντον τὸν μέχρι Ἴστρου ποταμοῦ· αὕτη περί-
πλους ἐστὶν ἡ γῆ τὰ ξυντομώτατα, ἢν ἀεὶ κατὰ πρύμναν
ἰστῆται τὸ πνεῦμα, νηὶ στρογγύλῃ τεσσάρων ἡμερῶν καὶ
ἴσων νυκτῶν· ὁδῷ δὲ τὰ ξυντομώτατα ἐξ Ἀβδήρων ἐς
Ἴστρον ἀνὴρ εὔζωνος ἑνδεκαταῖος τελεῖ. τὰ μὲν πρὸς

§ 5. ὁ ἔμβρος F. ἔβρος Ν.Τ.Λ.J. ἐρημον vulgo. ἐρῆμον Bekk. Classen. Similiter
in ὁμοῖος τροπαῖον et ἑτοῖμος de accentu non constat inter edd., sed rectius videtur
retrahi, ὅμοιος, &c.
XCVII. § 1. ἡ ante ὀδρυσῶν m. sec. T. πόντον post ποταμοῦ T. ταξυντομώτατα
Λ.J., et sic mox. [τὸν] μέχρι Classen. τὸν om. C. Cobetus, Var. Lect. p. 441,
"expunxit τὸν Valckenaer. in annot. MS. Optime." τὸν μέχρις Ν. τὸν μέχρι T.Λ.J.
Fortasse ταύτῃ περίπλους ἐστὶν, omisso ἡ γῆ. τὸ πνεῦμα ἰστῆται V. et sic Ν, τὸ
πνεῦμα alia manu in margine addito et commate post ἰστῆται posito. ἰστῆται τὸ
πνεῦμα νηὶ στρογγύλῳ T. ἢν αἰεὶ κατὰ πρύμναν ἴστηται τὸ πνεῦμα νηὶ στρογγύλῃ
Λ.J. ἴσων dictum ut Soph. El. 1365, πολλαὶ κυκλοῦνται νύκτες ἡμέραι τ᾽ ἴσαι.

through the most westerly of the five
passes of the Balkan. Probably it in-
volves the same root as *Usk, Esk, Exe,
Axe, Ouse, Ἀξιὸς*, &c. Even *usquebaugh*
and *Whiskey* are the same word. (See
Cox, II. p. 150, note). Arnold supposes it
is the Σκίος or Κίος of Herod. IV. 49, 2.
The sources of the Strymon, the Nestus,
and the Hebrus, flowing southward, are
near to those of the Oscius, a con-
fluent of the Danube; all take their
rise near the western extremity of the
Haemus range.

XCVII. This chapter presents some
remarkable variations from the ordinary
style of Thucydides, and it may be
questioned if it has not been inserted by
some other hand or interpolated from
some other work, from the school of
Scylax or Scymnus Chius.

§ 1. ἐπὶ μὲν θάλασσαν. The expres-
sion is a strange one. The meaning is,
κατὰ μὲν θάλασσαν ἐς τὸν Εὔξεινον πόντον
τεσσάρων ἡμερῶν ὁδὸς, κατὰ γῆν δὲ ἐς
Ἴστρον ἔνδεκα ἡμερῶν. But καθήκουσα
is added, in the sense of τὰ πρὸς θάλασ-
σαν, § 2, "taking the line of its sea-
coast" (Arnold), i.e. where it, the ἀρχὴ,
comes down to the shore. A more
natural phrase would have been ἔστι δὲ

ἡ ἀρχὴ μέγεθος ἐπὶ μὲν θάλασσαν τείνουσα
ἀπὸ Ἀ., "by sea reaching from Abdera
(just above Thasos, on the Aegean
coast) to the mouths of the Danube"
(Ister, on the east). The syntax seems
to be, ἐγένετο ἀπὸ Ἀ. ἐς τὸν Εὔξ. To
do this by sea the Thracian Chersonese
would have to be rounded, for there was
not then a navigable cut across the
Isthmus. To describe this coast-line
he says "this land may be sailed round
in the shortest way, if the wind keeps
steady astern, by a merchant vessel in
four days and as many nights." Arnold
says the real distance by sea is about
500 miles. The merchant-ship, or
"round" hulk, as contrasted with the
"long galley," or ship of war, μακρὰ
ναῦς, was "always worked by sails, and
continued its voyage by night as well
as by day; whereas the ships of war,
which were worked by oars, generally
put to shore every night" (Arnold).
——For ἴσων, *totidem*, see not. crit.
——ὁδῷ δέ. "But by road (land-journey)
in the shortest direction—an active man
will complete it on the eleventh day."
The line intended, says Arnold, is
across from Abdera to the mouth of
the Danube; and this he estimates

² θάλασσαν τοσαύτη ἦν, ἐς ἤπειρον δὲ ἀπὸ Βυζαντίου ἐς
Λαιαίους καὶ ἐπὶ τὸν Στρυμόνα, ταύτῃ γὰρ διὰ πλείστου
ἀπὸ θαλάσσης ἄνω ἐγίγνετο, ἡμερῶν ἀνδρὶ εὐζώνῳ τριῶν
³ καὶ δέκα ἀνύσαι. φόρος τε ἐκ πάσης τῆς βαρβάρου καὶ
τῶν Ἑλληνίδων πόλεων, ὅσον προσῆξαν ἐπὶ Σεύθου, ὃς
ὕστερον Σιτάλκου βασιλεύσας πλεῖστον δὴ ἐποίησεν,
τετρακοσίων ταλάντων ἀργυρίου μάλιστα δύναμις, ἃ χρυσὸς
καὶ ἄργυρος [εἴη]· καὶ δῶρα οὐκ ἐλάσσω τούτων χρυσοῦ
τε καὶ ἀργύρου προσεφέρετο, χωρὶς δὲ ὅσα ὑφαντά τε

§ 2. ἐς λεαίους A.J.
§ 3. φόρος τὲ N.T. ὅσων F.V.N.T. Corruptum vel spurium esse προσῆξαν
tanquam a προσάγειν vix dubites, quanquam nec Poppo nec Arnold. in eo offendit.
ὅσωνπερ ἦρξαν Classen. ex conjectura Dobraei. Madvigius, Adv. Crit. I. p. 314,
"scribendum videtur προσῆει (προσῄει) ἂν, quot solvissent, si Seuthae tempore ratio
haberetur." Idem Classenio tribuit προσῄεσαν, sc. φόροι, quod tamen vix tolerabile
putat. μάλιστα om. T. δύναμις ἀργυρίου V.N., qui haud raro inversum verborum
ordinem exhibent. Cf. 102, 7. ἤει F.H. ἤει N. cum gr. εἴη. εἴη T.

at somewhat over 280 miles to the old mouth of the Danube, which was fifty miles south of the present one. The phrase ἀνὴρ εὔζωνος, succinctus viator, is Herodotean.—τελεῖ, sc. τὴν ὁδὸν, to be repeated from ὁδῷ, terrestri itinere. Poppo somewhat laxly renders it pervenit. The close repetition of τὰ ξυντομώτατα is certainly very strange.

§ 2. ἐς ἤπειρον. "In the direction towards the main-land," viz. due westward. By ἐπὶ τὸν Στρυμόνα (the name is the same as our word stream) he means, according to Arnold, to the sources of that river; and that distance is hardly more than from Abdera to Tomi, the ancient mouth of the Danube, though Thucydides, perhaps from the greater difficulties of the route, gives to it two more days, or thirteen against eleven. —ἐγίγνετο, viz. ἡ ἀρχὴ, as in § 1. Poppo doubts whether ἐγίγνετο ἀνύσαι is not rather the author's meaning. The phrase is very peculiar, and seems to mean "for this is the direction of the longest route up the country from the sea." The statement seems hard to reconcile with 96, 4.

§ 3. φόρος τε. He proceeds, still employing much strange phraseology, to describe the sources and the amount of the royal revenues. The aorist προσ-

ῆξα from προσάγειν is not (elsewhere) Thucydidean, nor is προσάγειν φόρον in itself a usual phrase. The two words ὅσον προσῆξαν might indeed be omitted; but for δύναμις we should expect τάλαντα —ἠδύνατο, which would give a simple meaning; φόρος ἐπὶ Σεύθου τετρακόσια τάλαντα ἀργυρίου ἠδύνατο, "were equivalent to 400 talents in money." As the text stands, the sense is δύναμις ἦν τ. ταλάντων, "was an amount equivalent to," &c.——ἃ χρυσὸς κ.τ.λ., quae aurum et argentum essent, "what was paid in bullion" (and not in cattle, &c.). The optative is peculiar here, but common enough in indefinite past narrative. So in Soph. El. 1378, ἥ σε πολλάκις ἀφ' ὧν ἔχοιμι λιπαρεῖ προὔστην χερί. Arnold compares ἄνωθεν ἐπιβαλόντες ὃν φέροιεν, sup. 52 fin. Similarly inf. 100, §§ 6, 7, &c.——δῶρα. The mention of gifts, or special presents to kings and chiefs, is very frequent in Homer. Here presents both of money, over and above the regular tribute, and also of embroidered textures, are specified. Sir G. W. Cox (p. 150) compares the "black mail" of the Scottish Highland chiefs.—λεῖα, "plain," not raised by embossed needlework. This word forms no proper antithesis to ὑφαντὰ, "woven fabrics" generally, and a word may have dropped

καὶ λεῖα καὶ ἡ ἄλλη κατασκευή, καὶ οὐ μόνον αὐτῷ ἀλλὰ
4 καὶ τοῖς παραδυναστεύουσί τε καὶ γενναίοις Ὀδρυσῶν. κατε-
στήσαντο γὰρ τοὐναντίον τῆς Περσῶν βασιλείας τὸν
νόμον, ὄντα μὲν καὶ τοῖς ἄλλοις Θραξί, λαμβάνειν μᾶλλον
ἢ διδόναι, καὶ αἴσχιον ἦν αἰτηθέντα μὴ δοῦναι ἢ αἰτήσαντα
μὴ τυχεῖν· ὅμως δὲ κατὰ τὸ δύνασθαι ἐπὶ πλέον αὐτῷ
5 ἐχρήσαντο· οὐ γὰρ ἦν πρᾶξαι οὐδὲν μὴ διδόντα δῶρα, ὥστε
6 ἐπὶ μέγα ἦλθεν ἡ βασιλεία ἰσχύος. τῶν γὰρ ἐν τῇ Εὐρώπῃ
ὅσαι μεταξὺ τοῦ Ἰονίου κόλπου καὶ τοῦ Εὐξείνου πόντου
μεγίστη ἐγένετο χρημάτων προσόδῳ καὶ τῇ ἄλλῃ εὐδαιμονίᾳ,
ἰσχύϊ δὲ μάχης καὶ στρατοῦ πλήθει πολὺ δευτέρα μετὰ τὴν

§ 4. τῆς περσῶν F.H.N.V.   τῆς τῶν Περσῶν nonnulli.
§ 5. ἦλθεν ἡ βασίλεια F.V.N.   Vulgo cum T.A.J. ἡ βασιλεια ἦλθεν.
§ 6. τῶν μὲν γὰρ N.V., fortasse recte.   μετὰ τὴν Σκυθῶν A.J. Arnold. μετὰ τῶν
F.T.   μετὰ τὴν τῶν Poppo, Bekk. Classen. cum H.V.N.

out like γραπτὰ or ποικίλα.—κατασκευή,
"fittings," "house-decorations." The
word occurs in i. 10 both in the singular
and the plural. —— παραδυναστεύουσι.
This is another very peculiar word, ap-
parently expressing those who sit as it
were on the side of the central throne,
petty kings, reguli, βασιλῆς βασίλεως
ὔποχοι μεγάλου, Aesch. Pers. 24.
§ 4. λαμβάνειν μᾶλλον. The extra-
ordinary and incessant demand for pre-
sents in money, or "backsheesh," is a
well-known characteristic of Turks and
Arabs both in these countries and every-
where else at the present day.—αἰτηθέντα
"on being asked;" Plat. Theaet. p. 146 D,
ἐν αἰτηθεὶς πολλὰ δίδως. There appears
to have been a kind of maxim, 'it is
better to receive than to give.' Ar.
Eccl. 778, οὐ γὰρ πάτριον τοῦτ' ἐστίν
(viz. τὸ φέρειν), ἀλλὰ λαμβάνειν. Aesch.
Pers. 685, ἄλλως τε πάντως χοὶ κατὰ
χθονὸς θεοὶ λαβεῖν ἀμείνους εἰσὶν ἢ μεθιέναι.
The sense is, that whereas the Persians
gave, the other Thracians, and especially
the Odrysae, received, and held it a
disgrace not to give if one were asked
to do so.——ὅμως δέ. Though the
other Thracians had the same custom,
the Odrysae adopted it still more gene-
rally. The words κατὰ τὸ δύνασθαι are
obscure, as is the connexion of the ex-
planatory clause following, οὐ γὰρ κ.τ.λ.

"They used the law more through
their great influence; I say, more, for
without presents and bribes no business
at all could be done." Here again, as
frequently, κατὰ is used in the sense of
διά. The custom alluded to is precise-
ly what Xenophon says of the Atheni-
ans (De Rep. Ath. ch. vi.), that no
one could transact any business with
the state unless he paid for it. The
meaning here seems to be, that the
Odrysae were so powerful that neigh-
bouring nations brought presents and
increased their wealth.——τῇ ἄλλῃ εὐ-
δαιμονίᾳ. "In general prosperity be-
sides." So § 7 ἐς τὴν ἄλλην εὐβουλίαν.
Sup. 94, ult., καὶ τῇ ἄλλῃ ἐπιμελείᾳ.
Inf. 100, 2, ὅπλοις καὶ τῇ ἄλλῃ παρα-
σκευῇ, 'general outfit.'
§ 6. πολὺ δευτέρα. Again, an usual
expression, the meaning of which is
by no means clear. It was "second
after that of the Scythians, and a poor
second too," as we say.——'Proximus
huic, longo sed proximus intervallo,'
Aen. v. 320. Poppo, secundum quidem
a Scythico, sed tamen longe eo inferius.
Arnold gives the sense differently; "ea-
sily or decidedly second; i. e. although
inferior to the Scythians, yet far superior
to all others." He compares πολὺ δεύ-
τερον, 'much the next best thing,' in
Soph. Oed. Col. 1228. Sir G. W. Cox

7 τῶν Σκυθῶν. ταύτῃ δὲ ἀδύνατα ἐξισοῦσθαι οὐχ ὅτι τὰ ἐν
τῇ Εὐρώπῃ, ἀλλ᾽ οὐδ᾽ ἐν τῇ Ἀσίᾳ ἔθνος ἓν πρὸς ἓν οὐκ ἔστιν
8 ὅ τι δυνατὸν Σκύθαις ὁμογνωμονοῦσι πᾶσιν ἀντιστῆναι. οὐ
μὴν οὐδ᾽ ἐς τὴν ἄλλην εὐβουλίαν καὶ ξύνεσιν περὶ τῶν παρόν-
των ἐς τὸν βίον ἄλλοις ὁμοιοῦνται.

XCVIII. Σιτάλκης μὲν οὖν βασιλεύων χώρας τοσαύτης
2 παρεσκευάζετο τὸν στρατόν· καὶ ἐπειδὴ αὐτῷ ἑτοῖμα ἦν,
ἄρας ἐπορεύετο ἐπὶ τὴν Μακεδονίαν, πρῶτον μὲν διὰ τῆς
αὐτοῦ ἀρχῆς, ἔπειτα διὰ Κερκίνης, ἐρήμου ὄρους, ὅ ἐστι
μεθόριον Σιντῶν καὶ Παιόνων· ἐπορεύετο δὲ δι᾽ αὐτοῦ τῇ ὁδῷ
ἣν πρότερον αὐτὸς ἐποιήσατο τεμὼν τὴν ὕλην, ὅτε ἐπὶ

§ 7. οὐδὲ—οὐκ ἔστιν ex abundantia sermonis Attici usurpatur; et sic legendum
videtur Aesch. Ag. 1612, ὃς οὐδ᾽ ἐπειδὴ τόνδ᾽ ἐβούλευσας φόνον, δρᾶσαι τόδ᾽ ἔργον οὐκ
ἔτλης αὐτοκτόνως.
§ 8. περὶ τῶν παριόντων ἐς τὸν βίον, quae in vitam incidunt et incurrunt, Mad-
vigius, Adv. Crit. I. p. 314. Frustra, opinor.
XCVIII. § 1. βασιλεύων χώρας τοσαύτης F.H.V.T.N. χώρας τοσαύτης βασιλεύων
A.J. alii.
§ 2. τῆς αὐτῆς ἀρχῆς H. Σίντων Arnold., qui mox Σίντους. Sed σιντῶν F.H.V.
N.T.A.J. σιντοὺς F.V.N.T.A.J. παιόνας F.T.

says, "in extent at least his dominions
were second to none in Europe after
those of the Scythian hordes " (p. 150);
but this is not precisely what Thucy-
dides says. The Odrysae were rich, but
they could not compete with the Scy-
thians in power; and though second to
them in this respect, yet they were far
behind. Compare Aesch. Pers. 168,
μήτε χρημάτων ἀνάνδρων πλῆθος ἐν τιμῇ
σέβειν, μήτ᾽ ἀχρημάτοισι λάμπειν φῶς
ὅσον (ὅσοις?) σθένος πάρα, "as mere
wealth is of no avail without men, so
mere strength without money does not
succeed."
§ 7. οὐχ ὅτι, i. e. οὐ μόνον. "Not only
are the nations in Europe unable to
compete in military power and great-
ness (with the Scythians), but even in
Asia there is no single nation (no one
compared with one) that can make a
stand against all the Scythians acting
in agreement."—" He says this, because
the empire or ἀρχὴ of the Persians was
far greater than that of the Scythians,
although the single nation of the Per-
sians, if stripped of its subject people,
was inferior to the nation of the Scy-

thians." Arnold.—ἀντιστῆναι, cf. Aesch.
Prom. 362, πᾶσιν ὃς ἀντέστη θεοῖς—an
interpolated verse, perhaps.
§ 8. οὐ μὴν οὐδὲ κ.τ.λ. "Not that in
general prudence and intelligence about
their actual resources of life ("in the
things of common life," Arnold) are
they on a par with other nations."
The subject to ὁμοιοῦνται is Σκύθαι.
Compare I. 3, 4, οὐ μὴν οὐδὲ βαρβάρους
εἴρηκε. The fact seems mentioned as a
reason why the Scythians are not su-
preme among the nations both of Europe
and Asia,
XCVIII. § 1. So much has been done
for geography since Arnold's time, both
by the researches of Leake and others
in northern Greece, and by the publica-
tion of far more accurate maps, that his
rather long notes on this chapter are in
great measure unnecessary. The most
important site to determine is Doberus,
which is believed to be the modern Doi-
ran, due north of Salonika, and a little
to the east of the Vardar, or river
Axius.
§ 2. τεμὼν τὴν ὕλην. He had made
a road by cutting down the timber,

3 Παίονας ἐστράτευσεν. τὸ δὲ ὄρος ἐξ Ὀδρυσῶν διϊόντες ἐν δεξιᾷ μὲν εἶχον Παίονας, ἐν ἀριστερᾷ δὲ Σιντοὺς καὶ Μαίδους. 4 διελθόντες δὲ αὐτὸ ἀφίκοντο ἐς Δόβηρον τὴν Παιονικήν. 5 πορευομένῳ δὲ αὐτῷ ἀπεγίγνετο μὲν οὐδὲν τοῦ στρατοῦ εἰ μή τι νόσῳ, προσεγίγνετο δέ· πολλοὶ γὰρ τῶν αὐτονόμων Θρᾳκῶν ἀπαράκλητοι ἐφ᾽ ἁρπαγὴν ἠκολούθουν, ὥστε τὸ πᾶν πλῆθος λέγεται οὐκ ἔλασσον πεντεκαίδεκα μυριάδων γενέσθαι· καὶ τούτου τὸ μὲν πλέον πεζὸν ἦν, τριτημόριον 6 δὲ μάλιστα ἱππικόν. τοῦ δ᾽ ἱππικοῦ τὸ πλεῖστον αὐτοὶ 7 Ὀδρύσαι παρείχοντο καὶ μετ᾽ αὐτοὺς Γέται. τοῦ δὲ πεζοῦ οἱ μαχαιροφόροι μαχιμώτατοι μὲν ἦσαν οἱ ἐκ τῆς Ῥοδόπης αὐτόνομοι καταβάντες, ὁ δὲ ἄλλος ὅμιλος ξύμμικτος πλήθει φοβερώτατος ἠκολούθει.

XCIX. Ξυνηθροίζοντο οὖν ἐν τῇ Δοβήρῳ καὶ παρεσκευάζοντο, ὅπως κατὰ κορυφὴν ἐσβαλοῦσιν ἐς τὴν κάτω

§ 5. ἀ in ἀπεγίγνετο in rasura N. Bekk. Anecd. 82. 33, ἀπεγένετο· ἀπέθανε. Θουκυδίδης δευτέρῳ. Hesych. τριτημόριον· ἐλέγετο καὶ ἐπὶ τῆς μοίρας, καὶ ἐπὶ νομίσματος ἀργυρίου. Laudat etiam Jul. Pollux viii. 66.
§ 6. τοῦ δὲ ἱππικοῦ N.T.
§ 7. σύμμικτος T.

either to clear it away, or in making bridges and embankments, or for both purposes.

§ 3. τὸ ὄρος. Here perhaps for τὴν ὀρεινὴν, the mountainous country near Haemus and Rhodope; though Mount Cercine may be definitely meant.

§ 5. ἀπεγίγνετο. Aberat, or absens fiebat, i.e. ἀπώλλυτο, "dropped off." The meaning is, that the army in its progress rather increased than diminished, contrary to the usual custom in similar expeditions. "The gathered mass was set in motion, to swell in size as it went onwards, like a rolling snowball." (Cox, p. 151).——ἐφ᾽ ἁρπαγὴν. The accusative is more usual with persons, ἐλθεῖν ἐπί τινα, "in quest of some one," but the dative with nouns expressing the object of an act, as ἐπὶ μισθῷ, "for pay." Yet we have τρέχειν ἐπὶ κορύνην, Ar. Av. 79.——λέγεται. The usual Greek exaggeration as to numbers is here conspicuous. The number of horse mentioned, about 50,000, is a

palpable impossibility from the want of stores of fodder.

§ 6. παρείχοντο. "Supplied from themselves," or from their own resources. Thus a man is said παρέχεσθαι ἀρετὴν, "to exhibit virtue," in reference to his own character and resolution, but παρέχειν ἰατρῷ, "to submit to an operation," when the act contemplated is that of the surgeon on the patient.

§ 7. πλήθει. The sense seems to be "most formidable, if only from their numbers." By ξύμμικτος, sc. ὤν, the ὄχλος or general mass of camp-followers and contingents are described. Cf. Aesch. Pers. 52, Βαβυλὼν—πάμμικτον ὄχλον πέμπει σύρδην. Soph. Aj. 53, ξύμμικτα βουκόλων φρουρήματα.

XCIX. § 1. κατὰ κορυφήν. "By the mountain crest," "by the high ground." A singular phrase, for which κατὰ τὰς κορυφὰς, "over the peaks" (or high passes), would be more natural. The meaning seems to be, that he took the route that would allow a rapid descent

2 Μακεδονίαν, ἧς ὁ Περδίκκας ἦρχεν. τῶν γὰρ Μακεδόνων εἰσὶ καὶ Λυγκησταὶ καὶ Ἐλιμιῶται καὶ ἄλλα ἔθνη ἐπάνωθεν, ἃ ξύμμαχα μέν ἐστι τούτοις καὶ ὑπήκοα, βασιλείας δ' ἔχει 3 καθ' αὑτά. τὴν δὲ παρὰ θάλασσαν νῦν Μακεδονίαν Ἀλέξανδρος ὁ Περδίκκου πατὴρ καὶ οἱ πρόγονοι αὐτοῦ, Τημενίδαι τὸ ἀρχαῖον ὄντες ἐξ Ἄργους, πρῶτον ἐκτήσαντο καὶ ἐβασίλευσαν ἀναστήσαντες μάχῃ ἐκ μὲν Πιερίας Πίερας, οἳ ὕστερον ὑπὸ τὸ Πάγγαιον πέραν Στρυμόνος ᾤκησαν Φάγρητα καὶ ἄλλα χωρία—καὶ ἔτι καὶ νῦν Πιερικὸς κόλπος καλεῖται ἡ ὑπὸ τῷ Παγγαίῳ πρὸς θάλασσαν γῆ—ἐκ δὲ τῆς Βοττίας καλουμένης Βοττιαίους, οἳ νῦν ὅμοροι Χαλκιδέων οἰκοῦσιν· τῆς δὲ Παιονίας παρὰ τὸν Ἀξιον ποταμὸν στενήν τινα καθήκουσαν ἄνωθεν μέχρι Πέλλης καὶ θαλάσσης ἐκτήσαντο, καὶ πέραν Ἀξίου μέχρι Στρυμόνος τὴν 4 Μυγδονίαν καλουμένην Ἠδῶνας ἐξελάσαντες νέμονται. ἀνέστησαν δὲ καὶ ἐκ τῆς νῦν Ἐορδίας καλουμένης Ἐορδούς, ὧν οἱ μὲν πολλοὶ ἐφθάρησαν, βραχὺ δέ τι αὐτῶν περὶ

XCIX. § ι. περδίκας Η., et Ν. superscripto, ut solet, alia manu altero κ.
§ 2. λυγκισταὶ F.H. ἐλυγκησταὶ Τ. Ἐλιμιῶται Poppo, Bekk. Classen. cum F.H. ἐλειμιῶται Ν.Τ. Arnold. vulgo. ἐλειμιῶται Α.J.
§ 3. περὶ θάλασσαν Classen. cum A.B. et plerisque. παρὰ F.H.Ν.V. Arnold. Poppo. παραθάλασσαν Τ. τημαινίδαι V.Ν. τημενίδα Τ. τοαρχαῖον Α.J. πρῶτον F.H.V.N.T. πρῶτοι Α.J. vulgo. φάγρητα. Ν. (non φράγητα) Τ.Α.J. βοττι as expunctis litteris F., qui m. pr. βοττιαίαs fortasse habuit. βοττιαίαs——καλουμένης (sic) Τ., omisso βοττιαίουs. Ἀξιὸν et mox Ἀξιοῦ Arn. Bekk. (olim) Ἄξιον et Ἀξίου Ν.Τ. Poppo, Classen. Α.J. et vulgo. μυγδωνίαν Τ. ἠδῶναs Τ.
§ 4. Hesych. Ἔορτοs. ἢ Ἐορδόs. Μακεδών. ἀπὸ ἔθνουs. Vide Herod. VII. 185, 3. Vulgo cum Τ.Α.J. legitur Ἐόρδουs. ἐορδίαs et ἐόρδουs Ν. βραχὺ τι δέ τοι αὐτῶν Τ. φυσκίαν F. ἀλμωπίαs ἀλμῶπαs Ν. ἀλμωπίαs ἀλμῶπαs Τ. ἀλμωπίαs, ἀλμῶπαs Α.J.

into lower Macedonia. The mountain-ridge called Κερκίνη in 98, 2 is meant, which Arnold thinks was a branch of the Scardus (the western continuation of Haemus) in a south-easterly direction (like Rhodope from Haemus, or the Balkan range).

§ 2. τῶν γὰρ κ.τ.λ. He shows the reason why Perdiccas could be said ἄρχειν τῆς κάτω only. One or more of these tribes had formed the βασιλεία of Philippus, sup. 95. 2, inf. 100. 3, ἐς τὴν Φιλίππου πρότερον οὖσαν ἀρχήν.

§ 3. Τημενίδαι. It was perhaps in compliment to his patron Archelaus, who was one of this family, that Eu-

ripides wrote his play of the Temenides or Temenidae. The hero was probably famed in old epics or Achaean legends about the Heraclidae, and regarded as the founder of a dynasty, like Neoptolemus (Pyrrhus) in Epirus. See Herod. VIII. 137. 2, IX. 44, 2, where he is described as ruler of Argos. ἀναστήσαντες, i. e. ἀναστάτουs ποιήσαντες. —— κόλπος. Used, like the Latin sinus, of a retired inland nook or sheltered valley, or any region remote from cities. So India is 'extremi sinus orbis,' Georgic II. 123.——στενήν τινα. The ellipse of χώραν is remarkable, or perhaps γῆν is to be supplied from the preceding, 'a narrow strip.'

5 Φύσκαν κατῴκηται, καὶ ἐξ Ἀλμωπίας, Ἀλμῶπας. ἐκρά-
τησαν δὲ καὶ τῶν ἄλλων ἐθνῶν οἱ Μακεδόνες οὗτοι ἃ καὶ
νῦν ἔτι ἔχουσι, τόν τε Ἀνθεμοῦντα καὶ Γρηστωνίαν καὶ
6 Βισαλτίαν καὶ Μακεδόνων αὐτῶν πολλήν. τὸ δὲ ξύμπαν Μα-
κεδονία καλεῖται, καὶ Περδίκκας Ἀλεξάνδρου βασιλεὺς αὐτῶν
ἦν ὅτε Σιτάλκης ἐπῄει.

C. Καὶ οἱ μὲν Μακεδόνες οὗτοι, ἐπιόντος πολλοῦ
στρατοῦ, ἀδύνατοι ὄντες ἀμύνεσθαι ἔς τε τὰ καρτερὰ καὶ
2 τὰ τείχη ὅσα ἦν ἐν τῇ χώρᾳ ἐσεκομίσθησαν. ἦν δὲ οὐ
πολλά, ἀλλ᾽ ὕστερον Ἀρχέλαος ὁ Περδίκκου υἱὸς βασιλεὺς
γενόμενος τὰ νῦν ὄντα ἐν τῇ χώρᾳ ᾠκοδόμησε καὶ ὁδοὺς
εὐθείας ἔτεμε, καὶ τἆλλα διεκόσμησε τά [τε] κατὰ τὸν
πόλεμον ἵπποις καὶ ὅπλοις καὶ τῇ ἄλλῃ παρασκευῇ κρείσ-
σονι ἢ ξύμπαντες οἱ ἄλλοι βασιλῆς ὀκτὼ οἱ πρὸ αὐτοῦ
3 γενόμενοι. ὁ δὲ στρατὸς τῶν Θρακῶν ἐκ τῆς Δοβήρου
ἐσέβαλε πρῶτον μὲν ἐς τὴν Φιλίππου πρότερον οὖσαν ἀρχήν,
καὶ εἷλεν Εἰδομένην μὲν κατὰ κράτος, Γορτυνίαν δὲ καὶ

§ 5. γρηστωνίαν F.V.N.T.A.J. Vulgo κρηστωνίαν. βισαντίαν F.V. βισαλτίαν N.'
superscripto σαν alia manu. καὶ σαλτίαν T.
§ 6. ἐποίει T.
C. § 1. ἀμύνασθαι N.V. ἀμύνεσθαι T.A.J.
§ 2. τἆλλα A.J. κρείσσον N.V.T. κρείσσονι, ἢ A.J. Illud Popponi magis
placet (etsi κρείσσονι cum Bekkero in textu habet), cum dativum, quo ὥστε αὐτὴν
κρείσσω εἶναι significatur, sequi debeat τῆς ξυμπάντων. οἱ ante ἄλλοι om. F.H.V.N.T.
[οἱ ἄλλοι βασιλῆς ὀκτὼ] Dobraeus. Solum v. ὀκτὼ ab interpp. additum suspicatur
Poppo. βασιλεῖς N., ut solet, et sic semper T.
§ 3. Εἰδομένην Classen. ὀδομένην V. m. recent., et γρ. N. εἷλε εἰδομένην T. καὶ
εἷλον εἰδομένην μὲν κατακράτος A.J. ἀλλ᾽ ἄττα V.N. ἀλλάττα T. ἐδύναντο F.H.V.N.T.
Vulgo cum A.J. ἠδύναντο.

§ 2. Βισαλτίαν. Virg. Georg. III.
461, "Bisaltae quo more solent acerque
Gelonus." It is particularly to be ob-
served, that neither in his description
of Macedonia, nor in his inquiries into
the early history of Greece (I. 1—23)
does the author give any indications
that he knew of the history of Herodo-
tus, who in lib. VII. and elsewhere treats
largely of Macedonia. But Thucydides,
as having property in Thasos, must
have been well acquainted with the
neighbouring country; and he appears
to describe the various nations and
boundaries, as well as the distances,
from personal knowledge.

C. § 1. οὐ πολλά. Viz. τὰ τείχη,
καρτερὰ meaning naturally strong posi-
tions. —— ὁδοὺς εὐθείας ἔτεμε. The
straightness of Roman roads has often
been remarked; and they may have
learnt this, as so many other arts, from
the Greeks. Cf. Pind. Pyth. v. 84,
εὐθύτομόν τε κατέθηκεν—πεδιάδα ἔμμεν
ἱππόκροτον σκυρωτὰν ὁδόν. The technical
term is τέμνειν ὁδόν, as in Eur. Phoen.
I, ὦ τὴν ἐν ἄστροις οὐρανοῦ τέμνων ὁδόν,
and Herod. IV. 136, 3, οὐ τετμημένων τῶν
τῶν ὁδῶν.
§ 3. Εἰδομένην κ.τ.λ. "All these places
are rightly laid down by Dr Cramer in
the upper part of the valley of the

Ἀταλάντην καὶ ἄλλα ἄττα χωρία ὁμολογίᾳ διὰ τὴν Ἀμύντου
φιλίαν προσχωροῦντα, τοῦ Φιλίππου υἱέος, παρόντος· Εὔ-
4 ρωπὸν δὲ ἐπολιόρκησαν μέν, ἑλεῖν δὲ οὐκ ἐδύναντο. ἔπειτα
δὲ καὶ ἐς τὴν ἄλλην Μακεδονίαν προὐχώρει τὴν ἐν ἀριστερᾷ
5 Πέλλης καὶ Κύρρου. ἔσω δὲ τούτων ἐς τὴν Βοττιαίαν καὶ
Πιερίαν οὐκ ἀφίκοντο, ἀλλὰ τήν τε Μυγδονίαν καὶ Γρηστω-
6 νίαν καὶ Ἀνθεμοῦντα ἐδῄουν. οἱ δὲ Μακεδόνες πεζῷ μὲν
οὐδὲ διενοοῦντο ἀμύνεσθαι ἵππους δὲ προσμεταπεμψάμενοι
ἀπὸ τῶν ἄνω ξυμμάχων, ὅπῃ δοκοῖ, ὀλίγοι πρὸς πολλοὺς
7 ἐσέβαλλον ἐς τὸ στράτευμα τῶν Θρακῶν. καὶ ᾗ μὲν προσπέ-
σοιεν οὐδεὶς ὑπέμενεν ἄνδρας ἱππέας τε ἀγαθοὺς καὶ τεθω-
ρακισμένους, ὑπὸ δὲ πλήθους περικλῃόμενοι [αὐτοὺς] πολ-
λαπλασίῳ τῷ ὁμίλῳ ἐς κίνδυνον * καθέστασαν, ὥστε τέλος
ἡσυχίαν ἦγον, οὐ νομίζοντες ἱκανοὶ εἶναι πρὸς τὸ πλέον
κινδυνεύειν.

CI. Ὁ δὲ Σιτάλκης πρός τε τὸν Περδίκκαν λόγους
ἐποιεῖτο ὧν ἕνεκα ἐστράτευσεν, καὶ ἐπειδὴ οἱ Ἀθηναῖοι οὐ
παρῆσαν ταῖς ναυσίν, ἀπιστοῦντες αὐτὸν μὴ ἥξειν, δῶρα

§ 4. προυχώρει Bekk. (olim) Classen. et sic N. προὐχώρει T. A.J. πελης V.
πέλλης N. πέλλης καὶ κύρου T. κύρρου A.J.
§ 5. ἔσω τοῦδε ἐς F. ἔσω δὲ τούτων εἰς T. μυγδωνίαν T.
§ 6. ἵπποις H. ὅποι δοκοῖ H. ὅπῃ δοκοῖ N., οἳ in rasura. ὅπῃ δοκοῖ T.A.J.
δοκεῖ nonnulli. ἐσέβαλον F.H.V.N.A.J. ἐσσεβαλον (sic) T.
§ 7. ὑπέμεινεν N.V. ἐπέμενεν T. περικλειόμενοι N.T.A.J. καθέστασαν Bekk.
Libri καθίστασαν.
CI. § 1. δῶρα δὲ—αὐτῷ in parenthesi Classen. δῶρά τε vulgo. δῶρα τὲ N., ut
fere solet, et T.

Axius, by which Sitalces was now descending." Arnold.——τὴν Ἀμύντου φιλίαν. The friendship of Sitalces for the son of Philippus was mentioned in 95, 3.

§ 7. ὑπὸ δὲ πλήθους κ.τ.λ. The Macedonians were superior in valour and in their cavalry, but inferior in number, so that when on each occasion they were surrounded, they found the risk too great, and at last desisted from charging. The imperfect could only mean, "they kept putting themselves into danger by the (Thracian) army being many times greater than their own."

CI. § 1. ἐστράτευσε. Viz. Sitalces: see 95. 1. He appears to have been alarmed at the course which events

were taking, and to have doubted the reality of the Athenian promises to assist him; cf. 95. 2, where his engagement to terminate the Chalcidic war is mentioned as the condition of their aid. It was the defection of Seuthes, who was virtually bought over by Perdiccas, that did as much as anything to break up the expedition, the absence of the Athenian fleet being in fact the excuse. See Cox, I. p. 151.——οὐ παρῆσαν. See 95. 3.——μὴ ἥξειν, cf. I. 10, 1, οὐκ ἀκριβεῖ ἄν τις σημείῳ χρώμενος ἀπιστοίη μὴ γενέσθαι τὸν στόλον τοσοῦτον.——δῶρα δὲ κ.τ.λ. 'though they had sent him presents and envoys urging him to come.'

δὲ καὶ πρέσβεις ἔπεμψαν αὐτῷ, ἔς τε τοὺς Χαλκιδέας καὶ
Βοττιαίους μέρος τι τοῦ στρατοῦ πέμπει καὶ τειχήρεις
2 ποιήσας ἐδῄου τὴν γῆν. καθημένου δ' αὐτοῦ περὶ τοὺς
χώρους τούτους οἱ πρὸς νότον οἰκοῦντες Θεσσαλοὶ καὶ Μάγ-
νητὲς καὶ οἱ ἄλλοι ὑπήκοοι Θεσσαλῶν καὶ οἱ μέχρι Θερμο-
πυλῶν Ἕλληνες ἐφοβήθησαν μὴ καὶ ἐπὶ σφᾶς ὁ στρατὸς
3 χωρήσῃ, καὶ ἐν παρασκευῇ ἦσαν. ἐφοβήθησαν δὲ καὶ οἱ
πέραν Στρυμόνος πρὸς βορέαν Θρᾷκες, ὅσοι πεδία εἶχον,
Παναῖοι καὶ Ὀδόμαντοι καὶ Δρῶοι καὶ Δερσαῖοι· αὐτόνομοι
4 δ' εἰσὶ πάντες. παρέσχε δὲ λόγον καὶ ἐπὶ τοὺς τῶν Ἀθηναίων
πολεμίους Ἕλληνας, μὴ ὑπ' αὐτῶν ἀγόμενοι κατὰ τὸ ξυμ-
5 μαχικὸν καὶ ἐπὶ σφᾶς χωρήσωσιν. ὁ δὲ τήν τε Χαλκιδικὴν
καὶ Βοττικὴν καὶ Μακεδονίαν ἅμα ἐπέχων ἔφθειρεν· καὶ
ἐπειδὴ αὐτῷ οὐδὲν ἐπράσσετο ὧν ἕνεκα ἐσέβαλε, καὶ ἡ
στρατιὰ σῖτόν τε οὐκ εἶχεν αὐτῷ καὶ ὑπὸ χειμῶνος ἐταλαι-
πώρει, ἀναπείθεται ὑπὸ Σεύθου τοῦ Σπαρδάκου, ἀδελφιδοῦ
ὄντος καὶ μέγιστον μεθ' αὐτὸν δυναμένου, ὥστ' ἐν τάχει
6 ἀπελθεῖν. τὸν δὲ Σεύθην κρύφα Περδίκκας, ὑποσχόμενος
ἀδελφὴν ἑαυτοῦ δώσειν καὶ χρήματα ἐπ' αὐτῇ, προσποιεῖται.

§ 2. χωρήσει V.N. χωρήσῃ A.J.
§ 3. πέρα N., ν superscripto alia manu. θρᾷκεσ A. θρᾳκες J. δρῶιοι F.Hesych.
Παναῖοι· ἔθνος Θρᾴκιον. (πάναωοι codex).
§ 4. ἐπίσφας A.J., ut et sup. § 2.
§ 5. καὶ τὴν βοττικὴν T. ἀπέχων J. σῖτον τὲ N. σῖτον τε T. σπαρδάκου F.H.V.N.
(non σπαρδόκου). Confer Σάδοκος. παρδάκου T. Σπαρδόκου A.J. μεθ' ἑαυτὸν
F.H.V.N. (non μεθ' αὐτόν). μεθ' αὐτὸν T. Vulgo μετ' αὐτόν.
                σ
§ 6. θευθην T.

§ 3. τὴν Ἀμύντου φιλίαν. See 95. 3.
§ 4. παρέσχε, sc. ὁ Σιτάλκης. "He
caused a rumour to spread amongst
those Hellenic states that were hostile
to Athens, that perhaps he might invade
them too, by virtue of the alliance
lately made with the Athenians, and
induced by them to do so."—ἀγόμενοι,
viz. οἱ ὑπὸ Σιτάλκου Θρᾷκες.
§ 5. ἐπέχων. The Schol. explains
this by ἐπικείμενος, "without allowing
them any rest;" but Poppo thinks the
sense is rather "occupying and holding
close in his power." Arnold cites several
examples of ἐπισχεῖν in this sense from
Herodotus e.g. VIII. 35, 1, and IX. 31, 2

and 4. αὐτῷ, used as in 1. 6, 3. καὶ οἱ
πρεσβύτεροι αὐτοῖς, &c.——ὧν ἕνεκα. Cf.
95. 3, ἀμφοτέρων οὖν ἕνεκα τὴν ἔφοδον
ἐποιεῖτο.
§ 6. προσποιεῖται. 'Endeavours to
gain him over to his side.'——ἀναπεί-
θεται. "He is induced reluctantly to
alter his plans, so as to retire as quickly
as he could." See on 14. § 1. Seuthes
was his nephew, Spardacus being
(apparently) a brother of Sitalces—
μεθ' αὐτόν, "next after himself." So
sup. 97. 6, πολὺ δευτέρα μετὰ τὴν
Σκυθῶν. Aesch. Theb. fin., μετὰ γὰρ
μάκαρας καὶ Διὸς ἰσχὺν ὅδε Καδμείων
ἤρυξε πόλιν.

7 καὶ ὁ μὲν πεισθεὶς καὶ μείνας τριάκοντα τὰς πάσας ἡμέρας, τούτων δὲ ὀκτὼ ἐν Χαλκιδεῦσιν, ἀνεχώρησε τῷ στρατῷ κατὰ τάχος ἐπ᾽ οἴκου. Περδίκκας δὲ ὕστερον Στρατονίκην 8 τὴν ἑαυτοῦ ἀδελφὴν δίδωσι Σεύθῃ, ὥσπερ ὑπέσχετο· τὰ μὲν κατὰ τὴν Σιτάλκου στρατείαν οὕτως ἐγένετο.

CII. Οἱ δὲ ἐν Ναυπάκτῳ Ἀθηναῖοι τοῦδε τοῦ χειμῶνος, ἐπειδὴ τὸ τῶν Πελοποννησίων ναυτικὸν διελύθη, Φορμίωνος ἡγουμένου ἐστράτευσαν, παραπλεύσαντες ἐπ᾽ Ἀστάκου καὶ ἀποβάντες, ἐς τὴν μεσόγειαν τῆς Ἀκαρνανίας τετρακοσίοις μὲν ὁπλίταις Ἀθηναίων τῶν ἀπὸ τῶν νεῶν, 2 τετρακοσίοις δὲ Μεσσηνίων, καὶ ἔκ τε Στράτου καὶ Κορόντων καὶ ἄλλων χωρίων ἄνδρας οὐ δοκοῦντας βεβαίους εἶναι ἐξήλασαν, καὶ Κύνητα τὸν Θεολύτου ἐς Κόροντα καταγα- 3 γόντες ἀνεχώρησαν πάλιν ἐπὶ τὰς ναῦς. ἐς γὰρ Οἰνιάδας, ἀεί ποτε πολεμίους ὄντας, μόνους Ἀκαρνάνων οὐκ ἐδόκει δυνατὸν εἶναι χειμῶνος ὄντος στρατεύειν· ὁ γὰρ Ἀχελῷος ποταμὸς ῥέων ἐκ Πίνδου ὄρους διὰ Δολοπίας καὶ Ἀγραίων καὶ Ἀμφιλόχων καὶ διὰ τοῦ Ἀκαρνανικοῦ πεδίου ἄνωθεν μὲν παρὰ Στράτον πόλιν, ἐς θάλασσαν δὲ ἐξιεὶς παρ᾽ Οἰνιάδας καὶ τὴν πόλιν αὐτοῖς περιλιμνάζων ἄπορον ποιεῖ

§ 7. κατατάχος A.J., ut sup. 100. 3, κατακράτος.
§ 8. τὰ μὲν κατὰ F. τὰ μὲν οὖν κατὰ vulgo. στρατίαν V. στρατιὰν N. στρατῖάν T. στρατείαν A.J.
CII. § 1. τοῦδε τοῦ F.H.N.V.T. Vulgo τοῦ αὐτοῦ. ἐπ᾽ ἀστακοῦ libri. μεσηνίων N.T.
§ 2. καὶ ἔκ τε F.T.A.J. καὶ om. H.V.N. [καὶ] ἔκ τε Poppo. καὶ ἔκ τε Arn. Bekk. θεολύτου N., e in rasura; et qui τ ex correct., F. θεολύντου T.
§ 3. αἰεί ποτε T. ἀγραῶν N.T.A.J. ἀκαρνακικοῦ T. δ᾽ ἐξιεὶς Arnold. Classen. δὲ ἐξιεὶς Bekk., Poppo ex conj. pro διεξιείς. διϛξιεὶς N. Post αὐτοῖς deletae in F duae tresve litterae. Alii τοῖς, τοι, vel τε addunt. An αὐτοῖς τείχεσι περιλιμνάζων?

CII. § 1. ἐπ᾽ Ἀστάκου. A town on the coast of Acarnania not far from Oeniadae, and about twenty miles N.W. of the mouth of the Achelous (sup. 30. 1). The syntax, as both Arnold and Poppo point out, is ἐστράτευσαν ἐς τὴν μεσόγειαν, Astacus being merely mentioned as the place of disembarking.——καταγαγόντες, "having restored." Cf. 95. 2. The technical term for bringing back one who has been banished. Aesch. Theb. 644, κατάξω δ᾽ ἄνδρα τόνδε καὶ πόλιν ἕξει πατρῴων δωμάτων. τ᾽ ἐπιστροφάς.——τῶν ἀπὸ τῶν νεῶν. Viz. the

twenty triremes mentioned in 86. 2 as anchored off the northern headland of the strait. They were therefore ἐπιβάται or marines.
§ 2. οὐ δοκοῦντας. "Who were thought not to be staunch" (firm in their allegiance to Athens).
§ 3. ἐς. As here and below (τὴν πόλιν αὐτοῖς) the name refers to the people rather than the city, both having, it would seem, the same name. In either case ἐπὶ is more usual with στρατεύειν, and perhaps the writer intended to say ἐσβάλλειν.——περιλιμ-

4 ὑπὸ τοῦ ὕδατος ἐν χειμῶνι στρατεύειν. κεῖνται δὲ καὶ τῶν νήσων τῶν Ἐχινάδων αἱ πολλαὶ καταντικρὺ Οἰνιαδῶν, τοῦ Ἀχελῴου τῶν ἐκβολῶν οὐδὲν ἀπέχουσαι, ὥστε μέγας ὢν ὁ ποταμὸς προσχοῖ ἀεὶ καὶ τὰ τῶν νήσων αἳ ἠπείρωνται, ἐλπὶς δὲ καὶ πάσας οὐκ ἐν πολλῷ τινι ἂν χρόνῳ τοῦτο παθεῖν, 5 τό τε γὰρ ῥεῦμά ἐστι μέγα καὶ πολὺ καὶ θολερόν, αἵ τε νῆσοι πυκναί, καὶ ἀλλήλαις τῆς προσχώσεως τὸ μὴ σκε-δάννυσθαι ξύνδεσμοι γίγνονται, παραλλὰξ καὶ οὐ κατὰ στοῖχον κείμεναι οὐδ' ἔχουσαι εὐθείας διόδους τοῦ ὕδατος 6,7 ἐς τὸ πέλαγος. ἔρημοι δ' εἰσί καὶ οὐ μεγάλαι. λέγεται δὲ καὶ Ἀλκμαίωνι τῷ Ἀμφιάρεω, ὅτε δὴ ἀλᾶσθαι αὐτὸν μετὰ τὸν φόνον τῆς μητρός, τὸν Ἀπόλλω ταύτην τὴν γῆν χρῆσαι οἰ-κεῖν, ὑπειπόντα οὐκ εἶναι λύσιν τῶν δειμάτων πρὶν ἂν εὑρὼν

§ 4. κατ' ἀντικρὺ οἰνιάδων T. προσχεῖ T., ut videtur.
§ 5. ῥεῦμα ἐστὶ T. τὸ μὴ σκεδάννυσθαι, h. e. ὥστε μὴ, tres libb., non male. τῷ N. †τῷ† Arnold. τῷ Bekk. Verum fortasse est τοῦ μή. συνδεσμοὶ T. γίνονται N. παραλλὰξ F. et pr. m. T.
§ 6. ἔρημοι δέ εἰσι N.T.
7. Hesych. χρῆσαι· θεσπίσαι. Id. δειμάτων· φόβων. Poeticum videtur, fortasse

νάξων. The winter floods of the Achelous had made the lands round this settlement "a network of marshes and lagoons" (Cox, p. 149).

§ 4. οὐδέν. We should expect οὐ μακράν. Compare 94. 4, αἱ νῆες οὐδὲν στέγουσαι. Our idiom is very similar, "at no distance from," &c. So διεῖχον πολὺ ἀπ' ἀλλήλων sup. 81. 3.——προσχοῖ ἀεὶ "keeps making fresh deposits." So Aeschylus calls the mouths of the Nile προστόμια λεπτοψάμαθα, Suppl. 2. Herodotus, in the same intelligent spirit, II. 11, 12, speculates on the effects of river mud in the course of long ages; and our author's explanation of the cause of earthquake waves in III. 89 is not less physically accurate. The alluvial islands, Sir G. W. Cox observes, p. 149, have long ago become nearly all of them attached to the mainland, and the site of Oeniadae can no longer be fixed with certainty. ——ἠπείρωνται. "Have already become mainland," the perfect of ἠπειροῦσθαι, like ἱερωμένης, sup. 2. 1. (In VI. 1 (Σικελία) ἐν εἴκοσι σταδίων μάλιστα μέτρῳ

τῆς θαλάσσης διείργεται τὸ μὴ ἤπειρος οὖσα, Mr Shilleto proposed to read τὸ μὴ ἠπειροῦσθαι or ἠπειρῶσθαι, "from becoming (being) part of the mainland," —a very ingenious conjecture).

§ 5. ξύνδεσμοι. "The islands serve to connect the depositions" (mud-flats) "made by the river with one another, so that the soil should not be dispersed in the sea." Arnold. It is the general habit of mud-bearing rivers to form very winding and frequently changing channels before finally entering the sea, as if loth to leave the mainland and prolonging their stay upon it.—For τὸ μὴ, i.e. ὥστε μὴ, see 75. 1. The dative could only mean "by not being dis-persed," which clearly gives no sense. —παραλλὰξ, not in parallel rows, but so that one island lies just opposite to the channel between two others. Soph. Aj. 1087, ἕρπει παραλλὰξ ταῦτα.

§ 7. λέγεται. He quotes some legend connected with the Thebaica, from the λόγιοι or λογοποιοί, perhaps, — for he specifies no authority, so little was a written literature then in use. The

ἐν ταύτῃ τῇ χώρᾳ κατοικίσηται ἥτις ὅτε ἔκτεινε τὴν μητέρα
μήπω ὑπὸ ἡλίου ἑωρᾶτο μηδὲ γῆ ἦν, ὡς τῆς γε ἄλλης αὐτῷ
8 μεμιασμένης· ὁ δ᾽ ἀπορῶν, ὡς φασί, μόλις κατενόησε τὴν
πρόσχωσιν ταύτην τοῦ Ἀχελῴου, καὶ ἐδόκει αὐτῷ ἱκανὴ
ἂν κεχῶσθαι δίαιτα τῷ σώματι ἀφ᾽ οὗπερ κτείνας τὴν μη-
9 τέρα οὐκ ὀλίγον χρόνον ἐπλανᾶτο. καὶ κατοικισθεὶς ἐς
τοὺς περὶ Οἰνιάδας τόπους ἐδυναστευσέ τε καὶ ἀπὸ Ἀκαρ-
νᾶνος, παιδὸς ἑαυτοῦ, τῆς χώρας τὴν ἐπωνυμίαν ἐγκατελι-
10 πεν. τὰ μὲν περὶ Ἀλκμαίωνα τοιαῦτα λεγόμενα παρελά-
βομεν.

CIII. Οἱ δὲ Ἀθηναῖοι καὶ ὁ Φορμίων ἄραντες ἐκ τῆς
Ἀκαρνανίας καὶ ἀφικόμενοι ἐς τὴν Ναύπακτον ἅμα ἦρι
κατέπλευσαν ἐς τὰς Ἀθήνας, τούς τε ἐλευθέρους τῶν αἰχμα-

ex senariis sumptum, e. g. οὐ γάρ τις ἔσται δειμάτων λύσις, πρὶν ἂν | χώραν τιν᾽
εὑρὼν τῇδέ που κατοικίσῃ, | ἥτις τόθ᾽, ὡς τὴν μητέρ᾽ ἔκτεινες τάλας, | μήπωποτ᾽ εἰς
ὀφθαλμὸν ἦλθεν ἡλίου, | ὡς τῆς ἀπάσης σοι μιανθείσης χθονός. Ceterum V. χρῆσαι
ταύτην τὴν γῆν οἰκεῖν, et sic N., qui χρῆσαι minusculis litteris in marg. habet. Vide
not. crit. 97, 3.—ὑπειπὼν legitur I. 90, 4. κατοικήσηται N.V.T., solito errore.
[μηδὲ γῆ ἦν] Cobet. Var. Lect. p. 441, qui verba inclusa ex scholiis inserta esse credit.
Idem ego olim in margine ex mea conjectura adscripseram. μὴ δὲ T.

§ 9. κατέλιπε F.H. ἐγ alia manu superscr. N. τῆς χώρας ἐπωνυμίαν ἐγκατέλιπε
T. τὰ μὲν οὖν περὶ N.T. vulgo, nescio an recte. Cf. 101. 8. Tum λέγομεν ἃ H.N.V.
et corr. F. λέγομεν, ἃ T. λεγόμενα Δ.J.

words δειμάτων λύσιν seem a citation from an iambic rather than an epic source.——ἥτις μήπω ἑωρᾶτο. We have here a close approximation to the Latin idiom, *quae nondum visa esset*, or *quam nondum sol adspexisset*. The Greek however better admits the imperfect ἑωρᾶτο, "was not yet in sight." Both the ἥτις and the μή are used because the island was only conceived; its very existence is hypothetical. Compare the very similar oracle about the island of Rhodes in Pind. VII. 55 seqq., and Delos, according to an interesting fragment of the same poet cited by Strabo, p. 485.——αὐτῷ, "for him," viz., for his residence on it.

§ 8. μόλις. "At last the idea occurred to him of the alluvial mud-bed of the Achelous, and he thought it *would have been* raised high enough by this time for him to make it his habitation and to support life in, if he reckoned the long period of his wanderings since he slew his mother." The syntax is ἐδόκει ὅτι ἐκέχωτο ἂν ἡ νῆσος ἐν χρόνῳ τῆς πλάνης. He conceived that the island was then, i. e. at the time of the murder, unmade, ὅτε ἔκτεινε, but that it might have grown up since then, and so the actual words of the oracle would be satisfied.—For κεχῶσθαι ἄν, which Poppo wrongly regards as the perfect, see v. 46, 3, εἰπεῖν ἐκέλευον, ὅτι καὶ σφεῖς, εἰ ἐβούλοντο ἀδικεῖν, ἤδη ἂν Ἀργείους ξυμμάχους πεποιῆσθαι, viz. ὅτι ἐπεποίηντο ἄν.——δίαιτα. By a not uncommon idiom, the thing is mentioned instead of the place of it, as ψῆφον παρ᾽ αὐτὴν is "close to the place where the votes were given," Eur. Iph. T. 967. The late Roman writers use *diaeta* for a suite of rooms.

CIII. § 1. κατέπλευσαν. "Sailed back," "sailed into the port of Athens." The free captives (the Helots probably having been already sold) were reserved

λώτων ἐκ τῶν ναυμαχιῶν ἄγοντες, οἳ ἀνὴρ ἀντ᾽ ἀνδρὸς
2 ἐλύθησαν· καὶ τὰς ναῦς ἃς εἷλον. καὶ ὁ χειμὼν ἐτελεύτα
οὗτος, καὶ τρίτον ἔτος τῷ πολέμῳ ἐτελεύτα τῷδε ὃν Θουκυ-
δίδης ξυνέγραψεν.

CIII. § 2. Alterum ἐτελεύτα deest in quibusdam. Satis erat addere καὶ ὁ
χειμὼν ἐτελεύτα καὶ τρίτον ἔτος τῷ πολέμῳ ὃν Θ. ξυνέγραψεν. Nec tamen desunt
exempla verbi περισσῶς repetiti, e.g. Herod. i. in prooemio, ὡς μήτε τὰ γενόμενα—
ἐξίτηλα γένηται, μήτε ἔργα μεγάλα—ἀκλεᾶ γένηται. Et eadem fere formula utitur
Thuc. v. 51 fin., καὶ ὁ χειμὼν ἐτελεύτα, καὶ δωδέκατον ἔτος τῷ πολέμῳ ἐτελεύτα.
ξυνέγραψε T.A.J.

for the purpose of exchanging prisoners man for man, and so avoiding the delays and difficulties of ransom on both sides.

Poppo compares v. 3, 4, τὸ δὲ ἄλλο ἐκο-μίσθη ὑπ᾽ Ὀλυνθίων, ἀνὴρ ἀντ᾽ ἀνδρὸς λυθείς.

INDEX VERBORUM.

(* indicates *critical notes*.)

αἱρεῖσθαι σῖτον 74, 3
αἰσθέσθαι an αἰσθέσθαι *93, 2
ἀκμή, ἀκμάζειν 19, 1
ἀκούεσθαι passive 34, 10
ἀκροᾶσθαι νόμων *parere legibus* 37, 4
Ἀλόπη an Ἀλώπη *26, 2
ἄν duplicatum 94, 2
ἄν cum ἐδόκει vel ᾤμην εἶναι, 35, 2
ἄν *consopitum* post ῥᾳδίως, τάχα etc. *80, 12
ἄν omissum in ἐνόμισαν κρατῆσαι 3, 2
ἀναλόω, ἀναλίσκω 24, 1
ἀναπαῦλαι 74, 3
ἀναπείθειν 14, 1 ; 65, 2
ἀναπέμπειν 67, 1
ἀναπιμπλάναι *inficere* 51, 6
ἀνάστασις = μετοίκισις 14, 2
ἀνάστασις Αἰγινητῶν 27, 1
ἀναστροφαὶ navium 89, 12
ἄνεμοι καὶ ἄπλοια 85, 8
ἀνιστάναι *concire* 96, 1
ἀξίωμα, ἀξίωσις 37, 2
ἀποδέχεσθαι λόγον 35, 4
ἄποθεν, ἄπωθεν *81, 8
ἀποκαυλίζειν 76, 5
Ἀταλάντη φρούριον 32, 1
Ἀττικὴ κατὰ πόλεις οἰκουμένη 15, 2
ἀρχαί, αἱ 15, 3
ἀχρεῖοι, οἱ 78, 3

βαλεῖν et fut. et aorist. 18, 1
βεβοηθήκει an ἐβεβ. *86, 1
Βισαλτία 99, 5
βουλεύειν et βουλεύεσθαι 6, 2
βράχεα an βραχέα *vada* 91, 5

γε ironiae inservit 87, 3
γιγνώσκω *judico* 48, 4
γνώμη = ἀρετή μετὰ φρονήσεως 62, 4
γνώμην, παρὰ 65, 8
Γραῖοι, Ἀγραῖοι, *Graii* 80, 11 ; 96, 2

Δαυλία τῆς Φωκίδος 29, 3
δεδιέναι περί τινι vel τινος, 72, 5
δεδιέναι μή·cum futuro *72, 5
δεῖμα verbum poeticum *102, 7
διαβουλεύεσθαι 5, 5
διαφέρειν, διαφέρεσθαι, 39, 1
δ' οὖν 34, 9
δύναμαι cum futuro infinitivi 29, 5

ἐγκαρτερεῖν τι, 61, 2
εἰ sequente ἦν 5, 4
εἰ πολλάκις *si forte* 13, 1
εἰς ἕκαστος 60, 4
εἴτε—εἴτε cum subjunct. et fut. 4, 6
ἐκέχωτο ἄν 102, 8
ἐκπίπτειν 92, 4
Ἑλληνίζειν, Ἀττικίζειν, num augmentum recipiat *68, 5
ἐν οὐδὲ ἕν 51, 4
ἐν τινὶ *alicujus* opera 64, 3
ἐν χρῷ παραπλεῖν 84, 1
ἐνείλλειν 76, 1
ἐξωθεῖν ναῦν 90, 5
ἐπειδή sequente optat. 10, 1
ἐπιθειάζειν 74, 1
ἐπικτᾶσθαι 65, 7
ἐπίπεμψις, ἐπιπέμπειν 39, 4
ἐπὶ τὴν ἑαυτῶν γῆν quid sit 90, 2
ἐπί τινα et ἐπί τινι 98, 5
ἐπὶ χώραν *ad non adversus* 67, 1
ἔρανον προΐεσθαι 43, 1
ἐσφοραὶ et ἐπιδόσεις 56, 2
ἔχθρα τινὶ πρός τινα 68, 2
Ἐχινάδες 102, 4

ζημίαν ἐπιτίθεσθαι 24, 1

ᾗ *qua* 4, 2
ᾗ καὶ ῥᾷον quo *facilius*, etc. 2, 4
ἤ *quam* negationem praesumit 62, 3
ἠθὰς et ἐθὰς confusa *44, 3

24